U0617989

权威·前沿·原创

皮书系列为
"十二五""十三五""十四五"时期国家重点出版物出版专项规划项目

BLUE BOOK

智 库 成 果 出 版 与 传 播 平 台

乡村振兴蓝皮书
BLUE BOOK OF RURAL REVITALIZATION

广东乡村振兴发展报告（2023）

ANNUAL REPORT ON RURAL REVITALIZATION OF GUANGDONG PROVINCE (2023)

主　　编／郭跃文　李宜航

执行主编／刘　伟　游霭琼

社会科学文献出版社
SOCIAL SCIENCES ACADEMIC PRESS (CHINA)

图书在版编目（CIP）数据

广东乡村振兴发展报告 . 2023 / 郭跃文，李宜航主编；刘伟，游霭琼执行主编 . --北京：社会科学文献出版社，2023.12
（乡村振兴蓝皮书）
ISBN 978-7-5228-2765-0

Ⅰ.①广⋯ Ⅱ.①郭⋯ ②李⋯ ③刘⋯ ④游⋯ Ⅲ.①农村-社会主义建设-研究报告-广东-2023 Ⅳ.①F327.65

中国国家版本馆 CIP 数据核字（2023）第 218195 号

乡村振兴蓝皮书
广东乡村振兴发展报告（2023）

主　编 / 郭跃文　李宜航
执行主编 / 刘　伟　游霭琼

出 版 人 / 冀祥德
组稿编辑 / 邓泳红
责任编辑 / 侯曦轩　桂　芳
责任印制 / 王京美

出　　版 / 社会科学文献出版社·皮书出版分社 （010）59367127
　　　　　　地址：北京市北三环中路甲 29 号院华龙大厦　邮编：100029
　　　　　　网址：www.ssap.com.cn
发　　行 / 社会科学文献出版社 （010）59367028
印　　装 / 天津千鹤文化传播有限公司

规　　格 / 开本：787mm×1092mm　1/16
　　　　　　印张：24.75　字数：371 千字
版　　次 / 2023 年 12 月第 1 版　2023 年 12 月第 1 次印刷
书　　号 / ISBN 978-7-5228-2765-0
定　　价 / 168.00 元

读者服务电话：4008918866

主要编撰者简介

郭跃文　广东省习近平新时代中国特色社会主义思想研究中心副主任，广东省社会科学院党组书记，广东省社会科学界联合会副主席，广东省政协委员。合作研究成果有《国家能力支撑下的市场孵化——中国道路与广东实践》《中国经济特区四十年工业化道路》《广东城乡融合发展报告（2021）》。主要从事习近平新时代中国特色社会主义思想、党史党建、广东改革开放史研究。

李宜航　广东省社会科学院党组副书记、副院长、机关党委书记。曾任羊城晚报报业集团（羊城晚报社）党委委员、副社长、副总编辑。获中国新闻奖、广东新闻奖等省级及以上新闻奖20余次，被授予"全国优秀新闻工作者"、第七届广东新闻"金枪奖"、第九届广州十大杰出青年等荣誉。出版《新闻头条》等多部专著，其中"学习三部曲"（《中央党校学习笔记》《延安笔记 寻找精神密码》《井冈山笔记 解码红色基因》）被多所党校、干部学院列为推荐书目。所讲授的课程，被中共审计署党校评为年度精品课程。

刘　伟　经济学研究员，广东省社会科学院国际问题研究所所长。相关研究成果有《广东改革开放百村探索》；著有《乡村振兴启示录：改革开放中的广东百村探索》《乡村振兴启示录：改革开放40年中山乡村高质量发展探索》《人文湾区的理论与实践》；编制国家专项规划《粤港澳大湾区文化和旅游发展规划》；编撰蓝皮书《广东城乡融合发展报告（2021）》《广东乡村振兴发展报告（2022）》。主要从事粤港澳合作、"三农"问题、产业与区域经济研究。

游霭琼 广东省社会科学院省人才发展研究中心主任、研究员。主要研究领域为区域经济学、人才发展理论与政策等。合作研究成果有《粤港澳大湾区高水平人才高地建设研究》《广东改革开放史》《中国区域经济发展报告》等。主持和作为主要成员参与的3项成果获广东省哲学社会科学优秀成果一等奖，3项成果获广东省哲学社科优秀成果二等奖，2项成果获广东省哲学社科优秀成果三等奖。

前　言

　　东方风来满眼春。改革开放 40 多年来，广东以"敢为天下先"的担当"杀出一条血路"，南粤经济社会发展发生了全方位、系统性、深层次的精彩蝶变，取得了举世瞩目的发展成就，完成了从经济相对落后农业省份到全国第一经济大省的跨越，成为党领导人民创造"两个奇迹"的生动缩影。但随着发展进入新阶段，广东城乡区域发展不平衡问题更为突出，实现高质量发展的突出短板在县、薄弱环节在镇，而最艰巨最繁重的任务依然在农村。走进新时代，广东要继续走在前列、创造新的辉煌，就必须寻找新的发展动力和潜能，努力补齐城乡区域发展不平衡的短板。

　　民之所忧，我必念之；民之所盼，我必行之。习近平总书记时刻关注着广东的发展。党的十八大以来，习近平总书记四次亲临广东视察。从珠三角到粤北、粤东和粤西，总书记一串串的视察足迹饱含着大国领袖的战略思维、改革精神和人民情怀，不断地为广东全面深化改革、扩大高水平对外开放注入伟大的真理力量。2023 年 4 月，习近平总书记在广东考察时强调，全体人民共同富裕是中国式现代化的本质特征，区域协调发展是实现共同富裕的必然要求。广东要下功夫解决区域发展不平衡问题，加快推进交通等基础设施的区域互联互通，带动和推进粤东、粤西、粤北地区更好地承接珠三角地区的产业有序转移。要加强陆海统筹、山海互济，强化港产城整体布局，加强海洋生态保护，全面建设海洋强省。要积极推进以县城为重要载体的新型城镇化建设，加快构建现代乡村产业体系，发展新型农村集体经济，深入实施乡村建设行动，促进共同富裕。

2022 年，广东锚定乡村振兴迈进全国第一方阵的工作目标，创新部署"百县千镇万村高质量发展工程"，以推动高质量发展为主题，以乡村振兴战略、区域协调发展战略、主体功能区战略、新型城镇化战略为牵引，以城乡融合发展为主要途径，以构建城乡区域协调发展新格局为目标，着力壮大县域综合实力，全面推进乡村振兴，持续用力、久久为功，把县镇村发展的短板转化为广东高质量发展的潜力板，走出了一条具有广东特色的乡村振兴之路。

这一年，广东锚定农业农村现代化目标，持续推进实施乡村振兴战略，牢牢守住保障国家粮食安全和不发生规模性返贫两条底线；这一年，广东围绕"六稳六提"目标，以"十个着力"推动乡村全面振兴，全省"三农"面貌焕然一新，持续实现了农业稳产增收、农民稳步增收、农村稳定安宁；这一年，广东深化乡村振兴示范带建设，一幅幅美丽画卷在南粤大地舒展开来；这一年，广东强化改革集成，围绕农村集体产权制度、农业经营体系、农村金融体制、农村发展要素保障和农村社会治理积极探索可复制推广的经验，激发出乡村振兴新的澎湃动力。2022 年，广东农业产业进入高质量发展的新轨道，农林牧渔业总产值、第一产业增加值增速连续四年持续高于全国平均水平。

为记录这一时代盛事，我们汇聚广东研究农业农村领域诸位专家，纵横岭南山水，奔走田野阡陌，深入研究南粤农事，形成《广东乡村振兴发展报告（2023）》，旨在记录时代，以启未来。全书分为总报告、乡村发展篇、乡村建设篇、协作振兴篇、案例篇，并附有大事记，力图全方位、多视角展示过去一年广东农业农村盛事，盘点经验，探索规律，以期"温故而知新"。

在新时代、新起点和新征程上，广东正以更大魄力、更高起点深入推进改革开放。我们相信，只要全省广大党员干部群众坚定拥护"两个确立"，坚决做到"两个维护"，高擎思想之旗，准确把握习近平新时代中国特色社会主义思想的立场、观点和方法，把习近平总书记对广东的殷殷嘱托和关怀厚爱转化为对总书记思想的笃信笃行，我们就一定能够实现总书记亲自擘画的乡村振兴宏伟蓝图！

摘　要

2022年，广东坚持以习近平新时代中国特色社会主义思想为指导，牢牢抓住乡村振兴高质量发展主线，围绕"六稳六提"目标，以"十个着力"全面推进乡村振兴，持续实现了农业稳产增收、农民稳步增收、农村稳定安宁，开创了广东农业农村现代化建设新局面。全书包括总报告与乡村发展篇、乡村建设篇、协作振兴篇、案例篇五个篇章共18个专题报告，并附有大事记，全面、系统呈现广东乡村振兴的成效、特点，并分析问题、展望趋势、提出对策建议。

2022年，广东乡村振兴工作成效显著：广东乡村振兴迈入高质量发展轨道，"三农"发展势头持续强劲，稳粮保供安全底线更加牢固，激发乡村振兴示范引领效应，努力夯实现代化发展集成优势，深化农综改革，为农业农村现代化注入了强大动力。

本书主要围绕乡村发展、乡村建设、协作振兴、案例分析等四个方面展开论述。一是2022年推进广东乡村高质量发展，包括现代农业产业园建设、实施"粤强种芯"工程、建设现代海洋牧场、大力发展新型农村集体经济、促进乡村旅游发展等问题。二是建设好广东农村基本公共服务、抓好示范带建设与乡村党建。三是反映2022年广东乡村振兴驻镇帮镇扶村的进展与成效以及广东东西部协作发展情况。四是选录了大量鲜活的实践案例，包括南海、英德等地乡村振兴的先进做法和显著成效，彰显岭南特色乡村振兴的现代新活力。

关键词： 乡村振兴　现代农业产业园　海洋牧场　农业农村现代化　广东省

Abstract

In 2022, Guangdong adhered to Xi Jinping's Thought on Socialism with Chinese Characteristics for a New Era as its guide, firmly grasped the main line of high-quality development of rural revitalization, centered on the goal of "Six Stabilizations and Six Enhancements," comprehensively pushed forward the revitalization of the countryside through "Ten Focuses," continued to achieve a new situation of modernization of Guangdong's agriculture and rural areas, continued to attain stable agricultural production and income, a steady increase in farmers' income, and stability and peace in the countryside, creating a new situation for the modernization of Guangdong's agriculture and rural areas. The book consists of a general report and 19 thematic reports in five chapters, namely, Rural Development, Rural Construction, Collaborative Revitalization, and Cases, with a chronology of events, which comprehensively and systematically present the effectiveness and characteristics of Guangdong's rural revitalization, analyze the problems, look forward to the trends, and put forward countermeasures and suggestions.

In 2022, Guangdong's rural revitalization work achieved remarkable results: Guangdong's rural revitalization has stepped onto the track of high-quality development, the momentum of development of the "Three Rural Issues" has continued to be strong, the bottom line of stabilizing food supply has become more robust, the demonstration and leading effect of rural revitalization has been stimulated, efforts have been made to realize the integrated advantages of modernization and development, and comprehensive agricultural reform has been deepened, which has provided strong impetus for the modernization of agriculture and rural areas.

This book mainly includes four aspects, including rural development, rural construction, consolidation and articulation, and case analysis, which are discussed around the following key points. First, promote the high-quality development of Guangdong's countryside in 2022, including the construction of modern agricultural industrial parks, the implementation of the "Guangdong Strong Seed" project, the construction of modern sea ranches, the development of a new type of rural collective economy, and the promotion of rural tourism development, etc. Second, build up Guangdong's rural essential services, grasp the construction of demonstration belts and rural party building. Third, reflect the progress and effectiveness of Guangdong's rural revitalization in 2022 in helping towns and villages and developing Guangdong's East-West collaboration. Fourth, select many vivid practical cases, including the advanced practices and remarkable results of rural revitalization in Nanhai and Yingde, highlighting the modern and new vitality of rural revitalization with Lingnan characteristics.

Keywords: Rural Revitalization; Modern Agricultural Industrial Park; Sea Ranches; Agricultural Rural Modernization; Guangdong Province

目 录 ⤷

Ⅰ 总报告

B.1 全面推进乡村振兴，奋力开创广东农业农村现代化建设新局面

.... 郭跃文 刘 伟 杨海深 / 001

  一 成效显著：全面示范带动，广东乡村振兴迈入高质量发展

   轨道 .... / 002

  二 发展经验：强化顶层设计，提升改革创新整体效能 ...... / 016

  三 短板及不足：广东城乡发展仍然不平衡不充分 ...... / 026

  四 前景展望：以新战略新路径统筹城乡协调发展全局 ...... / 031

B.2 2022年广东乡村振兴指数评价报告 .... 李宜航 陈世栋 / 038

  一 乡村振兴指数设计 .... / 039

  二 测评结果 .... / 045

  三 优化建议 .... / 056

Ⅱ 乡村发展篇

B.3 2022年广东现代农业产业园高质量发展报告 .... 郭 楚 / 059

B.4　2022年广东"粤强种芯"工程实施报告　……　陈琴苓　兰可可 / 092

B.5　2022年广东智慧农业发展报告　…………　夏　辉　聂　娟 / 113

B.6　2022年广东现代海洋牧场建设发展报告　…　金　凯　李耀尧 / 139

B.7　2022年广东新型农村集体经济发展报告　…　刘　伟　黄孟欣 / 154

B.8　2022年广东乡村旅游发展报告　……………　庄伟光　邹开敏 / 169

Ⅲ　乡村建设篇

B.9　2022年广东农村基本公共服务发展报告　……………　符永寿 / 188

B.10　2022年广东生态产品价值实现助推乡村振兴发展报告

　　　………………………………………………　石宝雅　曾云敏 / 203

B.11　2022年广东乡村振兴示范带建设报告　…　万　磊　曹彦娜 / 222

B.12　2022年广东乡村党建报告　…………………………　范斯义 / 234

B.13　2022年广东乡村文化建设报告　…………　马炳涛　陈杰英 / 248

B.14　2022年广东乡村人才发展报告　…………………　游霭琼 / 262

Ⅳ　协作振兴篇

B.15　2022年广东乡村振兴驻镇帮镇扶村发展报告

　　　………………………………………………　高怡冰　周　鑫 / 274

B.16　2022年广东东西部协作发展报告　………………　郑姝莉 / 286

Ⅴ　案例篇

B.17　强化改革赋能　打造乡村振兴"南海样板"

　　　………………………………………………　路骏峰　金芃伊 / 315

B.18　英德红茶：品牌赋能产业振兴的新时代样本

……………………………………………………… 赵飘飘 / 337

附　录　2022年广东乡村振兴大事记 ……………… 赵恒煜　罗行健 / 350

⌐皮书数据库阅读**使用指南**⌐🖑

CONTENTS ⟑

I General Reports

B.1 Comprehensively Promote Rural Revitalization, Strive to Create A
New Situation of Modernization in Agriculture and Rural Areas in
Guangdong Province

Guo Yuewen, Liu Wei and Yang Haishen / 001

1. Significant Results: Driven by Comprehensive Demonstration,
   Guangdong's Rural Revitalization Has Entered A High-quality
   Development Track / 002

2. Development Experience: Strengthening Top-level Design and
   Improving the Overall Efficiency of Reform and Innovation / 016

3. Shortcomings: The Development of Urban and Rural Areas in
   Guangdong is Still Unbalanced and Insufficient / 026

4. Bright Future: Overall Coordination of Urban and Rural Coordinated
   Development through New Strategies and Paths / 031

B.2 Evaluation Report on Guangdong Rural Revitalization Index in 2022

Li Yihang and Chen Shidong / 038

    1. Rural Revitalization Index Design   / 039

    2. Evaluation Results   / 045

    3. Development Suggestions   / 056

Ⅱ   Rural Development

B.3 Report on High-quality Development of Guangdong Modern
Agricultural Industrial Park in 2022   *Guo Chu* / 059

B.4 Guangdong's "Strong Seed Core" Project Implementation
Report in 2022   *Chen Qinling and Lan Keke* / 092

B.5 Guangdong Smart Agriculture Development Report in 2022

Xia Hui and Nie Juan / 113

B.6 Guangdong Modern Marine Ranch Construction Development
Report in 2022   *Jin Kai and Li Yaoyao* / 139

B.7 Guangdong's New-type Rural Collective Economy Development
Report in 2022   *Liu Wei and Huang Mengxin* / 154

B.8 Guangdong Rural Tourism Development Report in 2022

Zhuang Weiguang and Zou Kaimin / 169

Ⅲ   Rural Construction

B.9 Guangdong Basic Public Services in Rural Areas Development
Report in 2022   *Fu Yongshou* / 188

B.10 Guangdong Ecological Product Value Realizing and Promoting
Rural Revitalization Development Report in 2022

Shi Baoya and Zeng Yunmin / 203

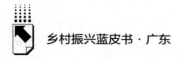
B.11　Guangdong Rural Revitalization Demonstration Belt Construction
　　　Report in 2022　　　　　　　　　*Wan Lei and Cao Yanna* / 222

B.12　Report on the Construction of the CPC at the Grassroots
　　　Level in Guangdong Rural Areas in 2022　　　*Fan Siyi* / 234

B.13　Guangdong Rural Cultural Construction Report in 2022
　　　　　　　　　　　　　Ma Bingtao and Chen Jieying / 248

B.14　Guangdong Rural Talent Development Report in 2022

　　　　　　　　　　　　　　　　You Aiqiong / 262

Ⅳ　Collaborative Revitalization

B.15　Guangdong Rural Revitalization and Development Report
　　　on Assisting Towns and Villages through Cadres Stationed in the
　　　Town in 2022　　　　　　　*Gao Yibing and Zhou Xin* / 274

B.16　Guangdong East West Cooperation Development Report in 2022

　　　　　　　　　　　　　　　　Zheng Shuli / 286

V　Practice and Cases

B.17　Building a "Nanhai Model" for Rural Revitalization by Strengthening
　　　Reform Empowerment　　　*Lu Junfeng and Jin Pengyi* / 315

B.18　Yingde Black Tea: A New Era Sample of Brand Empowering
　　　Industrial Revitalization　　　　　*Zhao Piaopiao* / 337

Appendix: Chronicle of Guangdong Rural Revitallization Events in 2022
　　　　　　　　　　　Zhao Hengyu and Luo Xingjian / 350

总 报 告
General Reports

B.1

全面推进乡村振兴，奋力开创广东
农业农村现代化建设新局面

郭跃文 刘 伟 杨海深*

摘　要：　2022年，广东坚持以习近平新时代中国特色社会主义思想为指导，牢牢抓住乡村振兴高质量发展主线，围绕"六稳六提"目标，以"十个着力"全面推进乡村振兴，持续实现了农业稳产增收、农民稳步增收、农村稳定安宁。2022年的农林牧渔业总产值和第一产业增加值增速均创1987年以来的最高水平。坚持产业融合、示范带动、村镇帮扶、制度改革、党建保障"五策联动"，创新部署"百县千镇万村高质量发展工程"，把县镇村存在的短板转化为广东高质量发展的"潜力板"。在新时代、新起点和新征程上，广东要坚持党建引领，扎实推进乡村产业、人

---

* 郭跃文，广东省社会科学院党组书记、研究员，主要研究方向为中国特色社会主义理论；刘伟，广东省社会科学院国际问题研究所所长，法学博士、研究员，主要研究方向为产业与区域经济；杨海深，广东省社会科学院副研究员，管理学博士，主要研究方向为全球供应链管理、国际经济与贸易。

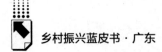
才、文化、生态、组织全方位振兴，增强粤东西北地区发展的内生动力，突出县域振兴，高水平谋划推进城乡区域协调发展；突出海洋牧场建设新空间，突出绿美广东引领，以县镇村协同发展为重要依托全面赋能"再造一个新广东"，开创广东农业农村现代化建设新局面。

关键词： 乡村振兴　农业农村现代化　百千万工程　广东省

在全面建设社会主义现代化国家的新征程上，乡村振兴不可或缺。党的二十大报告明确指出，全面建设社会主义现代化国家，最艰巨最繁重的任务仍然在农村。坚持农业农村优先发展，坚持城乡融合发展，加快建设农业强国，扎实推动乡村产业、人才、文化、生态、组织振兴。2022年，广东省坚持以习近平新时代中国特色社会主义思想为指导，全面贯彻党的二十大精神，深入贯彻习近平总书记对广东系列重要讲话、重要指示精神，创造性部署实施"百县千镇万村高质量发展工程"，持续推进乡村振兴战略，守牢保障国家粮食安全和不发生规模性返贫两条底线，全面实现"六稳六提"[①] 目标，奋力开创广东农业农村现代化建设新局面。

一　成效显著：全面示范带动，广东乡村振兴迈入高质量发展轨道

2022年，广东牢牢抓住乡村振兴高质量发展主线，坚持产业融合、示范带动、村镇帮扶、制度改革、党建保障"五策联动"，以更大的力度推进"三农"工作，农业农村综合实力不断增强。

---

① 分别是粮食生产稳面积提产能、产业发展稳基础提效益、主体培育稳预期提实力、乡村建设稳步伐提质量、乡村治理稳大局提能力、农民增收稳势头提后劲。

（一）"三农"发展势头持续强劲

2022 年，广东乡村振兴工作高质量发展的势头更加明显，持续实现了农业稳产增收、农民稳步增收、农村稳定安宁，全省"三农"面貌焕然一新。

第一，农业稳产增收。农林牧渔业总产值和第一产业增加值分别由 2013 年的 4802.0 亿元、2876.4 亿元，提高到 2022 年的 8890.6 亿元、5340.4 亿元（见图 1）。2022 年农林牧渔业总产值、增速均为 1987 年以来最高水平。2018 年以来，广东农林牧渔业总产值、第一产业增加值增速连续高于全国平均水平，农业步入高质量发展的新轨道。2022 年珠三角核心区、东翼、西翼和北部生态发展区农林牧渔业总产值分别为 3151.6 亿元、1131.1 亿元、2651.7 亿元和 1956.3 亿元，分别同比增长 5.6%、5.7%、4.9% 和 5.4%。各行业大类和各区域增速均在 4.0% 以上。

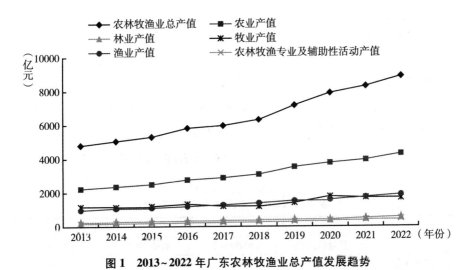

图 1　2013~2022 年广东农林牧渔业总产值发展趋势

与全国平均水平相比，2021 年广东农作物总播种面积为 6747.5 万亩，占全国的 2.7%，其中粮食作物播种面积 3319.6 万亩，占全国的 1.9%；广东农林牧渔业总产值 8369.0 亿元，占全国的 5.7%，粮食产量、肉类产量和

水产品总产量分别占全国的 1.9%、5.1% 和 13.2%，人均粮食产量为全国的
20.9%（见表 1）。

表 1　2021 年广东农业农村一般性指标与全国的对比情况

指标	广东	全国	广东占全国的比重（%）
农作物总播种面积（万亩）	6747.5	253042.5	2.7
粮食作物播种面积（万亩）	3319.6	176446.5	1.9
农林牧渔业总产值（亿元）	8369.0	147013.4	5.7
粮食产量（万吨）	1279.9	68284.7	1.9
人均粮食产量（公斤）	101	483	20.9
肉类产量（万吨）	457.4	8990.0	5.1
水产品总产量（万吨）	884.5	6690.3	13.2
乡村就业人员（万人）	1599.0	27879	5.7
农业机械总动力（万千瓦）	2524.48	107764.3	2.3
农用化肥施用量（万吨）	212.87	5191.3	4.1
农村用电量（亿千瓦时）	1392.3	6736.3	20.7
乡村消费品零售总额（亿元）	5263.8	59285	8.9

资料来源：根据《广东统计年鉴（2022）》《中国统计年鉴（2022）》数据整理。

2022 年，广东蔬菜种植面积 2142.6 万亩，同比增长 2.6%；中草药种植
面积 102.7 万亩，同比增长 21.5%；园林水果种植面积 1603.1 万亩，同比增
长 1.7%。蔬菜产量 3999.1 万吨，同比增长 3.7%；园林水果产量 1896.3 万
吨，同比增长 3.8%（见表 2）；茶叶产量 16.1 万吨，同比增长 15.3%。[①]

表 2　2022 年广东园林水果生产情况

品种	面积		产量	
	数量（万亩）	增速（%）	数量（万吨）	增速（%）
园林水果	1603.1	1.7	1896.3	3.8
柑	91.7	−0.2	134.0	6.1
橘	163.8	−0.8	245.8	3.4

---

① 《2022 年广东省国民经济和社会发展统计公报》。

续表

品种	面积		产量	
	数量（万亩）	增速（%）	数量（万吨）	增速（%）
橙	31.6	2.1	40.3	12.8
柚子	83.0	6.8	125.0	7.0
香蕉	166.0	-0.7	489.6	1.3
菠萝	58.7	-0.2	129.5	2.8
荔枝	406.8	3.3	146.7	-3.2
龙眼	172.6	0.1	96.1	-7.8

资料来源：广东省统计信息网。

第二，农民稳步增收。广东省农村居民人均可支配收入从 2013 年的 11068 元增长到 2022 年的 22306 元，年均增长 8.1%，增速连续 10 年高于城镇居民，广东城乡居民收入比从 2013 年的 2.7 缩小至 2022 年的 2.41（见图 2）。农民收入的增长最直观的表现是农村消费强劲增长。2022 年广东农村居民人均消费支出突破 2 万元，达到 20800 元，2013~2022 年年均实际增长 8.4%，比城镇居民年均增速高 3.6 个百分点，农村居民消费支出增速明显快于城镇。农村居民恩格尔系数从 2013 年的 42.1% 下降至 2022 年的 40.4%。从农村消费看，2021 年，广东农村用电量和乡村消费品零售总额分别占全国的 20.7% 和 8.9%，广东农业农村综合实力位居全国前列。

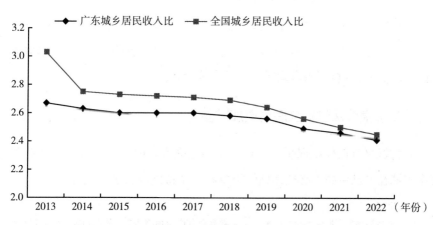

图 2　2013~2022 年全国和广东城乡居民收入比情况

第三，农村稳定安宁。党建引领基层治理是夯实党的执政基础、实现治理体系和治理能力现代化的必然要求，体现了践行以人民为中心的发展思想，持续推动广东在全面建设社会主义现代化国家新征程中走在全国前列、创造新的辉煌。2022年，广东持续实施基层党建三年行动计划，在汕尾召开党建引领基层治理促乡村振兴现场会，推动乡村振兴不断取得新成效。在2021年全省高质量完成村（社区）"两委"换届工作的基础上，实现对村（社区）"两委"干部培训全覆盖，全面拓展基层党的组织覆盖和工作覆盖，村党组织书记"三个一肩挑"比例达99.5%，基层党组织政治领导力、思想引领力、群众组织力、社会号召力显著增强，推动党建引领基层治理和抓党建促乡村振兴不断取得新成效。持续实施基层党建行动计划和"头雁"工程，完善乡村治理体系建设，开展抓党建促乡村振兴示范县创建，选派驻村第一书记4090名，村级组织办公经费实现省级补贴全覆盖，不断夯实基层基础。扎实推进精神文明建设，镇村新时代文明实践示范所（站）覆盖率达95%以上，98.67%的行政村达到县级及以上文明村镇创建标准。全省10个镇（乡）、96个村创建成为全国乡村治理示范镇村，168个镇（乡）、1650个村创建成为省级乡村治理示范镇村，全省共创建1102个省级民主法治示范村（社区）。① 广东推进"百镇千村"与文明镇村、民主法治示范村联创联建，超过90%的县（市、区）建立村级小微权力清单。增强乡村基层治理力量，选派驻镇工作队伍1.3万多人、发动各类企业1.2万家，深入开展"乡村振兴驻镇帮镇扶村""乡村振兴大擂台""千企帮千镇、万企兴万村""科技特派员""志愿服务乡村振兴行动""乡村振兴巾帼行动"等专项行动。

（二）稳粮保供安全底线更加牢固

乡村振兴首在稳粮保供。习近平总书记强调，中国人的饭碗任何时候都要牢牢端在自己手中，必须把确保重要农产品特别是粮食供给作为首要任务。

---

① 《乡村振兴工作进展如何？广东省人大常委会审议专项报告》，南方Plus，2022年9月28日，https://static.nfapp.southen.com/content/202209/28/c6934843.html。

广东深入落实藏粮于地、藏粮于技"两藏"战略，全力以赴抓好粮食生产，牢牢守住耕地红线，在抓好粮食生产和确保粮食安全上取得显著成果。

第一，粮食生产总体保持稳定发展态势。广东将粮食安全纳入乡村振兴考核硬指标，以强化科技装备支撑、持续建设高标准农田、深挖土地生产潜能为重要抓手，通过健全耕地管理政策体系、实施耕地"零弃耕"专项行动、加快推进农村土地流转等方式，积极推动冬种生产，落实藏粮于地战略，粮食播种面积呈恢复性增长，单产和总产稳步提高。2022年，广东粮食作物播种面积、产量、单产已连续4年实现"三增"，粮食产量较2018年增长了8.2%（见图3）；国家粮食安全省长责任制考核连年获得"优秀"等次；粮食作物播种面积达3345.5万亩，较上年增长0.8%，超额完成国家下达广东的粮食作物播种面积任务；粮食产量1291.5万吨，较上年增长0.9%，为近10年来最高水平；粮食单产386.1公斤/亩，同比增长0.1%。2022年全年复耕复种撂荒耕地72.7万亩。2022年1~10月，广东建成高标准农田136.6万亩，高效节水灌溉面积达8.8万亩，连续4年超额完成国家下达的年度建设任务。

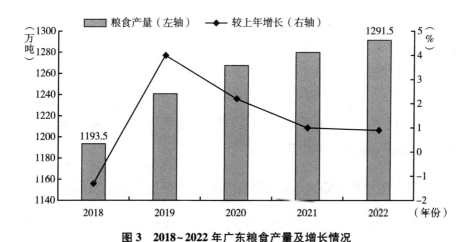

图3 2018~2022年广东粮食产量及增长情况

第二，粮食生产呈现产业化和专业化态势。广东全省建设40个粮食类产业园，292个粮食专业村镇。在2022年黑龙江国际稻米节稻米品鉴评比中，广东获奖项数量占全国籼米组的 1/5。① 广东在全省 17 个产粮大县开展水稻种植完全成本保险试点，保额提高到 1250 元/亩，水稻保险覆盖率达80%，在广州、佛山等 8 市开办高标准农田设施综合保险，为高标准农田设施提供建设、维护、修复等"一揽子"风险保障。2022 年，中国人民银行广州分行累计向涉农领域发放信贷政策支持再贷款、再贴现 312.1 亿元，广东辖内（不含深圳）农业保险保费收入 81.1 亿元，保费规模居全国各省（区、市）第 1 位，同比增长 69.7%。截至 2022 年末，广东涉农贷款余额2.1 万亿元，同比增长 16.9%；中国人民银行广州分行辖内新型农业经营主体"首贷户"贷款余额 121.3 亿元，惠及 4.3 万户，同比增长 23.9%。高质量发展强调增长的稳定性、发展的可持续性、风险的可控性，守住粮食安全底线，既保障了城市农产品供应，又带动了生产、加工、服务等环节的农业全产业链发展，是增强城乡发展协调性的重要内涵之一。

第三，稳粮保供机制日趋完善。稳粮保供是一项系统工程，不仅关系土地整理、水利灌溉，还涉及承包权的集中利用，也关系产业选择、产业结构和第一第二第三产业融合的发展，更关系国家全局利益和地方局部利益、集体利益与个人利益、公司（龙头企业）利益与农户利益、外出务工人员利益与留守家乡成员利益、短期利益与长远利益等诸多利益的协调与平衡。为确保建立稳粮保供的长效机制，广东各地做了许多有益的探索。怀集县在实践中提出"三个确保"，即确保主粮产区面积、确保主粮生产数量、确保主粮供应质量。采用各种有效措施，以点带面，落实"三个确保"，为全面实现稳粮保供目标奠定了坚实基础。

（三）激发乡村振兴示范引领效应，努力夯实现代化发展集成优势

广东以试点先行、示范带动、梯次推进、整体提升的工作思路，积极在产业生态、人居环境、基础设施和驻镇帮扶等多个领域开展实践，取得丰硕

---

① 舒源：《2022 年广东农业经济形势分析》，广东省统计局，http://stats.gd.gov.cn/tjfx/content/post_ 4102352.html，2023 年 7 月 25 日。

的成果。

第一，狠抓产业生态示范带动。2018 年以来，广东以点带面、梯次创建、连线成片、示范带动、全域推进乡村生态发展，到 2021 年底基本完成了"三清三拆三整治"目标；2019 年推进"个十百千"生态宜居美丽乡村示范创建，重点推进沿交通线、沿边界线、沿旅游景区、沿城市郊区"四沿"区域打造美丽乡村风貌示范带；2020 年推进"一十百千"① 美丽乡村示范创建，推进省际边界美丽乡村风貌示范带建设、珠三角农村"五美"专项行动，建成大批美丽乡村和精品旅游线路。2022 年广东 42 个村庄入选全国乡村旅游重点村，16 个生态宜居美丽乡村示范县已实现全域生态化、景观化，珠三角地区所有村庄达到干净整洁村标准。同时，广东从美丽乡村和乡村风貌示范点建设入手，推进乡村风貌、基础设施、公共服务全面提升，重点聚焦乡村产业发展和乡村治理，2022 年明确以中心村为节点、圩镇为枢纽，多镇连片、整县整镇或跨县连镇整体推进产业振兴、人才振兴、文化振兴、生态振兴、组织振兴，统筹推进山水林田湖草修复和乡村风貌塑造，分步分类打造乡村振兴综合体。乡村振兴示范带建设已成为广东各地推进乡村振兴的"新舞台"，在推进城乡融合发展、产业转型升级、提升生态效益、完善乡村治理体系、带动居民增收致富等方面发挥重要作用。截至 2022 年 9 月，陆丰市按照"一带一特色""一带一主题"，投资 17 亿元，在全市打造建成"滨海走廊""龙潭湖谷""山水画廊""谷乡慢城""浪漫荷香""薪火蓝湾"等 6 条示范带，示范带总长 309.4 公里，贯穿全市 23 个镇（街、场）129 个行政村，辐射带动 60 万人口，形成了"镇镇有带、带带相连、串带成环"的发展面貌，以示范带建设为抓手，破解了欠发达地区发展不平衡、不充分的二元结构，狠抓规划、建设、经营、治理"四大环节"，推动全域发展，有效探索出一条"党建强、乡村美、产业兴、机制活、治理好、百姓富"的乡村振兴发展之路。截至 2022 年底，广东启动建设示范带 487 条，初步建设 3420 公里，一批主题特色鲜明、辐射带动能力

---

① 1 个示范市、22 个示范县（市、区）、140 个示范镇、1519 个示范村。

强的乡村振兴示范带初步成形，把县的优势、镇的特点、村的资源更好地统筹起来，促进村镇连带式协同发展，发挥公共基础设施建设溢出效应，解决乡村振兴项目碎片化问题，更好地实现宜居宜业宜游和美等多重目标。

表3　2022年广东省文化产业赋能乡村振兴典型案例

城市	典型案例
广州	世间香境七溪地
汕头	探韵丹樱研学拾趣
佛山	紫南村、三谭故里·红色文化旅游区
河源	连平县乡村振兴南部片区示范带
江门	赤坎古镇华侨文化展示旅游项目
茂名	中国李乡·山水双合
肇庆	贺江碧道画廊
潮州	千庭单丛文化茶旅产业园区
揭阳	揭阳玉雕工艺传承创新项目

第二，深化人居环境带动。广东创新开展美丽家园、美丽田园、美丽河湖、美丽园区、美丽廊道"五美"专项行动，把圩镇、农垦、国有农场等纳入农村人居环境整治提升范围。[①] 截至2022年底，全省圩镇和自然村基本完成人居环境基础整治，257个圩镇达到"宜居圩镇"标准，农村卫生户厕普及率达96%，生活垃圾"村收集、镇转运、县处理"收运处置体系基本建立，农村生活污水治理率达50%以上，累计获评全国村庄清洁行动先进县12个，已创建特色精品村1316个、美丽宜居村12214个。农房管控和乡村风貌提升初见成效，因地制宜打造"四小园"（小菜园、小果园、小花园、小公园）小生态板块超67.9万个。[②] 建成5条省际廊道乡村风貌带、200多条美丽乡村风貌带。良好的生态环境是最普惠的民生福祉，是全面小康最亮丽的底色。"两山"理念转化为群众实实在在的获得感、幸福感，广东乡村再现山清水秀、天蓝地绿、村美人和的美

---

① 许悦：《"小康不小康，关键看老乡"》，《羊城晚报》2022年10月11日，第5版。
② 许悦：《"小康不小康，关键看老乡"》，《羊城晚报》2022年10月11日，第5版。

丽画卷。

第三，推进基础设施带动。广东抓紧补齐基础设施和基本公共服务短板，在"三农"领域开展农村乱占耕地建房、农村生活污水治理、农村集中供水全覆盖等"九大攻坚"行动。将农村村内道路建设纳入省十件民生实事清单强力攻坚，基本实现全省农村集中供水全覆盖，自然村集中供水普及率达97%以上，农村人口自来水普及率达99%。全省通乡镇和行政村路面硬化率、行政村通客车率、农村公路列养率均达到100%，基本实现100人以上自然村通硬化路，建制村通双车道公路比例达到65%。此外，农村基本公共服务持续改善。常住人口规模4000人以上行政村举办规范化普惠性幼儿园比例达95%以上，2021年累计改造完成农村寄宿制学校1891所，累计改造完成城乡达标寄宿制学位逾132万个。目前，广东县域医共体功能形态日趋健全，以县医院为龙头带动乡镇卫生院的县镇医疗一体化工作机制和激励机制基本形成。村级卫生站标准化建设全覆盖，乡村医生达30529人，其中粤东西北地区27939人，占比达91.5%。行政村党群服务中心"一门式办理""一站式服务"公共服务中心（站）基本全覆盖。建成5G、4G基站数量稳居全国第1位，行政村实现4G网络全覆盖。此外，广东部署和实施数字乡村建设，支持鼓励整村推进，探索农业产业、乡村物流和乡村公共服务等数字化智能化建设。①

（四）深化农综改革，为农业农村现代化注入强大动力

推进中国特色农业现代化，必须始终把改革作为根本动力。习近平总书记强调，要健全城乡融合发展体制机制，完善城乡要素平等交换、双向流动的政策体系，促进城市资源要素有序向乡村流动，增强农业农村发展活力。广东始终把推进农村综合改革放在重要位置，围绕农村集体产权制度、农业经营体系、农村金融体制、农村发展要素保障和新型集体经济，

---

① 邵一弘、黄进：《广东十年推动乡村风貌历史性飞跃 以点带面实现美丽乡村建设再上新台阶》，《南方日报》2022年9月27日，第6版。

积极探索可复制推广的经验。

第一，深化农村综合改革和要素保障，激活农村农业发展活力。积极改善农村营商环境，将农业农村领域原有的 346 项行政权力事项压减至 81 项，推动各类资源要素向农村集聚，使环境更加优化、基础更加扎实、载体更加多元、渠道更加畅通。广东在全国率先全面完成集体资产清查核实工作，共清理核实村组两级集体资产 6522 亿元，居全国首位，创造性地以农村垦造水田、拆旧复垦为先行点打造城乡要素交易平台，实现农村产权流转管理平台省、市、县、镇、村 5 级互联互通，为乡村振兴引入资金 233.6 亿元。同时，加快农村集体产权制度改革，提高土地等资源要素与有能力经营主体的匹配度，有效提升以生产专业化、规模化、绿色化为特征的农业综合生产效率，有效盘活农村沉睡的集体资产，增加农民收入。截至 2021 年底，全省基本完成农村集体产权制度改革阶段性任务，广东省村组两级有农村集体经济组织 245507 个，其中村级经济联合社 22032 个、组级经济合作社 223475 个，约占全国的 1/6，共确认集体经济组织成员 6300.33 万人，颁发股权证书 1045.70 万本。农村集体经济组织收入来源主要集中在农产品销售等经营性收入、资源发包及上交收入、补助性收入、投资收益和存款利息等其他收入五个方面。2021 年广东农村集体经济组织总收入达到 1350.5 亿元，收入来源以农产品销售等经营性收入为主，约占总收入的 51.5%，其次依次为存款利息等其他收入、资源发包及上交收入，分别占总收入的 19.7% 和 18.5%（见图 4）。广东不断健全农村承包地"三权分置"制度体系，支持各地探索土地碎片化整治新路径，基本建立覆盖县、镇、村的三级土地流转服务平台，推动土地经营权有序流转，截至 2021 年底，全省农村承包地流转面积占比达 52.86%。全省持续开展扶持壮大村级集体经济试点，将发展新型农村集体经济作为"书记工程"高位推动；把进一步核清家底、规范交易作为发展农村集体经济基础性工作全面夯实，提取部分公益金和福利费及长效发展公积金，让村民共享集体发展红利。广东对集体资产清查、盘活、优化和监管的探索实践，为全国农村集体产权改革提供了可供借鉴的路径。

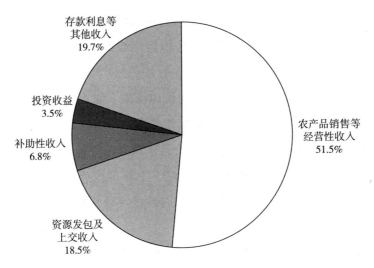

图 4　2021 年广东农村集体经济组织收入来源结构

资料来源：2022 年《广东农村统计年鉴》。

　　第二，深化农村金融体制改革，全面赋能乡村振兴。广东制定农业保险高质量发展战略，通过财政补贴持续推动其"扩面、增品、提标"，构建广东农业保险"1+1+8"的制度体系①，形成"12+8+3+N"的险种体系②，协同"政银保担基企"资源创新金融支农模式，着力打造保险全面服务乡村振兴的"广东样板"。在巨灾保险方面，广东首创了农业巨灾指数保险和以"监测—预报—信息发布—风险评估—指数定级—快速赔付"为特色的防灾减灾救灾气象服务链条，引导保险机构参与协同以撬动更大的保险保障。广东银保监局披露，广东农业保险近两年风险保障金额年均增速达到 80%，主要险种超过 200 个，"保险+期货"、"保险+气象"、农险防灾减损等试点工作稳步开展并取得了良好成效，为广东乡村振兴、农业高质量发展提供了有效支撑。统计数据显示，2022 年 1~7 月，广东银保监局

---

① 包括广东农险高质量发展实施意见、示范条款、承保机构招投标管理、协保体系建设等多方面规定，涵盖承保理赔、补贴资金拨付、招投标管理、基层协保体系建设、督办考核和保险机构考评管理全流程。

② "12"指的是 12 个中央财政补贴的险种，"8"指的是 8 个省级财政补贴的险种，"3"指的是 3 个涉农险种，"N"指 N 个特色险种。

辖内农业保险保费收入为 49.32 亿元，提供风险保障金额达 1315.26 亿元，支付保险赔款 23.3 亿元。[①] 此外，广东积极探索资本"下乡"的新路径，率先打造了全国首个农业企业专属资本平台——"广东乡村振兴板"，帮助农业企业提升经营管理水平、自主创新和投融资能力，推动农业企业利用资本市场融资发展。广东乡村振兴板挂牌展示企业已达 145 家，入库企业 398 家，挂牌展示企业涉及全省 21 个地级以上市，涵盖种植、养殖、水产、农副产品加工、冷链运输等细分领域，上板市级及以上农业龙头企业达百余家。[②] 引导优质金融资源向广东农村地区流动，扩大农村金融市场规模，支撑乡村振兴行稳致远。

第三，深化帮扶机制改革。以创新驻镇帮镇扶村机制推进区域共进。工作着力点从过去村一级转向统筹镇、村两级发展，从原来的贫困村庄及贫困户转变为乡镇层级，以乡镇为帮扶单元，把乡镇作为乡村振兴的抓手，发挥乡镇连县接村作用，打造以镇域为中心的镇村一体化发展新格局。在组织人才上，动员 7000 多个组团单位、1000 多个工作队、1.7 万多名干部人才积极投身其中，将 3000 多名"三支一扶"人员、1898 名高校毕业生志愿者、近 1000 名金融助理等多元帮扶主体统一纳入驻镇帮镇扶村工作团队管理，为乡村振兴提供强大的人才支撑。[③] 在资金投入上，2022 年省市县三级财政投入驻镇帮镇扶村资金达 312.29 亿元。驻镇帮镇扶村的民营企业达 1000 多家，投资总额达 65.5 亿元，带动 22.59 万低收入人口致富增收。[④] 另外，以帮扶方式联动省内外，推进区域协同现代化。按照中央的部署，广东结对帮扶广西、贵州两省（区）99 个脱贫县（其中广西 33 个、贵州 66 个），其中

① 家俊辉：《金融助力广东乡村振兴高质量发展》，《21 世纪经济报道》2022 年 9 月 23 日，第 13 版。
② 翁榕涛：《探索资本"下乡"新路径：广东多层次资本市场为乡村振兴注入发展动能》，《21 世纪经济报道》2022 年 9 月 23 日，第 14 版。
③ 广东驻镇帮镇扶村工作课题组：《驻镇帮镇扶村——广东乡村振兴的重要举措和制度创新》，《农村工作通讯》2023 年第 9 期。
④ 广东驻镇帮镇扶村工作课题组：《驻镇帮镇扶村——广东乡村振兴的重要举措和制度创新》，《农村工作通讯》2023 年第 9 期。

国家乡村振兴重点帮扶县 40 个，分别占全国总数的 23%、25%。广东组织 84 个结对帮扶县（市、区，东莞、中山镇、街）与贵州 66 个脱贫县结对，组织 1138 所学校和 326 家医院结对帮扶贵州 1379 所学校和 371 家医院，310 个经济强镇（街道）结对帮扶贵州 345 个乡镇，513 个经济强村（社区）、1177 家企业、393 个社会组织结对帮扶贵州 2627 个村。2022 年，广东向贵州提供财政援助资金 35.16 亿元，完成协议数的 104.4%，比上年增加 7335 万元，实施帮扶项目 1833 个，其中用于产业帮扶的资金占比 57.6%；广东赴贵州调研对接 6814 人次，贵州来粤调研对接 4326 人次；广东向贵州选派党政挂职干部 221 人、专技人才 2098 人；接收贵州挂职交流干部 332 人、专技人才 2236 人。

第四，农村发展要素保障水平不断提高。在土地要素保障方面，广东省级每年安排不少于 5% 的新增建设用地计划指标，并明确涉农市县各级应安排不少于 10% 的计划指标，用于保障乡村振兴新增建设用地需求。在人才保障方面，截至 2022 年 6 月，"粤菜师傅""广东技工""南粤家政"三项工程累计培训超 768 万人次，累计培训乡村工匠 8.2 万人次，认定农村乡土专家 6879 人，农村实用人才规模达到 121.74 万人，粤东西北地区 12 市已建成县级乡村振兴人才驿站 76 个、镇级乡村振兴人才驿站 587 个，累计举办近百场高层次人才下基层活动。[1] 广东建立省市县分级分类的"领头雁"农村青年致富带头人培育体系，全省累计培育"领头雁"8 万余名。此外，广东实施广东高校毕业生志愿服务乡村振兴行动，招募派遣 4631 名优秀高校毕业生、在读研究生赴粤东西北地区 901 个乡镇开展 2～3 年乡村振兴志愿服务，参与驻镇帮镇扶村，2023 年起在岗志愿者将达 1 万名。[2]

第五，以"集中化"大力发展集体经济。集体经济发展壮大是集体经

---

[1] 《乡村振兴工作进展如何？广东省人大常委会审议专项报告》，南方 Plus，2022 年 9 月 28 日，https://static.nfapp.southen.com/content/202209/28/c6934843.html。

[2] 共青团广东省委：《广东组织动员青年下乡返乡兴乡不断提升乡村振兴大局贡献度》，《中国共青团》2023 年第 9 期。

济资产做大做强的前提。英德"碧桂园连樟村现代农业科技示范园"项目是龙头企业拉动当地农村现代化与数字化发展的典型案例。连樟村立足当地的资源禀赋优势和政策红利，明确发展定位，培育壮大乡村旅游、数字农业等新业态，加快农村一二三产业融合发展。健全和完善利益联结机制，从而让农民更多地分享产业增值收益。2020年起，碧桂园在当地开展农业现代化项目，目前项目占地100亩，包含24个温室大棚，并建立相应的育苗中心、水肥一体化控制中心、产品检测中心及产品分包中心四个控制中心，实现监控、管理数字化与自动化，确保产品生产可溯源、质量有保证。利用龙头企业社会资源优势，建立以电商网络与碧桂园社区直销基地为中心的"B2C"销售网络。为保证企业撤出后项目仍能可持续发展，企业重点提升当地农民在生产技术发展、生产器械使用、销售网络维持等方面的能力，并在项目期内帮助当地农户选取最符合市场、设施及当地气候条件的农产品品种。该示范园还拓展了与华南农业大学、中国热带农业科学院等高校、科研院所的农业新技术转化、产学研协作。碧桂园创新"村集体+公司+农户"的发展模式，优先聘用建档立卡的贫困户，让其获得土地流转与劳务务工的双重收益。

二　发展经验：强化顶层设计，提升改革创新整体效能

广东省将乡村振兴纳入全省现代化建设全局通盘考虑，把国家战略与广东实践有机结合，坚持敢闯敢试、敢为人先，打破常规套路，实施顶层设计、模式变革，形成了富有广东特色的乡村振兴经验。

（一）高起点实施"三大工程"，推进农业农村现代化

广东坚持"乡村产业体系、生产体系、经营体系"一体构建、"产业链、价值链、利益链"一体打造，重点推进"粤强种芯""海洋牧场""标准品牌"三大工程，已构建起有岭南特色的"跨县集群、一县一园、一镇

一业、一村一品"现代农业产业体系，累计创建 18 个国家级、288 个省级、73 个市级现代农业产业园，实现主要农业县、主导产业和主要特色品种全覆盖。建成 7 个国家级优势特色产业集群、65 个国家级农业产业强镇、139 个国家级"一村一品"示范村镇、2578 个省级"一村一品、一镇一业"专业村镇。① 全省已有 332 个"一村一品、一镇一业"农产品入选全国名特优新农产品名录，数量居全国前列，形成了"高州荔枝""连州菜心""罗定稻米""徐闻菠萝""连鹰嘴蜜桃"等一批闻名遐迩的地域新名片，成为食品加工和农产品加工强省，各级龙头企业总数超 5000 家。

第一，实施"粤强种芯"工程。广东在全国率先开展农业微生物种质资源普查和全域农作物种质资源系统调查，建成国内一流的现代化、智能化畜禽遗传物质保存实验室——广东省畜禽种质资源库，广东种业创新能力、种质资源保存量、水稻育种实力、畜禽良种攻关工作走在全国前列。②

表 4   2022 年广东省主导品种

品种类别	主导品种
水稻	金农丝苗、粤农丝苗、五山丝苗等 25 个
作物	广薯 87、普薯 32 号、广紫薯 8 号等 19 个
蔬菜	铁柱 2 号冬瓜、汇丰二号辣椒、粤科达 101（番茄）等 11 个
果树	粉杂 1 号（香蕉）、仙进奉（荔枝）、粤甜（菠萝）等 21 个
花卉	小娇红掌、汕农小粉蝶蝴蝶兰、福星红掌等 13 个
小麦	华糯 1 号
茶叶	乌叶单丛、丹霞 1 号、鸿雁 12 号
家畜	岭南黄鸡 I 号配套系、科朗麻黄鸡、岭南黄鸡 II 号配套系、狮头鹅、天翔 1 号肉鸽
水产	白金丰产鲫、乌斑杂交鳢、中华鳖"珠水 1 号"等 10 个
蚕桑	粤蚕 8 号、粤椹大 10、粤椹 /4、粤桑 120
牧草	王草（牧草）

① 许悦：《"小康不小康，关键看老乡"》，《羊城晚报》2022 年 10 月 11 日，第 5 版。

② 陈薇、邵一弘、彭琳：《广东乡村振兴大有可为》，《南方日报》2023 年 2 月 15 日，第 3 版。

2022 年，全省生猪存栏 2195.86 万头，同比增长 5.8%，其中，能繁殖母猪存栏 204.37 万头，增长 6.9%；生猪出栏 3496.79 万头，增长 4.8%；猪肉产量 279.81 万吨，增长 6.3%。家禽存栏 3.88 亿只，同比下降 1.5%，其中，肉鸡存栏 2.36 亿只，增长 2.2%；蛋鸡存栏 0.50 亿只，下降 5.6%。家禽出栏 13.37 亿只，同比增长 4.4%。禽肉产量 189.48 万吨，同比增长 4.0%；禽蛋产量 47.20 万吨，同比增长 8.1%。生牛奶产量 19.81 万吨，同比增长 15.0%。广东组织化、系统化推广发展预制菜产业，建立省级联席会议制度，出台推进预制菜产业高质量发展 10 条措施，设立首只预制菜产业发展基金，搭建预制菜联合研发平台。广东预制菜引领了消费潮流，成了新兴增长热点。根据餐宝典（NCBD）发布的《2021 中国预制菜产业指数省份排行榜》，广东预制菜产业指数居全国首位。统筹推进数字农业、休闲农业、都市现代农业等新产业新业态高质量发展，深入实施"数商兴农"和"互联网+"农产品出村进城工程。持续深化市场体系建设，在全国首创"12221"农产品市场体系①，创设农产品"网络节+云展会"模式，菠萝、荔枝、柚、丝苗米等特色农产品保持产销两旺，有效推动乡村特色产业提质升级。

第二，实施海洋牧场工程。2023 年 4 月，习近平总书记考察广东时指出，中国是一个有着 14 亿多人口的大国，解决好吃饭问题、保障粮食安全，要树立大食物观，既向陆地要食物，也向海洋要食物，耕海牧渔，建设海上牧场、"蓝色粮仓"。广东高度重视海洋牧场示范区的建设，目前共有国家级海洋牧场示范区 15 处（位列全国第 4），所占海域面积超 12.5 万公顷（见图 5）。做大做强海洋经济，加快建设海洋强省，海洋牧场已经成为推动经济高质量发展的重要突破口、推进"百县千镇万村高质量发展工程"促进城乡区域协调发展的有力抓手。目前，广东省 45 个沿海县（市、区）面

---

① "12221"市场体系建设始于 2019 年，以湛江徐闻菠萝为试验田，破解"果贱伤农"难题。即建立"1"个农产品大数据，组建销区采购商和培养产区经纪人"2"支队伍，拓展销区和产区"2"个大市场，策划采购商走进产区和农产品走进大市场"2"场活动，实现品牌打造、销量提升、农民致富等"1"揽子目标。

积占全省的 26.3%、人口占全省的 40.6%、经济总量占全省的 38.7%，依托广东沿海各县独特的海洋资源，发展各具特色的现代化海洋牧场，下更大功夫做好"海"的文章，建成一批向海而兴、因海而富、依海而美的县，为全省城乡区域协调发展提供有力支撑。

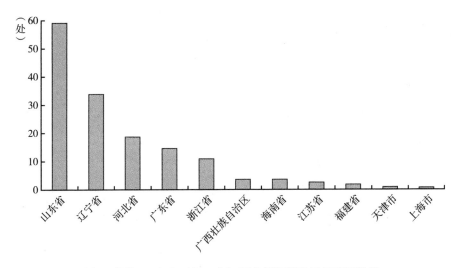

图5 沿海 11 个省（区、市）国家级海洋牧场示范区数量

作为国家海洋经济发展示范区，湛江经济技术开发区充分发挥海洋资源、装备产业和水产种业优势，大力发展深远海养殖和海洋牧场，建设高标准水产养殖基地，打造完善"海洋牧场+深水网箱""海洋牧场+海上风电""海洋牧场+休闲渔业"多产业融合发展模式，建设全球水产产业高地。

2022 年，全省水产品产量 894.14 万吨，同比增长 1.1%。其中，海水产品产量 458.39 万吨，增长 0.7%。水产品养殖比重逐年提升，从 2018 年的 82.9% 提升至 2022 年的 85.9%。其中，海水养殖比重从 2018 年的 70.5% 提升至 2022 年的 74.1%。发展现代化海洋牧场正成为广东省着力构建现代乡村产业体系、推动农业产业高质量发展的有力举措之一。

第三，实施标准品牌工程。树立标准意识、品牌意识，用标准引领农业高质量发展、用品牌赋能农业产业现代化是广东促进乡村振兴的有力抓手。2022年，广东坚持"标准助农""品牌兴农"，创建省乡村振兴标准化研究院，研究乡村振兴标准化"五个一"项目的可行性方案；实施标准化助力乡村振兴战略，发布或批准立项24项"粤菜师傅""南粤家政""广东技工"三大工程地方标准项目；实施"标准化+农村物流"行动，成立广东省物流标准化技术委员会，已发布禽肉冷链物流、冷藏车监控等30项团体标准及地方标准。在品牌建设上，加强地理标志保护，组织开展"春季地理标志保护专项行动"，支持地理标志产品注册商标，全省累计注册地理标志商标89件；大力推广涉农认证，全省有3146家单位获得食品安全管理体系认证证书3218张，居全国第1，517家单位获有机产品认证证书754张，100家单位获良好农业规范证书103张，414家单位获绿色食品认证证书675张，有效提高了农产品市场竞争力。[①]

（二）稳步推进产权制度改革，激活新型农村集体经济动力

近年来，广东持续稳步推进产权制度改革，发展新型农村集体经济，探索乡村资源要素开发和现代农业产业集群发展新模式，加强县域对农村现代产业发展的统筹协调，为多形式盘活集体资源资产、多路径壮大集体经济、多渠道促进农民增收提供支撑，推动农民财产性收入稳定增加，有力地促进了农村农民共同富裕和城乡协调发展。

第一，改革探索农村集体经济发展模式。2018年，广东发布《关于稳步推进农村集体产权制度改革的实施意见》，提出以管好用好农村集体资产为重点，切实加强农村集体资产管理、稳步推进农村集体经营性资产产权制度改革、健全完善农村集体经济运行体制机制。2019年，广东印发《关于

---

① 黄小桂：《广东"五项工程"全面推进乡村振兴》，《中国食品安全报》2022年7月7日，第2版。

坚持和加强农村基层党组织领导扶持壮大集体经济的意见》，巩固党在农村的执政基础，加快健全集体经济运行机制。广东省政府办公厅印发《关于加快推进农村承包土地经营权流转的意见》，提出加快推进农村承包土地经营权流转的十条意见，解决农村承包地细碎化问题。此外，广东还发布《广东省全面推进拆旧复垦促进美丽乡村建设工作方案（试行）》《广东省垦造水田工作方案》等政策性意见与工作方案。这些意见要求针对当前省内各地农村集体经济发展不平衡不充分的问题，在政策上与国家有关部署安排作充分衔接，并结合广东实际加强政策创新，为稳步推进农村集体产权制度改革、多形式盘活集体资源资产、多路径壮大集体经济、多渠道促进农民增收提供政策支撑。

第二，探索乡村资源要素开发新模式。积极开展发展壮大村级集体经济试点和发展新型农村集体经济专项改革试点。坚持省级统筹、市级主推、县级主导、乡镇主抓、行政村具体实施，不断总结推广"三变"，即"资源变资产、资金变股金、农民变股东"改革经验，通过投资经营、物业租赁、资源开发等多种形式壮大集体经济，纵深推进扶持村级集体经济试点。全力确保农村集体资产保值增值。加强"三位一体"监管，坚持健全"一本账"，织密"一张网"，清理"一份合同"。全省共建有市级平台 12 个、县级平台 133 个、镇级平台 1372 个，基本实现县镇全覆盖。加快活化利用农村集体资产资源。以推进村级工业园升级改造为载体，着力提升集体资产收益率。发挥城中村和传统农村地区各自区位优势、产业优势、资源优势，分类推进农村集体经济转型升级。广州市积极支持城市区域农村集体经济组织引进高端高质高新企业，建立各类创意园、工业园等创新园区；鼓励农村区域集体经济组织采取租赁、入股等形式，与相关企业合作发展现代农业、乡村旅游等项目。韶关市在城中村深入推进股份合作制改革，在城郊村加快土地资源流转，在远郊村大力发展乡村旅游。①

---

① 广东省农业农村厅课题组：《广东省农村集体经济发展报告》，载陈雪原、孙梦洁、周雨晴等《中国农村集体经济发展报告（2021）》，社会科学文献出版社，2021。

第三，改革探索现代农业产业集群发展新模式。农业产业集群发展离不开资金、土地、人才、技术等要素的集聚。创新投入机制，带动全社会参与，是做大做强现代农业产业集群的关键。近年来，广东省聚合资源要素高质量推进产业园建设，带动地方政府、社会资本、金融资金和农民的投入，形成了各种资源向乡村产业聚集的格局。2021年粤东西北地区131个省级现代农业产业园实际总投资362.2亿元，省级财政资金和地方、社会资金的比例为1∶4.8。2022年有137家涉农企业挂牌，41家企业获银行融资授信约22亿元。同时，广东敢于活用用地指标，支持涉农第二、第三产业发展，对利用存量建设用地建设农业产业园农副产品加工、食品饮料制造、农产品冷链、物流仓储、产地批发市场和小微企业、休闲农业、农村电商等项目的，按照"三旧"改造政策标准予以建设用地指标奖励，有力破解了农业加工产业链条短等难题。"功以才成，业由才广"，只有强化人才队伍，才能吸纳农业科技资源，促进农业园区创新创业。成立广东省农业科技创新联盟，创新"院地合作""校地合作"模式，每个产业园对接3~4个专家团队，吸引科技人才全方位提供科技服务。目前，广东全省农业园区已与科研院所共建88个产业研究院、研究中心、分布式服务站、产业学院等，建立了"一园多团队"的科技支撑机制、专家服务团队工作制度。在产业园创建了100个县级农业科技服务驿站，鼓励培育农业专业化社会化服务组织，推进农业生产托管服务。

（三）推进乡村振兴示范带建设，打造标志性品牌

乡村振兴示范带建设是广东省委省政府全面推进乡村振兴的重大部署，顺应了三农工作重心的历史性转移，是新阶段广东全面推进乡村振兴的必然要求，是促进城乡融合发展、实现共同富裕的有效探索，目的是打造以中心村为节点、圩镇为枢纽，串点成线、连线成片、集片成带，同步推进乡村发展、乡村建设、乡村治理的先行示范带，进而辐射带动乡村全域全面振兴。乡村振兴示范带是统筹推进五大振兴的"示范片""先行区"，对广东全面实施乡村振兴战略及推动城乡融合发展、县域经

济发展、打造广东乡村振兴标志性品牌、迈进全国第一方阵具有重要作用。广东率先探索建设乡村振兴示范带，为全国推动乡村振兴发展贡献了广东方案。

第一，发挥各地资源要素优势，推动特色产业布局和集聚发展。广东坚持因地制宜、突出特色，引导各地通过优化产业空间布局，高效配置示范带内资源、人才、技术、资金等关键要素资源，推动示范带产业振兴。将乡村振兴示范带打造成为特色产业聚集发展新模式。广东将乡村振兴示范带建设与美丽圩镇、美丽乡村、美丽庭院、绿道碧道、乡村旅游、森林乡村等建设发展紧密结合，以国家级/省级现代农业产业园为载体，推动农业产业与旅游、教育、文化、康养等产业深度融合，延伸带动建设田园综合体、农业示范基地等项目，推动主导产业向示范带连片集聚。利用数字技术和现代科技赋能示范带建设。将数字技术贯穿于示范带建设各环节，不断丰富产业形态，着力引培"链主"龙头企业，推动示范带上的产业链、创新链、人才链深度融合，促进形成特色产业集群。重点打造"一县多园""一园多村"的产业集聚和合作能力，构建形成资源共享、协调推进、多方共建的示范带发展新机制，推动示范带上各村围绕同一主导产业抱团发展，在更大范围内合力打造区域特色产业集群，提升特色产业集群规模、能级和水平。

第二，以标杆引领乡村振兴示范带连片建设，实现从"松散碎片化"到"聚合整体性"转变。广东积极采用标杆示范引领方式破解乡村振兴"松散碎片化"问题。首先，在各县、各街镇密集打造乡村振兴示范村，示范村汇集打造示范片区，推动串点成线、连线连片、聚片成面的乡村振兴示范带连片发展，连续举办乡村振兴大擂台和"广东省十大乡村振兴示范带"评选等活动，形成比学赶超的浓厚氛围，激发各地建设乡村振兴示范带的积极性。其次，乡村振兴示范带建设从省内各地自主探索转向省级层面统筹谋划，开始形成一批特色鲜明、辐射带动能力强的乡村振兴示范带，成为稳步推进乡村建设的主抓手，实现示范带建设"聚合整体性"转变。最后，通过乡村振兴示范带"点的示范"实现

"面上带动"。把乡村振兴示范带同国家新型城镇化、城乡统筹发展战略相结合，促进城乡融合发展和产业转型升级，提升生态效益，带动居民增收致富。

第三，多措并举筹资金，全力支持乡村振兴示范带建设。广东探索构建以财政资金为引导、撬动社会资本多方力量进入的多元投入机制，2022年从省级涉农资金中安排10亿元用于奖励，并撬动社会资金参与建设。加强与银行、保险等金融机构合作。广东鼓励金融机构创新金融产品，探索股权债权联动、基金直投、基金引导、中长期信贷融资等多种方式，充分利用广东省农业供给侧结构性改革基金，引导更多的金融资源投入示范带建设。构建多元资金筹措体系。积极发动龙头企业、社会乡贤、对口协作地区的社会力量参与乡村振兴示范带建设，并通过涉农资金、专项债、土地资本等积极拓展筹资渠道。坚持建设与运营并行。以办工业的理念办农业，用经营城市的理念经营示范带，让资本流进来，盘活现有农村资产，依托示范带建设带动沿线土地、资产、生态产品稳步增值，不断扩充建设资金。创新组织经营模式。通过创新"股票田""股票宅"等方式，推动农户和集体经济组织成为示范带建设的主体，构建形成新的利益联结机制。①

（四）系统谋划帮扶协作，激发县域经济发展新动能

广东着力巩固拓展脱贫攻坚成果，将帮扶对象、帮扶力量、帮扶资源从行政村上提一级到乡镇，进行从"驻村帮扶"到"驻镇帮镇扶村"的开创性探索，为全面推进乡村振兴、破解城乡区域发展不平衡难题注入了"催化剂"，也为全国新阶段巩固拓展脱贫攻坚成果、全面推进乡村振兴开拓了新路径。

第一，创新驻镇帮镇扶村机制，联动发达区域与欠发达区域协同发展。广东为巩固拓展脱贫攻坚成果，将帮扶对象、帮扶力量、帮扶资源

---

① 淦馨莹：《乡村振兴示范带建设的四大经验》，赛迪顾问微信公众号，2022年11月24日。

从行政村上提一级到乡镇，颁布了一系列配套政策，形成了一套较为完整的"驻镇帮镇扶村"体制。与以往驻村帮扶做法不同，驻镇帮镇扶村在帮扶对象、帮扶内容、帮扶主体、帮扶理念上进行了全新的探索。帮扶对象上实现从单一到全面的转变，由过去仅关注"贫困群体"这单一对象，转变为关注农村及农民整体发展。帮扶内容上实现从特定到多维的扩张，由过去实现贫困村、贫困户的脱贫工作目标，转变为注重对乡村建设发展的全局统筹安排，涵盖经济、社会、文化、治理和生态等多维治理工作。帮扶主体上实现从单一到团队的扩张，开发"组团式"帮扶新模式。帮扶理念上实现从单向帮扶发展到协同帮扶的转变，以镇为中心，资源上下传导、多元主体合作，形成企业、社会组织、农村"两委"组织和农民一起上、全社会共同帮扶的大格局。① 驻镇帮镇扶村工作有效整合了帮扶资源力量，实现了由点到面的突破，能够更好地发挥乡镇上连县、下接村再接广大人民群众的纽带作用，成为破解城乡区域发展不平衡难题的"催化剂"。

第二，创新驻镇帮镇扶村机制，有效激活多要素搭配组合及其效率。广东在精准帮扶完成后，将帮扶单位由"村"提升到"镇"，并转为全域全覆盖的组团式帮扶，进而全面推进乡村振兴。作为帮扶新机制的先行者，广东的最新实践为探索乡村振兴新体制提供了经验参考和理论探讨空间。② 这种村镇帮扶机制，关键在于实现队伍、资金、治理与项目制等多重要素的组合联动。立足实际，选优配强组团帮扶队伍。发挥乡镇连接城市、服务乡村的作用，创造性地建立驻镇帮镇扶村新体制，将帮扶对象由行政村上提一级到乡镇，将全省1127个乡镇分为重点帮扶镇、巩固提升镇和先行示范镇三类，有机整合"党政机关+企事业单位+农村科技特派员"、"三支一扶"人员、志愿者、金融助理等帮扶资源力量，推动

① 张运红、周盈喜、梁绍梅等：《统合治理：广东驻镇帮镇扶村工作机制的创新之路》，《南方农村》2022年第6期。
② 叶林、雷俊华、陈城：《乡村振兴中的混合治理——基于广东驻镇帮镇扶村的政策分析》，《中国治理评论》2022年第2期。

工作着力点从过去在村一级向镇村两级统筹发展转变，强化省对县（市）的纵向帮扶，大力实施城乡融合发展破壁建制行动，促进都市圈内中心城市与周边城乡同城化发展，推动珠三角与粤东西北全面建立县级结对帮扶关系。拓宽渠道，建立多元资金投入机制。广东对粤东西北地区 12 个市和肇庆市所辖 901 个乡镇，由省（市、县）财政按 6：3：1 安排每个乡镇平均每年 2000 万元专项资金帮扶。2021～2022 年，省级共下达驻镇帮镇扶村资金 174 亿元，其中 2021 年 45 亿元、2022 年 129 亿元，珠三角帮扶市共拨付帮扶资金 108.1 亿元。2022 年省（市、县）三级财政投入驻镇帮镇扶村资金达 312.3 亿元。上下协同，建立镇村共同治理体系。广东驻镇帮镇扶村体制既有自上而下的科层动员，也有自下而上的社会动员。科层动员主要通过党建引领、行政指令与考核、跨级互动等方式来实现。通过党建贯彻以习近平同志为核心的党中央治理理念，强化驻镇帮扶的必要性和重要性。以行政指令的方式将精英力量吸纳进入乡村治理体系之中，使其成为驻镇帮扶的坚定支持者和参与者。驻镇帮镇扶村工作由单一帮扶向组团帮扶转变、由解决贫困问题向乡村全面发展转变、由帮助村级脱贫向镇村融合发展转变。先后组合，探索"项目制"运作新模式。广东省以"项目制"推进驻镇帮镇扶村工作，统筹整合政策、资金、人才、技术等各类资源，以"项目"作为载体向下级政府"发包"，驻镇工作队在项目申报、落地、实施、监管和评估等工作中为当地提供资源链接、智力支持与政策保障，帮助基层政府及乡村争取更多资源，推动当地发展提质增效。

三 短板及不足：广东城乡发展仍然不平衡不充分

广东在探索乡村振兴高质量发展中取得了突出成效，但与农业农村现代化要求相比仍然有较大差距，县域经济整体实力不强、镇村内生动力不足、农村公共服务欠账大，城乡区域发展不平衡不充分问题仍然是最突出的短板。

（一）区域发展不平衡，县域经济整体实力不强

一是区域发展不平衡不充分。2022 年广东 21 个地级市中只有广州（15.3 万元）、深圳（18.3 万元）、珠海（16.4 万元）、佛山（13.2 万元）、东莞（10.6 万元）和惠州（8.9 万元）6 个城市的人均 GDP 高于全国平均水平（8.6 万元）；粤东西北 12 市有 11 市（除茂名外）人均 GDP 不到全国平均水平的七成，而粤东西北常住人口占全省近四成，说明这些地区整体发展水平相对落后，在一定程度上反映了广东县域经济发展实力不强。根据《中国县域统计年鉴》，以最为发达的东部粤、闽、浙、苏、鲁五省为例，2000~2020 年，县域制造业产值在全省制造业中一直保持着相当大的比重。五省中广东最低，占 1/3，这与广东省的区划调整有关。另外四省的比重普遍保持在 50% 以上，近年来浙江在 2/3，而江苏则上升到 70%。

二是粤东粤西粤北县（市）经济发展基础支撑不足。产业集聚能力不足，资源综合利用效率不高，第二产业增加值较低。2021 年，县（市）第二产业增加值全部低于 200 亿元，低于 50 亿元的占到一半，规模以上工业企业数量停留在个位数的县（市）仍有 2 个。粤东粤西粤北县（市）第三产业增加值比重也整体偏低，低于 0.5 的占 57.78%，0.5~0.6 的占 40%，0.6 及以上的占 2.22%，导致经济韧性较弱，就业承载力有限。

（二）城乡发展不平衡，农村公共服务欠账大

一是农民收入水平有待提高、城乡收入差距依然较大。2022 年全省农村居民人均可支配收入 22306 元，排在全国第 7 位，低于上海（39729 元）、浙江（37565 元）、北京（34754 元）、天津（29018 元）、江苏（26791 元）、福建（24987 元）；城乡居民收入比为 2.46，高于全国 23 个省份，显著高于天津（1.83）、浙江（1.90）等省份。省内各区域农村居民可支配收入差距相对较大，如东莞是揭阳的 2.4 倍，区域发展不平衡加大了全省的城

乡收入差距。

二是城乡存量资产差距较大。与城市"房地分离"的制度设计不同，农村"房地一体"的制度设计导致农民的宅基地使用权权能不完整，农民房屋在现行法律和政策下难以独立于宅基地使用权入市交易。农村资本积累非常有限，2022年，广东涉农贷款余额2.1万亿元，仅占全省各项贷款余额的8.6%，低于全省农村合作机构本外币贷款余额（3.9万亿元）和各项贷款余额（2.7万亿元）。集体资产形式单一，缺乏股权、债券等高市场回报率的金融资产，2021年全省村组集体资产中长期股权投资428.81亿元，占比仅为4.9%。

三是城乡公共资源配置存在较大差距。农村基本公共服务投入相对不足，医疗、教育、社会保障、金融服务等公共服务方面历史欠账较多，交通、绿化、供电、供水以及环卫等配套设施建设与城市相比差距较大。目前广东城乡每千人卫生技师数之比为2.3∶1，每千人执业医师数之比为2.24∶1，均高于全国平均水平。农村基本公共服务供需匹配度有待提高。相对于城市居民，农村居民对基本公共服务供给决策的参与度不足，公共服务供给错配问题仍然存在。

（三）内生动力不足，资源要素从乡村向城市净流出的局面尚未得到扭转

资源要素的集聚是乡村振兴的关键，其流动的方向往往决定经济预期。从广东人口、资金和土地供应的情况看，资源要素从乡村向城市净流出的局面尚未得到根本性的扭转，导致农村乡村振兴的内生动力不足。

人口方面，农村净流出持续，从粤东西北地区向珠三角地区集聚，也就是农村向城市流动的趋势仍然明显。第七次全国人口普查数据显示，2010～2020年，珠三角9市属于人口净流入地区，除江门、肇庆外增速均高于全省平均水平，而粤东西北地区的汕尾、梅州、揭阳、河源、潮州、湛江等地则属于人口净流出地区，只有清远、阳江增速高于全国平均水平（见图6）。

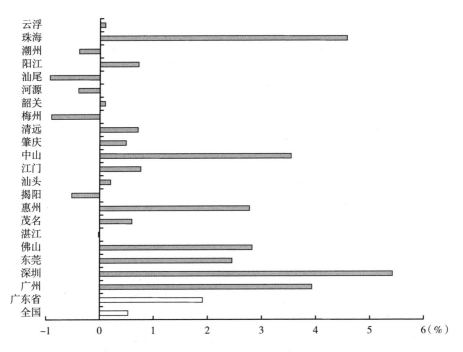

图6　2010~2020年全国、广东省及部分广东地级及以上市人口年均增速

资料来源：《广东省第七次全国人口普查公报》。

人口从乡村向城市流出，也意味着乡村人才流失，乡村振兴的后劲不足。第七次全国人口普查数据显示，农村人口占据大部分的粤东西北地区，人口受教育程度较珠三角地区要低，以每10万人口中拥有大专及以上教育程度人数为例，城市人口集中的广州、深圳、珠海分别达到2.73万人、2.88万人、2.58万人。而城镇化率较低的粤东西北地区12市，每10万人口中拥有大专及以上教育程度人数均低于1万人，揭阳、汕尾、云浮、潮州等市，更是分别只有0.44万人、0.52万人、0.68万人、0.77万人。此外，粤东西北地区人口老龄化程度也明显高于珠三角地区。人才振兴是乡村振兴的题中应有之义，人口特别是青壮年劳动人口向城市流动，这是乡村振兴面临的现实考验之一（见表5）。

表5　广东各地常住人口年龄占比

单位：%

地区	占总人口比重			
	0~14 岁	15~59 岁	60 岁及以上	其中:65 岁及以上
广东省	18.85	68.80	12.35	8.58
广州市	13.87	74.72	11.41	7.82
深圳市	15.11	79.53	5.36	3.22
珠海市	15.88	74.12	10.00	6.64
汕头市	22.28	62.20	15.52	10.67
佛山市	15.11	74.37	10.52	7.35
韶关市	21.60	60.02	18.38	13.12
河源市	25.28	58.25	16.47	11.74
梅州市	23.50	56.46	20.04	14.41
惠州市	20.76	69.19	10.05	6.83
汕尾市	25.88	59.20	14.92	10.60
东莞市	13.12	81.41	5.47	3.54
中山市	15.69	75.44	8.87	5.98
江门市	16.02	65.72	18.26	13.01
阳江市	22.48	60.53	16.99	12.48
湛江市	26.08	57.13	16.79	11.93
茂名市	27.07	56.13	16.80	12.09
肇庆市	22.16	61.43	16.41	11.81
清远市	23.33	60.34	16.33	11.62
潮州市	19.30	61.53	19.17	13.27
揭阳市	25.53	58.36	16.11	11.30
云浮市	25.12	57.44	17.44	12.50

资料来源:《广东省第七次全国人口普查公报（第四号）——人口年龄构成情况》。

资金方面，县（市）资金流失问题较为突出。2021年粤东西北地区住户储蓄存款余额为9557.55亿元，金融机构各项贷款余额为7371.21亿元，存贷差 2186.34 亿元，资金通过市场流动到发达区域，导致当地经济发展的资金存在较大缺口。再加上部分县（市）财政约束明显，2021 年粤东西北地区 45 个县（市）存在财政赤字，其中财政赤字超过 50 亿元的有 15 个，超过 70 亿元的有 4 个。

四 前景展望：以新战略新路径统筹城乡协调发展全局

广东全面推进乡村振兴站到新的历史起点上，乡村必将成为"再造一个新广东"最广阔的经济发展纵深。必须高举习近平新时代中国特色社会主义思想伟大旗帜，坚持党建引领，扎实推进乡村产业、人才、文化、生态、组织振兴，守住农业基本盘，守好"三农"这个应变局、开新局的压舱石，围绕把短板变成"潜力板"持续发力，增强粤东西北地区发展的内生动力，以新战略新路径在新时代、新征程上推动农业强起来、农村美起来、农民富起来。

（一）全面加强党建引领，提升乡村治理体系和治理能力的现代化水平

习近平总书记强调，要完善党组织领导的自治、法治、德治相结合的乡村治理体系，让农村既充满活力又稳定有序。党建是推动乡村振兴的"第一抓手"，基层党组织建设在乡村振兴中起着固本强基的重要作用。广东将坚持和发展新时代"枫桥经验"，着眼增强基层治理能力，深入推进赋权强基，着眼健全基层治理体系，深入推进党组织领导的自治、法治、德治相结合，着眼提升基层治理效能，深入推进管理服务创新，切实把党的领导贯穿基层治理全过程各方面，加快建立健全基层治理体制机制，持续强化农村基层党组织建设，健全乡村治理体系，更有力地促进农业高质高效、乡村宜居宜业、农民富裕富足。

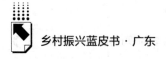
（二）深入实施"百千万工程"，加快形成区域城乡协调发展新局面

城乡区域发展不平衡是广东高质量发展的最大短板，习近平总书记对广东破解这一难题始终牵挂在心，多次做出重要指示、提出明确要求。"百千万工程"是广东的优势塑造工程、结构调整工程、动力增强工程、价值实现工程。要认真学习借鉴浙江"千万工程"经验，完整、准确、全面地贯彻新发展理念，推动城乡融合发展，以头号工程的力度推进实施"百千万工程"。一是发挥县域联动城乡经济的作用和功能。把县域作为城乡融合发展的重要切入点，推进空间布局、产业发展、基础设施等县域统筹，把城乡关系摆布好处理好，一体设计、一并推进。进一步发挥县域联动城乡经济作用，加快推进以县城为重要载体的城镇化建设，推进基础设施提档升级，增强县城的综合承载能力和引产聚人的能力，积极推进扩权强镇，加快城乡等值化发展。二是推进有地方特色的强镇兴村富民行动。将镇街建设纳入乡村振兴战略实施范畴，与乡村建设同步振兴，从镇层面进行统筹整合、强化力量配置、调配资金资源，提升镇域整体公共服务能力，促进城市基础设施向农村延伸和覆盖，着力形成城乡相互融合、互为促进、联动发展的局面，实现镇村联动、互促互融、协同发展。针对镇街特色特点，注重历史文化传承，推进历史文化特色兴镇、一镇一业，塑造地区特色镇街特有风貌，分类打造工业重镇、农业大镇、商贸强镇、文旅名镇、生态美镇，增强产业持续发展后劲，吸纳更多农村劳动力就近就业创业，为镇街发展注入活力。三是提升乡村向上承接资源的能力。强化乡村组织体系能力建设，建立以基层党组织为领导、村民自治组织和村务监督组织为基础、集体经济组织和农民合作组织为纽带、其他经济社会组织为补充的村级组织体系，形成强大的资源承接的组织基础。壮大家庭农场、农民合作社、农业企业等新型农业经营主体，健全小农户利益联结机制，形成优质资源承接的高效利用基础。扩大农民技能培训覆盖面，深入实施新型职业农民培育工程。重点保障乡村产业发展用地。

（三）加快补齐"三农"短板，促进城乡高效融合发展

一是持续推动农民增收。把促进农民富裕富足作为乡村振兴的出发点和立足点，健全农民种粮收益保障机制，加快发展县域富民产业，培育家庭农场、农民合作社、农业产业化龙头企业等现代经营主体，强化龙头企业带农富农的利益联结机制，聚焦关键薄弱环节和小农户，加快发展农业社会化经营主体，支持农业服务公司、农民合作社等各类主体发展生产托管服务，不断提高农民经营性收入。

二是夯实城乡融合的产业根基。着力解决农业规模小、成本高和竞争力弱的问题。一方面，要继续做大做强优势特色产业，打造特色鲜明、链条完整的农产品精深加工产业集群，持续培育休闲、康养、生态等新经济新业态，不断向科技创新要动力、向产业融合要效益、向规模经营要效率、向品牌提升要口碑，重塑乡村产业价值体系，构建有竞争力的现代乡村产业体系。另一方面，要进一步壮大家庭农场、农民合作社、农业企业、农业社会化服务组织等新型农业经营主体，健全小农户利益联结机制，加快农业发展新旧动能转换。此外，要充分发挥乡村资源优势，因地制宜扶持发展乡村特色产业，丰富具有地域特色的农业产业园类型，培育壮大省级、地市级特色农业产业园梯队，在错位发展过程中带动各地区现代农业协调发展。[①]

三是强化科技赋能，在数字经济助推城乡融合发展上实现新突破。聚焦农业高质高效、乡村宜居宜业等目标任务，进一步明确数字经济在高质量发展中的价值和作用，实施绿色引领、融合发展的乡村数字产业提升行动。充分借助数字经济优势，加快推进乡村信息化建设，缩小"数字鸿沟"。借助人工智能、物联网技术、大数据、云计算、区块链等技术手段赋能农业生产，积极发挥科技创新的动力，大力促进科技创新，提高农业资源使用效

---

① 杨生发：《广东现代农业产业园建设成效、特色及其启示》，《中国热带农业》2023年第2期。

率，推动农村地区产业转型升级，为农业农村现代化发展奠定坚实的基础。① 通过金融科技为农业企业提供信用标签、风险画像等服务，破解银企信息不对称难题。② 积极探索线上销售和社区团购等基地直供模式，借助冷链物流体系和网络平台拓宽销售渠道，提升"粤字号"农产品品牌影响力。

（四）高标准打造示范带品牌，全域提升乡村发展能级

一是坚持高规格高定位规划引领示范带建设。将示范带建设工作纳入"百县千镇万村高质量发展工程"之中，明确落实乡村振兴示范带重点方向和工作抓手，充分发掘示范带内资源、市场、文化、区位等优势，统筹推进山水林田湖草修复和乡村风貌塑造，突出各地乡村振兴示范带建设的独特内涵和主题，围绕重点产业园、产业示范基地、田园综合体等重点项目来谋划，促进产业资源、优势资源向示范带连片集聚，推进资源禀赋相似、文化民俗相通的村社围绕同一示范带抱团发展，打造独具地方特色的示范带项目，分步分类打造乡村振兴综合体。

二是深入推进宜居宜业和美乡村建设。持续实施安居工程，抓好县域村庄布局、村庄规划和农房设计，落实镇级主体责任，发挥农民主体作用，推进村庄格局风貌蕴含乡风乡韵乡愁。稳步推进乡村建设，持续推进人居环境整治，统筹城乡公共服务和基础设施建设，连线连片建设美丽城镇和绿美乡村。把乡镇的镇区（或圩镇）建成服务"三农"的地方中心，大力提升县城综合服务能力，提升小城镇的综合功能和人居环境品质，把乡镇建成乡村治理中心、农村服务中心、乡村经济中心。健全党组织领导的乡村治理体系，加强农村精神文明建设，着力推进移风易俗，建立科学评价体系，对城乡风貌进行动态数量化评估，实现精细化管理和常态化管控。

三是抓好百校联百县助力高质量发展工程的"双百行动"。实施百校联

---

① 广东驻镇帮镇扶村工作课题组：《驻镇帮镇扶村——广东乡村振兴的重要举措和制度创新》，《农村工作通讯》2023 年第 9 期。
② 翁榕涛：《探索资本"下乡"新路径：广东多层次资本市场为乡村振兴注入发展动能》，《21 世纪经济报道》2022 年 9 月 23 日，第 14 版。

百县助力"百县千镇万村高质量发展工程"是学习贯彻习近平总书记视察广东重要讲话、重要指示精神，贯彻落实省委"1310"具体部署的重要抓手，"双百行动"有利于增强县镇村发展的人才、智力和科技支撑，推动高校师生在更广阔的空间施展才华、把论文写在祖国大地上。"双百行动"的主要任务是强化产业发展科技支撑、强化城乡规划建设服务，突出基本公共服务支持、基层人才培养培训，助力集体经济运营、参与基层改革创新探索、提供决策咨询服务。把示范探索与久久为功结合起来，在建立机制、探索经验、形成示范上下功夫求实效。要统筹考虑高校办学特色、资源优势与县域的区位条件、产业基础、发展方向等，科学确定结对关系。按照"县域所需、高校所能"的原则确定工作目标、工作任务，同时鼓励各地市根据自身实际安排所属高校院所参与市域内帮扶。作为"双百行动"的主阵地，县域要做好对接与服务保障工作，全力支持结对高校院所的落地项目，深化合作共建，打造互利共赢的长远发展机制。

（五）系统深化农村集成式改革，夯实新时代乡村振兴根基

一是深化农村土地制度改革。统筹推进农村"三块地"改革。完善农村承包地"三权分置"制度，创新"股票田"、连片流转、土地托管等模式，扩大经营规模，落实农村集体"统一经营"的主体责任，进一步创新集体所有制的实现形式。稳慎推进宅基地制度改革，聚焦保障居住、管住乱建、盘活闲置，在确权登记颁证基础上加强规范管理，探索完善集体所有权、农户资格权、宅基地使用权等权利内容及其配置的实现形式，探索完善宅基地分配、流转、抵押、退出、使用、收益、审批、监管等制度的方法路径，发展休闲农业、乡村旅游、乡村民宿、电子商务等新业态。深化集体经营性建设用地入市试点，支持村集体依法把有偿收回的闲置宅基地、废弃的集体公益性建设用地入市，建设城乡统一的建设用地市场。

二是探索新型农村集体经济发展路径。盘活农村闲置资源，充分挖掘和整合利用闲置和低效的集体资源资产，组建新型集体经济组织。深化农村集体经营性资产股份合作制改革，重点探索集体资产股份有偿退出、抵押、担

保等权能和新增人口股份权能的实现形式。深入开展新型农业经营主体提升行动，支持家庭农场组建农民合作社、合作社根据发展需要办企业，带动小农户合作经营、共同增收。健全城乡统一的农村产权流转交易市场和交易管理服务平台，探索股份制发展新型集体经济的有效模式，推行资源发包、物业出租、居间服务、资产参股等形式，提高集体经济收入和服务带动能力，不断完善农村集体资产价值实现机制。

三是筑牢粮食安全保障制度。守牢"抓好粮食生产和重要农产品供给"底线，稳定提升粮食综合生产能力。推动健全种粮农民收益保障机制和粮食主产区利益补偿机制，通过税收优惠、专项补助和贷款贴息等方式，在省级层面统筹建立粮食专项财政补偿体系，引导主销区主动参与主产区粮食生产基地、仓储设施、加工园区、网络营销、物流运输的建设，变"供需合作"为"供应链合作"。①

四是加快推动农村集体经济组织机制创新。进一步创新农村集体经济组织机制，建立健全农业社会化服务体系。以集体经济组织为核心、为平台，构建农业生产社会化服务体系；以经济联社（村集体）为纽带实现经济社（股份社）的联合与生产分工。统筹农村土地资源利用，优化农村土地与各要素配置，支持家庭农场、农民专业合作社、农民专业合作社服务中心、农业生产托管运营中心和农业产业化联合体发展，促进家庭农场间、小农户间、龙头企业与小农户间、龙头企业间联合生产、协作经营，提高土地利用规模效率，以集体经济组织为平台，通过数字化赋能，助力小农户参与社会化分工，实现与现代农业发展的有机衔接、与大市场的有效对接。同时，以农村集体经济组织为基本单元，以"县—镇—村"联动机制为内生动力，培育村社内置金融，培育、强化农业农村发展内生性输血功能，支持涉农企业、农民专业合作社、农业社会化服务组织、供销合作社、邮政物流企业、银行保险机构等开展生产托管服务、技术服务、农民培训、金融服务，以及农产品保鲜、加工、包装、仓储、流通等服务，推进以县城为载体的新型城

---

① 郭乃硕：《完善粮食主产区利益补偿机制》，《人民政协报》2023年3月6日，第17版。

镇化建设，优化各类产业镇、功能镇、特色镇分布格局，实现县域经济发展
框架下城乡第一、第二、第三产业全域融合发展。

参考文献

习近平：《加快建设农业强国　推进农业农村现代化》，《求是》2023 年第 6 期。

习近平：《论"三农"工作》，中央文献出版社，2022。

郭跃文、顾幸伟主编《广东乡村振兴发展报告（2022）》，社会科学文献出版社，2022。

刘守英、程国强等：《中国乡村振兴之路——理论、制度与政策》，科学出版社，2021。

张乐柱：《乡村振兴的镇域模式探索：云城实践》，中国农业出版社，2021。

岳经纶、吴永辉：《从资源分配到资源创造：再分配逻辑下的省内对口帮扶——基于广东的实践》，《学术研究》2023 年第 4 期。

王丽、廖钢青：《共同富裕视域下全面推进广东乡村振兴战略研究》，《新经济》2023 年第 4 期。

李沐纯、王子翀、吴星南：《广东乡村治理机制的演变路径与模式创新》，《广州社会主义学院学报》2022 年第 3 期。

曲霞、文晓巍：《乡村振兴背景下韧性乡村的影响因素与示范带耦合分析》，《学术研究》2022 年第 12 期。

魏后凯、王贵荣主编《中国农村经济形势分析与预测（2022~2023）》，社会科学文献出版社，2023。

程明、方青：《乡村振兴与新型城镇化战略耦合机理研究——基于城乡要素流动的视角》，《华东经济管理》2023 年第 5 期。

高强、薛洲：《以县域城乡融合发展引领乡村振兴：战略举措和路径选择》，《经济纵横》2022 年第 12 期。

李婧瑗：《以县域高质量发展推进乡村振兴》，《中国社会科学报》2023 年 2 月 22 日，第 5 版。

周林洁、傅帅雄：《乡村振兴战略下解决"三农"问题的逻辑、关键与路径》，《农业经济》2023 年第 3 期。

唐任伍、马志栋：《县域崛起推动共同富裕的作用机理与路径选择》，《浙江师范大学学报》（社会科学版）2023 年第 3 期。

龚燕玲、高静、刘畅：《新型农村集体经济发展的逻辑进路与案例剖析》，《农林经济管理学报》2023 年第 4 期。

B.2
2022年广东乡村振兴指数评价报告

李宜航　陈世栋*

摘　要： 本报告根据"产业兴旺、生态宜居、乡风文明、治理有效、生活富裕"总要求，构建广东乡村振兴指数评价指标体系，对广东各地市乡村振兴发展成效进行综合评价。与2021年相比，2022年指数数值有所升高，各城市指数分异特征明显，深圳、广州和东莞名列前三。虽然以广深两市为代表的8个城市指数数值相较上年有所下降，但另外13个城市有明显的提升，提升的总幅度大于下降的总幅度。总体上，珠三角核心制造业大市，特别是特大城市和超大城市，指数数值位居前列，工业化、城镇化水平较高地区，对乡村振兴发展的带动水平也较高。广州"产业兴旺"和"生态宜居"两大分项指标均排在第1位；深圳"治理有效"和"生活富裕"两个分项指标排在全省第1位；东莞则在"乡风文明"方面排在全省第1位。在国际地缘格局持续动荡影响下，外部的不确定不稳定因素对粮食安全的影响依然严重，粤东西北农业大市则在粮食供应方面具有明显优势。

关键词： 乡村振兴　绩效评估　"百千万工程"　广东省

---

* 李宜航，广东省社会科学院党组副书记、副院长、机关党委书记，主要研究方向为中国特色社会主义理论、党建理论；陈世栋，广东省社会科学院经济研究所研究员，博士，主要研究方向为城乡关系与区域发展。

乡村振兴是推动实现中国式现代化的重点领域。① 党的十九大报告提出了实施乡村振兴战略，按照"产业兴旺、生态宜居、乡风文明、治理有效、生活富裕"② 总要求，建立健全乡村振兴发展体制机制，促进农业农村现代化加快发展。③ 党的二十大报告又将建设"农业强国"提到前所未有的高度，我国由农业大国向农业强国转变是实现中国式现代化的重要支撑，也是乡村振兴工作的主要遵循。2023 年广东乡村振兴工作主要聚焦"百县千镇万村"工程、建设现代化海洋牧场、促进农民农村共同富裕、深化农村土地制度改革、抓好责任落实等方面，部署新举措新任务。④ 广东推进现代化建设，最艰巨最繁重的任务在农村，最广泛最深厚的基础也在农村⑤。乡村振兴工作已经推行数年，对其发展成效进行评估是深化部署未来工作的重要依据，作为一项系统工程，乡村振兴战略实施面广量大，发展成效需要合理的指标体系才能反映。本项评估工作一方面有利于掌握乡村振兴的总体进展，为各地及各部门工作提供量化指导依据；另一方面，可以对不同地区进行监测，总结实践经验并发现问题，提出相应对策。⑥

一 乡村振兴指数设计

以中央关于全国乡村振兴指示精神为指导，围绕广东实际情况，结合数据可获得性和可比较性，形成科学合理的指标评价体系。

---

① 李国鹏：《以城乡融合发展推动乡村振兴的路径探析》，《农业经济》2019 年第 3 期，第 33~34 页。
② 张宇伯、王丹：《乡村振兴视野下和美乡村建设评价模型研究》，《中央民族大学学报》（哲学社会科学版）2023 年第 3 期，第 168~176 页。
③ 《进入新时代 谱写新篇章》，《人民日报》2017 年 10 月 19 日，第 9 版。
④ 指 2023 年 6 月分布的《中共广东省委 广东省人民政府关于做好 2023 年全面推进乡村振兴重点工作的实施意见》。
⑤ 李希：《忠诚拥护"两个确立"坚决做到"两个维护"奋力在全面建设社会主义现代化国家新征程中走在全国前列创造新的辉煌——在中国共产党广东省第十三次代表大会上的报告（2022 年 5 月 22 日）》，广东省人民政府，2022 年 5 月 31 日，http：//www.gd.gov.cn/gdywdt/zwzt/sdsscddh/ddhyw/content/post_ 3940551.html。
⑥ 张挺、李闽榕、徐艳梅：《乡村振兴评价指标体系构建与实证研究》，《管理世界》2018 年第 8 期，第 99~105 页。

（一）主要原则

第一，思想性与政治性相统一。指标体系必须充分体现乡村振兴的基本内涵，遵循乡村发展演进规律和城乡关系演化要求。本报告以习近平新时代中国特色社会主义思想为指导，以政治经济学和系统的思维，从乡村振兴影响要素之间的相互关系着手，综合考虑多维度选择相应的评估指标。

第二，前瞻性与现实性相统一。评价要结合现实情况，特别是应与当前乡村振兴任务相结合。同时，还要考虑未来趋势，即评价指标要具有一定的前瞻性，对今后的发展起到预测和指导作用。

第三，科学性与简洁性相统一。指数设计兼顾系统性、导向性，在数据可得性基础上，强调评价指标的可比性，以利于横向对比以及长期跟踪评估。

综上，本报告围绕"产业兴旺、生态宜居、乡风文明、治理有效、生活富裕"5个层级的目标，经综合比对各类研究，构建指标体系，运用多种方法进行检验，最终对评价结果进行细化总结（见图1）。

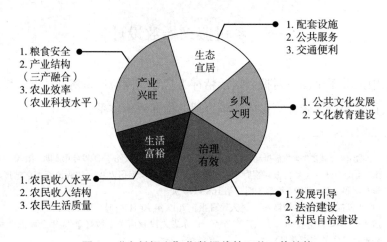

图1 "乡村振兴"指数评价的五位一体结构

（二）指标构成

衔接国家和广东乡村振兴"五位一体"要求，按照指标重要性，将一级指标分解为 24 个二级指标，从不同层面反映乡村振兴态势（见表1）。

第一，产业兴旺。主要考虑粮食安全、产业结构（三产融合）、农业效率（农业科技水平）等因素。经比较，粮食安全通过粮食产量占比（本市占全省比重）和粮食自给率来反映。产业结构（三产融合）通过农产品加工产值占农业总产值比重（林业第二产业总产值/林业总产值×100%）、休闲农业和乡村旅游接待人数占比（各市人均过夜旅游者消费水平）、农林牧渔服务业总产值占比这三个指标来反映。农业效率（农业科技水平）主要通过农业劳动生产率（人均从业人员产值）和亩均机械动力两个指标来表达。

第二，生态宜居。主要通过配套设施、公共服务、交通便利等因素来反映。配套设施包含农村无害化卫生户厕普及率和自来水普及率两个指标。公共服务包含专职教师数量占比、卫生技术工作人员数量占比两个指标。交通便利主要用交通网密度（每平方公里长度）来表征。

第三，乡风文明。由公共文化发展、文化教育建设两个因素来反映。公共文化发展方面主要考虑各市文化站数量占比、县级以上文明村和乡镇数量占比等指标。文化教育建设方面以高中及以上学历人数指标来表征。

第四，治理有效。包括发展引导、法治建设、村民自治建设三个层面，发展引导反映政府引导水平，用农机服务组织机构数占全省比重来表征。法治建设方面主要用各类案件结案数量、刑事案件立案数量两个指标来表征。村民自治建设考虑到可比较性，通过经济组织化程度，即经营收益 10 万元以上的村占比来表征。

第五，生活富裕。包括农民收入水平、农民收入结构和农民生活质量三大方面。[①] 一是农民收入水平，包含农村居民人均可支配收入/人均 GDP、城乡居民收入比两个指标。二是农民收入结构，包括工资性收入占总收入比重、财产净收入占总收入比重。三是农民生活质量，以农村居民恩格尔系数来表征。

---

① 衡杰：《安徽省新型城镇化与农业现代化关系研究》，安徽财经大学硕士学位论文，2013。

表1　指标体系及选择依据

总指数	一级指标	二级指标	序号	三级指标	单位	选择依据
		粮食安全	A1	粮食产量占比（本市占全省比重）	%	考察各市粮食生产供给处于全省的水平
			A2	粮食自给率	%	考察各地的粮食供给与需求的匹配程度（粮食产出量/粮食需求量×100%）
	产业兴旺	产业结构（三产融合）	A3	农产品加工产值占农业总产值比重	%	考察农业与工业的结合情况（缺数据，用林业第二产业总产值/林业总产值×100%）
			A4	休闲农业和乡村旅游接待人数占比（各市人均过夜旅游者消费水平）	%	考察农业与第三产业（旅游）的结合情况（缺数据，用各市人均过夜旅游者消费水平替代：各市旅游业收入/各市过夜旅游者人数×100%）
			A5	农林牧渔服务业总产值占比	%	考察农林牧渔业中的服务行业发展情况（农林牧渔服务业产值/农林牧渔总产值×100%）
		农业效率（农业科技水平）	A6	农业劳动生产率（人均从业人员产值）	万元/人	考察劳动生产率（农林牧渔业总产值/农业从业人员数量×100%）
			A7	亩均机械动力	千瓦/公顷	考察各地农业机械化投入情况（农业机械总动力/农业用地总面积×100%）
	生态宜居	配套设施	B1	农村无害化卫生户厕普及率	%	考察农村卫厕发展情况（具有卫生厕所的行政村/行政村总数×100%）
			B2	自来水普及率	%	考察农村自来水供给情况（通自来水行政村/行政村总数×100%）
		公共服务	B3	专职教师数量占比	%	考察农村教育供给情况（缺数据，用各市专职教师数量/常住人口×100%）

总指数	一级指标	二级指标	序号	三级指标	单位	选择依据
	生态宜居	公共服务	B4	卫生技术工作人员数量占比	%	考察农村卫生供给情况（缺数据，用卫生工作人数/常住人口×100%）
		交通便利	B5	交通网密度（每平方公里长度）	公里/公里^2	考察农村的交通通达情况（道路总长度/面积×100%）
	乡风文明	公共文化发展	C1	各市文化站数量占比	%	考察农村公共文化设施数量占全省份额
			C2	县级以上文明村和乡镇数量占比	%	考察文化平台载体数量（县级以上文明村和乡镇总数/行政村和乡镇总数×100%）
		文化教育建设	C3	高中及以上学历人数	人/万人	考察农村居民文化程度
	治理有效	发展引导	D1	农机服务组织机构数占全省比重	%	考察引导农村农业生产机械化发展情况
		法治建设	D2	各类案件结案数量	件/万人	考察农村治安情况（缺数据，用每万人各类案件结案数量替代）
			D3	刑事案件立案数量	件/万人	考察农村治安情况（缺数据，用每万人刑事案件立案数量替代）
		村民自治建设	D4	经营收益10万元以上的村占比	%	考察集体经济组织发展情况（集体经济收入高于全省平均水平的行政村/行政村总数×100%）
	生活富裕	农民收入水平	E1	农村居民人均可支配收入/人均GDP	%	考察农村居民收入水平，农民可用于自由支出的收入水平
			E2	城乡居民收入比	—	考察城乡收入差距（城市居民收入水平:农村居民收入水平）
		农民收入结构	E3	工资性收入占总收入比重	%	考察农村居民收入中来自打工部分的收入（工资性收入/总收入×100%）
			E4	财产净收入占总收入比重	%	考察农村居民收入中来自资产增值部分的收入（财产净收入/总收入×100%）
		农民生活质量	E5	农村居民恩格尔系数	%	考察农村居民用于食品消费的支出占总支出的比重

本报告首先使用熵权法和层次分析法初步确定权重，最后经检验对比综合确定权重（见表2）。基于科学性和权威性要求，主要采用官方公布的数据，主要来自《广东省统计年鉴（2022）》《广东农村统计年鉴（2022）》《广东社会统计年鉴（2022）》，部分采用广东省农业农村厅、自然资源厅等乡村振兴相关部门公布的相关指标数据。

表2　指标权重

一级指标	权重	二级指标	权重	序号	三级指标	单位	权重
产业兴旺	0.23	粮食安全	0.10	A1	粮食产量占比（本市占全省比重）	%	0.55
				A2	粮食自给率	%	0.45
		产业结构（三产融合）	0.60	A3	农产品加工产值占农业总产值比重	%	0.15
				A4	休闲农业和乡村旅游接待人数占比（各市人均过夜旅游者消费水平）	%	0.45
				A5	农林牧渔服务业总产值占比	%	0.40
		农业效率（农业科技水平）	0.30	A6	农业劳动生产率（人均从业人员产值）	万元/人	0.45
				A7	亩均机械动力	千瓦/公顷	0.55
生态宜居	0.19	配套设施	0.50	B1	农村无害化卫生户厕普及率	%	0.44
				B2	自来水普及率	%	0.56
		公共服务	0.35	B3	专职教师数量占比	%	0.51
				B4	卫生工作人员数量占比	%	0.49
		交通便利	0.15	B5	交通网密度（每平方公里长度）	公里/公里^2	1
乡风文明	0.19	公共文化发展	0.40	C1	各市文化站数量占比	%	0.60
				C2	县级以上文明村和乡镇数量	%	0.40
		文化教育建设	0.60	C3	高中及以上学历人数	人/万人	1

续表

一级指标	权重	二级指标	权重	序号	三级指标	单位	权重
治理有效	0.17	发展引导	0.20	D1	农机服务组织机构数占全省比重	%	1
		法治建设	0.45	D2	各类案件结案数量	件/万人	0.61
				D3	刑事案件立案数量	件/万人	0.39
		村民自治建设	0.35	D4	经营收益10万元以上的村占比	%	1
生活富裕	0.22	农民收入水平	0.35	E1	农村居民人均可支配收入/人均GDP	%	0.6
				E2	城乡居民收入比	—	0.4
		农民收入结构	0.35	E3	工资性收入占总收入比重	%	0.55
				E4	财产净收入占总收入比重	%	0.45
		农民生活质量	0.30	E5	农村居民恩格尔系数	%	1

二 测评结果

（一）总体特征

依据上述评价指标体系及方法，收集广东21个地级市各项数据，测算得到2021年全省和各地市的乡村振兴指数。

一是省级指数逐年升高，城际年度分化明显。从全省整体来看，2018~2021年，广东省乡村振兴综合指数从0.3657增长至0.3919，呈现逐年增高的趋势。[①] 从各城市来看，年际分化明显，大部分城市2021年的指数数值比2020年高，但两个年份基本呈现相似的分布特征。2021年与2020年相比，21个城市中，有8个城市的指数有所下降，13个城市的指数有所提升，

---

① 满分为1分，分值越高，表示发展效果越好。

指数增长的城市多于下降的城市。从核心城市来看，排名第 1、第 2 的深圳和广州，2021 年指数数值均比 2020 年有所下降，而排名第 3 至第 8 的城市，则有大幅度的增长。提升幅度最大的是中山，提升了 0.0514，下降幅度最大的是广州，下降了 0.0249（见表 3）。

表 3 2018~2021 年广东各城市综合指数演化

区域	2018 年	2019 年	2020 年	2021 年
广州	0.5712	0.5881	0.6469	0.6130
深圳	0.4383	0.4416	0.6449	0.6237
珠海	0.4313	0.4602	0.5542	0.5914
汕头	0.3357	0.3358	0.3570	0.4122
佛山	0.4826	0.4797	0.5308	0.5610
韶关	0.3235	0.3449	0.3094	0.3430
河源	0.2944	0.3005	0.2883	0.3189
梅州	0.3402	0.3421	0.3185	0.3547
惠州	0.3527	0.3483	0.3787	0.3835
汕尾	0.2759	0.2795	0.2469	0.2844
东莞	0.5021	0.4971	0.5833	0.6003
中山	0.4601	0.4461	0.5116	0.5433
江门	0.3990	0.4110	0.4173	0.4642
阳江	0.2789	0.2927	0.2652	0.3385
湛江	0.3349	0.3474	0.2695	0.3189
茂名	0.3393	0.3330	0.2899	0.3211
肇庆	0.3317	0.3597	0.3523	0.3955
清远	0.3400	0.3689	0.3104	0.3786
潮州	0.2706	0.2619	0.2462	0.2976
揭阳	0.3008	0.2909	0.2589	0.2942
云浮	0.2762	0.3066	0.2958	0.3588
广东省	0.3657	0.3732	0.3846	0.3919

从城市比较来看①，深圳综合指数得分最高，为 0.6237，广州、东莞分别以 0.6130、0.6003 位居第二和第三，前十名的其余城市分别为珠海、中山、佛山、江门、汕头、惠州、肇庆（见表 3）。由于深圳已完成 100% 的城市化（不包括深汕合作区），"三农"领域的大部分指标，深圳并无统计，本报告利用深圳市相关指标的全市平均水平来表征，如无全市数据，则用全省平均水平替代，② 因此，深圳排名较高，但深圳与其他城市的禀赋和发展阶段并不一致。深圳作为特区城市，经济快速发展，目前，已处于工业化后期至后工业化时期前半段，其乡村振兴工作重点一方面在于提升自身城中村及集体经济效益，另一方面在于对其他地区乡村发展对口帮扶的先行示范作用。

表 4 2021 年广东 21 个地级市乡村振兴指数得分及排序

城市	产业兴旺	生态宜居	乡风文明	治理有效	生活富裕	综合得分
深圳	0.124	0.065	0.137	0.117	0.180	0.6237
广州	0.138	0.142	0.134	0.105	0.094	0.6130
东莞	0.070	0.135	0.142	0.085	0.168	0.6003
珠海	0.114	0.139	0.129	0.099	0.110	0.5914
佛山	0.107	0.129	0.099	0.106	0.120	0.5610
中山	0.057	0.128	0.086	0.099	0.173	0.5433
江门	0.081	0.110	0.069	0.096	0.109	0.4642
汕头	0.079	0.137	0.042	0.052	0.102	0.4122
肇庆	0.116	0.105	0.038	0.056	0.080	0.3955
惠州	0.046	0.134	0.056	0.052	0.096	0.3835
清远	0.104	0.103	0.030	0.054	0.087	0.3786
云浮	0.067	0.113	0.021	0.051	0.106	0.3588
梅州	0.060	0.117	0.042	0.038	0.098	0.3547
韶关	0.056	0.121	0.046	0.042	0.077	0.3430
阳江	0.070	0.112	0.039	0.039	0.079	0.3385
茂名	0.072	0.099	0.031	0.035	0.083	0.3211

① 以下分析，如无说明，均以 2020 年数据为基础进行地市和功能区比较。

② 用平均水平来表征有利于缩小误差。

城市	产业兴旺	生态宜居	乡风文明	治理有效	生活富裕	综合得分
湛江	0.083	0.093	0.028	0.065	0.050	0.3189
河源	0.043	0.117	0.027	0.038	0.094	0.3189
潮州	0.030	0.117	0.030	0.041	0.080	0.2976
揭阳	0.059	0.112	0.016	0.038	0.070	0.2942
汕尾	0.053	0.110	0.007	0.041	0.073	0.2844

二是纺锤形结构，全省呈"3-3-12-3"梯度分布。总体来看，21个地市中，深圳、广州、东莞3个城市乡村振兴指数综合得分在0.60及以上，乡村振兴进入了相对优化的阶段。3个城市乡村振兴指数综合得分大于0.50小于0.60，分别为珠海、佛山、中山，均为珠三角工业化相对发达的城市。12个城市指数综合得分为0.30~0.50，发展水平有待进一步提升，分别为江门、汕头、肇庆、惠州、清远、云浮、梅州、韶关、阳江、茂名、湛江和河源。3个城市指数综合得分低于0.30，处于乡村振兴初级阶段，分别为潮州、揭阳、汕尾，属于粤东城市。从区域看，广东乡村振兴发展具有鲜明的区域格局，表现为得分较高的城市集中在珠三角地区，前10名中除了汕头外，其余9城均为珠三角城市。即广东乡村振兴以广州、深圳、东莞、珠海、佛山等珠三角核心城市为主，有效发挥了这些城市在资源整合、产业集聚和功能提升中的引擎作用，辐射带动粤东西北地区乡村振兴发展。粤东西北地区在加快乡村产业发展、优化乡村建设、提升农民生活水平等方面尚需着力改进。

（二）第一梯队：深圳、广州、东莞

深圳（0.6237）、广州（0.6130）和东莞（0.6003）的乡村振兴指数综合得分领先于其他城市，位列第一梯队。深广莞三市位于珠三角核心区，是广东省域"特大城市"和"超大城市"，乡村振兴进入了相对优化的阶段。深圳的综合排名位居第1，多个指标位居前列，其中，"治理有效"和"生活富裕"两个分项指标均排在全省第1位。广州"产业兴旺"和"生态宜

居"两大分项指标均排在第 1 位。东莞则在"乡风文明"方面排名全省第 1。第一梯队城市乡村振兴发展主要有以下特征。

1.深圳：全域城市化，借助农业科技创新和经济规模，强化对外帮扶带动

深圳市（不含深汕特别合作区）已实现 100% 城市化，乡村振兴重点与其他城市不一样。2022 年，深圳通过推动农业科技创新先行示范，打造高水平农业创新载体，建成了 7 家院士工作站、4 家省级现代农业产业园，生物育种创新载体达到 17 个。水稻等作物非转基因抗除草剂材料打破国际技术垄断，小麦和杂交粳稻等育种育繁关键技术实现新突破，"深两优 5814"超级稻种植面积为全国第 1。① 在现代渔业领域编制了"一规划一意见"，深圳国家远洋渔业基地和国际金枪鱼交易中心建设加快推进，筹办了深圳国际渔业博览会，建成杨梅坑墨瑞鳕鱼繁育等一批示范基地，现代远洋渔业做优做强。实施"耕海牧渔"工程，建设"深蓝粮仓"。宜居宜业和美乡村底板不断筑牢。

在深汕特别合作区，解决了 56 项难题和 15368 个问题点，34 个行政村的人居环境得到显著改善。农村试点改革工作取得新成效，1 个村集体获得了"全国农村集体产权制度改革工作先进单位"称号。启动了 4 个美丽圩镇和 5 条乡村振兴示范带的建设工作，建设了 4 条特色街区，大安村获评 2022 年度"中国美丽休闲乡村"。② 数字乡村建设提速，合作区的 5G 网络在全国率先实现农村全覆盖，打造了一批示范项目，推动了汕尾荔枝数字化种植、汕头智能化养殖等项目落地。在河南和广东推广了"智慧农业系统"；在省内 20 多个农场推广了"农业数智化平台"全周期托管方案。

2.广州：综合实力强劲，多项指标领先全省

广州作为省会城市，综合实力相对优越。乡村振兴战略实施以来，广州农业农村经济变化深刻，连续四年在广东省乡村振兴战略实绩考核中获得珠

---

① 罗雅丽：《深圳携手对口地区奏响乡村振兴幸福华章》，《深圳特区报》2023 年 1 月 12 日，第 5 版。

② 罗雅丽：《深圳携手对口地区奏响乡村振兴幸福华章》，《深圳特区报》2023 年 1 月 12 日，第 5 版。

三角片区第一名，连续两次在国家"菜篮子"市长责任制考核中获得优秀等次。① 广州的农业产业融合化集群化趋势显著，伴随工业化和城市化的深入发展，现代农业发展提速，除了传统的产品供给、就业保障、生态保障功能外，体验观光、文化传承等非传统功能进一步显化。"农业+文化""农业+旅游""农业+观光"等农业新范式不断涌现，农业新业态蓬勃发展，农业融合发展加快。农业不断突破原有技术和市场边界，催生出新的产业，产业间的关联度显著提高。新产业形态应运而生，新兴产业和交叉产业的蓬勃发展使城乡呈现集群化格局。集群化平台，如产业园区、农业公园等在广州蓬勃发展，极大地提升了城乡要素配置效率，大批新型农业产业集群得以涌现。同时，产业创新对农村劳动力的带动及就业转移作用明显，新产业、新业态、新主体成为农村劳动力高质量就业的新方向。

3. 东莞乡风文明走在全省前列

东莞依托世界先进制造业基地、全省第 3 大千万级人口城市和第 4 个 GDP 万亿级城市的规模优势，农业现代化与工业化及城镇化进一步融合，推动了乡村三次产业融合发展，形成了较好的工业带动农业、城镇带动乡村的发展格局。东莞结合本市基础禀赋，在培养新型农村集体经济、都市现代农业和建设和美乡村等方面取得了新成效，全市村组集体总资产突破 2500 亿元，总量庞大，为全市经济发展提供了土地、厂房、资金等基本要素。新型农村集体经济高质高效发展促进了农村产业升级，提高了发展质效。② 2023 年，东莞发布了《关于推动新型农村集体经济高质量发展的指导意见》《东莞市农村（社区）集体资产管理实施办法》等文件，指导镇街发挥强村及镇属企业的引领作用，加快产业共建、发展共享、互助共兴，推动零分红村组、重点帮扶村（社区）加快发展。

都市现代农业方面，东莞全力保障重要农产品稳定安全供给，加快培育

① 傅鹏、穗农宣：《广州部署 54 项重点任务推进乡村振兴》，《南方日报》2022 年 6 月 14 日，第 3 版。

② 李小云、唐丽霞、刘祖云、张琦：《中国式现代化语境下的乡村振兴与高质量发展（笔谈）》，《华中农业大学学报》（社会科学版）2023 年第 1 期，第 1~11 页。

精品农业、创意农业、休闲农业、数字农业、乡村旅游等新业态，加快发展乡村美丽经济。2023年，厚街镇等4个单位入选省级休闲农业与乡村旅游示范镇（点），新增数量为历年之最。此外，东莞获评全国唯一的"中国食品博览之都""中国预制菜人才培训基地"。东莞以建设美丽田园为切入口，支持镇村把统筹集约农地资源、完善农田基础设施、整治田间环境与农业产业发展结合。

和美乡村方面，东莞推进了3条乡村振兴示范带建设。东莞以深度城市化为方向，推进农村人居环境整治提升五年行动、乡村建设行动，紧抓治标、深入治本，对标补短板，聚力创样板，建设传承岭南风韵、彰显莞邑特色的宜居宜业和美乡村。2022年开展农村人居环境"补短板、强弱项、提品质"攻坚专项行动，全市的村（社区）达到"村村达标、村村过关"的预期目标。

2023年，东莞实施"四十百千"品质提升工程，以点滴改造、局部提升力促人居环境"大变化"，88%的村（社区）达到美丽宜居村标准，基本建成120个特色精品（示范）村①，推动南城石鼓、凤岗雁田、中堂潢涌等5个村（社区）打造"和美乡村标杆"。乡村振兴示范带建设提升了乡村整体品质。

第一梯队的三大城市乡村振兴发展的成效显著。多个分项指数得分居全省前三位。第一梯队城市已经由传统的城乡二元化情况下的各自发展，走向了城乡融合发展新阶段，改革开放以来，通过快速的工业化和城市化发展，为农业带来了较多的外部机会，农民实现了向以工资性收入为主、其他收入为辅、收入多样化、生活质量较优的转变，在广东省内属于以城带乡、以工促农、城乡融合发展的典范。深圳则具有特殊性，虽然农业产值占比低，城市化率极高，但其指标仍具有深刻含义。推动城乡融合和乡村振兴，最终目标就是要破除城乡二元结构，实现乡村向现代化生产方式和生活方式的全面

---

① 吕成蹊：《政府工作报告——2023年2月9日在东莞市第十七届人民代表大会第三次会议上》，《东莞日报》2023年2月22日，第4版。

转型。深圳可以借助人力资本密集优势和高科技优势构建都市农业生产经营体系，在种业研究和种业安全上做出特殊贡献。

（三）第二梯队：珠海、中山、佛山

第二梯队的3个城市乡村振兴指数综合得分为0.50~0.60，包括珠海、中山、佛山三个城市，均为珠三角城市。这3个城市的乡村振兴发展取得了较大的成效，但与第一梯队的城市相比，除了珠海相对靠近第一梯队外，其余2个城市仍然有差距，乡村振兴仍需加速发展。第二梯队城市乡村振兴发展具有以下特征。

总体来看，3个城市工业化对农业生产和农民生活提升的带动能力较强。在产业融合方面，珠海、佛山和中山农产品加工产值占农业总产值比重指标数据较高，提升了本地工业化对农业的带动能力。在乡村建设领域，农村无害化卫生户厕普及率和自来水普及率两大指标均等于1或接近于1，乡村建设能够获得较好的投入，发展效果较好。在乡村治理方面，反映治理效果的各类案件结案数量和刑事案件立案数量两大指标，数值均较高，反映珠三角乡村治理能力较强。城市带动农民生活富裕方面是珠三角城市的传统优势领域，珠三角城市的农村居民人均可支配收入/人均GDP的数值较高，而城乡居民收入比较低，农民的工资性收入占总收入比重较高。值得一提的是，佛山农民的财产净收入占总收入的比重为全省最高，佛山以民营经济为主，通过"六个轮子一起转"，激发基层活力，早期通过社队企业和乡镇企业发展，走上了快速工业化道路，并带动城镇化发展，为农民带来显著的非农就业和收益机会，农民通过物业出租获得了较高的财产性收益，为农村资产活化提供了较好的路径，这也是在市场化程度较高的地区提升农民收入水平的重要方式。

（四）第三梯队：江门、惠州、肇庆、汕头、清远、云浮、梅州、韶关、阳江、茂名、湛江、河源

第三梯队的12个城市乡村振兴指数综合得分为0.30~0.50分，包括3

个珠三角地区城市江门、惠州和肇庆，5个粤北地区城市清远、云浮、梅州、韶关和河源，1个粤东城市汕头，3个粤西城市阳江、茂名和湛江。上述城市的乡村振兴发展具有一定基础，但与珠三角城市核心地区相比，水平不高。粤北农业农村整体发展处于比较低端均衡状态，而作为特区城市的汕头入选，表明粤东整体发展有待提速。主要有以下特征。

1. 江门：新型农村集体经济高质量发展新模式

2021年以来，江门整合资源，落实"三结对"挂钩帮扶机制，围绕新型农村集体经济专项改革试点，创新推出"3亩地"措施，推动土地流转示范片和薄弱村土地流转试点建设，建立了"折股量化"联农带农机制，增强了"造血"能力。

2022年，全市农村集体资产总额达350.66亿元，比2020年（333.83亿元）增加了16.83亿元。全市农村集体经营性收入53.21亿元，比2020年（50.76亿元）增加了2.45亿元。在全省率先全面实现行政村一级经营性收入达到10万元以上，探索出新型农村集体经济高质量发展的"江门模式"。印发了《江门市提升村级集体经济经营性收入行动方案》《江门市驻镇帮镇扶村"三结对"帮扶发展村级集体经济经营性收入薄弱村工作方案》《江门市"百企兴百村"实施方案》等系列政策文件，完善了对薄弱村的各项扶持机制。江门为了推动乡村振兴发展，加大了资金扶持力度。2021年以来，各级财政累计投入1亿元，带动总投资2.24亿元，扶持薄弱村发展优质产业项目51个。江门为了促进人力聚集，创新实施"三结对"挂钩帮扶薄弱村工作，建立由市直部门结对挂钩薄弱村，东部三区一市镇（街）结对挂钩西部三市薄弱村，优质资源企业结对挂钩薄弱村的"三结对"挂钩提升薄弱村经济工作机制。全市106个市（中、省）直部门、30个东部三区一市的镇（街）、198个企业结对帮扶全市222个薄弱村，按照"一村一策"精准帮扶，派驻了132名"第一书记"因地制宜探索薄弱村多元化发展路径。同时，江门还创新用地保障机制，积极为乡村振兴发展提升要素保障，江门以"3亩地"措施扶持薄弱村，薄弱村每村预留3亩以上用地规模，通过向广东省争取新增建设用地指标，保障就地发展乡村重点产业和农产品深加工、休闲农业、乡村旅游、农村家庭手工业、体验农业及创意农业项目用地；其中，无空间或资源条件的薄弱村，由县镇两级统筹项目实施。创新开展土地流转示范片和薄弱村土地流转试点建设，2021年以来奖补全市20个示范片（试点）772万元，支持了27个行政村参与流转项目。

2. 肇庆、梅州等粮食自给率较高

肇庆的粮食综合生产能力排名全省第3和第三梯队的第1，梅州该指标数据也较高，两者分别达到0.95和0.90。上述城市均为农业大市，农地规模较大，是全省重要的生态保护区，担负着重要的生产产品和农产品供给功能。

3. 湛江：立足基础禀赋，深化比较优势，推动"百千万工程"加快发展

2022年，湛江全力推进粮食稳产保供工作，完成春播面积489.92万亩，同比增长3.1%。种植粮食作物189.33万亩，完成计划的103%，同比增长5.5%。海洋牧场加快建设，硇洲岛国家级海洋牧场示范区人工渔礁项目通过了验收。开展了全覆盖式的县（市、区）村庄清洁行动，累计建设"四小园"5.84万个。高质量完成了2022年度全省乡村振兴实绩考核迎检工作，得到省核查组的充分肯定。一般公共预算安排农林水支出57.9亿元，省级涉农、产业发展和污染防治攻坚战方面安排资金28.58亿元，总量排全省前列，有力支持全市710个涉农项目顺利实施。创新推出了乡村振兴实施主体贷、农业龙头贷、乡村振兴产业贷等信贷拳头产品，产业投融资对接会覆盖所有县（市、区），达成合作意向51亿元。全面完成市、县国土空间总体规划编制，城镇开发边界扩展系数排名全省第2，有效推进廉江市石岭镇全域土地综合整治（国家试点）项目实施。围绕区位条件、主导产业、资源禀赋等对乡镇（街道）精准"画像"，对全市114个乡镇（含街道）进行预分类（其中普通镇30个、城区镇34个、中心镇19个、特色镇16个、专业镇15个），以科学分类牵引分类施策、差异化发展。全面开启"优质服务基层行"活动，随迁子女就读义务教育阶段公办学校比例达89.7%，新增幼儿园学位、新增城镇公办中小学学位建设进度均超过35%。

（五）第四梯队：潮州、揭阳、汕尾

第四梯队的3个城市乡村振兴指数综合得分低于0.3，分别为粤东地区城市潮州、揭阳、汕尾，发展有待发力。第四梯队城市主要的共性特征表现为以下几点。

1.产业发展滞后，集体经济薄弱，农民生活水平有待提高

从该梯队指标数值来看，作为反映乡村物质性设施建设水平的农村无害化卫生户厕普及率和自来水普及率两个指标数值较高，可能是在全省统一的乡村环境治理提升行动要求下，各地市相关设施均得到一定程度的提升，但更多的是跟随式建设的结果。另外，反映乡村产业兴旺和农民生活水平的指标数值相对较低，农业与加工业和旅游业等的结合度较低，三产融合发展情况有待提升，产业发展动力不足，直接在指标上的反映就是人均农业从业人员的产出率和地均产出率均较低，农民的人均收入水平不足全省最高水平的一半。例如潮州，全市共有894个行政村，虽然数量不多，但集体经济比较薄弱，集体经济发展能力处于全省列。2022年以来，潮州推动实施了集体经济消薄攻坚行动，村级集体经济收入超10万元的村已有865个，比2021年增长了21.03%，同时提出了2023年全面消除年收入10万元以下的集体经济薄弱村的计划。

2.有待强化本地的内生动力，优化引入外部动力

本梯队城市各自的经济规模较小，工业化程度不高，对本地农民农业带动能力不强。加上农业资源禀赋有限，规模不足，难以形成规模效应，因此，自主化发展的能力较弱。总体而言，云浮、汕尾处于广州和深圳都市圈影响范围内，可以进一步通过都市圈经济的辐射带动作用，形成较好的要素对流渠道，增强后续发展动力。揭阳、潮州距离珠三角市场较远，本地中心城市的带动能力不足，因此，乡村振兴发展应进一步走特色化、精致化道路，以自身的特色文化和资源嵌入珠三角市场，形成远距离区域协作和辐射带动发展模式。

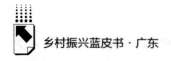

三　优化建议

（一）强集聚：深入推进"乡村振兴示范带"建设

以"百县千镇万村"工程为引领，推进各县（市）乡村振兴工作，围绕乡村建设、产业振兴、城乡融合谋划一批重点项目。一是各县（市）充分发掘乡村资源、市场、文化、区位等优势，重点建设一条示范带，确保每条示范带保持自身特色，各美其美。二是围绕重点项目，推进优势资源集中开发。各县（市）优先围绕重点产业园、产业示范基地、田园综合体等重点项目，谋划规划策划建设乡村振兴示范带，推动产业资源、优势资源向示范带集聚。三是构建"一县多园、一园多村"产业布局。将禀赋相似的村庄纳入一体化发展，推进多村围绕同一主导产业抱团发展，为示范带农文旅融合发展夯实基础。四是完善用地规划。做好乡村地区居住、商业、工业、设施等用地规划，推进低效村级工业园改造，为产业发展腾挪空间，平衡产业和生态的关系。五是优化示范带县城衔接。促进城乡—示范带—村镇路网协调布局，提升县城资源要素向示范带流动的便捷性，深化城乡之间的联系。

（二）聚产业：千方百计推进乡村产业兴旺

一是高标准建设现代农业产业园区。建设更多的国家（省级）现代化农业产业园，将种植示范基地、田园综合体、农副产品加工等专题性载体纳入现代农业产业园范围，构建大产业园，将其培育成为带动区域农业发展的核心引擎。二是打造特色产业集聚区。以现代园区为中心，延长产业链，发展休闲康养、研学旅游、民宿文化、农事体验、户外运动、文化创意、预制菜等多元业态，促进三产融合的连片产业带，培育特色产业集群，吸引外出务工人员返乡创业就业，强化人才支撑。三是加强龙头企业引培。以龙头企业为牵引，引导特色产业向精深加工链条延伸，壮大农文旅、工业旅游等产业环节。四是加强科技赋能，在农业产业载体内推广数字技术、智能机械等，提升发展效能。五是完善配套服务，完善农村电商、冷链物流、供应链等配套服务，夯实特色产业链发展基础。

（三）聚合力：促进农业农村经济提质增效

一是探索多渠道的乡村振兴资金投入机制。加强招商引资，吸引外部企业到乡村投资建设民宿、酒店、田园综合体等产业项目，推进农旅项目建设向运营转变。引导龙头企业、社会团体、乡贤等以股份、独资、合作等形式与农户合作，解决项目建设投入问题。通过争取政府专项债券、农村金融产品创新、政策性农业保险等方式集聚金融资源，支持乡村振兴项目建设。二是发挥省内对口协作力量，提升帮扶效果。推进深圳、广州、佛山和东莞等城市通过共建产业园、共同招商引资、分享建设经验等方式帮助对口协作的粤东西北实现乡村振兴。围绕农作物、畜禽、瓜果等品种繁育与改良，推进珠三角城市生物育种龙头企业、科研院所与粤东西北地区县（市）开展生物育种科技合作，构建"珠三角策源，对口地区转化"的合作模式，实现特色农产品良种攻关，提升对口协作地区农业发展成效。

（四）建渠道：优化"两山"转化渠道，兼顾"美丽经济"与"和美乡村"建设

推进农村人居环境整治。结合地区特色资源、民俗、景点等基础，推进乡村人居环境整治，提升特色景观价值，打造民宿、农家乐、乡村文化体验节点，推进田园风光转化为产业资源。提升村容村貌质量，促进农工文旅有机结合。做好村庄风貌整治，实现建筑外立面统一，加配乡村建筑小品，体现岭南民俗文化特色，打造一批特色化品质化的美丽圩镇；做好乡村振兴项目土地整合工作，推进特色农作物连片种植，推进高标准农田建设，形成特色农田风光带，推动特色农作物连片种植，打造集特色农业、乡村旅游、民俗文化体验等功能于一体的综合体，推进农工文旅融合。强化环境整治监督，紧盯卫生保洁、垃圾收集处理及河道、塘沟清理等问题，成立专项工作

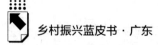

督查组，推动乡村人居环境整治责任落实，推进乡村人居环境治理常态长效，为"美丽经济"发展提供有力支撑。

（五）优联动：推进乡村联动治理，形成村镇抱团发展机制

一是创新"联村党建""联村治理"等模式。按照地域相近、功能互补、发展互促原则，在涉及多条行政村项目上，通过成立临时党支部、联村工作调解组等方式，指导项目建设，解决项目推进难题。集聚优势资源，实现"联村党建""联村治理"创新，破除各村各自为政的分散局面，促进各村镇统一思想、凝聚合力。二是推进"联村联产""镇村企"产业联动。在"联村党建""联村治理"基础上，推动资源集约，各村镇围绕同一项目和主导产业，各据优势，明确分工，合力推动连片发展，实现"联村联产"。围绕强县促镇带村，促进产业协作，打造专业村镇、优势特色产业集群，实现加工贸易在镇、基地在村，全产业链发展，深化"镇村企"联动，推进同建同治同美。三是加强村民自治。在省、区域、县（市）等各层面举办乡村振兴擂台赛评选活动，调动村民的能动性、创造性、积极性、主动性。

乡村发展篇

Rural Development

B.3

2022年广东现代农业产业园高质量发展报告

郭　楚*

摘　要： 广东始终把现代农业产业园建设作为推进乡村产业振兴的重要抓手，全力推进现代农业产业园建设，省委省政府主要领导亲自谋划、亲自部署、亲自推动，出台多项支持农业产业发展政策，通过系统集成创新，优化资源配置，引导金融资源更多投向现代产业园建设，破解"人地钱"瓶颈，加快打造农业龙头企业，奋力推进现代农业产业园建设。经过五年拼搏，现代农业产业园形成梯次发展新格局，高质量发展的农业产业园成为广东振兴现代农业发展的样板，引领传统农业向现代农业加速转变。站在"两个一百年"奋斗目标的历史交汇点上，广东以新思路凝聚新共识，以新目标引领新发展，强化政策保障和体制机制创新，聚焦农业产业促进乡村振兴，重点推进农产品精深加工，加快打造一批预制菜

---

* 郭楚，广东省社会科学院研究员，主要研究方向为港澳经济与区域经济。

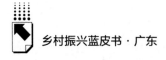
产业，多向发力创建现代农业产业园，加快推进农业农村现代化发展，努力绘就广东农业农村现代化高质量发展的宏伟蓝图。

关键词： 农业产业园　现代农业　乡村振兴　科技赋能　广东省

广东始终把发展现代农业产业园作为推进乡村产业振兴的重要抓手，大力推进现代农业产业园建设，省委省政府主要领导亲自谋划、亲自部署、亲自推动，出台多项农业产业扶持政策，通过系统集成创新、优化资源配置，促进金融资源更多投向现代产业园，破解"人地钱"瓶颈，加快培育农业龙头企业，奋力推进现代产业园建设。经过五年拼搏，形成现代农业产业园区梯次发展新格局，高质量发展的农业产业园成为广东乡村振兴现代农业发展的样板，引领传统农业向现代农业加速转变。站在"两个一百年"奋斗目标的历史交汇点上，广东以新思路凝聚新共识，以新目标引领新发展，注重从融合发展、政策供给、供给侧结构性改革、科技赋能等方面下功夫，聚焦产业促进乡村振兴，重点推进农产品精深加工，加快打造一批预制菜产业，多向发力建设现代农业产业园，加快农业农村现代化建设，努力谱写农业农村现代化高质量发展的广东新篇章。

一　全面推动广东现代农业产业园建设的伟大实践

推进农业产业发展是乡村振兴的关键环节。广东农业大而不强的问题由来已久，集中体现在布局散乱、规模不大、链条偏短，品种、品质、品牌水平偏低等方面。2018年，广东农产品加工转化率还不到60%，低于全国65%的水平。

广东省委省政府高度重视建设现代农业产业园，把建设现代农业产业园作为加快推进乡村振兴战略、助力产业兴旺的重大举措。自2018年启动部署第一轮广东省级现代农业产业园建设以来，特色农业规模不断壮大、农民收入日益提高、产业融合持续深化、品牌质量大幅提升，基本实现了"百园强县、千亿兴农"的预期目标。

（一）形成齐抓共管农业产业园的良好机制

广东省委省政府把建设现代农业产业园作为加快推进乡村振兴战略的重要着力点，在省委省政府重点工作中将其列为重点建设项目，多次召开专题研讨会，加快推动贯彻落实。省委省政府主要领导多次做出指示批示。各市县落实"园长制"，由政府主要负责同志担任园长，召开专题会议研究落实产业园工作，形成省市县齐抓共管良好局面。梅县金柚产业园成立以区长为园长的产业园建设领导小组，并设立现代农业园区办公室，有专职人员7人，实行"四个一"工作机制，即产业园一个项目一名领导包办、一周一例会、一月一通报、一季一督查，并把产业园建设列入乡村振兴绩效考核范畴。

（二）全面谋划现代农业产业园建设

2018~2020年，省财政每年安排25亿元资金，支持省级现代农业产业园建设，以"一县一园"规划为重点。截至2020年8月，广东已布局建设18个国家级、288个省级、73个市级现代农业产业园。[①] 其中，对粤东西北地区的优势产区产业园，每个奖励补助省级财政资金1.5亿元；对粤东西北地区的特色产业现代农业产业园，每个奖励补助省级财政资金5000万元。三年来，广东主要农业县实施省级现代农业产业园全覆盖，构成国家级、省级、市级农业现代产业园梯次发展的新格局，初步实现"跨县集群、一县一园、一镇一业、一村一品"的现代农业发展模式。

截至2020年11月底，130个粤东西北地区省级现代农业产业园的特色主导产业的总产值达到2152.49亿元，其中，第二第三产业产值总和超过一半。农业产业园内的企业数量高达3299个，产品品牌达到2459个，其中新

---

① 《第一经济大省的"农业经"：百园强县，千亿兴农》，广东乡村发展微信公众号，2022年7月31日，https：//mp. weixin. qq. com/s？＿＿biz＝MzUyNDA0OTA0MA==&mid=2247485610&idx=1&sn=141c61d3aec46b801b568b300e854ec2&chksm=fa320755cd458e43202dbc9009b5b16d74c71038acb6895395879a86765250b6a90b3d0ddb5d&scene=2，最后检索时间：2023年9月3日。

增品牌达到 493 个。在农业产业园内返乡创业人员达到 2.55 万人,引领带动 123 万农民就业,农业产业园内农民的平均收入高于当地全县平均水平的 24.6%,累计带动乡村贫困户 7.18 万户,每户每年平均增收 8518.91 元。以政府财政资金推进农业产业园建设的作用效果明显,广东省级财政资金带动比达到 1∶4.36,共撬动社会资金 300 多亿元投入产业园建设,有力地推动了广东乡村振兴、现代农业的发展①。

从表 1 可见,在国家级现代农业产业园建设中,广东创建国家级现代农业产业园的数目和已认定数目均位居全国第 1,从建设规模看,广东成为现代农业产业园建设的第一强省。

表 1 2017~2022 年各省份国家级现代农业产业园建设与认定数目

单位:个

排名	省份	创建数	认定数	排名	省份	创建数	认定数
1	广东	18	12	17	陕西	8	5
2	四川	17	10	18	辽宁	7	2
3	江苏	14	10	19	福建	7	3
4	山东	13	8	20	湖北	7	3
5	黑龙江	13	7	21	广西	7	4
6	河南	10	6	22	西藏	7	2
7	新疆	10	4	23	甘肃	7	4
8	河北	9	3	24	内蒙古	6	3
9	浙江	9	5	25	海南	5	3
10	山西	8	3	26	云南	5	3
11	吉林	8	3	27	北京	4	2
12	安徽	8	4	28	天津	4	1
13	江苏	8	3	29	青海	4	2
14	湖南	8	5	30	宁夏	4	2
15	重庆	8	3	31	上海	2	1
16	贵州	8	4		合计	253	130

资料来源:农业农村部公布的相关文件。

① 《农业现代化辉煌五年系列宣传之四十五:广东省"十三五"农业现代化发展回顾》,《中国农民合作社》,2021 年 9 月 19 日,https://baijiahao.baidu.com/s? id = 1711258883 356110108&wfr=spider&for=pc,最后检索时间:2023 年 10 月 24 日。

广东率先将农业产业发展方式从过去抓生产向抓生产、市场、流通、消费等全产业链方向转变，推动农业产业园建设向现代化高质量发展方向转型升级。截至2022年6月，广东省级现代农业产业园达到288个，[①] 从288家广东省级现代农业产业园的分布类别看，既有优势产业又有特色产业、跨县集群产业，还有服务产业、现代种业、冷链物流业、文化服务业等（见表2）。

表2　广东省级现代农业产业园主导产业分布类型

产业类别	数量（个）	占比（%）
作物	177	61.46
畜禽	37	12.85
水产	35	12.15
预制菜	11	3.82
功能性产业园	10	3.47
综合性产业园	9	3.13
种业	3	1.04
冷链物流	2	0.69
数字服务	2	0.69
农业装备	1	0.35
农产品供应链	1	0.35
合计	288	100.00

资料来源：根据广东省农业农村厅的相关数据整理而得。

（三）梯次推进现代农业产业园融合发展

广东倾力推进现代农业产业园建设，积极协调农业、发改委、财政、金融、自然资源、交通、电力、科技等部门，优化资源配置、汇聚高端要素、聚力创建现代农业产业园。通过补短板、挖潜力，基本实现"一年全面启动、两年初见成效、三年较成体系"的农业现代化目标要求。

[①] 《广东省级现代农业产业园达288个　助推乡村振兴发展》，中国新闻网，2022年6月2日，https：//baijiahao.baidu.com/s？id=1734502416008901971&wfr=spider&for=pc，最后检索时间：2023年10月24日。

从 1998 年起，广东确立以丝苗米、生猪、家禽、优质旱粮、优质蔬菜、岭南水果、水产、花卉、茶叶、南药、食用菌、油茶、剑麻等为重点产业，全面开启农业现代产业园建设新高潮，省农业农村厅先后印发《2018 年全省现代农业产业园建设工作方案》和《2019～2020 年全省现代农业产业园建设工作方案》，2019 年 12 月发布《关于推进广东优势产区现代农业产业园建设的工作方案》，2021 年先后发布《2021～2023 年全省现代农业产业园建设工作方案》和《跨县集群省级现代农业产业园建设方案（试行）》，在农业产业发展壮大、提质增效、农民收入提升和重要农产品保障供给等方面发挥了重要作用，有力地推动了广东农业现代化的可持续发展。

（四）充分发挥农业产业园的"排头兵"作用

2018 年以来，广东加快推进现代农业产业园建设，使农业产业园成为乡村三产融合协调发展的"标兵"。广东积极把推进制造业优化升级的"园区模式"移植到农业产业园建设中来，聚集科技、生产、加工、营销等现代生产经营要素，大力发展农业第二第三产业，加快促进全产业升级、全环节提升、全链条发展，组成现代农业产业园高质量发展"组合拳"。截至 2021 年 9 月，已建设的 175 个现代农业产业园中，粮食产业园有 20 个、生猪产业园有 9 个，蔬菜、家禽、水产、水果、南药、茶叶等岭南特色省级产业园达到 129 个。在生猪生产方面，2019 年以来，广东促进生猪产能恢复，以加快生猪产业园建设带动全省新建、扩建生猪标准化规模养殖场 719 个，全部建成后存栏生猪达到 1295.4 万头、母猪达到 124.6 万头。广东通过着重加快粮食、蔬菜、家禽、生猪、水产等主要农产品产业园建设，有效确保了广东主要农产品的供给，稳住了"米袋子"、丰富了"菜篮子"，从而进一步守住粮食安全底线①。

随着现代农业产业园的不断优化升级，第二第三产业的贡献率越来越突

① 《广东省级现代农业产业园达 288 个　助推乡村振兴发展》，中国新闻网，2022 年 6 月 2 日，https：//baijiahao. baidu. com/s？id＝1734502416008901971&wfr＝spider&for＝pc，最后检索时间：2023 年 10 月 24 日。

出。如湛江农垦 2021 年 12 月分别获批创建国家级农业现代化示范区（徐闻片区）和省级菠萝跨县集群产业园。省级菠萝跨县集群产业园的产业规划从一开始就布局好"一核两区一基地"（"一核"即 1 个产业园总部核心区、"两区"即菠萝精深加工区和三产融合示范区、"一基地"即菠萝标准化种植示范基地），大力发展第二第三产业，补上徐闻菠萝原先在加工和品牌发展上的短板，努力打造集科研、种植、加工、储藏冷鲜、物流于一体的全产业链，推动菠萝产业向产业链上下游和价值链中高端延伸，努力形成大产业、大区域、大品牌。

提高农产品加工水平是加快农业现代化的关键。现代农业产业园非常重视农产品加工生产，农业产业园的核心区必须规划建设不少于 50 亩的农产品加工物流区①。县级政府作为农业产业园责任主体，必须规划不少于 50 亩的建设用地，或者使用市场主体自有建设用地建设农产品加工物流区，这些政策措施有效弥补了现代农业产业园的短板和弱项，使产业链得到延长，产品价值得到提升，使农业产业园发展基本形成第一第二第三产业融合协调的新格局，广东现代农业产业园建设呈现兴旺发达的新气象。

（五）培育增强现代农业产业园的吸引力

广东省委省政府加大对农业产业园的财政投入，增强传统农业产业的吸引力，为农业现代化发展提供永久的动能。这些积极的变化主要体现在以下几个方面。

1. 引导社会资金投入现代农业产业园

加快推进现代农业产业园建设，增加真金白银的投入是关键，统筹用好财政、金融和社会资本，解决好"钱"的问题。省财政的大笔投入撬动巨额社会资金投入现代产业园，引导更多专业人才投身乡村振兴事业。

---

① 《广东省级现代农业产业园达 288 个 助推乡村振兴发展》，中国新闻网，2022 年 6 月 2 日，https：//baijiahao.baidu.com/s？id=1734502416008901971&wfr=spider&for=pc，最后检索时间：2023 年 10 月 24 日。

2. 推进发展模式和产业链的现代化

农业现代化不仅是农村种植或者养殖的现代化，更是农业产业发展模式和产业链的现代化，是科技、生产、加工、品牌、旅游、文化等诸多环节相结合的产业发展新业态、模式和链条，通过产业多环节的协调发展，可共享整个农业产业发展的红利，提升农业种植或者养殖环节的效益。各地将农业产业园用地纳入国土空间规划体系，在土地规划中做好空间预留和布局安排，在新编县乡级国土空间规划中，安排至少 10% 的建设用地规模，着力确保现代农业产业园建设等农村第一第二第三产业发展用地。2020 年全省土地利用计划安排 6000 亩用地指标专项用于保障保持集体建设用地性质的农产品精深加工、休闲农业、乡村旅游、农村家庭手工业、体验农业和创意农业等 6 类乡村重点产业和项目用地。

3. 培育增强农业品牌影响力

广东农业产业园已创建 1962 个农业品牌，打造了一批省级农产品区域公用品牌，英德红茶、梅县金柚、凤凰单丛（枞）茶、台山大米、翁源兰花、高州荔枝、新会陈皮等农产品的品牌价值分别达到 272.9 亿元、195.6 亿元、156.8 亿元、83.8 亿元、63.7 亿元、54.7 亿元、32.3 亿元，[①] "老广的味道" 正在走向全国和世界，大幅提升了农产品的品牌价值。

按照《广东省现代农业产业园建设指引》的决策部署，加快推动农业产业园全面落实标准化生产，培育驰名天下的区域农产品，基本实现农产品 "三品一标" 认证登记。各农业产业园重点落实 "三品一标" 建设，优化资源要素配置，着力提升主导产业生产、加工、销售的规模化经营水平。突出各产业园农产品的区域性公用产品品牌和独特产品品牌特性，加快推进农业产业园农产品品牌化生产。截至 2021 年底，广东农业产业园创建农业品牌 6374 个，新增区域性公共品牌 189 个、新增企业品牌 1121 个，"广东荔枝" "徐闻菠萝" "梅州金柚" 等一批省级区域公用品牌驰名海内外。

---

① 《踔厉奋发、笃行不怠！盘点新会陈皮 2021 年度十件大事》，澎湃新闻，2022 年 1 月 2 日，https://www.thepaper.cn/newsDetail_forward_16120998，最后检索时间：2023 年 10 月 24 日。

（六）充分发挥科技对产业园建设的支撑引领作用

引领促进农业产业高质量发展，加快推进乡村振兴，需要发挥产业融合、技术集成、创新平台等主体功能在农业产业园建设中的支撑引领作用。广东着眼长远优化布局，高度重视科技创新的重要作用，大力推进科技创新、做大做强农业品牌、创建农业产业集群，高质量发展具有广东特色的优质农业产业。

发挥科技和信息在现代农业产业园建设中的积极作用，创建农业产业园专家服务团队，积极运用先进科学技术，提升主导产业现代化水平，使科技成为加快现代农业产业园建设的"新引擎"。加强产学研、农科教的紧密联系。例如，2022年，华南农业大学、广东省农科院、仲恺农业工程学院等科研院校，组建专家服务团队，主动服务对接农业产业园，每个产业园由3~4个专家服务团队对接。华南农业大学组建70多个专家服务团队，一共签订约50份科技合作框架协议，与温氏集团等农业产业园共建27个科教服务平台，承担80多个技术服务项目。广东省农科院创建"专家进企业、一园一平台"合作模式，组建专家服务团队135个，签订187份产业园科技支撑服务协议，开展55项科技攻关，解决关键核心技术40多个，推动科技成果转化33项[1]。温氏新兴优质鸡产业园自主研发出48项新产品、20项新技术，引进5项新产品、新技术，相关成果获得26项授权专利，荣获4项省级以上科技奖励，发表120多篇专业论文，取得了明显的经济社会效益[2]。

---

① 《院企携手 织密乡村振兴"合作网"》，中原新闻网百家号，2022年12月30日，https：//baijiahao.baidu.com/s？id=1753636714672167656&wfr=spider&for=pc，最后检索时间：2023年10月24日。

② 《广东省级现代农业产业园达288个 助推乡村振兴发展》，中国新闻网，2022年6月2日，https：//baijiahao.baidu.com/s？id=1734502416008901971&wfr=spider&for=pc，最后检索时间：2023年10月24日。

（七）健全支持产业园建设的"1+N"政策体系

2019 年 9 月，广东出台支持现代农业产业园建设发展 21 条政策措施，明确现代农业产业园建设的总体目标、主要任务、工作计划、指导方案、资金监管、规划指引、绩效考核、验收管理等，形成加快推进现代农业产业园建设的政策体系，从财政金融、税费减免、用地保障、品牌建设、基础设施、绿色环保和科技创新等方面，打出了政策支持"组合拳"。省农业农村厅加强统筹协调，创建厅领导和主要处室挂钩联系产业园建设工作机制，成立工作专班，强化指导督促，做好跟踪服务。省财政厅统筹保障资金，加强资金监管。省自然资源厅强化国土空间规划保障，加大农业产业园建设用地指标支持力度，采取点状供地模式，支持农业产业园建设。省交通运输厅将农业产业园核心区列入通"四好农村路"建设范畴。省科技厅派出科技特派员加强对农业产业园的技术指导。省税务局、南方电网等部门为园内企业做好各项服务。各地联系本地实际，落实各项配套政策措施，在财政资金和项目融资等方面给予有力支持，在用电、用水、用地、吸引人才等方面给予政策优惠，全面加快促进现代农业产业园建设。

（八）创新省级财政资金投入模式

首先，改革财政拨付方式，原来补助资金由省级财政下拨到市县财政部门，通过改革创新，转为由省级财政直接拨付给企业主体，通过减少财政资金拨付层级，缩短拨付时间，切实提高拨付效率。其次，改革资金管理权限。落实"三个清单"管理方式，即确定鼓励清单、允许清单和负面清单三个清单，由县政府决定项目立项和审批资金使用方案，企业设立专用账户，自主推进产业园建设和制定资金使用计划。最后，充分发挥市场在资源配置中的决定性作用。由牵头企业主体制定资金使用分配方案，引导支持各类经营主体增加投资，例如，撬动温氏集团等大型企业和社会资金参与农业产业园建设。与银行等金融部门签署农业产业园战略服务合作协议，扩大金融支持农业产业园建设规模，截至 2023 年 7 月，广东省农业银行对农业产业园的金融贷款已超过110亿元，覆盖2869家入园企业，大力支持现代农业产业园发展。[1]

目前，全省各地各部门正在总结经验，坚持问题导向、目标导向和结果导向，积极作为，细化措施、强力推进，确保如期高质量完成全省现代农业产业园建设任务，把每个产业园都建成精品园、标杆园，示范带动广东农业农村现代化建设。各级政府作为产业园建设责任主体，进一步落实"园长制"，压实主体责任，把产业园作为建设农业现代化和实施乡村振兴的关键、主要抓手和重要平台，加强统筹推进。各有关部门密切配合，各司其职，凝聚合力，在投资方式、财税优惠、金融服务、用地保障等方面大力支持。加强经验总结，加大宣传力度，全面宣传产业园工作，积极推广好经验好做法，形成一批可借鉴、可推广的典范与标杆。

（九）发挥产业园联农带农作用

在现代农业产业园建设中，让小农户参与大市场的竞争，分享市场良性竞争带来的利益，有利于加强小农户与现代农业的链接，实现共同致富，坚定新型职业农民从事农业现代化建设工作的信心。省级财政将10%补助资金专门用于鼓励支持新型农业经营主体，联结带动农户，构建农业全产业链，让农户从全产业链中受益。"基地+公司+农户"和资金入股、土地入股、返聘务工等模式，使现代农业产业园变成农民增产增收的"聚宝盆"。将农业产业园发展的重点切实落到农民增收致富上来，千方百计缓解农村相对贫困，推进农民农村共同富裕，这是加快推进农业产业园建设的根本"出发点"。

（十）推动广东优势特色水果扩大出口

发挥广东第一外贸大省和全国农产品国际贸易的重要枢纽作用，坚持以

---

[1] 《广东农信投入110亿元贷款资金支持现代农业产业园建设 助力农业现代化发展》，广东农信，2023年9月25日，http://www.gdrcu.com/gdrcunew/nxdt/nxxw/202309/101258.html，最后检索时间：2023年10月24日。

市场为导向,多渠道强化农产品产销对接,优化升级水果品种结构,全力提高果实品质,推出荔枝、香蕉、龙眼、柑橘、柚子、菠萝等一大批优势特色水果。2022年1月1日起,《区域全面经济伙伴关系协定》(RCEP)开始生效,广东农业加速布局。目前,高州市、遂溪县、德庆县、徐闻县、梅州市分别成立荔枝、龙眼、香蕉、柑橘、菠萝、柚子六大水果RCEP农产品国际采购交易中心,为广东优势特色水果出口提供阵地。2022年,全省园林水果年末实有面积1603.09万亩,同比增长1.7%;产量1896.27万吨,同比增长3.8%(见表3)。

表3 2022年广东园林水果生产情况

种类	面积		产量	
	数量(万亩)	增速(%)	数量(万吨)	增速(%)
园林水果	1603.09	1.7	1896.27	3.8
柑	91.74	-0.2	134.04	6.1
橘	163.75	-0.8	245.79	3.4
橙	31.64	2.1	40.43	12.8
柚子	83.00	6.8	124.96	7.0
香蕉	165.95	-0.7	489.63	1.3
菠萝	58.73	-0.2	129.47	2.8
荔枝	406.84	3.3	146.74	-3.2
龙眼	172.64	0.1	96.05	-7.8

资料来源:根据广东省农业农村厅的相关数据整理而得。

二 以新发展理念引领现代农业产业园高质量发展

以发展精细农业为主要抓手,以农业现代化示范区引领广东特色优势农业产业集群、现代农业产业园发展,加快推进"一镇一业、一村一品"发展格局。加快农业高质量发展,培育"粤字号"精细农业新优势。增强粮食等重要农产品保障能力,率先在全国建立农业高质量发展体制机制。

（一）加强粮食生产功能区建设

粮食安全是"国之大者"。党的二十大报告提出，加快建设农业强国。习近平总书记指出："保障粮食和重要农产品稳定安全供给始终是建设农业强国的头等大事。""中国人要把饭碗牢牢端在自己手里。"广东七成的粮食要依靠省外调入和进口，外加新冠疫情的影响，给广东省粮食的国外进口和全产业链打造都造成了较为严峻的挑战。

针对粮食安全面临的严峻挑战，广东全面落实粮食安全党政同责，全力打造"南粤粮安工程"，引导农业资源优先保障粮食生产，稳定提高粮食生产综合能力。加强建设粮食生产功能区，加快推进省级粮食产业园区建设。确保水稻种植面积稳定，打造一批绿色高质高效丝苗米产业园区，聚力打造丝苗米优势产业带。

广东以构建粮食现代农业产业园为主要抓手，推进粮食种植规模化、现代化、绿色化和品牌化。广东粮食现代农业产业园的运营模式主要有三种：政府主导的产业园模式，如南雄市丝苗米现代农业产业园；广东供销集团主导的国企产业园模式，如怀集丝苗米现代农业产业园；大型企业主导的产业园模式，如碧桂园万亩智慧农业园项目。

1.政府主导型——南雄丝苗米产业园

南雄丝苗米产业园由南雄当地政府主导，政府对南雄的土地进行平整，建设好农业基础设施和公共服务管理设施，并同天润粮油集团有限公司合作，打造并推广南雄丝苗米品牌，提高粮食的经济价值，运用科技、工业、贸易思维来种植粮食，打造"科工贸"一体化省级丝苗米现代农业产业园，从育秧、耕种、施肥、防治、收割、烘干粮食全产业链着手，打造"六统一"标准，让种植粮食更加绿色化、现代化、规模化，有效地保障了粮食安全。南雄丝苗米产业园还为农户提供社会化服务，减少农户的种植成本，帮助农户种植出优质稻米，并定期高价收购农户的达标稻米。南雄丝苗米产业园不仅种植模式多样化，而且还为农户提供社会化服务，联农带农效果显著，有效提高了农户的种植积极性。

2. 国企主导型——怀集丝苗米产业园

怀集丝苗米产业园由广东省新供销社集团——天润粮油集团有限公司牵头打造建设。怀集丝苗米产业园对粮食进行了三产融合，与南雄丝苗米产业园的模式不同，怀集丝苗米产业园由国企来进行主导，粮食销售量比南雄更多，粮食商品化、市场化程度更高，冷链设备更加完善，能将怀集优质的稻米源源不断地运往粤港澳大湾区各地的商超、工会食堂、学校饭堂等。怀集丝苗米产业园在三产融合上取得显著成效，实现了丝苗米配送功能集成化、作业规范化和管理现代化。依托广东省新供销社助农服务体系优势，怀集丝苗米产业园打造优质稻米"从田头到餐桌"的全产业链，形成"生产+加工+科技+营销"现代农业服务平台。当新冠疫情影响到广东省的粮食供应链安全时，怀集丝苗米能够及时地出现在广东省各个城市的应急粮库之中，有效保障广东粮食供应。

3. 民企主导型——碧桂园万亩智慧农业园

地处粤港澳大湾区和珠三角核心区的佛山市三水区，是全省农业大县、广东"四大粮仓"。位于三水区南山镇的碧桂园万亩智慧农业园占地面积约1万亩，计划总投资5亿元，该农业园大幅提升农业数字化水平，持续发展智慧化农业，加快推进"农业+工业""农业+科技""农业+旅游"三产协同发展，规划布局设施农业及农产品加工示范区、生态智慧渔业示范区、农耕文化旅游示范区、无人化农场实验区等四大功能区，全力打造广东"数字农业标杆"、大湾区现代农业科技和三产协同发展新样板。

碧桂园万亩智慧农业园通过无人化农场实验示范基地的辐射作用，加快推进四大板块建设，以建成"粤港澳大湾区现代农业科技样板"为目标，从而带动广东省数字农业的发展并创造更多产业就业机会。

（二）聚力打造现代种业产业集群

加快落实"粤强种芯"工程，全力推进种业科技创新，对荔枝、龙眼、香蕉、瘦肉型猪、白羽肉鸡、水产等优良品种开展重点科研联合攻关，集中突破一批关键核心技术。加强对农业种业的资源调查、收集保存、评价鉴定和开发利用，建设一批岭南特色水果、优质蔬菜、特种经济作物等国家和省级资源库。加快打造广东南亚热带作物创新中心、广州种业研究院、深圳现代生物育种中心等种业科研创新平台。构建现代种业产业集群，全力推进种业"育繁推"一体化建设。

1. 大力实施种业振兴行动

实施"粤强种芯"工程，加快实施种业振兴。保持全省常规籼稻育种处于全国领先地位，在全国累计推广面积最大的 6 个常规籼稻品种中，有 4 个为广东造、2 个为广东芯，优质稻品种"黄华占"从 2019 年起连续 3 年推广种植面积位列全国籼稻第一[①]。截至 2022 年 9 月，经农业农村部确认，广东超级稻品种有 36 个，约占全国超级稻品种总数的 1/4，名列全国第一。全省每年审定农作物品种 200 多个，为农业生产提供多样化的品种支撑。在支农服务下乡活动中，广东省农业农村厅推出了粮油作物、畜牧水产、园艺及经济作物的农业主导品种和主推技术。

2. 打造建设一批种业科研平台

加大科研力度，加强对核心种源的重点攻关。提升广东南亚热带种业创新中心、深圳现代生物育种创新中心等平台的科研水平，聚力打造广州、深圳两大国际种业硅谷。发挥广州、深圳生物育种优势，加强科研单位、种业企业、金融资本和知识产权的紧密联系，高质量创建大湾区生物育种产业创新中心。健全完善全省智能化种业性能测试体系，以分子育种平台和大型表型鉴定平台为核心，创建科企深度融合的科研创新联合体或新型研发中心。依托国家、省级重大科研创新平台，推进落实"现代种业"重大专项，重点突破关键品种种源"卡脖子"问题，加强对优质稻、生猪、家禽、蔬菜、特色水果、甘蔗、南药、水产等优良种业的联合科研攻关，推进畜禽水产遗传改良计划，加快培育一批具有巨大应用前景的优良新品种。

---

① 许悦、粤农轩：《全国推广面积最大的 6 个籼型常规稻 或是"广东造"或有"广东芯"》，搜狐网，2021 年 10 月 26 日，https://www.sohu.com/a/497306089_115354，最后检索时间：2023 年 10 月 24 日。

3. 规划建设现代种业产业园

广东农作物现代种业产业园是 2021 年经省人民政府批准、由省农业农村厅颁布的种业功能性产业园。该产业园有 8 家实施主体，由省农科院水稻所牵头，以省农科院综合试验基地为核心区，围绕"核心技术创新、成果转化推广、三产深度融合、科技支撑服务"的总体要求和运营模式，服务全省现代农业产业园及全省现代种业产业园。

现代种业产业园作为现代农业产业园的园中园，积极发挥和充分利用在种业科研创新与产业发展方面的优势，着力加强在核心科研攻关、产业技术服务等方面的工作。为了更好地服务全省的水稻生产，现代种业产业园 2023 年在广东粤东西北建立了 15 个品种、技术试点和产业园联农带农基地。广东把握现代种业产业园建设的历史机遇，选育出更好的品种，为全省特色产业园提供服务，为种业产业园成为大湾区的种业发展高地做出贡献。

（三）加强重要农产品生产保护区建设

以市长负责制为抓手加快推进"菜篮子"建设工程，加强对各地级以上市政府开展考核。加快恢复生猪产能，推进畜禽产业优化升级，加大标准化养殖场建设力度，形成育种、养殖屠宰、精细加工、物流配送全产业链示范畜禽龙头企业。推进深海养殖发展。确保蔬菜、蛋奶生产和供应稳定。打造优质热带水果、特色出口水果、落叶水果三大产业发展带。推进荔枝产业高质量发展三年行动计划，高标准建设荔枝产业示范园。建设特色水果生产重点县，建设龙眼、菠萝、香蕉、柚子、柑橘等一批具有岭南特色的优质水果产销基地。着力建设重要农产品生产保护区，提升天然橡胶等重要战略资源供应保障能力，全面推动特色农业提质增效。

1. 深入实施"菜篮子"工程

建立健全"菜篮子"农产品稳价保供机制，增强农产品应急保障能力。完善肉、蔬菜、蛋奶和水产品标准化生产体系，建设粤港澳大湾区绿色农产品生产供应基地，加快推进珠三角农产品批发市场及粤东西北产地市场建设，加固补强冷链基础设施，提升大型农产品批发市场应急保供能力，打造一批农产品核心物流园区。持续推进"菜篮子"信息动态监测预警工作，健全全产业链信息监测体系，加强农产品市场流通态势研判和产销衔接，积极引导科学生产、确保供应、销售顺畅。

2.优化岭南水果产业布局

重点做强荔枝、龙眼、香蕉、菠萝、柑橘、柚子等6大优势品种，在粤西粤东与珠三角地区创建万亩精品园区、千亩标准化基地和百亩示范片联动一体的热带亚热带水果优势产区，加强品种改良、标准化种植、产后处理与贮藏保鲜。

支持梅州、肇庆、清远、韶关、云浮等市建设柑橘类优势产区，推进病虫害绿色防控、标准化果园建设，建成全国优质柚果生产供应基地和特色柑橘标准化基地。粤北粤东突出发展"小而精""小而专"水果产业，重点建设三华李、猕猴桃、鹰嘴蜜桃、水晶梨、乌酥杨梅、樟林林檎、无核黄皮、蓝莓、葡萄、澳洲坚果等特色产区和粤北落叶果生产供应基地，加强水果产地商品化处理和冷链物流设施建设；粤东地区重点发展青梅、油柑、橄榄加工型水果品种，延伸水果加工链条，打造成为全国青梅、油柑、橄榄之乡。

3.重点做强特色家禽产业

突出清远麻鸡、惠阳胡须鸡、怀乡鸡、杏花鸡等特色品种，建设以梅州、惠州、江门、茂名、肇庆、清远、云浮等市为主的家禽优势区，支持建设高效安全、绿色环保的标准化养殖场，提升家禽养殖机械化智能化水平，推动畜禽就地屠宰，建设完善冷链配送体系，促进运活畜禽向运肉转变。充分挖掘草山草坡和秸秆资源潜力，推广天然草山草坡改良、农闲田种草和草田轮作、南方饲草青贮等技术模式，加快建设雷琼黄牛、陆丰黄牛和雷州山羊等优势养殖区，持续实施奶业振兴行动，重点在大湾区城市群周边、粤东粤西大中城市郊区以及粤北地区建设优质奶源基地与饲草料配套体系，加快品种改良，强化质量安全监管，改造升级养殖装备，提高国产乳品质量和品牌影响力。

4. 发展茶叶、南药等高效产业

扶持发展英德红茶、潮州单枞茶、客家绿茶、江门柑茶、韶关白毛茶、海丰莲花茶等优势品种发展，引导和支持粤东单丛乌龙茶区、粤西大叶种绿茶区、粤北优质红茶区以及特种绿茶、白毛茶区等五大优势产区建设，拓展茶园休闲文化功能，完善茶叶标准体系，推动公用品牌整合。做强南药产业，以化橘红、阳春砂、广陈皮、巴戟天、何首乌、广藿香、广佛手、沉香（林业部门管）等为重点品种，扶持发展道地药材，建设云浮、肇庆、茂名、江门、阳江、湛江等南药优势产区，支持国家级肇庆南药市场建设，建设一批岭南中药材良种繁育基地和优质岭南中药材生产基地，开发药食同源产品，推动特色花卉苗木转型升级，发展盆景、观赏苗木、兰花等优势产业，提升建设珠三角高档盆花、城市绿化与美化苗木产区，粤北珍贵珍稀苗木、兰花与珍稀花卉产区，以国兰和蝴蝶兰为重点的粤东粤西盆花、盆景及红树林树种苗木产区。稳步发展林下经济，提升林菌、林药、林花、林茶、林禽等林下经济规模化、集约化、专业化生产水平。

（四）努力构建现代农业产业体系

建立健全国家、省级现代农业产业园和"跨县集群、一县一园、一镇一业、一村一品"现代农业产业体系，全力打造一批农业现代化示范区，奋力创建农业产业强镇和农业专业镇，打造全国"一村一品"示范村镇。培育和建设现代农业和优势特色产业集群。高标准建设沿海渔港和渔港经济区，加快提升渔业技术装备水平。健全完善现代农业全产业链标准体系，加快促进农村第一第二第三产业融合发展。

1. 创设跨县集群产业园

围绕粮食、生猪、家禽、岭南水果、蔬菜、茶叶、南药、花卉、油茶、水产、农产品冷链物流等优势特色产业带，建设一批跨县集群现代农业产业园，实现优势产业跨县集群产业园全覆盖，推动实施现代农业与食品战略性支柱产业集群培育工程，建设形成粮食、蔬菜、岭南水果、畜禽、水产、饲料等千亿级现代农业产业集群，以及茶叶、南药、苗木花卉、现代种业等若

干个数百亿级现代农业产业集群，打造在国内外具有竞争力的优势产业带；推动建设渔港经济区，尽快形成全省渔港经济区建设规划体系和"一张图"，开展渔港改革试点，完善渔港经营许可制度，鼓励社会资本参股投资，促进渔港建、管、护良性循环，统筹推进渔港建设和城镇建设，改善营商环境和社会环境，引导生产要素向渔港聚集。

2. 拓展特色农业产业园

突出抓重点强弱项，推进智能化升级、产业链拓展延伸、科技集成应用、投融资政策创设和联农带农机制创新，提升现代农业产业园辐射能级和核心竞争力。坚持调结构提效益导向，持续加大对粤东粤西粤北地区的支持力度，建设一批特色粮经作物、特色园艺产品、特色畜产品、特色水产品和林特产品等特色精品现代农业产业园，实现农业县（市、区）、主要特色品种省级产业园全覆盖，推动建设特色农产品优势区，发展富民兴村强县产业。支持建设成效好的省级现代农业产业园扩容提质增效，以现代种业、丝苗米、生猪、家禽、南药、岭南水果、苗木花卉、水产等具有全国影响力的"粤字号"优势产业为重点，建设一批产值50亿元以上的国家级现代农业产业园，带动全省形成国家、省、地市、县（市、区）四级产业园梯次创建、全面推进的发展格局。

3. 创建功能性农业产业园

落实"核心技术+产业融合+场景实践+示范推广"要求，在现代种业、农业品牌、装备设施、数字农业等产业链关键环节和前沿领域，面向全省探索创建一批功能效益显著、要素高度聚集、产业集群发展、设施装备先进、辐射带动有力的功能性现代农业产业园。着力提升功能性产业园综合服务能力，促进人才、科技、资本等要素资源向主导产业聚集，形成具有较强影响力、竞争力、服务力和带动力的产业联合体，提升主导产业整体效益。

4. 推进"一村一品、一镇一业"提质扩面

立足资源特色、产业基础和区位优势，以现代农业产业园为带动、以村镇为平台、以产业为基础、以要素融合为机制，聚焦荔枝、龙眼、香蕉、菠萝、芒果、柑橘、蔬菜、丝苗米、茶叶、花卉、南药、畜牧水产、林下经济

和地方特色稀有品种开发升级，深入发展"一村一品、一镇一业"，着重引导农业企业与农民合作社、农户联合建设原料基地及产地贮藏和加工车间，建设产业化联合体，推动品种培优、品质提升、品牌打造和标准化生产。建成一批"一村一品、一镇一业"农业产业强镇、特色专业镇和农业特色专业村。

（五）支持农业绿色发展先行区建设

《中共广东省委关于深入推进绿美广东生态建设的决定》正式发布，明确提出深入推进绿美广东生态建设，推动广东省高质量发展。绿色农业强调农业生产和环境保护相互协调，要求在加快农业发展、增加农户收入的同时有效保护生态环境、确保绿色无污染的农业生产可持续发展。

1. 绿色农业生产保持健康发展态势

近年来，广东大力推进绿色食品生产，不断扩大总量规模，丰富绿色产品类型，绿色产品覆盖了主要作物、畜禽等大宗农业产品及加工产品，绿色食品品牌效应不断凸显，速度、质量和效益实现协调发展。广东绿色食品凭借地区产业优势，培育壮大具有鲜明特色的品种，荔枝、大米、龙眼、菠萝、火龙果、茶叶、菜心、柑、柚等已成为广东绿色食品品牌的主力军，畜禽肉蛋奶等产品生产也加速发展。截至 2022 年底，广东绿色食品的产品总数达到 716 个，获证主体为 445 个。

2. 深入推进绿美广东生态建设

切实做好重大动植物疫病防控工作，全面阻截防控红火蚁、草地贪夜蛾等外来物种，统筹做好非洲猪瘟等重大动物疫病防控工作。大力加强农药市场监督，深入实施化肥农药兽药使用的减量增效，加大对畜禽养殖废弃物的资源化利用技术的研发和推广。加快珠三角百万亩鱼塘转型升级，打造国家级水产健康养殖与生态养殖示范区。强化渔业资源养护与生态修复，开展渔业资源增殖放流，建设现代化海洋牧场，全面落实海洋伏季休渔综合管控。多举措推动秸秆还田和农膜回收，科学和安全地推广全生物降解地膜技术。实施耕地分类管理和保护利用，实施绿色种养循环农业试点项目。加快建设粤港澳大湾区绿色农产品生产供应基地。打造农业绿色发展先行区，建立健全农业绿色发展先行先试支撑体系。

（六）推进农业生产"三品一标"提升行动

发展绿色农产品、有机农产品和地理标志农产品，是提高供给和需求的适配性的客观要求，是提升农产品品质的有效途径，是提高农业质量效益和竞争力的重要载体，是增强农产品质量安全治理能力的创新举措。

1. 启动"三品一标"四大行动

全省各地方农业部门高度重视农产品"三品一标"四大行动，在建设优质农产品生产基地行动方面，要形成以基地为核心的优质农产品供给体系；在提升农产品品质行动方面，要构建一套标准化引领品质提升的技术模式和推进机制；在促进优质农产品消费行动方面，围绕广东特色农产品，依托农产品"12221"市场体系，培育打造国家地标馆、广州优质特色农产品展示展销平台等一批公益宣传平台；在亮证达标合格农产品行动方面，以加快推进承诺达标合格证制度、提升"粤字号"农业知名品牌社会认知度为目标，合力推进全链条农产品质量安全治理体系与治理能力现代化。

2. 培育壮大农产品品牌

健全绿色、有机、地理标志农产品的认证和管理体系，创新农业品牌营销推介方式。加大大宗特色优势农产品的产销对接。提升农产品质量安全监管水平，有效推动水产品"不安全、不上市"专项行动，确保世界银行贷款广东省农产品质量安全提升项目顺利完成。全面推广食用农产品达标合格证制度，积极推进地理标志农产品保护工程。

（七）健全现代农业科技创新体系

1. 推进科技和改革双轮驱动

大力推进农业科技创新，深化推进"粤强种芯"工程，加快特色优势品种研发推广，加强农业种质资源保护与利用。推动农业关键核心技术攻关，健全科技成果转化机制，完善农业技术推广体系。加强乡村人才队伍建设，凝聚建设农业强省、全面推进乡村振兴的强大力量。强化系统集成改革，既"稳"又"活"地深化农村"三块地"、新型农业经营体系、农村集体产权制度、农村金融等领域改革，全面激活"三农"高质量发展新动力。

2. 促进产学研融合发展

发挥产业技术创新战略联盟作用，推进产学研深度融合。加快推进农业农村部重点实验室、岭南现代农业科学与技术广东省实验室和广州国家现代农业产业科技创新中心建设。支持中国农业科学院深圳农业基因组研究所打造成为世界一流的科研院所。强化科技支撑，助力乡村振兴，大力建设农业科技社会化服务体系，一体化推进科技创新和科技成果转化。提升农机装备研发应用水平，提高水稻耕种收机械化率，促进水稻耕作提质增效。

（八）加快发展数字农业

党的二十大报告提出，加快发展数字经济，打造具有国际竞争力的数字产业集群。近年来，广东全力推动农业数字化转型，打牢数字农业基础，为全国树立数字农业发展标杆、提供示范、走在前列，向全球展现建设"数字农业硅谷"的底气和信心。

1. 发挥广东数字农业发展优势

作为改革开放的排头兵、先行地、实验区，广东发展数字农业具有产业、市场、科技、环境等多方面优势。近年来，广东省以"12221"市场体系建设为抓手，依托大数据平台，打通产销对接，广东荔枝、徐闻菠萝、梅州柚子等特色水果"12221"市场营销大数据不断完善，鲍鱼、狮头鹅等一大批"粤字号"品牌叫响市场。2022年，广东省数字经济规模超过4万亿元，288个省级现代农业产业园插上数字化翅膀，已建设开通5G基站超11万个，农产品网络零售额750.6亿元，广东数字农业探索走在全国前列。

2. 为农业发展插上"数字翅膀"

在阳西，程村蚝、罗非鱼、荔枝、东水山茶4个数字农业产业园已完成建设。佛山市南海区里水镇、汕头市澄海区两大"农产品跨境电子商务"

综合试验区投入运行，农产品跨境贸易生态产业链不断完善；韶关市南雄市、阳江市阳西县、茂名市高州市等一批国家数字乡村试点地区雄起，数字农业应用遍地开花。如今，广东数字农业已从单向的技术应用转向系统化发展。在向现代农业产业转型的过程中，广东不断创新技术手段，改变落后的生产方式，培育农业产业发展的新动力、新模式与新业态。

3. 创办全国首个元宇宙种业大会

广东以"种铸强芯，数领未来"为主题，打造全球首个数字农业线上发布厅，全面呈现十年来广东在种业振兴、"粤强种芯"工程、农业数字化方面的新成就，展示国内"顶流"现代农业综合技术示范高地、创新高地和开放高地。

（九）推动农业交流合作

进入新时期，作为中国外贸第一大省和农产品进出口大省的广东，肩负着"以更大魄力在更高起点上推进改革开放"的责任使命，继续推动农业领域对外开放走在全国前列。

1. 农业对外开放取得新突破

广东农产品年进出口总额从 2002 年的 52.9 亿美元增长到 2021 年的 398.5 亿美元，增长 653.3%。[①] 农业领域对外开放不断迈上新台阶、取得新突破。在全省以对外开放推动乡村振兴的背后，一批广东领军企业脱颖而出，成为广东农业布局海外、提升国际竞争力和资源掌控力的先锋。

2. 创建农业 RCEP 对外合作先行区

2022 年是《区域全面经济伙伴关系协定》（RCEP）生效元年，2021 年至今，广东先后发布国内首个农业领域对接 RCEP 的工作举措《广东省农业农村厅推动对接 RCEP 十项行动》，鼓励指导各市创建广东农业 RCEP 对外合作先行区，打造面向 RCEP 的农业贸易集聚区；印发《关于加大力度

---

① 《广东农信投入 110 亿元贷款资金支持现代农业产业园建设　助力农业现代化发展》，广东农信，2023 年 9 月 25 日，http://www.gdrcu.com/gdrcunew/nxdt/nxxw/202309/101258.html，最后检索时间：2023 年 10 月 24 日。

推进广东农业领域对接 RCEP 促进农业国际合作与农产品贸易的通知》，指导各地充分把握和利用好 RCEP 的政策红利，指导企业用足用好政策，扩大农产品国际贸易规模。韶关市、高州市、徐闻县、遂溪县、德庆县陆续创建 RCEP 农产品（国际）采购交易中心。水海产品、狮头鹅、菠萝、荔枝、预制菜、富贵竹、蝴蝶兰等一大批广东特色优势农产品及加工品顺利出口 RCEP 国家。

三 广东推进现代农业产业园建设的主要困难和问题

广东创建现代农业产业园取得明显成效，但对照乡村产业振兴的目标、农民群众的期盼和发达地区的优势仍有较大差距，还面临着不少困难和问题。

（一）产业发展集约化程度有待提高

一是产业规划引领不够，目标定位不明确。一些地区的农业主导产业规划不够科学、定位不够明晰，在乡村产业选择方面，仍然存在低水平重复建设等问题，导致区域品牌不突出和缺乏市场竞争力，无法获得理想的收益。除了惠州蔬菜、茂名水果、梅州金柚、佛山花卉、中山苗木、湛江对虾、潮州茶叶和珠海水产等成为优势产业外，其他地区的瓜果、蔬菜、花卉和观赏鱼等都不能成为主导产业，各农业产业园所开发经营的主导产业很难体现出不同园区的品牌特色优势。二是一些产业园开发经营的农产品种类繁多，不易形成规模化生产经营。虽然不少农产品具有较高品质，但一些产业园经营生产的农产品种类繁杂，单个农产品的生产经营规模必然受到制约。没有了知名品牌，产业园的产业优势不明显，从而难以形成品牌化、产业化、规模化竞争优势，导致农产品市场知名度不高、市场竞争力不强。三是流通服务体系不够健全。农产品流通设施建设投入有限、布局不够合理，道路、冷链等物流设施陈旧，直接影响农产品品质保障和流通效率，"最后一公里"问题亟待解决。四是缺乏优势明显的乡村产业。乡村产业低水平重复建设问题普遍，尤其是休闲观光农业还基本处于"田头采摘园、村头农家乐"的"两头"初级阶段，营销能力不强、文化内涵缺失、配套设施陈旧，尚未有体量大、层次高、岭南特色优势明显的田园综合体等项目。

（二）产业园龙头企业大而不强问题比较突出

一是农业龙头企业综合竞争力不够强的问题较突出。缺乏规模大、经营好、带动能力强的农业龙头企业。二是家庭农场"小散乱"的问题突出。家庭农场经营者生产加工水平不高，经营效益低下，规模化、组织化程度不高，已无法适应大田托管、统防统治、烘干储藏、冷链保鲜等市场化和专业化的服务需要。三是农业从业人员专业结构不优的问题突出。农业科技高层次人才数量不多，特别是专业型、实用型、推广型技术人才匮乏，农村大量青壮年外出务工或创业，劳动力老龄化趋势明显，现有农业从业人员多为50岁及以上，绝大多数人文化程度不高、可塑性不强，培训效果欠佳。

（三）要素配套保障机制有待完善

一是产业用地难。一直以来，土地流转问题都是农业现代化进程中的重点，政府对现代农业产业园的扶持有效提高了土地流转率，但是在土地使用过程中仍存在用地困难、监管不严等问题。农业产业链中主要盈利点在第二、第三产业，用地需求较大，但农村产业用地经济效益、税收普遍较低，部分地区更倾向于优先满足工商业用地需求，虽然政策上给予乡村振兴用地指标保障，但受空间指标等因素制约，一些优质农业项目仍难以落地。二是农业企业还存在财政融资难问题。财政资金的转移支付短期内对产业园的支撑作用是非常明显的，但从长期看，农业产业园仍然面临建设资金紧缺的困扰。现代乡村产业园涉及种养、加工、流通、服务等多个环节，需要大量资金投入，光靠企业自身远远不够，但目前涉农企业贷款难、贷款贵、涉农金融产品少的问题尚未得到有效破解，乡村金融服务体系仍处在探索阶段，公共财政扶持资金也非常有限，这些都制约了广东农业产业做大做强。三是机制保障难。现代乡村产业园融合发展，特别是休闲观光农业，涉及农业农村、发展改革、规划资源、生态环境、住建、水务、旅游、市场监管等多部门，现有的以旅游业管理为主的模式很难兼顾各方的需求。

（四）优质劳动力和管理型人才缺乏

目前，现代农业产业园发展受制于优质劳动力不足，农业专业人才缺乏、人才流动性大成为困扰农业产业园发展的重要问题。不少农业产业园的发展水平仍然不高，对周边农户的吸引带动作用仍然不够，农村青壮年劳动力更愿意去经济更发达的地方工作。另外，产业园的技术服务平台一般为产业园和科研院校合建的试验平台，本地技术专业人才并不多。而且，许多农业产业园建在特色农产品优势产区，这些地区主要在农村偏远地区，生活配套设施不完善，难以吸引技术管理人才安心留下来。优质劳动力和创新型管理人才不足，导致现代产业园建设发展缺乏后劲。

（五）科技支撑力度仍然不足

促进农业产业转型升级、提高经济效益的关键仍然在于科技自主创新，科技创新是提升农业产业园高水平发展的核心所在。目前，科技支撑力度不足仍然是制约现代农业产业园高水平发展的突出问题。一是创新引领能力不强。例如，广州市作为粤港澳大湾区核心城市、华南地区科研教育中心，拥有广东80%的高校、97%的国家级重点学科、73%的国家重点实验室，科技成果资源丰富，在岭南特色水果、花卉、蔬菜、观赏鱼等方面具有较强的科技实力，但自主创新关键技术成果不多，没有很好地突破种业、农产品深加工等"卡脖子"关键技术。二是产学研用衔接不畅。与其他行业相比，农业科技产权市场、技术市场发育迟缓、体系不健全，严重制约产、学、研、用一体化创新机制培育壮大，从农场到市场缺乏有效的反馈机制，农业科研成果转化率低于国内先进城市。三是信息化基础薄弱。农业信息化服务体系不健全，数字农业、智慧农业、农业互联网创新创业平台等发展仍然处于初级阶段，农产品种植、生产、加工、储存、运输、销售等环节数字化、智慧化水平有待大幅提升。

（六）产业联农带农效果不够明显

一是农业产业收益水平仍然偏低。农业产业园既要面对自然环境变化的风险，又要面对市场供求的波动。二是农企利益联结机制偏松。部分农户契约意识不强，不履行合同等情况时有发生，导致企业不敢大规模投资。龙头企业与农户之间大部分是简单的产品购销、劳务雇佣、土地流转等关系，企业联农带农动力不足、联结不紧、作用不明显，农民难以充分享受产业链延伸和拓展带来的红利。目前，政府、骨干企业、合作社和农户是创建现代农业产业园的四类主体。而雇佣耕作劳务和土地流转是农户加入产业园的主要途径，农户因此获得劳务收入和地租收益。虽然农户有了一定的收入，但收入水平仍然较低，且收入难以得到有效保障。

四　加快推进广东农业产业园高质量发展的对策建议

未来，广东将继续大力推进产业园建设，压实各级主体责任，落实"园长制"，把现代产业园作为推进农业现代化和实施乡村振兴的关键、主要抓手和重要平台，统筹推进，切实履行园长责任。各有关部门各司其职，紧密配合，形成合力，农业农村部门要统筹做好组织协调工作，相关部门要在财税政策、金融服务、用地保障等方面同向发力，确保如期高质量完成广东现代农业产业园建设任务，将每个农业产业园都建成精品园、标杆园，把产业园做出影响、做出品牌，使广东农业现代化丰富多彩，取得良好的经济效益、生态效益和社会效益。

（一）全面提升农业产业发展集约化程度

推进新一轮现代农业产业园建设，坚持走市场驱动、品质发展之路，完善产业基础设施建设，打造现代农业全产业链发展大格局，提升质量效益和竞争力。

1. 优化空间布局，创建特色产业集群

高位推动是加快广东现代农业产业园建设的首要经验。针对主导产业不突出、布局不合理、结构雷同等问题，各产业园区要抢抓国家、广东全力推进现代农业产业园建设的机遇，筹划好顶层设计，发挥地方特色产业优势，谋划创建优势特色产业集群，增加和扩大农业产业园种类和覆盖面。更要千方百计创造良好条件，促进农业企业"走出去"，到境外建立农业产业园，增强广东现代农业的国际竞争力。

2. 挖掘特色资源，加强主导产业园协调发展

近年来，一些农业产业园由于主导产业布局不合理和存在低水平重复建设等问题，"果贱伤农"和"丰产不丰收"等现象时有发生，各产业园区要谋划布局有地方特色的优质产业资源，以优势显著的农作物、蔬菜水果、水产品为主导产业，并作为农业产业园的项目储备，解决主导产业布局不合理等问题，建设具有当地特色的农业产业园区，构建省级和地市级高质量农业产业园梯队，带动各地现代农业产业园走好协同发展之路。

要注重打造产品品牌，强化农业市场体系建设。打好科技、产业、市场、文化"四张牌"，建立健全农产品"12221"市场体系，讲好优质特色农业品牌的故事，推广地方高质量农业品牌，着力走出农产品"丰产不丰收，增产不增收"的怪圈。

3. 推进现代服务业发展，打造特色农产品基地

进一步完善"生产—加工—销售—服务"体系，着力推进补链延链强链，促进第一第二第三产业协调融合发展。有序抓好现代设施农业发展，布局创建一批现代设施农业产业园。加快农产品提质增效，提升农产品初加工和精深加工水平。在岭南蔬果、花卉、茶叶、南药、水产等优质特色农业主产区，打造农产品深加工示范园区。加大对预制菜等食品加工全产业链市场主体的培育。建设农产品园区冷藏保鲜设施，建立健全海洋渔业配套冷链物流的基础设施，推广"田头智慧小站"和"移动冷库+集配中心"等冷链物流模式，构建农产品冷链物流一体化网络，实现主要供销冷链网的县域全覆盖。携手推进农垦冷藏保鲜库和冷链物流中心加入当地冷链物流网络。建立农业高质量发展标准化指标体系,推进现代农业全产业链标准化示范基地建设,组织制定和执行农产品全过程质量控制标准。

4. 健全商贸设施,发展农村物流服务

推动建设一批行动示范县,补齐县域商业设施短板。支持市县谋划布局建设跨园区农产品交易中心,提升和扩大一批区域农产品商贸市场。加快农贸市场转型升级,促进县镇农贸市场向规范化、标准化、智慧化方向发展。健全县镇村农产品电子商务和快递物流体系,打造一批县域供销集采集配中心,推进镇村客货邮融合发展,创新发展共同配送、即时零售等新方式,建设乡镇村农产品冷链物流配送和加工物流中心。加快推动养老托幼、餐饮购物、信息中介等现代乡村服务业发展。支持智能汽车和绿色智能家电下乡,促进乡村大宗商品消费升级换代。

(二)深入推进现代农业产业园建设2.0版

创建一批国家级、省级现代农业产业园,培育一批创新能力突出、规模效益显著、辐射带动能力强的骨干龙头企业,成为全省农业产业发展的基本盘、稳定器和动力源。

1. 做优产业链条,组建龙头企业集团

推动广东农业产业化企业做大做强,鼓励大型重点骨干企业采取兼并重组、股份合作、资产转让等方式,组建大型农业企业集团。强化农业龙头企业的创新引领地位,支持龙头企业成为技术创新、研发投入、科研组织和成果转化的主体。培育一批具有国际竞争力的科技领军型重点骨干企业;打造一批在粮食安全和重要农产品有效供给中发挥核心关键作用的大型重点企业;做大做强一批产业链长、品牌影响力大、引领行业向中高端迈进的"链主"企业;创建一批立足广东、着眼全球的农业跨国企业集群。

2. 实行抱团发展,打造农业产业化联合体

加强农业龙头企业、家庭农场和农民合作社、中小农户的密切联系,构建优势互补、分工协作、紧密联系的利益共同体,全力打造现代农业产业化联合体。推进抱团协同发展。支持承担建设现代农业产业园、农产品加工示

范园区、农业产业强镇等重点项目的农业龙头企业发挥组织优势，围绕现代产业发展组建农业产业化联合体。

3. 提升产业能级，推进跨县产业集群建设

发挥农业龙头企业整合上下游产业链、优化配置资源的重要作用，牵头搭建合作平台、攻坚大项目，促进农业产业园扩规模、拓功能、提效益。增强专业化、特色化、集约化发展水平，创建更多百亿元级、千亿元级的现代化农业产业集群。在"十四五"期间，加快推进现代农业与食品战略性支柱产业建设，培育10个千亿元级和5个百亿元级子集群，积极发展"现代种业"等若干重点链。创新促进集群发展的"企链群"传导机制，支持位于产业链核心地位的链主骨干企业推进实施重大项目，把链条延长到镇村。推进农业龙头企业实施培优工程，促进企业强强联合、合并重组、挂牌上市，打造一批年销售额10亿元以上的高质量标杆企业。

（三）完善和健全要素配套保障机制

1. 落实优先发展，完善乡村产业发展政策支持

落实农业农村优先发展要求，优先保障"三农"投入，加大对乡村产业的政策扶持力度。健全支持乡村产业发展的政策支持体系，确保各项政策可落地、能见效。进一步完善财政支持政策，利用"以奖代补、先建后补"等优惠方式，加快推进优势特色产业、农业产业园、农业强镇和仓储保鲜冷链设施建设。加大金融支持力度，用好全省各类产业引导股权投资基金对乡村产业重大项目予以重点支持，支持符合条件的企业在国内外上市集资。发挥好融资担保增信功能，进一步落实创业担保贷款贴息政策措施。健全乡村产业发展用地政策体系，对用地类型和供地方式实行分类管理。

2. 开展"兴农撮合"，构建社会参与的多元投入机制

构建财政优先保障、金融重点倾斜、社会积极参与的多元投入机制，集成支持全产业链项目协同实施。充分发挥广东乡村振兴板作用，引导"链主"及农业龙头企业对接多层次资本市场，拓宽投融资渠道，增强企业竞争力。积极开展"兴农撮合"活动，通过与相关金融机构合作共建，以平

台运用、活动举办、联合培训等方式，促进各类主体达成商品、服务、技术、资本对接合作，全面支持产业集群、产业园、产业强镇融入农业产业链、供应链、价值链。构建新型农业经营主体信息直报系统平台，利用农业全产业链社会化服务大数据，开展重点项目金融服务，进一步深化和规范"银税互动"工作。强化风险防范，鼓励开发农业全产业链保险险种。

3. 加强统筹协调，建立部门合作协调机制

建立健全合作协调机制，发挥农业主管部门牵头抓总、相关部门配合协调、社会力量积极支持、农民群众广泛参与的积极作用，确保各项优化支持措施落实到位。省农业主管部门指导各地统筹整合资源，探索乡村产业区域协同、联动发展机制。

（四）发挥"头雁效应"，培育创新创业带头人

大力发挥"头雁效应"，构筑农业产业高质量发展的创业创新队伍，要培育和造就一大批服务农业、扎根乡村、带动农民致富的领头人，要吸引高校和中专毕业生、退役军人等回乡创业，引导有市场信息、资本积累、技术专长的回乡人员在农村创业创新。要鼓励创业人员应用新技术、开拓新市场、开发新产品、提高农村产业的现代化发展水平。要着力培养在乡创业创新能人，发挥"田秀才""土专家""乡创客"及能工巧匠的聪明才智，带动创响"乡字号""土字号"乡土特色产品。

（五）强化科技支撑，推动产业园高质量发展

推动农业科技创新发展，打造现代农业科技创新高地。培育农业高新技术产业集群，突破核心育种关键技术，培育开创性新品种，提升种业科技创新水平，为加快农业农村现代化提供有力支撑。在"十四五"时期，全面推动数字农业建设行动，举办世界数字农业大会，建设农业人工智能装备研究中心，打造30个数字农业试点县和10个粤港澳大湾区无人农场。

提升现代农业产业园科技服务的精准化水平，加大对现代农业产业园的科研投入，大力促进技术研发和加快成果转化。鼓励高等院校、科研院所创

建现代农业产业园专家服务团队，创新"一园一平台，专家进企业"的科技服务方式，明确科技服务目标，重点针对良种繁育、重大疫病和病虫害防控、农作物机械化收割、农产品深加工、高附加值农产品开发等关键问题开展重点攻关，要优先推广适用新技术，为推进现代农业产业园高水平发展提供全方位的科技支撑服务。

（六）创新管理机制，实施家庭农场提质工程

1. 加大家庭农场创建力度

加大县级以上示范家庭农场和家庭农场示范县创建力度，强化家庭农场社会化服务体系建设，推动建立针对家庭农场的财政补助、信贷支持、保险等政策。提升农民合作社规范化水平，增强农民合作社服务带动能力，支持农民专业合作社推进农产品深加工、销售，拓宽合作领域和服务内容，通过订单生产、农超对接、直供直销、利润返还等模式与农产品批发市场、连锁超市、城镇社区市场构建利益分享、风险共担、长期稳定的供销衔接机制和合同履约机制。持之以恒促进农民合作社高质量发展，把整县推进工作引向深入，着力发展单体农民合作社、推进农民合作社联合社发展、增强县域指导扶持服务功能。持续开展各级示范社的评定工作，建立健全示范社名录，加强试点示范引领，稳步推进国家、省、市、县级示范社四级联创。建立专业化、职业化的农民合作社辅导员队伍。

2. 创新完善利益联结机制

鼓励农村各类经营和服务主体多元互动、功能互补、利益共享、融合发展。促进小农户与现代农业发展有机衔接，重点支持农业龙头企业通过订单收购、二次返利、保底分红、股份合作、吸纳就业、村企对接等多种形式带动小农户共同发展。支持农业骨干企业通过"公司+农户""公司+农民合作社+农户"等模式，拉长产业链、打通供应链、协调利益链，把小农户引入现代农业产业发展轨道。支持鼓励农户自愿以土地承包经营权、林权等入股农业龙头企业、农民专业合作社，健全和完善农民股份合作社、涉农股份合作制企业的利益分配保障机制，切实维护农户土地经营权入股收益。

参考文献

《中共中央　国务院关于做好2023年全面推进乡村振兴重点工作的意见》，中国政府网，2023年2月13日，https：//www. gov. cn/zhengce/2023-02/13/content_ 5741370. htm。

《农业农村部关于促进农业产业化龙头企业做大做强的意见》，中国政府网，2021年10月22日，https：//www. gov. cn/zhengce/zhengceku/2021-10/27/content_ 5645191. htm。

《国务院印发〈"十四五"推进农业农村现代化规划〉》，中国政府网，2022年2月11日，https：//www. gov. cn/xinwen/2022-02/11/content_ 5673141. htm。

《中共广东省委　广东省人民政府关于做好2023年全面推进乡村振兴重点工作的实施意见》，广东省人民政府网，2023年6月2日，http：//www. gd. gov. cn/gdywdt/zwzt/bxqzwc/zxzc/content/post_ 4190990. html。

《全面推进乡村振兴和农业农村现代化　广东省政府与中华全国供销合作总社签署战略合作协议》，中国证券网，2023年7月4日，https：//news. cnstock. com/news,bwkx-202307-5085440. htm。

《广东新增53个省级现代农业产业园》，广东省农业农村厅，2022年6月6日，http：//dara. gd. cn/nyyw/content/post_ 3944028. html。

《深度观察 | 三年磨一剑，广东现代农业产业园绘就新篇章》，澎湃新闻，2021年7月15日，https：//m. thepaper. cn/baijiahao_ 13613126。

《广东省级现代农业产业园达288个　助推乡村振兴发展》，中国新闻网百家号，2022年6月2日，https：//baijiahao. baidu. com/s？ id = 1734502416008901971&wfr =spider&for=pc。

《广东省人民政府关于印发广东省推进农业农村现代化"十四五"规划的通知》，广东省人民政府网，2021年9月7日，http：//www. gd. gov. cn/zwgk/wjk/qbwj/yf/content/post_ 3508037. html。

B.4
2022年广东"粤强种芯"工程实施报告

陈琴苓 兰可可*

摘　要： 习近平总书记强调，"中国人的饭碗要牢牢端在自己手中，就必须把种子牢牢攥在自己手里"。种业是农业生产的基础，种业振兴对于推动农业现代化、提高农业生产效益具有重要意义。2021年，广东实施"粤强种芯"工程，加强种质资源保护和利用，瞄准种子科学等前沿领域加强研发攻关，加快构建完善种业创新体系，扎实推进种业强省建设，全省的种业高质量发展初见成效。

关键词： "粤强种芯"工程　种质资源　广东省

种子是粮食安全的关键。习近平总书记一直高度重视种业问题，多次做出重要论述和重大部署，强调要解决好种子和耕地问题，"中国粮"要用"中国种"，粮食安全要有"中国芯"，立志打一场种业翻身仗。

广东坚持将种业发展作为"三农"工作的重要抓手之一，紧紧围绕打造种业创新强省目标，实施"粤强种芯"工程，全面部署推进广东省种业振兴行动，瞄准种业科技前沿领域加强研发攻关，激活种业创新活力，加强种质资源保护和利用，组建广东种业集团，加快构建种业创新体系、产业体系、治理体系"三大体系"，提升品种创新、企业竞争、供种保障、依法治理"四大能力"，推动广东种业高质量发展持续走在全国前列，2022年广东种业工程取得了长足的进步。

---

* 陈琴苓，广东省农业科学院科技条件部主任，研究员，主要研究方向为农业科研管理；兰可可，广东省农业科学院科技条件部平台科科长，主要从事科技条件平台建设与运行管理工作，主要研究方向为科研管理。

一 加强种质资源收集保存，提升种业战略储备

广东开展生物种质资源库建设时间早、规模大，重点依托广东省农业科学院、华南植物园、华南农业大学等科研教学机构，在农作物、畜禽、水产、微生物领域建立起各级各类种质资源库（圃）。

（一）农作物种质资源库（圃）建设及资源保存概况

截至 2022 年，广东建有农作物种质资源库（圃）约 40 个（见表 1），其中国家级和部级种质资源圃 12 个、保存农作物种质资源 7.6 万份，占全国的 13%，总量位居全国前列，为广东种业高质量发展奠定了坚实基础。

作为广东种质资源保存量最大的单位，广东省农业科学院建有各级各类种质资源库（圃）25 个，其中国家级 6 个、部级 3 个、省级 16 个。共保存种质资源 6 万余份，其中水稻 24916 份、甘薯 2266 份、玉米 4000 份、花生 3000 份、蔬菜 5403 份、花卉 1476 份、果树 3019 份、茶树 2257 份，占全省农作物种质资源的 2/3。

表 1　广东省农业种质资源库（圃）（部分）

类别	农业种质资源库（圃）名称	承担单位
农作物	国家野生稻种质资源圃(广州)、国家甘薯种质资源圃(广州)、国家荔枝香蕉种质资源圃(广州)、国家茶树种质资源圃华南分圃、国家桑树种质资源圃华南分圃、农业部广州荔枝种质资源圃、农业部广州香蕉种质资源圃、农业部广州黄皮种质资源圃、广东省水稻种质资源库、广东省蔬菜种质资源库、广东省南亚热带果树种质资源库、广东名优花卉种质资源库(兰花种质资源基地库)、广东省旱地作物种质资源库、广东省茶树种质资源圃(库)、广东省生物种质资源库蚕桑种质资源库(广东省桑树种质资源圃)、广东省油茶种质资源圃、广东省香蕉种质资源圃、广东省农作物种质资源库(核心库)	广东省农业科学院
	广东省甘蔗种质资源圃	广东省科学院南繁种业研究所

续表

类别	农业种质资源库（圃）名称	承担单位
农作物	广东省南亚热带作物种质资源圃	中国热带农业科学院南亚热带作物研究所
	广东省（广州市）蔬菜种质资源库	广州市农业科学研究院
农业微生物	国家农业环境微生物种质资源库（广东）、广东省农业有害生物种质资源库、广东省动物病害生物种质资源库、广东省栽培食用菌种质资源库、广东省动物卫生微生物种质资源库、广东省土壤与环境微生物种质资源库	广东省农业科学院
	广东省农业微生物种质资源库	广东省科学院微生物研究所
畜禽	广东省畜禽种质资源库（广东省农业农村厅支持）	华南农业大学
	广东省畜禽种质资源库（广东省科技厅支持）	广东省农业科学院
水产	华南淡水渔业生物种质资源库	中国水产科学研究院珠江水产研究所

（二）禽种质资源库（圃）建设及资源保存概况

建有部、省级畜禽遗传资源保种场 21 个，其中国家级 12 个，保存畜禽种质资源 9.6 万份。建成省级农作物种质资源库和畜禽遗传资源基因库各 1 个、国家生猪核心育种场 12 个、国家肉鸡核心育种场 8 家、国家肉鸡良种扩繁推广基地 7 家。华南农业大学建有广东省畜禽种质资源库，目前已保存广东省内外 45 个畜禽地方品种各类遗传物质近 10 万份，包括细胞、精液、胚胎、组织、核酸、肠道微生物等。

（三）水产种质资源库（圃）建设及资源保存概况

广东水产种业发展基础好，优势明显，建有国家级水产种质资源保护区 17 个，保存水产种质资源 4.5 万份。建有国家级、省级水产良种场 50 多家，其他各类苗种场 3000 多家，苗种产量长期居全国第 1。中国水产科学研究院珠江水产研究所建立了华南淡水渔业生物种质资源库，收集了涵盖淡水养殖品种和自然水域的优质、珍稀濒危物种及常见观赏类生物的活体 34 种、标本 100 种，配子、细胞和胚胎等 50 种，基因资源 9 种；培育了 4 个适合华南地区的养殖新品种。

（四）微生物种质资源库（圃）建设及资源保存概况

广东省农业微生物种质资源种类同样丰富，全省系统发掘并保存农业微生物菌种资源 6.5 万余株，菌种资源保存量为全国之最。保存大型真菌及食药用菌标本 10 万余份，涵盖微生物种类 2000 多种，标本量居全国第 2。广东省农业科学院农业资源与环境研究所建有国家农业环境微生物种质资源库（广东），现保藏农业微生物资源约 7.9 万株，其中已完成鉴定的农业微生物资源约 7.2 万株；广东省科学院微生物研究所建有广东省农业微生物种质资源库，近 10 年来向社会提供微生物种质资源共享服务 50000 余株次，应用单位超过 15000 家，收集整合微生物模式菌株 3800 余种，保藏微生物专利菌种 2800 余株。

二 提升种业科技创新能力，推出新品种、新技术

一直以来，广东高度重视种业科技创新能力建设，通过支持重点实验室、种质资源圃库、工程技术中心等各级各类种业科研创新条件平台的建设、积极探索提升种业基础研发与原始创新能力等，取得了较为丰硕的成绩，推出了一系列优势突出的新品种、新技术，为加快推进现代种业高质量发展打下了坚实的基础。

（一）种业科研创新条件平台全国一流

广东省农业科研条件平台建设一直走在全国前列，目前共有 6 个种业相关国家级重点实验室，11 个国家级现代农业示范区，9 个国家级农业科技园区、25 个省级农业科技园区，16 个国家级、161 个省级、55 个市级现代农业产业园。

1. 农作物育种实验室与工程中心建设概况

广东省依托科学技术和科技人才的有力支撑，在全省建设了国家水稻改良中心广州分中心、国家南方花生原原种扩繁基地等一系列科研实力雄厚的农作物育种相关创新平台（见表2）。

表2 广东省农作物育种相关科研平台（部分）

级别	科研平台名称	承担单位
国家级育种改良中心	国家水稻改良中心广州分中心	广东省农业科学院
	国家香蕉改良中心广州分中心	
	国家油料作物改良中心南方花生分中心	
国家级原原种扩繁基地	国家南方花生原原种扩繁基地	广东省农业科学院
	国家南方甜玉米原原种扩繁基地	
省部级重点实验室	农业部南亚热带果树生物学与遗传资源利用重点实验室	广东省农业科学院
	农业农村部华南优质稻遗传育种重点实验室(部省共建)	
	省水稻育种新技术重点实验室、省植物保护新技术重点实验室、省农作物遗传改良重点实验室、省茶树资源创新利用重点实验室、省热带亚热带果树研究重点实验室、省蔬菜新技术研究重点实验室、省农作物种质资源保存与利用重点实验室	
	农业部华南作物有害生物综合治理重点实验室	华南农业大学
	农业部华南地区园艺作物生物学与种质创制重点实验室	
	广东省植物分子育种重点实验室	
部级工程中心	植物航天育种教育部工程研究中心	华南农业大学
省级工程中心	水稻工程实验室、无公害蔬菜工程技术研究中心、蔬菜工程研究中心、热带亚热带果蔬加工工程技术研究开发中心、蔬菜遗传改良工程技术研究中心、香蕉遗传改良工程技术研究中心、茶产业工程技术研究中心、荔枝分子标签工程技术研究中心、甜糯鲜食玉米工程技术研究中心、优质水稻工程技术研究中心、烟草育种与综合利用工程技术研究中心、道地南药资源保护与利用工程技术研究中心	广东省农业科学院
	广东省蚕桑工程技术研究中心、广东省蔬菜工程技术研究中心、广东省荔枝工程技术研究中心	华南农业大学
	广东省鲜食型玉米遗传育种工程技术研究中心、广东省植物引种驯化与选育种工程技术研究中心	仲恺农业工程学院
	广东省杂交水稻商业化育种工程技术研究中心	广东天弘种业有限公司
	广东省香蕉育种及产业化利用工程技术研究中心	高州市石生源生物科技发展有限公司
	广东省华农大种业工程技术研究中心	广东华农大种业有限公司

2. 畜禽种业实验室与工程中心建设概况

广东省农业科学院动物科学研究所与华南农业大学、四川农业大学等单位合作共建猪禽种业全国重点实验室，积极开展优异基因挖掘、生物育种技术创新、育种材料创制等工作。依托华南农业大学、广东省农业科学院等单位建立了一批具有国内先进水平的科研平台，支持省内24个国家畜禽核心育种场、扩繁基地巩固强化基地建设，完善畜禽良种繁育体系，共打造了2个国家级、38个省级畜禽现代农业产业园和4个畜禽种业功能性产业园及一批有规模优势的畜禽良种扩繁和生产基地（见表3）。

表3 广东省畜禽种业主要科研平台（部分）

级别	科研平台名称	承担单位
国家级重点实验室	猪禽种业全国重点实验室	广东省农业科学院
国家级工程中心	国家生猪种业工程技术研究中心	华南农业大学
	畜禽育种国家地方联合工程研究中心	
	畜禽产品精准加工与安全控制技术国家地方联合工程研究中心	
部级重点实验室	农业部鸡遗传育种与繁殖重点实验室	华南农业大学
	农业部华南动物营养与饲料重点实验室	广东省农业科学院
省级重点实验室	广东省畜禽育种与营养研究重点实验室	广东省农业科学院
	广东省动物分子设计与精准育种重点实验室	佛山科学技术学院
省级工程中心	广东省动物育种与营养工程技术研究中心	广东省农业科学院
	广东省畜禽种业工程技术研究开发中心	温氏食品集团股份有限公司
	广东省清远麻鸡遗传育种工程技术研究中心	广东天农食品有限公司
	广东省种猪联合育种工程技术研究中心	广州市艾佩克养殖技术咨询有限公司
	广东省爱健康清远鸡种苗培育及健康养殖工程技术研究中心	广东爱健康生物科技有限公司

3. 水产类实验室与工程中心建设概况

广东省是全国淡水渔业科研单位和科技人才比较集中的省份之一，依托中国水产科学研究院珠江水产研究所、中山大学等单位建设淡水渔业省部级重点实验室及工程技术研究中心，表中的平台涉及淡水渔业相关领域的科研工作（见表4）。

表4　广东省水产相关科研平台（部分）

级别	重点实验室/工程中心名称	承担单位
部级重点实验室	农业部热带亚热带水产资源利用与养殖重点实验室	中国水产科学研究院珠江水产研究所
省级重点实验室	广东省水生经济动物良种繁育重点实验室	中山大学
省级工程中心	广东省水产良种工程技术研究中心	中国水产科学研究院珠江水产研究所
	广东省海洋经济动物种业工程技术研究中心	深圳华大海洋科技有限公司

4. 农业微生物类实验室与工程中心建设概况

全省现有水产动物疫病防控与健康养殖全国重点实验室、华南应用微生物国家重点实验室、国家兽医微生物耐药性风险评估实验室等国家级农业微生物种质资源科技创新平台。

表5　广东省农业微生物相关科研平台（部分）

级别	重点实验室/工程中心名称	承担单位
国家级重点实验室	水产动物疫病防控与健康养殖全国重点实验室	中山大学
	国家兽医微生物耐药性风险评估实验室	华南农业大学
省部共建国家重点实验室	华南应用微生物国家重点实验室	广东省科学院微生物研究所
省级重点实验室	广东省菌种保藏与应用重点实验室	广东省科学院微生物研究所
省级工程中心	广东省微生物芯片工程技术研究中心	广东省科学院微生物研究所
	广东省环境微生物工程技术研究中心	
	广东省抗微生物材料与抗菌检测工程技术研究中心	
	广东省微生物资源工程技术研究中心	
	广东省土壤微生物与耕地保育工程技术研究中心	广东省农业科学院

（二）通过审定、登记品种数量提升

通过国家畜禽遗传资源委员会审定鉴定品种 1 个；通过农业农村部登记非主要农作物品种 122 个；通过广东省农作物品种审定委员会审定的主要农作物品种 156 个，审议同意扩大适宜种植区域水稻品种 11 个；获植物新品种权 242 个（见表 6）。

表 6 2022 年通过审定、登记品种

级别	审定、登记品种
国家审定品种	黄广农占、深优 296、香龙优 176 等 78 个水稻品种，泰甜金银粟、粤甜 38 号、粤白甜糯 9 号等 12 个玉米品种，华春 15、华夏 2 号、华夏 23、华夏 24 等 4 个大豆品种，凡纳滨对虾"海兴农 3 号"、杂交鳢"雄鳢 1 号"、凡纳滨对虾"海茂 1 号"、裕禾 1 号黄鸡等 3 个畜牧水产品种
农业农村部登记品种	辣椒 44 个、番茄 26 个、黄瓜 14 个、花生 11 个、大白菜 7 个、甜瓜 4 个、西瓜 4 个、油菜 3 个、茶树 3 个、豌豆 3 个、橡胶树 1 个、作物油类 1 个、甘薯 1 个、甘蔗 1 个
广东省审定品种	黄广绿占、粤珠占、黄粤莉占等水稻品种 125 个，广良糯 7 号、珠玉糯 3 号、新美彩糯 500 等玉米品种 25 个，华夏 21、华夏 22 等大豆品种 2 个

（三）种业创新能力显著提升

1. 农作物品种选育创新

积极推进以大数据、生物技术育种为核心的现代种业育种工程，通过现代基因工程技术、细胞工程技术和分子标记技术，改造传统育种，构筑由基础研究、技术应用到产业示范推广的完整种业创新链与产业链，促进了育种方式由传统向现代转变。全省优质稻、超级稻、鲜食玉米、特色蔬菜等作物育种能力位于全国领先水平，基因测序能力居全球首位。近年来，广东省大力推进瘦肉型猪、白羽肉鸡、荔枝、香蕉等国家育种联合攻关，成立了育种联合攻关领导小组，并安排 3000 多万元支持这项工作，同时组织开展省级育种联合攻关，种业创新能力显著增强。目前，广东省经农业农村部确认的超级稻品种有 36 个，在全国占比 24%。

2. 畜禽品种选育创新

广东省作为畜禽种业强省，是全国最早开展畜禽规模化、集约化养殖的省份之一，长期以来坚持自主培育新品种。瘦肉型生猪、黄羽肉鸡、对虾、罗非鱼等畜禽水产育种能力和产业化走在全国前列，通过国家审定的畜禽新品种（配套系）34 个，全国占比为 13%；生猪、黄羽肉鸡、番鸭、肉鸽等新品种（配套性）均为国内首个通过国家审定，特别是新育成"广明 2 号"白羽肉鸡配套系，生产性能达到国际同期水平，助力国家打破对国外种源的依赖。

3. 水产类品种选育创新

世界渔业看中国，中国渔业看广东，广东是中国水产养殖第一大省，也是水产种业第一大省，目前建成了"国家级遗传育种中心—国家级良种场—省级良种场—县市级繁育场"水产良种体系架构。广东在水产苗种繁育和研发水平上一直领军全国，共有 60 个畜牧水产人才团队，是广东省种业创新工作的"主力军"和重大种源技术突破的"生力军"。近年来，广东选育出通过国审水产新品种 20 多个，储备了南美白对虾、石斑鱼、珍珠贝等一批重要的水产种质资源，丰富了广东省水产遗传育种材料。

（四）获得多项科技成果奖励

2022 年，多项种业科技成果获得全国农牧渔业丰收奖、广东省科学技术奖、广东省农业技术推广奖及社会力量设奖等。其中"全国食味鉴评金奖品种美香占 2 号大规模推广及稻米品牌创新"获全国农牧渔业丰收奖一等奖，为优质稻品种的产业化和品牌化探索出了一条新路，引领并有效地推动了南方优质水稻产业发展。"大口黑鲈'优鲈'系列新品种及配套技术推广应用"获全国农牧渔业丰收奖一等奖，该成果破解了大口黑鲈良种规模化扩繁、早繁和反季节繁殖的难题。"杂交稻优质不育系泰丰 A 的创制与应用"获广东省科技技术奖一等奖，该成果有效地解决了杂交稻"高产不优质"的"卡脖子"问题。"番鸭新品种培育及健康养殖技术推广应用"获广东省农业技术推广奖一等奖，该成果提高了番鸭专门化品系的繁殖性能、改善了生长速度和饲料转化效率，自主培育出的"温氏白羽番鸭1号"配套系通过国家审定，填补了国内番鸭新品种的空白（见表7）。

表7　2022年广东省种业部分获奖成果

序号	获奖名称	获奖类别	等级
1	全国食味鉴评金奖品种美香占2号大规模推广及稻米品牌创新	全国农牧渔业丰收奖	一等奖
2	大口黑鲈"优鲈"系列新品种及配套技术推广应用	全国农牧渔业丰收奖	一等奖
3	冬种马铃薯优新品种及高效栽培技术研发与集成应用	全国农牧渔业丰收奖	二等奖
4	优质、抗逆、广适型"粤甜"系列新品种及配套技术应用	全国农牧渔业丰收奖	二等奖
5	杂交稻优质不育系泰丰A的创制与应用	广东省科学技术奖	一等奖
6	香稻增香增产关键技术创建与应用	广东省科学技术奖	一等奖
7	广东蜜本型南瓜新品种的选育及产业化	广东省科学技术奖	二等奖
8	杉木优异品种系选育及扩繁关键技术	广东省科学技术奖	二等奖
9	斑节对虾卵巢发育基因资源发掘及促雌虾性成熟RNA干扰技术应用	广东省科学技术奖	二等奖
10	冬瓜多样化品种及产业化推广应用	广东省农业技术推广奖	一等奖
11	早中晚兼用型优质稻黄华占推广应用	广东省农业技术推广奖	一等奖
12	广适型优质超级稻合美占的示范与推广	广东省农业技术推广奖	一等奖
13	肉鸽新品种与绿色健康养殖技术示范推广	广东省农业技术推广奖	一等奖
14	番鸭新品种培育及健康养殖技术推广应用	广东省农业技术推广奖	一等奖
15	花鲈优质苗种的筛选及配套生态养殖技术的建立与示范	广东省农业技术推广奖	一等奖
16	凡纳滨对虾"海兴农2号"良种选育和健康养殖产业化	广东省农业技术推广奖	一等奖
17	梅片树高效繁育及栽培技术推广	广东省农业技术推广奖	一等奖

（五）主导品种带动产业提质增效

2022年，广东发布农业主导品种114个、主推技术165项，其中水稻主导品种有25个、主推技术有23项；"菜篮子产品"主导品种51个、主推技术 94 项。发布樱桃番茄、坚果、兜兰、鳜鱼等一批优稀品种，一大批优质丝苗米、蔬菜、畜禽、水产品种在广东地区已经具有较好的推广应用效果和效益，既保障农产品数量安全，也保障质量安全，让种粮农民有钱赚（见表 8）。

表 8 2022 年广东省主导品种

品种类别	主导品种
水稻	金农丝苗、粤农丝苗、五山丝苗等 25 个
作物	广薯 87、普薯 32 号、广紫薯 8 号等 19 个
蔬菜	铁柱 2 号冬瓜、汇丰二号辣椒、粤科达 101（番茄）等 11 个
果树	粉杂 1 号（香蕉）、仙进奉（荔枝）、粤甜（菠萝）等 21 个
花卉	小娇红掌、汕农小粉蝶蝴蝶兰、福星红掌等 13 个
小麦	华糯 1 号
茶叶	乌叶单丛、丹霞 1 号、鸿雁 12 号
家畜	岭南黄鸡 I 号配套系、科朗麻黄鸡、岭南黄鸡 II 号配套系、狮头鹅、天翔 1 号肉鸽
水产	白金丰产鲫、乌斑杂交鳢、中华鳖"珠水 1 号"等 10 个
蚕桑	粤蚕 8 号、粤椹大 10、粤椹 74、粤桑 120
牧草	王草（牧草）

三 种业产业提质增效，高质量发展成效显著

种业振兴，离不开企业这一重要主体，广东省多措并举，通过组建成立广东省种业集团有限公司、研究梳理遴选出一批具有成长潜力的优势企业培育清单等方式，加快壮大一批优势特色种业企业，取得了较好的成效。

（一）种业企业行业分布、规模情况

在农作物种子产业化经营方面，广东现有持证农作物种子企业 240 家左右，新三板上市企业 2 家，2019 年销售额排名前十的种子企业商品种子销售额达到 18.45 亿元，占全省种子销售额的 77.5%，占全国种子销售额约2.1%。广东种业企业开展水稻、玉米、蔬菜、水果、茶叶和花卉等主要农

作物的新品种选育、繁育、推广和技术服务业务，其中水果和水稻种业企业占农作物种业企业的比重分别达到20%和18%（见图1）。

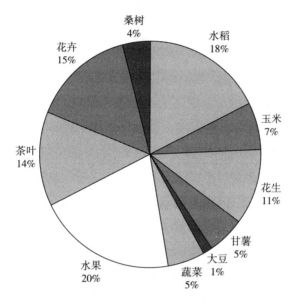

图1 农作物种业企业占比情况

据统计，广东省持证经营畜禽种业企业共有582家，其中种猪生产企业就达到391家，共有265家畜禽种业企业产值已破亿元，并且仍在不断发展壮大中。全省现有各类种畜禽场459家，其中种猪场272家，种禽场155家，其他种畜禽场32家，年产种猪236万头，居全国首位；全省现有国家级生猪核心育种场10家（见表9），排名全国第1；国家级肉鸡核心育种场8家（见表10）、国家级肉鸡良种扩繁推广基地7家，排名全国第1。2022年，广东省有12家企业入选国家畜禽种业阵型企业，占全国阵型企业总数的14%。

表9 广东省现有国家级生猪核心育种场名单

序号	名称	地点	认定时间
1	广东温氏种猪科技有限公司(广东中芯种业科技有限公司)	云浮	2010年
2	广东广三保养猪有限公司	广州	2010年
3	深圳市农牧实业有限公司	深圳	2010年

续表

序号	名称	地点	认定时间
4	中山市白石猪场有限公司	中山	2010 年
5	广东德兴食品股份有限公司雷凌绿都原种猪场	汕头	2011 年
6	广东王将种猪有限公司	阳江	2012 年
7	惠州市广丰农牧有限公司	惠州	2015 年
8	东瑞食品集团股份有限公司	河源	2015 年
9	肇庆市益信原种猪场有限公司	肇庆	2015 年
10	湛江广垦沃而多原种猪有限公司	湛江	2018 年

表 10　广东省现有国家级肉鸡核心育种场名单

序号	名称
1	广东温氏南方家禽育种有限公司
2	广东天农食品集团股份有限公司
3	广东金种农牧科技股份有限公司
4	广州市江丰实业股份有限公司福和种鸡场
5	佛山市高明区新广农牧有限公司
6	佛山市南海种禽有限公司
7	广东墟岗黄家禽种业集团有限公司
8	江门科朗农业科技有限公司

广东省有国家级、省级水产良种场 50 多家，其他各类苗种场 3000 多家，是全国水产种业第一大省，数据显示，全国 60%以上的淡水鱼苗来自广东。以广东海大、梁氏种业、海茂、恒兴等一批大企业为代表，主导着水产种业市场。2022 年，广东省有 15 家企业入选国家水产种业阵型企业，占全国阵型企业总数的 12%。在国家水产种业阵型企业名单中，广东梁氏水产种业有限公司同时入选鳢补短板阵型和大口黑鲈强优势阵型，佛山市南海百容水产良种有限公司既入选了大口黑鲈强优势阵型，也入选了黄颡鱼、鳢补短板阵型及四大家鱼破难题阵型（见表 11）。

表11　国家水产种业阵型企业名单（广东部分）

阵型	物种	企业名称
破难题阵型	四大家鱼	佛山市南海百容水产良种有限公司
	南美白对虾	广东海兴农集团有限公司
		海茂种业科技集团有限公司
		广东恒兴饲料实业股份有限公司
	蛙类	中洋渔业（清远）有限公司
补短板阵型	黄颡鱼	佛山市南海百容水产良种有限公司
	鳢	佛山市南海百容水产良种有限公司
		广东梁氏水产种业有限公司
	龟鳖类	广东绿卡实业有限公司
强优势	罗非鱼	广东伟业罗非鱼良种有限公司
	大口黑鲈	广东梁氏水产种业有限公司
		佛山市南海百容水产良种有限公司
专业化平台	技术支撑	中国水产科学院研究院珠江水产研究所
		中国水产科学院研究院南海水产研究所
		深圳华大基因股份有限公司

（二）种业企业发展态势

广东省接连组建成立两大种业集团，2021年7月，广东省种业集团有限公司挂牌成立。广东省种业集团有限公司以"种业+科技创新+产业结构优化"为核心路径，围绕"粤强种芯"目标，以资本助力打通种质资源、技术攻关等产业"卡脖子"问题。广东省种业集团主动对标发达国家"生物技术+人工智能+大数据信息技术"种业4.0时代育种标准，力争到2025年，将集团打造成自主创新水平高、核心技术强、在全国具有领先优势的现代农业种业集团，跻身国内种企十强行列。2021年9月，温氏集团、恒健投资、华南农业大学签订协议，三方共同组建以中芯种业建设为起点的广东畜禽种业集团，充分发挥自身优势，创新研发平台，强化技术攻关，做强做大做优畜禽种业，助推广东种业高质量发展，突破种源"卡脖子"问题，打好种业翻身仗，为全国提供广东经验和广东方案。

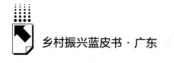

（三）农业园区模式助力广东种业振兴

产业园聚集着生产、加工、科技、营销等现代生产要素，可以形成农业高质量发展的合力，有力推动农业产业全环节升级、全链条增值。2018年3月，广东正式启动现代农业产业园区建设。2018～2020年，省财政共安排75亿元扶持省级产业园；2021～2023年，省财政继续投入75亿元，支持打造产业园2.0版。

经过五年的攻坚克难，截至2022年10月，广东已建成18个国家级、288个省级、73个市级现代农业产业园，国家级现代农业产业园数量居全国首位，实现了主要农业县、主导产业和主要特色品种全覆盖，形成了国家级、省级、市级现代农业产业园梯次发展格局。

同时，广东有10家国家级农业科技园，42家省级农业科技园，2021年农业科技贡献率达71.30%。广东农业园区为广东省农业科技创新发展走在全国前列提供了有力支撑，建立广东省农业科技创新联盟，在产业园搭建科教服务平台，与科研院所共建88个产业研究院、研究中心、分布式服务站、产业学院等，为科研人员提供优良的科研环境。在产业园创建100个县级农业科技服务驿站，组建农技服务"轻骑兵"队伍，为产业园提供柔性人才支撑。依托农业园区，引导各类高校、科研院所组建现代农业产业园专家服务团，推行"一园一平台，专家进企业"的科技服务模式，明确服务目标任务，围绕良种繁育等产业发展瓶颈问题开展攻关，推广先进适用新品种、新技术，为农业种业创新提供全产业链的科技支撑服务。

（四）种业对外交流活跃

广东种业市场基础雄厚、前景广阔，是华南地区重要的种子集散地、全国重要的种子贸易中心，是我国种子进出口贸易大省，也是种业市场开放的前沿。每年全省进出口种子总量占全国的1/3以上，其中，进口种子约占全国的50%。依托优越的区位和商贸优势，打造了具有国内外影响力的种业会展与论坛体系，各类种业会展与论坛的主题类型、会展次数、参展规模、交易总额、影响力等方面位居全国领先地位。广东更是我国农业贯彻"一带一路"倡议、辐射东南亚的重要口岸，也是粤港澳大湾区建设的核心区域之一，在现代种业发展方面具有得天独厚的优势。

2022年12月12日，第二十一届广东种业大会、2022世界数字农业大会在广州开幕。大会累计展示11万余个国内外优新特色品种，吸引100多万人次参会。每年1200多家单位参与展示，全球排名前十企业悉数参加大会，应用推广配套技术装备近100项，辐射全球40多个国家和地区，直接带动农民增收近30亿元。2022年，广东种业大会继续推陈出新，带动全省11个地区联合举办良种良法良具示范展示活动，将广东的种业展示交流平台延伸到各地产区，广大农户能更直接地接触到最新的优良品种和先进技术、机械。

2023年4月27日，白云区与广东省农业科学院联合打造的种子种苗"育繁推"一体化国际种业中心——广州种业之都正式开园，广东种业之都总面积约15000亩，集种业研发、办公、展示、交易、产业孵化等功能于一体，按照"立足广东、面向华南、辐射全国"的总体定位，整合省内外、粤港澳地区优势科研团队，凝聚一流的创新人才，整合种业企业，建立商业化育种体系，打造国家级华南种质资源中心、大湾区种业创新高地和国家农业高新技术产业示范区，助推白云区成为全国最大的种业创新创业基地、南方最大的种子交易中心、华南地区种子种苗农资一站式采购平台、大湾区种业"育繁推"一体化发展示范区。

四　广东种业发展存在的问题

（一）种业发展缺乏长期稳定的经费投入和政策支持

种业财政投入量少且缺乏中长期规划。"短平快"的项目资金投入倾向违背了种业研发周期长、投入大的客观规律。而目前种业创新、基础研究和重大科技育种攻关项目资金多以短期、见效快、投入少的项目为主。此外，种业发展用地得不到保障。部分"两场一基地"仍处于禁养区内，未做出妥善安置。不少企业反映，现在农用地租期越来越短、租金越来越高、集约越来越难，与育种长周期、大投入的矛盾越来越尖锐，一些企业因农地使用不稳定不愿加大投入或被迫结业、搬迁。

（二）种质资源保护需要加大力度

农业种质资源研究与创新利用还不能完全适应现代种业发展。一是种质资源消失的风险加剧，农作物野生近缘种消失的风险加大，部分畜禽保种场、核心育种场、扩繁基地被划入禁养区，部分水产原良种场经营困难，持续发展受到制约，影响优良种源的保存和培育；二是种质资源精准鉴评不足，优异资源发掘利用滞后，突破性材料创制利用较少；三是种质资源有效交流和共享不够，丰富的种质资源数量优势尚未转化为品种优势和经济效益。

（三）种业创新能力有待进一步提升

与世界种业研发创新能力仍然存在一定差距。世界种业巨头拥有高通量的品种测试选种体系，运用现代分子育种技术、机械自动化程度、数据处理的信息化程度均远远领先省内种业企业。与发达国家相比，育种效率偏低、预见性差、周期长，缺少资源节约型、优质功能型、抗虫、抗逆广适、专用型新品种，持续选育突破性品种能力不强，难以适应农业供给侧结构性改革的要求。

（四）种业市场主体亟须培育壮大

种业企业数量少、规模小。农作物种业企业总体规模偏小，与跨国种业企业及国内种业企业前十强等差距明显，缺乏与国际种业巨头抗衡的企业主体。同时，种业与农业产业发展结合得不够紧密。广东省杂交水稻育种全国领先，但缺少大型种业企业，再加上土地、劳动力成本较高等，科研优势未能转化为产业发展优势。

（五）农业园区科技支撑力度较弱

现代农业产业园科技支撑力度较弱，财政扶持资金用于科研领域占比较少，大部分产业园对农业种业科技研发的重视度不够。

五　提升"粤强种芯"工程的建议

（一）加强种业专项经费长期稳定支持

建立健全种质资源收集保存等长期性基础性工作经费保障机制，确保种质资源工作的稳定性和连续性。省级和市县有关部门可按规定统筹支持农业种质资源保护工作。健全财政支持的种质资源与信息汇交机制。重点确保农业种质资源库（场、区、圃）和信息共享平台的建设和运转，择优支持涉农类部省级重点实验室和工程技术中心等开展农业种质资源的精准鉴评、深度挖掘和开发利用。

健全农业科技人才分类评价制度，对从事种质资源保护的科技人员实行同行评价，收集保护、鉴定评价、分发共享等基础性工作可作为职称评定的依据。对农业种质资源保护科技人员绩效工资给予适当倾斜，可在政策允许的项目中提取间接经费，在不超过核定的绩效工资调控线内用于发放绩效工资，以稳定和壮大种质资源保护人才队伍。同时仍需健全知识产权保护政策，强化种质资源产权保护，有力保障研发主体利益，为人才队伍提供稳定良好的科技创新大环境。

（二）加强种质资源保护与利用

依托广东省农业科学院、华南农业大学等相关单位建设广东省农业种质资源保护单位，高质量完成广东省农业种质资源库建设与管理工作。支持和鼓励科研院所、高等院校建设农业种质资源相关学科，培养专门人才。推行政府购买服务，鼓励企业、社会组织承担农业种质资源保护任务。创新农业种质资源共享利用机制，推动创新种质及相关技术纳入种业科技成果产权交易平台挂牌交易，建立健全种质资源目录公布机制、共享利用与信息反馈机制，制定农业种质资源共享利用规则，提高种质资源共享利用效率。

优化现有作物种质资源库（圃）繁种条件，改造提升繁育基地的设施设备条件，按时按量完成库（圃）内种质资源的繁殖更新任务（其中综合库、专业库相同的资源由专业库负责繁殖更新），满足国内育种专家和基础研究者对农作物种质资源利用的需求。开展珍稀品种种质资源的种子活力、遗传稳定性和遗传完整性研究。

（三）提高种业科技创新能力

抓住研发创新的牛鼻子，增强种业振兴核心竞争力。优化整合现有的众多平台资源，重点打造四大现代种业协同创新平台。建设"粤港澳大湾区生物育种中心"，借鉴河南省"国家生物种业产业创新中心"和湖南省"岳麓山种业创新中心"的建设经验，将中心打造成为全国生物育种创新引领型新高地。开展品种创新技术研发与应用。构建分子育种技术平台，通过GWAS、靶向测序等方法，挖掘重要经济性状关键基因，研发适合广东培育品种的全基因组芯片，开展全基因组选择育种，加快选育进展；研发高通量、智能化性能测定新技术和新设备，提高育种效率和准确性。推进种源关键核心技术攻关和生物育种技术应用。聚集全省畜牧业发展和重点畜禽品种做大做强需求，支持优势畜禽种业企业和有关单位联合，开展畜禽种源关键核心技术攻关。依托优势科研院所和企业，启动实施畜禽生物育种、育种攻关等项目，培育高产优质的猪、鸡、水禽、牛羊等突破性品种。

提升农业园区种业创新能力。加强农业园区种业研发能力条件建设，与全省科技创新政策衔接，支持农业园区建设工程研究中心、企业技术中心、重点实验室和产学研创新联盟等。多种形式推进农业园区与科研机构深度合作，鼓励有条件的园区主体通过收并购、股权投资、企业联盟等方式，与完成事企脱钩的种子企业开展全产业链合作。鼓励农业园区国内外种业研发先进区域，通过自建、并购、合资、合作等多种形式建设研发中心以及引进境外技术实现成果转化。加快建设广州、深圳、雷州半岛和粤西北四大种业企业创新中心，依托当地经济区位、种质资源与科研优势，吸引国内外一流种业科研机构入驻，推进公益科研机构与企业联合联盟联营，提升种业科研协同创新能力，发展种业金融、贸易、中介、信息等现代服务产业，建成具有全球和区域影响力的国际种业创新硅谷。

（四）培育壮大种业企业

重点鼓励大型优势种子企业整合种业资源，优化资源配置，打造具有全国影响力的热带亚热带水果"育繁推一体化"种苗企业，培育鲜食玉米、花卉、南药等一批产业型专业种子龙头企业。深入实施现代畜禽种业提升工程。加强畜禽优良品种的选育和推广，推进以行业龙头企业为主体的国家级现代畜禽种业产业园建设，打造具有世界竞争力的畜禽龙头种业企业，扶持特色优势畜禽种业发展，支持和鼓励生猪、肉鸡、奶牛等畜禽育种企业成立纵向或横向联合育种组织，探索建立联合育种机制，建设畜禽育种大数据中心，促进优势科研机构与优势畜禽种业企业合作，形成引领全国生猪、肉鸡育种创新加速发展的新格局。

推进广东种业集团建设。以水稻、高端蔬菜和南亚热带水果等广东优势特色作物为主业，整合现有优势企业和科研力量，建立产学研结合开放模式、"揭榜挂帅"新机制、汇聚高端人才的种业研究院，加快组建在全国乃至世界有竞争力的广东种业集团，发挥种业集团龙头作用，打造全国种业体制改革创新区、种业自主创新引领区、国际种业合作示范区。支持种业集团兼并重组，推进"育繁推一体化"，提升自主创新能力。

参考文献

广东省农业农村厅：《广东建设畜禽种业基地助力种源自主可控》，《农民日报》2022年11月23日。

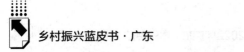

《广东开展良种联合攻关助推种业高质量发展》，《农村工作通讯》2022 年第 16 期。

梅盈洁、刘军、白雪娜、张辉玲、陈琴苓、王玉梅、程俊峰、汪敏：《广东种业科技创新发展现状、问题与对策》，《广东农业科学》2014 年第 8 期。

叶青、周浩、伍洁丽：《以种为芯，广东打造"中国水产种业硅谷"》，《科技日报》2022 年 4 月 6 日。

程俊峰、薛志洪、于深浩、崔静、储霞玲、黄修杰、陈琴苓：《广东种业发展探析》，《科技管理研究》2021 年第 16 期。

肖衍章、万小荣、王明星、程萍：《广东省农业种质资源开发的现状、问题与对策》，《广东农工商职业技术学院学报》2022 年第 3 期。

周杨、邓名荣、杜娟等：《我国农业微生物产业发展研究》，《中国工程科学》2022 年第 5 期。

罗建民：《为打好我国种业翻身仗贡献广东方案广东经验——广东畜禽种业现状、存在问题和建议》，《广东饲料》2021 年第 2 期。

B.5
2022年广东智慧农业发展报告

夏 辉 聂 娟*

摘　要： 本报告对2022年广东智慧农业的发展现状，从乡村数字基础设施、农业生产数字化进程、种业数字化、农产品电商进程等方面进行了梳理，从"百县千镇万村高质量发展工程"、农业产业园数字化、数字+预制菜、海洋牧场等领域总结了广东智慧农业的特色和亮点，同时分析了广东智慧农业存在的问题，如数字经济在农业领域的渗透力持续落后第二三产业、产业数字化的基础能力薄弱、数据统筹应用存在不足、县域电商服务体系有待强化，提出了发展广东智慧农业的对策建议。

关键词： 广东智慧农业　产业数字化　农产品电商　预制菜　海洋牧场

智慧农业是数字经济在农业领域的重要实践，是农业现代化的新路径，是我国由农业大国迈向农业强国的必然选择。近年来中央密集出台了系列涉及数字农业发展的重要文件，从《数字乡村发展战略纲要》（2019）、《数字农业农村发展规划（2019—2025年）》，到《数字乡村建设指南1.0》《数字乡村发展行动计划（2022—2025年）》，再到《中共中央　国务院关于做好2023年全面推进乡村振兴重点工作的意见》，这些顶层设计为广东智慧

---

* 夏辉，广东省社会科学院精神文明研究所所长，副研究员，主要研究方向为文化社会学、文化产业、文化发展研究；聂娟，广东省社会科学院精神文明研究所副研究员，主要研究方向为城市社会学、社区研究、城乡劳动力、乡村振兴。

农业发展指明了方向，提供了行动指南。为贯彻落实中共中央、国务院实施乡村振兴战略部署，2020年，《广东数字农业农村发展行动计划（2020—2025年）》提出"三创建，八培育"，加快数字技术推广应用，大力提升数字化生产力；2022年颁布《广东省贯彻落实〈数字乡村发展行动计划（2022—2025年）〉实施方案》《广东省乡村产业发展规划（2021—2025年）》，大力发展农业农村数字经济，推进农业数字化转型升级，主动探索广东特色的数字农业农村发展的方式与路径，用数字化引领驱动农业农村高质量发展。

一 广东智慧农业发展的现状与进展

2022年，广东围绕农业数字化智慧化及互联网平台助力广东乡村振兴持续发力，在乡村数字基础设施、农业生产数字化、种业数字、农产品电商等领域获得新进展，推动广东智慧农业再上新台阶。

（一）乡村数字基础设施显著改善

随着精细化作业，农业对数字基础设施的需求日益高涨，数字基础设施正成为乡村振兴新的"高速公路"。2022年，广东加快农村光纤网络覆盖，在全省行政村100%覆盖基础上，进一步补充完善农村及偏远地区4G网络覆盖。纳入全域规划的20户以上自然村全部通百兆光纤。加强卫星导航定位基准站建设与服务的管理，做好卫星导航定位基准信息公共服务。截至2021年底，建成GDCORS并网卫星导航定位基准站共171座。[①]在"新基建"建设中，三大通信运营商发力，打造强大的5G基站建设基础，累计建成开通5G基站17.1万座，约占全国的1/8，实现全省所有县级行政区域主城区5G室外连续覆盖。5G基站数和用户数、光纤用户数等指

---

① 《广东厅推动北斗导航应用与位置服务共建共享》，百家号，2022年4月20日，https：//baijiahao. baidu. com/s？id=1730607368839935221&wfr=spider&for=pc。

标均居全国第一。[①] 5G 网络覆盖从乡镇拓展到部分行政村。在现有行政村"村村通宽带"的基础上，又实现了"县县通 5G"，部分行政村通 5G，农村通信难问题得到历史性解决，为大力发展智慧农业提供了重要的基础设施和技术支撑。《中国互联网发展报告（2022）》对全国 31 个省（自治区、直辖市）的互联网发展情况进行了客观评估，广东、北京、江苏、浙江、上海、山东、天津、四川、福建、湖北等 10 个省（直辖市）互联网发展水平位居全国前列。[②]截至 2022 年 6 月，中国农村互联网普及率达到 58.8%。[③] 2022 年广东省消委会在全省范围内组织开展了"农村电商发展及消费者权益保护现状"专项调查，其中在网络建设方面，约九成受访者表示所在农村网络基本全覆盖且比较稳定，手机、平板等移动终端已成为电商消费主要载体。

（二）农业生产数字化进程多点突破

广东多丘陵山地、小地块等地貌特征形成了以优质水稻、特色蔬菜、南药、茶叶、花卉、特色果林等为主导的种植业结构。广东以占全国 1.9% 的面积，生产了约占全国 4.9% 的蔬菜、6.6% 的水果、5.2% 的肉类和 13.4% 的水产品。[④] 因而广东农业生产必须以精细农业为主攻方向。物联网、大数据、人工智能、卫星遥感、北斗导航等现代信息技术在农业生产中应用，可以实现精准播种、变量施肥、智慧灌溉、环境控制，是精细农业的最佳技术手段。

广东借助大数据、人工智能和物联网等新技术，将新理念、新技术实践

---

① 《广东省工业和信息化厅关于省政协十二届五次会议第 20220221 号提案答复的函》，广东省工业和信息化厅官网，2022 年 7 月 15 日，http：//gdii gd. cn/gkmlpt/content/3/3973/mpost_ 3973703. html#956。

② 《〈中国互联网发展报告 2022〉〈世界互联网发展报告 2202〉发布》，中国新闻网，2022 年 11 月 9 日，http：//www. chinanews. com. cn/gn/2022/11-09/9890985. shtml。

③ 《权威报告：去年 8 月已建成 2585 个县级融媒体中心，向农村脱贫户通信资费累计让利超 88 亿元》，广电网，2023 年 3 月 2 日，http：//www. dvben. com/p/137403. html。

④ 储霞玲、郑林秀、叶高松、陈俊秋：《广东农业对接〈区域全面经济伙伴关系协定〉（RCEP）的思考》，《广东经济》2023 年第 2 期。

于田间地头,把智能设备与智慧农业相结合,并构建数字农业服务平台。广东省供销合作联社的天禾现代农业服务管理平台,一方面建有田间的物联测报系统,具备精准定位田地、实时监测气候、计算和规划农药喷洒等功能;另一方面叠加飞防大数据系统和虫情物联网监测预警系统,实现了水稻病虫害专业化防治、农机服务等农业服务数据的实时上传和信息互联。2022年,天禾现代农业服务管理平台在广东全省提供服务面积已达160万亩,其中病虫害防治服务117.7万亩,累计减少农药用量约942吨,减少农药废弃物约211.9吨,累计实现粮食增产近6万吨,促进农户节支增收超2亿元。这个系统还可以嵌入智慧农场系统,实现全农场实时监测和自动灌溉,未来也将继续探索无人农机,实现农资农技服务网络的全过程数字化、标准化。① 广州从化艾米农场通过5G数字农田系统,建立水稻种植全产业链标准化体系,将水稻产值从传统的约4000元/亩提升到约14000元/亩。② 花都绿沃川自动化蔬菜工厂运用智能化种植系统,实现了四季循环复种,自动化流水线作业,年亩产量达到20~25吨,产值为传统模式的5倍以上③;增城丝苗米产业园建设5G智慧信息化平台,借助5G技术及现代农业装备,打造无人农场、绿色生态防治等项目,在每年减少人力成本约120万元的同时实现增产约18万斤,确保粮食增产增收。④ 此外,广东省农业农村厅一方面推进农作物重大病虫监测预警工作的数字化、智能化,打造"广东省农业有害生物数字平台",提高了病虫预报准确率和覆盖率;另一方面还与省气象局联手,通过信息数据共享交互,探索"农业+气象"新模式,扭转"靠天吃

① 《广东省供销合作联社:打造一二三产融合"数字底座"》,21世纪经济报道,2023年3月20日,https://static.nfapp.southcn.com/content/202303/20/c7474924.html。

② 《数字农田试验基地:从化艾米稻香小镇调研实录——"中国乡村振兴的广东样本"系列调研报告(三十七)》,南方网,2022年11月7日,https://theory.southcn.com/node_4274ee5d35/4e0f5eb24a.shtml。

③ 《花都区大力发展都市现代农业,推动乡村振兴》,南方新闻网,2021年1月27日,https://baijiahao.baidu.com/s? id=1690004652918048171&wfr=spider&for=pc。

④ 《广州市农业农村局关于政协十四届广州市委员会第一次会议第3001号提案答复的函》,广州市农业农村局官网,2023年7月19日,http://nyncj.gz.gov.cn/hd/jytabl/content/post_8490620.html? eqid=c581dba5000053fe0000000664352c39。

饭"的局面,让粮食生产更有保障。以"数字+农业技术"推广为抓手,打造"粤农技"数字农技平台,将良种良法、先进适用技术及装备、农技服务向基层延伸。

智能农机装备研发应用不断突破。广东自动化及智能装备应用中,水肥一体化种植、无人机巡天作业、植保无人机等得到广泛使用;部分智能装备,包括无人大田作业(耕种管收等)装备在智慧农场中得到实验性应用;无人作业车在智慧果园,如荔枝、菠萝等生产巡查,特别是采摘运输等得到实验性应用。得益于插秧补贴等政府补贴,基于北斗技术的农技作业自动监测得到广泛应用。广东植保无人机研究全国领先。无人机可以完成播种、撒肥、施药、测绘等多项任务。在操控室的超高清大屏幕上,土壤水分、pH值、肥料等数值可以实时监控。测绘无人机与AI技术结合,还能预测产量。利用无人机,农民能精准高效地管理农田,农民会种一亩田,就能种万亩地,这是极飞科技的智慧农业系统技术及实施模式。极飞科技的智慧农业,不仅仅是无人机技术,更是一种生产系统,使农资、农艺、农事完全数字化,实现全链条可追溯。极飞模式备受瞩目,已进入各级政府部门的议程,有望落地推广。

全省田头仓储冷链物流体系建设加快推进。广东成立了田头仓储冷链物流联盟,联盟将承担体系规划、建设、营运的责任。田头仓储冷链物流平台具备仓储保鲜、加工包装、直播电商、区域农业数据收集发布、新技术示范推广、新农人创业实训孵、市场集散、农业金融保险对接、农业生产经营信息(土地流转、农技农机农资信息)发布对接、农村政策法规宣传等十个功能,数字化、网络化、平台化、生态化建设营运的田头仓储冷链物流体系将成为农业农村服务新载体。广东田头仓储冷链物流体系建设,将从试点县开始,由试点县规划布局建设承载"十个一"功能的"田头小站",以站为点、串点成链、组链成网。同时,创建数字化共享平台,让"田头小站"链接流动共享。相比传统地头冷库,"田头小站"是移动式田头冷库,适应各种环境,荔枝、火龙果、菠萝、柚子等大部分果蔬可通用,不仅可以一库多用,还能资源共享。广东还大力推进优势产区的农产品冷链物流产业园建设。集中资源支持粤东粤西粤北地区（含惠州、肇庆市和江门台山、开平、恩平市）大区域推进广东优势产区现代农业产业园、冷链物流产业园。

畜牧业数字化成效凸显。近年来，全球新一轮现代信息技术和生物技术的革命快速发展，对畜牧业渔业生产、加工、流通、消费等各环节，以及政府部门的监管服务方式都产生深刻影响，为传统畜牧业和渔业转型发展带来巨大推力。畜牧业渔业自动化、规模化、数字化、智能化进入新阶段，畜牧业渔业的新产业、新业态、新模式也不断涌现。现代信息技术在畜禽养殖全过程得到广泛、深度应用，畜禽养殖业数字化在传统三大农业行业中处于领先水平。广东是畜禽养殖大省和强省，有各类种畜禽场526家，是全国数量最多的省份。2022年广东有国家级畜禽养殖标准化示范场225家、省级畜禽标准化示范场339家、省级现代化美丽牧场31家，数字技术集成应用日益成为标准化规模化养殖场的标配，通过应用无人环控平台、自动巡检报警系统、智能饲喂系统等，劳动生产率提高30%以上，带动了产业转型升级和产业数字化。① 广东通过大力引进大型生猪龙头企业落户，在各地高标准、高起点建设生猪养殖基地，机械化、自动化、信息化、智能化牧场数量日益增多；大力推广数字化养殖，鼓励有实力的农场、畜禽养殖场配套自动化精准环境监控、数字化精准饲喂、自动喷淋、自动清粪等自动化设施设备，推进畜禽养殖智能化数字化发展。大力推进畜禽养殖项目建设，打造以"楼房集约科学养殖、生态环保绿色低碳、种养结合循环经济"为重点模式的现代化牧场，推动畜禽养殖转型升级高质量发展。广东天农食品集团股份有限公司通过数字化养殖，清远鸡的成活率达到98%，高于以往传统养殖，而且养殖的效率更高，经济效益更好，更好地助力清远鸡百亿产业的实现。

渔业生产管理智慧化建设有效推进。养殖水体信息在线监测、精准饲喂、智能增氧、疾病预警与远程诊断等数字技术与装备在渔业行业不断推广应用，数字技术支撑的工厂化养殖、稻虾养殖、鱼菜共生模式相继投入生产，渔业生产信息化稳步推进。广州市智慧渔业综合信息系统，充分利用大

---

① 顾雨霏：《我国数字乡村发展取得阶段性成效》，《中国食品报》2023年3月3日。

数据、云计算等现代信息化技术，构建集养殖池塘地理位置信息、水产养殖生产管理、产品销售、池塘承包经营、尾水排放监测、渔船渔港等数据及服务于一体的广州市智慧渔业综合管理信息系统，形成可持续更新的渔业大数据共享利用机制。佛山南海区以"5G+水产种业"示范项目为抓手，大力推进建设九江鱼花产业数字化平台，建立和应用遗传育种信息管理系统、5G智慧渔场管理系统，打造国内领先的"5G+水产种业"示范基地。顺德区均健水产公司与珠江水产研究所和佛山科学技术学院共建产学研合作平台，建设"一户一档""一塘一码"管理系统、鱼塘生产管理系统与水产品管理系统、塘头记录系统、塘面监测系统、水体环境监测、控制系统等，重点打造智慧水产养殖基地，实现了高品质草鱼现代化和标准化的生产养殖。①

（三）种业数字化探索起步

种业是现代农业的"芯片"。2022年中央一号文件提出"大力推进种源等农业关键核心技术攻关"，从种源角度解决"卡脖子"问题，保障农产品的有效供给。当前，生物育种与现代信息技术正加速融合，大数据、人工智能开始应用于基因型检测、分子标记、表型处理、数据管理等方面，推动育种从常规育种向分子育种、设计育种转变，正在成为辅助育种、提高育种效率的重要手段。随着"粤种强芯"工程的推进实施，广东种业数字化也开始起步。

探索数字+种业的种质资源存储交易中心建设模式，为国家种业振兴贡献广东智慧、广东模式。针对种质资源散落在不同科研机构和企业中，从而难以共享、保护和利用的状况，广东通过创新机制打通种质资源实现融通共享，主要手段是创设种业科技创新大比武，通过这一方式来激活要素构建种质资源、技术共建共享数字化系统平台。以丝苗米这个首次试点产业来说，广东通过"大比武"，面向社会汇聚了856份丝苗米核心种质和关联种质，

---

① 尹卿、方伟、林漫婷：《佛山市数字农业发展现状及对策研究》，《农村经济与科技》2022年第23期。

并为这些种质资源建立起唯一辨识码"身份证"，进行全息信息检测，在此基础上建立了种质资源数字化系统、表型数据分析系统、基因型大数据系统、分子鉴定平台，可以为种企、研究机构、育种家提供材料管理、数据采集、表型数据和基因型数据管理与分析、全基因组选择预测、智能育种、交流交易等专业服务。这是一种以政府公信力为背书的具有交流、交易、公裁、授信、融资、开发的全链条融通平台。这种模式还可以复制到其他植物、动物、微生物产业种质。广东还依托广州国家现代农业科创中心建设，数字种业构建起全国首个水稻"基因+表型"数据库，创设了八位一体的交流交易模式。建立数字化水产种质资源库管理系统，提高优质水产品种人工繁育技术。湛江作为"全国水产种业硅谷"，依托"国家863计划"项目——海水养殖种子工程南方基地（一个集水产饲料、种苗、养殖等于一体的综合研发平台），解决了优质种虾"卡脖子"问题。

在畜禽品种数字化方面，广东依托省种畜禽质量检测中心，建设全省现代化种畜禽质量检测和种质数据管理体系，重点建设国内领先的种猪、家禽和奶牛质量检测实验室；全省畜禽种质资源数据中心；组织开展畜禽遗传资源调查、鉴定、保护和产业化开发利用，开展畜禽良种登记，建立畜禽遗传资源动态监测预警体系，对地方畜禽品种种质特性进行评估与分析，挖掘优良特性和优异基因；建立华南畜禽遗传评估中心，指导育种企业科学开展选种选配。高明区新广农牧公司与北京畜牧兽医研究所共建育种数据管理云平台，提高了遗传选择的准确性和效率，其研发的"广明2号"白羽肉鸡配套系填补了国内空白。

（四）农产品电商数字化进程加速推进

广东作为农业大省和人口大省，农业产量大的同时消费需求也十分旺盛，但是农产品集中上市又容易出现产销错位。畅通产销对于全省农业发展至关重要。

一是启动"飞渡计划"，探索实践新的产销对接模式。2022年底启动的"飞渡计划"，借助新冠疫情期间成立的广东农产品"保供稳价安心"数字平台，围绕线上线下精准对接和快速高效流通，整合动员全省各地菜篮子基地、物流企业、加工企业、电商平台、金融保险机构等力量，汇合南方财经全媒体集团、广东广播电视台、《羊城晚报》、新华网、《南方农村报》等传媒，引入美团优选、京东、一亩田、钱大妈、广东省南方名牌农产品推进中心、首衡集团等社会力量，汇聚"互联网+"农产品出村进城强大合力，助力蔬菜从田间地头顺畅"飞"入市场、"飞"上餐桌，保障菜农增产增收，探索实践新的产销对接模式。"飞渡计划"取得明显的成效。例如美团优选充分发挥产地直采优势，挖掘了30多个本土农产品上架销售，进一步拓展了广东农产品线上渠道，助力广东蔬菜年销售量达5亿吨，同比增长55%，仅菜心一个单品便实现了月销超百万份的业绩，实现本地农产品快销热销。① 省级"菜篮子"基地与美团、盒马等采购商、物流企业、行业协会等签订了采购协议，推动建立长期稳定的产销对接关系。"飞渡计划"最大限度汇聚供需双方信息，通过双选、多选高效达成对接，有效解决了农产品滞销的重大难题。

二是"互联网+"农产品出村进城工程试点县工作成效初显。自发布了《广东省"互联网+"农产品出村进城工程实施方案》后，广东2022年遴选22个省级试点县，树立标杆典型，以点带面推动示范区发展模式落地生根。广东各试点县以4.93亿元财政资金，撬动了9.86亿元社会资金参与示范区建设。试点县农产品网络零售额均值达到2.28亿元，同比增长10.15%；试点县农民人均可支配收入增速达11.42%，比2021年全省农村居民人均可支配收入增加0.7%。② 在试点示范地区的推动下，"互联网+"农产品出村进城的基础支撑体系初步建立，一些试点县已经形成以产区为中心的配送网络体系。除了探索试点县工作外，还积极开展"数字销售—数字供应链服

---

① 《广东拓宽农产品"出村进城"路互联网+"菜篮子"打通产销对接》，21世纪经济网，2023年1月11日，http://www.21jingji.com/article/20230111/herald/10c693510e3524385aa55866a146d9e2.html。

② 《广东拓宽农产品"出村进城"路互联网+"菜篮子"打通产销对接》，21世纪经济网，2023年1月11日，http://www.21jingji.com/article/20230111/herald/10c693510e3524385aa55866a146d9e2.html。

务—数字生产"实践探索，建立农业相关产业大数据服务平台，创新云直播、云签约等数字营销模式，设立跨境电商综试区，开展直播带货、农村电商人才培训等，全力推动特色农产品走向市场。

二　广东智慧农业的特色与亮点

作为改革开放的排头兵、先行地、实验区，广东发展智慧农业具有产业、市场、科技、环境等多方面优势。广东充分发挥这些优势，在制度创新、技术创新、政策支持上不断探索，形成了一些可复制可推广的广东模式和经验，发挥了示范带头作用，推动广东智慧农业发展走在了全国的前列，形成了自己的特色。

（一）为"百县千镇万村高质量发展工程"插上"数字翅膀"

城乡区域发展不平衡是广东高质量发展的最大短板。2023年广东省委决定举全省之力，以122个县（市、区）、1609个乡镇（街道）、2.65万个行政村（社区）为主体，启动实施"百县千镇万村高质量发展工程"，推动城乡区域协调发展向着更高水平和更高质量迈进。"百县千镇万村高质量发展工程"也是广东乡村振兴和农业产业振兴新的思路。其中一个创新体现在强调县域发展在乡村振兴中的重要性。县域是新型城镇化和一二三产业融合基地的发动机。按照主体功能区规划，广东省有22个县（市）是农产品主产区，这些县域实现高质量发展，就能够带动当地的乡村振兴。农产品主产区需要大力发展岭南特色农业，抓住"粮头食尾""农头工尾"，实现农产品多元化开发、多层次利用、多环节增值，在县域布局特色农产品加工业，打造农业全产业链，形成"一产往后延、二产两头连、三产走高端"的态势，并为在纵向贯通产销提供产业基础。在这个过程中，农业的数字化是实现上述目标的基本手段。

一是构建特色农产品全产业链大数据体系，为农业植入了"智慧大脑"。广东省深化"12221"市场体系建设，依托大数据平台，逐步建构完善广东荔枝、徐闻菠萝、梅州柚子等特色水果的市场营销大数据，打通产销对接，并力图在"种、产、管、技、收、储、卖"各环节，实施全产业链数字化。广州市增城区，全产业链数据总台能够全面掌握全区荔枝面积、品种产量、销售价格和销售半径。在大数据"分析师"的帮助下，2021年增城荔枝销售额超10亿元，2022年在荔枝产量下降的背景下，实现销售额20亿元。

二是利用数字技术打造地方农产品品牌。2020年，全面实施"粤字号"农业知名品牌创建行动，通过创新云直播、云发布、云签约、云采购、云消费、云拍卖、云上花市等数字营销模式，形成通过会展经济和数字营销模式相结合推广农业品牌的新路径。以茂名荔枝为例，近年茂名通过荔枝"12221"市场体系建设，打造茂名荔枝LOGO和大数据平台，更将茂名荔枝推介会开到全国乃至海外。目前，茂名荔枝已拥有4个区域公用品牌、3个国家地理标志认证产品。茂名市电子商务协会统计数据显示，2022年茂名荔枝鲜果销售收入达80.7亿元，同比增长13.34%，其中电商收购均价达13元/斤，较2021年的8元/斤提升了62.5%，电商客单均价为158元/标准件，同比增长32.77%，电商销售额达21.6亿元，同比增长19.17%。

三是推动数字农业示范县和电商进农村示范县建设工作。出台《广东省数字乡村发展试点实施方案》，确定珠海市斗门区、韶关市南雄市、梅州市兴宁市、江门市新会区、阳江市阳西县、湛江市徐闻县、茂名市高州市、清远市英德市、潮州市潮安区、云浮市新兴县等10个县（市、区）为数字乡村发展试点县；确定广州市黄埔区新龙镇、湛江市徐闻县曲界镇等20个镇（街道）为数字乡村发展试点镇。开展实施53个电商进农村示范县建设工作，包括33个国家级示范县、42个省级示范县，其中22个示范县同为省级和国家级示范县。广东农村电商基础逐年夯实，目前示范县的工作重点已经从农村产品上行转变为商贸及物流发展，并向农村经济生态化发展。

四是以数字技术激活"镇"能量，推动"千镇"联城带村。以农村电商商贸服务体系为着力点，强化乡镇连接城市与农村的节点和纽带作用。依托益农信息社、农村综合服务社、村邮站、快递网点、农产品购销代办站、农家店等经营主体发展电商末端服务网点。依托信息进村入户运营商、优质电商直播平台、直播机构和经纪公司，发展直播卖货、助农直播间、移动菜篮子等，培育农民直播销售员。引导平台企业、物流、商贸、金融、供销、邮政、快递等各行业到乡村布局。

（二）围绕优势特色产业，借助农业产业园，推动数字化转型

2018 年以来，广东把推进工业升级的"园区模式"移植到农业发展中，以史无前例的政治高度、工作强度、投入力度全域推进现代农业产业园建设。2018～2020 年，广东省财政安排 75 亿元支持产业园建设；2021～2023 年，广东省财政继续安排 75 亿元，打造现代农业产业园 2.0 版。全省已累计创建 18 个国家级、288 个省级和 73 个市级现代农业产业园。① 现代农业产业园覆盖广东主要特色农产品，规模及数量均位居全国前列。

规模化、集群化的现代农业产业园，是数字农业发展的沃土。产业园发展要不断突破自身发展天花板，数字化是必然的选择。广东省农业农村厅提出，省级农业产业园 5000 万元建设资金，至少拿出其中 300 万元用于支持企业发展数字农业，即至少 6% 的建设资金用于发展数字农业。按照 6% 的建设资金、1∶4.36 的资金撬动比例计算，省级财政将投入 4.5 亿元、撬动接近 20 亿元用于发展数字农业。依托现有 288 个省级现代农业产业园，围绕产业园优势主导产业，以促进数字技术与现代农业产业体系、生产体系、经营体系深度融合为发展路径，以搭建农业数字化服务平台为核心，纵向联通农业生产、加工等全产业链关键环节，横向涵盖粮食、蔬菜、岭南水果等广东主要产业，打通省部级规划引领与农业园区发展之间的动态数据通道，建设应用场景示范，基本实现了主要特色品种数字化应用全覆盖，特别是在特色林果应用、畜禽智慧养殖等方面形成了明显的优势。例如天地空结合的荔枝果园数字化应用，提升作业效率 100%，产品售价高出竞品 33%；肉牛

---

① 《广东省农业农村厅关于省政协十二届五次会议第 20220019 号提案答复的函》，广东省农业农村厅网站，2022 年 8 月 11 日，http：//dara.gd.gov.cn/gkmlpt/content/3/3990/mpost_3990328.html#1604。

养殖数字化应用，服务全国21个省区市，云端接入肉牛达50万头；针对南方红火蚁等区域病虫害，建立了良好的应用典范。在5G+农业大数据平台的助力下，大埔蜜柚实现精准化管理，成功入选"中欧100+100"地理标志互认互保产品。新会陈皮国家现代农业产业园打造了产业园智慧农业大数据平台，覆盖全区6000家新会柑种植主体、近10万亩新会柑种植基地及162家加工、流通经营主体，实现了全产业链数字化。

（三）以数字+预制菜打通农业全产业链，为农业三产融合拓展新路径

2022年广东预制菜市场规模达到545亿元，增速为31.3%，集聚预制菜相关企业超过6000家。进入2023年，预制菜产业风口持续火爆。中央一号文件首次提出"培育发展预制菜产业"。广东处于发展预制菜极为有利的位置，下一步，如何构建从"一棵树"到"一片林"、贯穿农林牧渔、食品加工、餐饮消费的预制菜产业集群生态，成为打造预制菜大省强省的关键。以数字+预制菜，打造串联一二三产的"数字底座"预制菜产业生态，推进农业三产融合发展，建设数字+预制菜产业高地，这是广东抢抓行业风口，大力发展数字农业的重要突破口。

一是以冷链物流数字化智能化绿色化为突破口，打造数字+预制菜支撑体系。从田间到餐桌，从加工厂到零售店，冷链物流是串联预制菜产业链各环节的"生命线"，也是产业壮大发展面临的瓶颈之一。大数据、云计算等数据技术手段的加入，为预制菜企业突破物流成本瓶颈，带去新的可能。广东出台《广东省推进冷链物流高质量发展"十四五"实施方案》，明确提出广东将推进冷链物流数字化智能化绿色化发展，加快冷链物流基础设施建设和冷链装备提升，推动冷库库容规模和冷藏车保有量年均增长10%以上，肉类、果蔬、水产品产地低温处理率分别达到85%、30%、85%。广东新供销天业冷链集团有限公司（以下简称天业冷链）将管理方式与现代数字技术融合，打造了冷链在线数据平台。依托冷链在线数据平台，可以快速分析、组合各类运输订单，通过零担运输，极大地节省物流运输成本。天业冷

链的服务对象涵盖种植户、流通服务商、食品生产商、三方物流、专业市场，在广东全省共规划布局冷链项目 74 个，冷链物流网络覆盖全省 21 个地市及下属县、村，打通冷链运输的"最后一公里"。

二是打造数字化预制菜产业园。惠州博罗探索搭建一个以产业园区为载体，以数字平台为基础，推动预制菜三产融合的产业生态雏形。博罗县汇聚四大类预制菜原料供应产地，能够提供畜禽、禽蛋、水产、果蔬等四大类高质量原料。借助广东数字供销系统大平台优势，全方位提升预制菜生产、加工、流通、研发、服务等环节的数字化水平。产业园通过打通产业链条，种植养殖环节与预制菜加工环节可以直接对接、深度合作，能够有效消化产能。即将全面上线的广东数字供销云平台，赋能 1 万余基层合作组织、链接 100 万中小农户、服务 800 万亩农田，探索农业社会化服务资源协同管理和融合创新，打造全链路"云上供销合作社"平台①，将成为串起预制菜一二三产融合发展的重要平台。

（四）数智赋能海洋牧场，打造高质量发展蓝色引擎

海洋自古以来就是人类重要的"蓝色粮仓"、资源宝库，是多元化食物供给体系的重要组成部分。广东海岸线长度和海洋面积居全国前列，海洋资源丰富。近年来，广东充分利用资源禀赋，加快推进现代化海洋牧场建设，打造高质量发展的蓝色引擎。推进海洋牧场建设是广东农业现代化高质量发展的破局之处。现代海洋牧场建设建立在高新技术特别是数字技术之上。海洋牧场权威专家杨红生认为，海洋牧场 3.0 是以数字化和体系化为驱动力的现代化海洋牧场。广东充分利用数字产业优势，以数智赋能海洋牧场建设。

一是发展智能深海养殖装备。海洋牧场要发展，装备是基础。其中深海网箱是基本设备。广东最早开启我国深水网箱养殖先河，"中国金鲳鱼之都"——广东湛江有着超过 3500 个深海养殖水箱。在广东省现代化海洋牧

---

① 《广东省供销合作联社：打造一二三产融合"数字底座"》，21 世纪经济网，2023 年 3 月 20 日，https：//static. nfapp. southcn. com/content/202303/20/c7474924. html。

场建设推进会上，湛江提出未来 5 年，计划建成 6000 个重力式深水网箱、30 个桁架式养殖平台，建设 4 个国家级海洋牧场示范区，为广东建设海上粮仓提供坚实支撑。"海威 1 号"的投入使用，代表着湛江市海水养殖产业结构升级的开始。2022 年 8 月，"海威 2 号"开工建设。"海威 2 号"是一种桁架形式的抗风浪绿色智能养殖装备，具有良好的抗风浪能力，采用海上智能化养殖管理系统，平合搭载自动投饵、在线监测等智能设备，形成智能化养殖管理，可节省人工成本 60%。"海威 2 号"养殖智能化程度进一步提升，为湛江市现代化海洋牧场建设按下"加速键"。

二是以工业化、生态化、数字化融合发展理念重塑深水网箱养殖产业链、价值链。如何让"一条鱼"产生"多条鱼"的价值？不断延长产业链是其中秘诀。广东加快推动海洋牧场和深远海养殖，探索构建一条从种业、养殖、装备到精深加工的现代化海洋牧场产业全链条。在大力发展深水网箱养殖的同时，也以抗风浪网箱养殖为纽带形成深水网箱制造、安置、苗种繁育、大规格鱼种培育、成鱼养殖、饲料营养、设施配套等环节的产业链条。布局珠三角沿海和粤东粤西两翼深水网箱产业集聚区、海洋牧场示范区建设，加快形成产值超千亿元的海洋渔业产业集群。湛江水产产业链年产值 700 多亿元，产业链从业人员 100 多万人，水产养殖、水产种业、水产品流通加工、装备制造、进出口贸易、饲料辅料、配套服务等七大体系基本形成，成为助力乡村振兴、带动农民养殖致富的支柱产业。在此过程中，引导水产企业在生产运行、经营管理、营销服务等多环节进行数字化改造，以数字化理念驱动水产产业提效能、激活力，用好数字技术、数据资源、数字平台，抢占全球水产产业链制高点。如国联公司 5G 水产品加工生产线全国领先；恒兴公司首创的智能池塘养殖系统已投入使用；全链水产采购平台集水产品国际贸易、加工、仓储、物流、销售于一体，等等。江门在台山建设了集种苗繁育、深海养殖、风力发电、休闲垂钓、生态旅游于一体的大型智能化海上平台，打造了"全域型"现代化海洋牧场。

三　广东智慧农业发展中存在的问题

当前，广东智慧农业发展基础还比较薄弱，农业农村基础数据资源体系不健全，数据获取能力较弱，覆盖率也非常低，特别是重要农产品全产业链大数据建设才起步。此外关键核心技术如农业专用传感器研发滞后，数字产业化滞后，农业机器人、智能农机装备适应性较差，乡村数字化治理水平与城市相比差距仍然较大，比较突出地体现在以下几个方面。

（一）数字经济在农业领域的渗透力持续落后第二三产业

随着产业数字化的持续推进，数字经济在各行业的渗透力逐步深入，物联网、智联网、大数据、云计算等新一代信息技术在各行各业加快应用，各国也将数字农业确立为数字化战略重点和优先发展方向。埃森哲报告曾经预测制造业、农业和零售业将获益最多。然而我国数字经济在农业中的占比远低于工业和服务业，根据中国信息通信研究院发布的《中国数字经济发展报告》，2019年农业、工业、服务业数字经济渗透率分别为8.9%、21.0%和40.7%，约为1∶2∶4，分别同比增长0.7个、1.6个和2.9个百分点。[①]在2021年，数字经济增加值占农业全行业经济增加值的比重为10.1%，相较而言，工业为22.8%、服务业则为43.1%。[②]2022年，数字经济增加值占农业全行业经济增加值的比重为10.5%，相较而言，工业为24%、服务业则为44.7%。[③]可见，数字经济在农业领域的渗透力增长乏力，与第二三产业的增速相比差距较大。从数字经济全要素生产率看，从2012年的1.66上

---

①　《中国数字经济发展研究报告（2020年）》，中国服务贸易指南网，2020年8月25日，https：//tradeinservices. mofcom. gov. cn/article/szmy/gnqwfb/202010/110533. html。

②　《中国数字经济发展研究报告（2022年）》，中国信息通信研究院，2022年9月，https：//www. scbgao. com/doc/56659/？bd_ vid＝11267371511647741983。

③　《中国数字经济发展研究报告（2023年）》，星夜大数据百家号，2023年6月10日，https：//baijiahao. baidu. com/s？id＝1768247730319499449&wfr＝spider&for＝pc。

升到 2022 年的 1.75，但是农业数字经济全要素生产率 10 年间从 1.03 上升到 1.04，只小幅地上升了 0.01，而第三产业 10 年上升了 0.2。[①] 数字经济在农业领域的渗透力低，全要素生产率增长缓慢，与数字化投入不足密切相关。从投入规模看，2021 年全国达到 10.4 万亿元，而农业只有 183.7 亿元，占 0.17%。广东的农业数字化也存在上述同样的问题。

（二）产业数字化的基础能力薄弱

数字信息基础建设落后。包括 5G 网络、移动物联网及千兆光网等网络基础设施未能在农村实现完全覆盖，特别是对于城郊农村的农田、鱼塘等生产环境当中网络覆盖能力薄弱，存在无线网络覆盖盲区。缺乏统一、完善的支撑全市农业农村各类信息服务和应用的数据底座、关键性系统和技术规范。许多传感器、智能设备及机械设备之间无法形成数据信息共享，致使不同厂家的产品只能独立化运营，无法形成规模化发展。

资金投入有限，推广困难。智慧农业从底层数据获取到知识的深层次应用，都离不开物联网等硬件及软件的融入以及相关技术服务的持续支持。尽管广东省现有政策扶持力度较大，但总体上财政资金投入以及企业相关人力及资金投入的比例都比较低，而由于当前农业生产回报的长期性，社会资本很少长期持续进入。土地使用性质和年限制约了数字化基础设施的投入。农业智能设备成本太高，很多涉农企业望而却步。从我国农业生产模式及农民文化素质角度来看，智慧农业存在推广应用难题。由于我国农村人均占地少且农民文化素质不高，大部分农业生产采用包干到户及分散经营，因此在模式上和技术上存在推广难题。比如，想要实现农业生产转型发展智慧农业的农户只能自己出资购买相应的设备及软件，这一方面将给农民带来较大的经济压力，另一方面也会提升农民的生产经营风险。[②]

---

① 《中国数字经济发展研究报告（2023）》，星夜大数据百家号，2023 年 6 月 10 日，https://baijiahao.baidu.com/s?id=1768247730319499449&wfr=spider&for=pc。
② 温希波：《我国智慧农业的发展困境与战略对策》，《农业经济》2021 年第 10 期。

智慧农业建设中，一方面，云计算、大数据、人工智能、区块链等高层级数字化技术成本较大；另一方面，缺乏明确的业务化方向和必要的数字运营技能，对获取数据质量的把控、深层次分析与知识挖掘、标准化的接口服务等应用方面的工作投入较少，研究应用相对滞后，运营范围不广。农业农村数据底座、各类数字化生产系统和数字化管理系统仍处于建设期或试运行期，整体上未能形成完善的数据收集治理体系。政府侧行业监管特别是反映行业态势的信息数据无法做到实时采集。

（三）数据统筹应用存在不足

同国内大部分地区一样，广东智慧农业的绝大部分应用还停留在种植养殖等一产环节，其应用程度也多停留在有限的数据采集与展示。随着数字经济的快速发展，智慧农业在农产品销售端开始深入，但总体而言，产业链其他环节，如加工、贮藏以及物流等数字化程度较低，且存在各阶段数据相互脱节，信息难以相互支撑，制约了数字信息产业链的推广。

在农业数据共享方面，我国农村地区信息化建设成熟度不同，导致无法建成健全的农业信息数据共享平台。同时，我国农业统计数据部门分散且各部门的信息化发展程度与技术也存在差异性，这进一步加剧了农业数据共享难题。具体问题包括：不同农业数据统计部门根据自身需求搜集和计算数据，缺乏统一的体系规划，致使农业数据重复获取或者存在数据空白问题；农业数据平台网站较多，但是每个平台之间界限不清，底层架构的不同导致数据无法实现共享。[①] 农业大数据仍然存在共享开放不足而导致的信息孤岛、数据壁垒、数据碎片化和信息不对称等问题，跨部门、跨区域和跨行业的互联互通、协作协同和科学决策十分缺乏。广东省农业农村厅主导的"粤农情"农业农村大数据中心在本系统内横向打通了 51 个业务系统，对外联通了省政务大数据中心。但是智慧农业活动往往涉及农业农村局、网信办等多个政府管理部门，这给统一协调推进带来一定难度。各部门原有业务

---

① 温希波：《我国智慧农业的发展困境与战略对策》，《农业经济》2021 年第 10 期。

系统繁多，各应用系统之间数据资源分散且不互通，缺乏数据的整合与共享；政府与企业间缺乏数据对接，无法准确掌握产销情况、供需情况等行业趋势数据。

对数字农业的规制监管措施相对滞后。特别是对个人信息处理系统的操作。在研究农业信息集中化管理方法和有效利用的同时，应广泛、充分地研究和考虑如何匹配耕地信息和个人信息、如何匿名和隐藏信息等方面的问题，防止利用个人信息数据进行身份识别。因此，农业部门收集涉农数据，应在兼顾农民隐私的基础上，将数据收集和分析的结果提供给学术机构和研究人员。

（四）县域电商服务体系有待强化

近年来，在乡村振兴战略实施的背景下，发展农村电商、农产品电商日益重要。农业发展产销矛盾中"销"的能力是决定性的。县域电子商务实力又是决定"销"的能力的关键角色。县域电子商务服务体系实力越强，农产品销售潜力和后劲越大。我们可以通过县域电商网络零售额这个指标对一个地方县域电商实力和服务体系进行评估。

总体来看，广东县域网络零售实力较强、潜力大，与第一梯队（华东江浙地区）相比有明显差距。欧特欧监测数据显示，2019～2021年，全国县域网络零售额同比增长 23.5%、14.02%、24.15%，县域网络零售额占全国网络零售额的比重持续上升，2021 年达到 33.5%（见图 1）。

2020 年，欧特欧监测数据显示，华东地区县域网络零售额为 21486.3 亿元，占全国县域网络零售额的比重为 60.9%，2021 年县域网络零售额为 26221.9 亿元，占全国县域网络零售额的比重为 59.8%。华东地区县域电商发展一直独领全国，在全国县域电商发展中具有举足轻重的地位，已经形成了产业链条较为完整的电商集群；华南地区紧随其后，其县域网络零售额占全国县域网络零售额的比重 2020 年约为 19.5%，2021 年为 20.8%。从省市情况看，浙江省、广东省、江苏省 2020 年和 2021 年县域网络零售额排名为

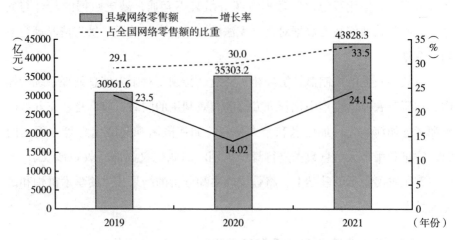

图1　2019~2021年全国县域网络零售额及增速情况

资料来源：欧特欧咨询。

前三，合计占全国县域网络零售额的比重为 61.5%（2020）、61.1%（2021），区域集中优势较为明显；在县域农产品网络零售 TOP100 中，浙江占据 31 家，江苏 23 家（2020）或 22（2021）家，广东仅仅占 12 家，贡献的销售额占比也较低①，说明广东县域电商集中度不高，电商集群程度低于江浙。

从农产品电商销售强县看，通过对"农产品数字化百强县""2023年度中国农产品产业带电商 50 强榜单"等的分析对比来看，江苏、浙江、福建、山东的实力都超过广东。广东农村电商发展仍然面临供应链体系不健全、农产品市场标准化体系建设不够完善、服务业不发达、物流配送体系有待完善、专业人才不足、各类主体协同不够、区域发展不平衡等问题。县域农产品电商实力有待提高。

---

① 《〈2021 全国县域数字农业农村电子商务发展报告〉在京发布》，农业农村部网站，2021年9月11日，https：//www.gov.cn/xinwen/2021-09/11/content_5636759.htm；农业农村部：《2022 全国县域数字农业农村电子商务发展报告》，《先导研报》，2013年1月30日，https：//www.xdyanbao.com/doc/vgheplf7fg? bd_ vid=9634095151714308957。

四 广东智慧农业发展的思考与对策

广东智慧农业要围绕破解广东乡村振兴和农村现代化的重大问题而获得自身发展的机遇和条件。同时，广东处于南方地形多样地区，其中70%以上的土地为丘陵和山地，具有亚热带气候。独特的地理位置和气候特点决定广东省在畜牧业、水产业、经济种植业等都具有区域优势。因此，广东智慧农业发展要根据自身的特点，进行针对性的布局和发展。

（一）持续推进关键技术攻关，突破智慧农业发展阻碍

立足现代思维需求，以产业发展为导向，指导科研院校各类高水平科研创新平台开展协同攻关，培育一批新品种、创制一批新装备、开发一批新技术、研发一批新产品，打造乡村振兴科技创新高地。

补齐数字基础设施短板，夯实智慧农业发展基础持续推进乡村网络基础设施建设。持续深化电信普遍服务，推动农村光纤和5G网络广度和深度覆盖。推动农村基础设施数字化改造升级。进一步完善农村公路数字化管理机制，加强基础数据统计、归集和共享机制建设。持续推进高分卫星数据在农业遥感中的应用。积极推进农村地区移动物联网覆盖，加大农业生产场景窄带物联网部署。

加强高端智能农机装备研发制造，支持研发适宜于南方丘陵山区水稻种植机械等农机装备。实施农机购置与应用补贴政策，推进北斗智能终端在农业生产领域的应用。加强智慧农场智能装备研发。研发能适应岭南地形地貌机器作业环境的农业机器人，包括相应农业生产机器人通用高效低损末端执行器、农业机械臂等；设施种苗组培的增生切割智能装备；花卉苗杯移植的智能装备；岭南林果采摘机器运输机器人；变量智能投饵机器相关智能终端、工厂化循环水养殖巡检与日常管理机器人；水禽身份识别、禽类种蛋采集跟踪、工厂研制环境信息及健康识别等多维传感一体的新型感知智能终端；节能环保的特殊冷链装备。

支持建立建设科研基地、示范基地、研发推广、开放试验区，切实解决科研机构，特别是大学科研实验基地问题。在广州国家现代农业产业科技创新中心建设集成数字农业相关技术和装备的岭南智慧农场典型示范基地，如路基工厂化循环水养殖无人渔场；山地丘陵水果精准作业相关智能装备及应用场景；南药种苗育苗设施生产智能化系统、高增殖花卉栽培智能装备平台及花卉栽培智慧系统、智能化（无人化）植物工厂；智慧水禽产业化示范基地；以南方水稻等作物为对象，探索和建立无人大田种植农场；农产品冷链物流系统、基于区块链和大数据的农产品全链质量安全可信溯源系统、农产品质量安全预测与推荐系统。

（二）加速预制菜产业数字化进程，打造预制菜"新广货"

发展预制菜产业是解决农产品产销矛盾的重要手段，也是实现一二三产业融合的主要路径。但是预制菜行业也面临几个行业痛点，如风味和滋味的保真、营养和健康的均衡、食品安全等，不解决这些痛点，行业就无法做大，从而难以实现上述目标，这需要工业技术的突破、生产装备的升级，需要数字技术和产业数字化的深度推进。预制菜装备产业的发展离不开科技创新驱动，离不开金融赋能。只有推动"科技—产业—金融"实现高水平循环，才能提高预制菜装备的技术水平和品质。

一是发展数字化的预制菜装备产业。标准化是解决预制菜产业困难的关键路径，预制菜标准化的关键在智能化、柔性化、集成化的装备。发挥广东省预制菜装备产业发展联合会的作用，强化信息共享、技术共享和资源共享，推动产业集群发展。针对大型预制菜装备价格高等共性问题，出台推动行业融资租赁的新政策。利用设备按揭租赁、分期付款等金融政策，降低企业一次性投入成本。

二是推动预制菜金融创新。创新金融信贷服务，大力发展预制菜产业供应链金融，支持金融机构为预制菜产业开发金融专项产品，发挥省农业供给侧结构性改革基金作用，构建广东预制菜产业发展基金体系，切实降低企业融资难度和成本。

三是利用数字技术平台和产业联盟，打通预制菜销售特别是"出海"的痛点堵点。预制菜市场需求广阔，"信息壁垒""资质标准"等一直成为困扰预制菜企业出海的难题。要搭建集产、学、研、销于一体的预制菜产品展示及交易新平台，打通广东预制菜销售出海痛点、堵点，推动更多预制菜企业开拓海内外市场。推进广东预制菜出海产业联盟建设，联动海内外各方资源，设置常态化对接、培训等活动，打通预制菜出海产业链、供应链、管理运营等多个领域的痛点堵点，助力预制菜安全、顺利、快速出海。加大与香港机场的合作，推动内地机场和香港机场在全球航空航班、物流方面的合作，提升通关效率，从而推动预制菜走出国门。

（三）大力发展农村电商，助力县域商业体系建设

健全电商工作机制。重点搭建"1+3"政策体系，出台1个全省农村电商"百园万站"行动方案，制订农村电商产业园和基层示范站标准、推进"一村一品"建设等。广东还搭建电商工作平台，重点完善4级联动的平台载体，省级层面建设农村电商在线培训和服务平台，各市、县、镇、村重点扶持农村电商产业园、培训基地和创业就业基地。[①] 下一步要汇聚电商龙头企业，完善供应链体系，吸引电商企业集聚发展。

以电商发展促进农业产业链的延伸和升级。一是推动大型电商平台向下赋能。拼多多、京东、阿里巴巴等大型电商的农业全产业链服务平台，利用自身在人工智能、大数据、物联网、区块链等方面的技术能力、营销渠道能力及品牌建设能力，参与到农业产业发展的各个环节，可以实现合作方农业企业的耕种管收全过程监控管理，在全产业链上和产供销领域提升企业管理水平和产品标准、品质。要加强地方政府与电商合作的深度和广度，推动大型电商平台向下赋能。在扩大农业生产企业数量、强化农业农村基础设施、创新农产品流通方式、提升农业农村数字化服务能力等方面重点发力，解决

---

① 《广东完善农村电商产业体系　激活县乡消费》，新浪财经百家号，2022年3月23日，https：//baijiahao.baidu.com/s？id＝1728046959089444592&wfr＝spider&for＝pc。

一系列困扰农产品上行、农业转型升级过程中的难题。二是以项目建设带动农业多种功能拓展。将优势特色产业集群、现代农业产业园、农业产业强镇等农业产业融合发展项目、"互联网+"农产品出村进城工程和农产品仓储保鲜冷链设施建设与拓展农业多种功能有机衔接，以项目建设带动农业多种功能拓展。建设拓展农业多种功能先行区，开展拓展农业多种功能量化评估，探索建立乡村多元价值实现机制。

加快县域商业数字化转型。推动农村传统商贸企业拓宽线上线下营销渠道，打造消费服务的新模式新场景。推动电子商务与休闲农业、乡村旅游等融合，强化数字赋能，促进产业发展和农民增收。推进邮政快递服务农特产品出村进城工作，培育快递服务现代农业示范项目，建设农村电商快递协同发展示范区，持续推进交通运输与邮政快递融合发展。加强产地批发市场、仓储集配中心、冷链基础设施等生产性服务载体的数字化建设。

（四）积极培育数字农业人才队伍

培育有文化、懂技术、善经营、会管理的高素质农民万人队伍。推进完善"教育培训、认定管理、政策扶持"三位一体的高素质数字农业人才培训机制，在广州、佛山等有条件的地方建立"普通农民—技术农民—产业农民—职业农民"的培育梯队体系，推动涉农电商人才矩阵建设。发挥高校专家资源优势。鼓励中山大学等高校开设农村电商课程，开展专业技能培训；组织专家团队编制电子商务应用培训教程。依托本地产业优势开展数字化培训，拓宽数字农业人才培养新路径，创新举办电商云课堂，邀请直播电商专家传授农产品直播带货实操知识，快速提升农户线上销售技能。

引进科技人才，重点引进科技领军人才、青年科技人才和高水平创新团队到乡村开展智力服务。培育企业家人才，重点培育现代乡村企业家、"小巨人"企业家和经营管理人才，扎根乡村、兴办乡产、带富乡亲。扶持创业人才，支持返乡农民工、大学生、退役军人以及离退休人员、专业人员等返乡入乡创业，鼓励"田秀才""土专家""乡创客""乡村工匠"在乡创业。

（五）加大政策引导、资金扶持和金融保险支持

加强职能部门间的沟通和协调，加大数字农业资源整合力度，不断增强新应用场景、新应用供给，充分利用农业、信息、科技等部门现有的扶持政策，积极探索数字农业建设专项扶持政策，为加快数字农业发展提供政策和资金保障。

积极探索数字农业保险金融。广东气象灾害种类多、范围广、频次高、危害重，全球气候变化背景下极端天气气候事件频发。有限的政府救灾资金和社会捐赠远远不足以应对重大气象灾害造成的损失，看天吃饭的乡村经济更是深受其害。充分利用当地农产品区域产量、成本和价格、农民收入、气象指数、土地确权、经营主体信用等信息，积极开发符合当地产业发展需求的特色险种，用好全省政策性农业保险综合系统，利用大数据优化农业保险政府监管和服务水平。建立与承保机构业务协同，推动技术创新，利用互联网、卫星遥感、远程视频等科技手段，精准高效开展查勘定损，提高承保理赔效率。探索"保险+贷款""气象+农业+保险"金融创新模式，助力农户拓宽信贷融资渠道。创新实践广东农产品"12221"市场体系建设，开展"农业农村领域政银互动示范应用"项目，探索通过数据开发利用，构建能为各大金融机构提供实时有效、精准、可靠的农业农村信用领域数据，助力解决农业农村农民融资问题，进一步推动全省农业农村公共数据资源开发利用。

强化农村数字金融服务。持续推动农村数字普惠金融发展，积极稳妥开展普惠金融改革试验区建设。加大金融科技在农村地区的应用推广，加快研发适合农村、农民的金融产品，提升授信覆盖面。持续推进农村支付服务环境建设，推广农村金融机构央行账户业务线上办理渠道及资金归集服务，推进移动支付便民服务向县域农村地区下沉。

参考文献

储霞玲、郑林秀、叶高松、陈俊秋：《广东农业对接〈区域全面经济伙伴关系协定〉（RCEP）的思考》，《广东经济》2023 年第 2 期。

顾雨霏：《我国数字乡村发展取得阶段性成效》，《中国食品报》2023 年 3 月 3 日。

尹卿、方伟、林漫婷：《佛山市数字农业发展现状及对策研究》，《农村经济与科技》，2022 年第 23 期。

B.6

2022年广东现代海洋牧场建设发展报告

金 凯 李耀尧*

摘 要: 发展现代化海洋牧场是加快建设海洋强国的必由之路。海洋牧场①旨在建立生态化、良种化、工程化、高质化的渔业生产与管理模式,实现陆海统筹、三产贯通的海洋渔业新业态。广东在推进现代海洋牧场建设中,主动践行国家战略,坚持以市场为导向、产业与技术为重点,推动现代化"蓝色粮仓"建设及模式创新,有效促进现代海洋牧场建设发展。本报告分析了广东海洋牧场空间结构及其产业发展,揭示了广东海洋牧场科技创新及可持续发展机制的建构,展示了广东海洋牧场美好的发展愿景。

关键词: 海洋牧场 蓝色粮仓 广东实践

党的二十大报告指出,要发展海洋经济,保护海洋生态环境,加快建设海洋强国。广东发展现代化海洋牧场、建设"蓝色粮仓",这是深入学习贯彻习近平生态文明思想、践行国家海洋战略的生动实践。在建设海洋强省的道路上,广东正经略海洋并进军深蓝,为广东高质量发展贡献海洋力量。

---

* 金凯,广东省社会科学院国际问题研究所副研究员,主要研究方向为中美关系、东亚安全和粤港澳大湾区建设与国际化;李耀尧,经济学博士,广州开发区政策研究室主任兼广州高新区高质量发展研究院院长,主要研究方向为区域经济、产业经济。

① 指在特定海域,基于区域海洋生态系统特征,通过生物栖息地养护与优化技术,有机组合增殖与养殖等多种渔业生产要素,形成环境与产业的生态耦合系统;通过科学利用海域空间,提升海域生产力,包括锻造海洋牧场空间结构、构建产业体系、推进海洋牧场技术创新、优化海洋牧场营商环境、构筑海洋牧场国之大器等。

一 广东海洋牧场建设取得显著成效

（一）坚持践行国家海洋战略，锻造海洋牧场空间结构

1.贯彻国家海洋战略，深刻认识建设"蓝色粮仓"重大意义

根据联合国环境规划署的估计，海洋经济在全球范围内占据着巨大的地位，每年为全球创造了超过3万亿美元的经济价值。国家海洋战略旨在有效利用和保护海洋资源环境，海洋经济发展涉及渔业、航运、能源开发、旅游等多个领域，对于我国经济增长和就业创造起到重要推动作用。

海洋牧场既能养护生物资源，又能修复生态环境，是实现我国近海渔业资源恢复、生态系统和谐发展与"蓝色碳汇"的重要途径。"世界渔业看中国，中国渔业看广东。"广东海域面积是陆地面积的2.3倍，拥有4000多公里大陆海岸线，居全国之首，作为渔业大省其水产品总产量和水产养殖产量稳居全国第1，15个海域获批为国家级海洋牧场示范区，养护型国家级海洋牧场数量居全国首位。

作为我国海洋大省，广东高度重视海洋发展战略，致力于创建现代化"蓝色粮仓"。一是明确"蓝色粮仓"战略意义。海洋战略与"蓝色粮仓"不仅关乎国家的领土安全、海洋边界的维护，还涉及海上交通通道的保护、海上安全环境的维护，涉及海洋生态环境的保护和可持续发展。海洋生态系统是地球生态系统的重要组成部分，对维持地球的生态平衡和生物多样性至关重要。广东拥有4314公里的大陆海岸线、1963个海岛以及42万平方公里海域，通过科学规划和合理利用海洋资源，发展海洋牧场、建设"蓝色粮仓"，以广东担当实现海洋强国目标。二是明确海洋牧场深刻内涵。海洋牧场作为国家海洋战略的重要组成部分，是指在海洋中建设和管理的养殖区域，用于人工培育和养殖海洋生物资源。通过建设养殖设施、控制水质和饲料供应等手段，使海洋生物能够得到良好的生长环境和合理的饲养，以提高产量和质量。海洋牧场的养殖对象包括海洋鱼类、贝类、虾蟹等各类海产品，以及海

洋植物如海带、藻类等。养殖海洋生物不仅可以满足人们对海产品的需求，还能够减轻对野生渔业资源的压力，本质上海洋牧场就是"蓝色粮仓"。三是明确海洋牧场发展作用。海洋牧场对国家的经济发展具有积极的影响。养殖海洋生物不仅可以创造就业机会，促进农村经济的发展，还能够带动相关产业的发展，如饲料生产、设备制造、加工和运输等。海洋牧场可以推动海洋科技创新和技术进步，促进海洋产业的升级和转型。海洋牧场依托先进的技术和设备，包括水质监测、饲料研发、疫病防控技术，在保护和利用海洋生物资源、满足人们海产品需求、促进经济发展中具有重要作用。

2. 贯彻国家海洋战略，不断创新优化广东海洋牧场空间结构

海洋牧场空间结构是指在海洋中建设和规划不同类型、不同功能的养殖区域，并合理布局和组织，以实现提高养殖效率和可持续发展的目标。海洋牧场空间结构的合理设计和科学管理对于海洋牧场的发展和运营至关重要。养殖效率是指在给定的海洋资源和投入条件下，实现养殖产量和经济效益最大化的能力。通过合理规划和组织海洋牧场的空间结构，可以充分利用海洋空间，优化养殖环境，提高水质控制和养殖管理的效果，从而实现养殖生物的健康生长和高产高效。不同类型的养殖物种对水温、盐度、水流等环境条件的要求不同，通过科学设计不同区域的养殖空间，可以满足不同物种的需求以提高养殖效率。海洋牧场空间结构对于海洋生态系统的可持续发展具有重要意义。海洋生态系统是维持海洋生物多样性和生态平衡的基础，而养殖活动对海洋生态环境产生一定的影响。通过科学设计和管理海洋牧场的空间结构，可以减少养殖活动对海洋生态系统的负面影响，降低养殖废弃物的排放，保护海洋生物栖息地的完整性，维护生态平衡。广东省海洋经济生产总值约占全省经济总量的1/6，全省45个沿海县（市、区）面积占全省面积的26.3%，人口占全省的40.6%，经济总量占全省的38.7%。广东海洋牧场空间结构不断优化提升，例如网箱养殖区适用于水深较浅的海域，可以有效控制养殖动物的生长环境，便于管理和监测；而浮筏养殖区适用于较深海域，可以承载大规模养殖设施，提高养殖效率。借助海洋环境的特点，如潮汐和水流，设计建设潮间带养殖区和海流能养殖区，利用自然资源实现高效养殖和能源利用。

3. 贯彻国家海洋战略，拓展海洋牧场"浅海+近海+深海"空间

广东践行国家海洋战略，以《广东省现代化海洋牧场建设实施方案》为抓手，以大湾区为核心构建高效、紧凑的海洋牧场空间布局。坚持"疏近用远、生态发展"，实施"陆海接力、岸海联动"，在近浅海上做"减法"，适度控制近海养殖用海规模，促进浅海生态环境持续改善；在中远海上做"加法"，向深蓝挺进并拓展空间；在综合开发利用上做"乘法"，推动水上、水面、水体、海床等立体开发，海上、岛上、岸上联动开发，形成广东港产城融合、渔工贸游一体化发展的海洋牧场"浅海+近海+深海"空间发展格局。一是拓展浅海牧场新空间，广东海洋牧场的浅海粮仓，主要是实施陆海一体化对接。二是拓展近海牧场新空间，广东海洋牧场的近海粮仓，主要是实施陆海一体化对接。三是拓展深海牧场新空间，广东海洋牧场的深海粮仓，主要是实施陆海一体化对接。我国未来水产养殖的新空间在离岸深远海，我国内陆和近海的水、土地资源不仅没有发展水产养殖的增量空间，而且由于环保需求需要压缩，未来水产养殖的新空间必然在深远海，发展深蓝渔业又称"21世纪蓝色蛋白质计划"。以湛江为例，2018年湛江入选为"国家海洋经济发展示范区"，被誉为"中国对虾之都""中国金鲳鱼之都""中国预制菜之都"，是我国重要的水产养殖、加工、出口基地之一。2022年水产总产量125.5万吨，同比增长3.66%；总产值274.6亿元，同比增长7.7%，连续20多年居全省首位。水产产业链年产值500多亿元，水产业从业人员100多万人，成为乡村振兴、带动农民养殖致富的支柱产业。可以预计，随着我国国家海洋战略的推进，广东省凭借其丰富的海洋资源和优越的地理位置，必将承担实现现代海洋牧场建设的重大任务。广东以现代海洋牧场建设为核心，不仅充分发挥海洋生产力的潜力，更是对现代海洋牧场空间结构进行深度的优化和整合，必将实现海洋产业高质量发展。

（二）坚持做强做优海洋产业，构建海洋牧场产业体系

1. 广东构建现代海洋产业发展体系意义重大

在当今全球经济的背景下，海洋产业作为一种新兴的战略性产业，正逐

渐成为各国经济发展的重要引擎。海洋产业涵盖了海洋资源开发利用、海洋工程建设、海洋旅游与休闲等多个领域，具有广阔的发展前景和巨大的经济潜力。第一，海洋产业是促进经济增长和就业创造的重要引擎。根据世界银行的估计，全球海洋经济每年为全球创造了超过3万亿美元的经济价值，直接或间接地为数以亿计的人提供了就业机会。海洋产业的发展不仅可以推动相关行业的发展，如船舶制造、渔业加工、海洋工程等，还能带动相关服务业的兴起，如物流运输、旅游服务等。在深圳、湛江、汕尾、珠海、江门等地，2023年第一批现代化海洋牧场项目已开工建设。深圳正在建设的首批现代化海洋牧场项目——4艘10万吨级大型智能化养殖工船，预计年产量可达2.2万吨，计划2025年建成试运营；湛江已投产重力式深水网箱3500多个、半潜式桁架智能养殖平台1个，2024年拟在流沙、乌石等海区新建205个重力式深水网箱和2个半潜式桁架智能养殖平台；汕尾统筹布局水产预制菜一二三产全产业链发展，打造集预制菜优质海产品食材养殖、加工、流通、销售于一体的现代农业产业园。第二，海洋产业是经济结构优化和转型升级的重要抓手。现代海洋牧场产业体系的构建是指在海洋牧场领域建立完整的产业链和价值链，通过协同发展各个环节，实现海洋牧场产业的健康发展和优化升级。而传统的工业经济模式面临着资源短缺、环境压力和产业竞争的挑战，海洋产业作为一种全新的重要产业，可以为经济发展提供新的增长点和转型升级的动力。海洋产业的发展可以推动国家经济结构的优化，实现由传统产业向现代产业的转型升级，推动经济向高端、绿色、可持续的方向发展。海洋产业还对国家创新能力和科技水平的提升具有重要推动作用。海洋产业的发展需要依托先进的技术和设备，如海洋勘探技术、深海工程技术、海洋生物技术等。通过推动海洋科技创新和技术进步，国家可以提升自主研发能力，培育高端人才，推动海洋产业的升级和转型，为国家经济发展注入新的动力。第三，海洋产业是加速推进战略性新兴产业成长的重要领域。海洋产业作为一种新兴的战略性产业，在经济发展中具有重要的意义和作用。现代海洋牧场产业体系是指在海洋牧场领域建立起完整的产业链和价值链，涵盖从养殖物种选育、养殖设施制造、养殖技术服务到产品加工、销售和市场推广等各个环节。现代海洋牧场产业体系不仅关注养殖活动本身，还注重与相关产业的紧密配合和协同发展。通过整合各个环节的资源和优势，形成高效的产业协同效应，实现养殖效率的提高和产业的可持续发展。海洋产业不仅可以推动经济增长和就业创造，促进经济结构的优化和转型升级，还可以推动科技创新和技术进步。随着全球经济的发展和海洋资源的逐渐开发，海洋产业的发展前景广阔。构建现代海洋牧场产业体系具有重要意义，可以推动海洋牧场产业的健康发展、提高产业竞争力，并为国家经济的转型升级和可持续发展做出重要贡献。现代海洋牧场产业体系的构建可以通过技术创新、管理创新和模式创新，实现产业的绿色、高效、可持续发展。构建现代海洋牧场产业体系还可以促进农村经济发展，推动农业农村现代化。构建现代海洋牧场产业体系对于海洋牧场产业的健康发展和优化升级具有重要意义。通过建立完整的产业链和价值链，整合养殖物种选育、养殖设施制造、养殖技术服务、产品加工和市场推广等环节，可以提高养殖效率和质量，促进广东经济发展的结构优化和创新发展。

2. 广东构建现代海洋产业发展体系重在重构

构建现代海洋牧场产业体系是为了实现海洋牧场产业的健康发展和优化升级。广东省在养殖物种选育、养殖设施建设、养殖技术创新、产品加工与销售以及市场推广等产业体系方面实现再造与重构，构建"政府推动—市场主导—产业融合—科技金融—人才支撑"的产业新模式，以产业融合为重点，围绕"养殖—加工—物流—销售"全力补链延链强链。一是拓展海洋养殖产业的物种选育与改良链条。养殖物种选育是构建现代海洋牧场产业体系的重要内容之一。通过选择适应海洋环境的优良品种和种质资源，进行选育和改良工作，可以提高养殖物种的适应性、生长速度、免疫力等关键性状。同时，还可以培育出抗病性强、抗逆能力强的新品种，降低养殖风险，提高养殖效益和产品质量。加强科研机构和养殖企业的合作，开展基因改良、遗传育种和品种选育等工作，加大对优良品种的繁育和推广力度。二是厚实海洋产业的养殖设施建设与管理。养殖设施建设与管理是构建现代海洋牧场产业体系的重要组成部分。现代化的养殖设施可以提供良好的养殖环境和生长条件，提高养殖效率和质量。养殖设施的建设包括网箱、浮筏、渔排等，需要根据养殖物种的特点和需求进行设计和建造。养殖设施的管理包括饲料供应、水质监测、疾病防控等方面，需要科学合理地进行管理和操作。同时加强技术研发和创新，提高养殖设施的智能化和自动化水平，加强设施的维护和管理，提高设施的使用效率和资源利用率。三是加速海洋产业的养殖技术创新与应用。养殖技术创新与应用是构建现代海洋牧场产业体系的核心内容。通过技术创新和研发，可以提高养殖效率、降低成本、增加产品附加值。养殖技术创新的方向包括水质控制、饲料研发、疾病防控、养殖环境监测等多个方面。例如，引入先进的水质监测技术和设备，实现对养殖环境的精确控制和调节；通过研发高效、环保的饲料，提高养殖物种的生长速度和饲养效果；利用遗传工程和分子生物学技术，提高养殖物种的抗病能力和适应性。为了推动养殖技术创新与应用，需要加强科研机构和养殖企业的合作，加大对养殖技术研发的投入，推广应用先进的养殖技术，提升养殖从业人员的技术能力。四是拓展海洋产业的产品加工与市场推广。通过对养殖产品进行深加工和提升附加值，实现产业的增值和差异化竞争。加工过程包括鱼类的加工、贝类的烘干、藻类的提取等，可以生产出具有高附加值和市场竞争力的产品。市场推广则需要加强品牌建设和市场营销，提高产品的知名度和美誉度，开拓国内外市场，提升产品的销售额和市场份额。为了加强产品加工与市场推广，需要加强养殖企业之间的合作与联盟，整合资源和优势，提高产品加工的技术水平和产能规模，开展品牌推广和营销活动，加强与市场的对接。《广东省2022年重点建设项目计划》中共安排省重点项目1570个，总投资7.67万亿元，年度投资达9000亿元。在产业工程类别中，冷链物流项目占据较大比重。广东已在全国率先建成、运用冷藏冷冻食品质量安全追溯系统，大力推进"互联网+冷库"视频监控建设，实现进口冷链食品从出海关到市场末端的数字化闭环管理。"粤海鲜品"正走进千家万户、走向全球市场，全省海洋经济生产总值约占全省经济总量的1/6。2022年全省农林牧渔业总产值8890.56亿元，其中渔业增速达到5.8%。广东已构建一条从种业、养殖、装备到精深加工的产业全链条，万亿级现代化的海洋牧场产业集群正成为广东高质量发展新的增长极。

3. 广东构建现代海洋产业发展体系政策创新

在建设广东海洋的"蓝色粮仓"中，海洋牧场产业的崛起和壮大被视为现代海洋产业发展的关键路径。深化改革创新，不断加大投入，积极推动海洋牧场产业的发展。一是以政策支持基础建设。加强产业的基础设施建设，打造一流的海洋牧场产业体系。依托现有的海洋资源，我们正在实施一系列关键的基础设施建设项目。比如，通过对海水温度、盐度、浊度等环境因素进行科学管理，实现海洋牧场的优质、高效和可持续运营。同时，构建了一套完善的养殖、捕捞、处理、运输和销售的全封闭环境，以保障产品质量，提升消费者的信任度。二是以政策支持技术创新。注重产业的技术研发与创新。面向未来，明确提出了"科技引领、创新驱动"的海洋牧场产业发展战略。为了实现这一战略，广东省建立了一支高素质的科研团队，与国内外多所知名高校和科研机构开展深入的产学研合作，联手攻关一批技术难题，开发出一系列具有自主知识产权的核心技术，提升了海洋牧场产业的竞争力。三是以政策支持集群建设。大力实施海洋牧场产业集群化战略。广东重视企业集群的发展，通过政策引导、优惠支持等措施，鼓励企业围绕海洋牧场产业链进行集聚。已经形成了以深圳、珠海、广州等沿海城市为中心的产业集群，进一步扩大了产业的规模效应和集群效应。此外，广东注重推进海洋牧场产业绿色发展，积极倡导和实践绿色养殖理念，注重生态环境的保护和可持续发展，坚决抵制过度捕捞和海洋污染。具体而言，倡导实施环保型的渔业技术，引入绿色、环保的饲料和养殖方式，提升海洋生物的生存环境，确保海洋牧场产业的可持续发展。可以说，广东省坚持做强做优海洋产业、构建现代海洋牧场产业体系的实践取得了显著的成果，在提升海洋牧场产业的综合竞争力中效果显著，促使广东海洋牧场走在全国乃至全球海洋产业发展前列。

（三）坚持综合经济效益导向，推进海洋牧场技术创新

1. 广东推进海洋牧场技术创新的综合发展导向鲜明

坚持以海洋牧场技术创新谋求高质量发展，是推进广东发展海洋牧场、

建设"蓝色粮仓"的根本要求。一是提高养殖技术效率。通过引入先进的养殖技术、设备和管理方法，提高养殖物种的生长速度和养殖效率。改进饲料配方、优化养殖环境、加强疾病防治等手段，提高养殖物种的饲养效果，缩短生长周期，实现高效养殖和产能提升。目前广东海水鱼苗占全国约40%，居全国首位，依托大力实施"粤强种芯"工程，培育了一批海水优势鱼种，如金鲳鱼、花鲈、军曹鱼、石斑鱼、鮸鱼、章红鱼等高品质、高价值的现代化海洋牧场养殖优良品种。广东在依赖进口的白羽肉鸡、南美白对虾等种源关键技术攻关方面，均有突破性进展，通过国家审定的畜牧水产新品种（配套系）合计 73 个，在全国占比 16%。南美白对虾、罗非鱼等 17 个品种，为国内同类品种首个自主育成突破性品种，7 个南美白对虾新品种在全国占比近六成。全省已建成重力式深水网箱近 5000 个，全球首个半潜式波浪能养殖旅游一体化平台"澎湖号"和桁架式养殖网箱"德海 1 号""海威 1 号"相继投入使用。中国科学院广州能源研究所、中国船舶集团有限公司 605 研究院（广州船舶及海洋工程设计研究院）、南方海洋科学与工程广东省实验室（湛江）等高端科研单位集聚，突破了抗风浪等技术难题。二是改善养殖环境。海洋牧场技术创新可以改善养殖水体的水质和生态环境，减少养殖活动对海洋环境的影响。通过引入先进的养殖设施和环境监测技术，实现养殖水体的精确控制和调节，减少废物排放和污染物的释放，降低对周边生态环境的压力，同时改善水质循环和氧气供应等关键环境因素，提高养殖物种的生长环境，增加养殖的稳定性和可持续性。在全国率先启动以人工鱼礁为主体的海洋牧场建设试点，并持续 30 多年举办水生生物增殖放流活动，近年累计用于增殖放流资金约 3 亿元，共增殖放流海水鱼、虾、蟹、贝等海洋经济物种以及鲨、海龟等海洋保护物种约 50 亿尾（粒、只）。三是降低养殖成本。海洋牧场技术创新可以降低养殖的生产成本，提高产业的经济效益。通过优化饲料配方、改进养殖设施和管理方法，可以降低饲料消耗、能源消耗和水处理成本等。同时，技术创新还可以减少疾病发生的风险，降低疾病防治的成本，提高养殖物种的健康水平和免疫力。这些措施的实施可以降低企业的运营成本，提高企业的盈利能力和市场竞争力。四是提升产品质量。海洋牧场技术创新可以提升养殖产品的质量和附加值，满足消费者对高品质、安全、健康食品的需求。通过改进饲料配方、养殖管理和加工工艺，提高产品的口感、品质和营养价值，增加产品的市场竞争力。同时实现产品的个性化定制和差异化生产，根据市场需求生产高品质的养殖产品，拓展市场份额和增加企业的收入。海洋牧场通过技术创新推动产业向质量提升和效益增长转变，促进产业链各环节协同发展，包括养殖物种选育、养殖设施制造、养殖技术服务、产品加工和市场推广等，实现资源合理配置利用，提高产业整体效益和竞争力。

2. 广东推进海洋牧场技术创新的综合发展政策得力

主要是强化推进海洋牧场技术创新的政策与支持措施。在当今科技日新月异的社会环境中，技术创新已经成为推动产业发展的重要动力。对于广东省的海洋牧场产业而言，无论是生物技术、信息技术，还是智能化技术的运用，都在为产业发展注入新的活力。而广东省的目标，就是以综合经济效益为导向，通过大力推进海洋牧场的技术创新，为广大消费者提供高质量的海洋产品，同时也保护海洋生态环境，实现可持续发展。一是鼓励技术创新。广东省积极引导和鼓励海洋牧场企业进行技术创新。具体做法包括出台一系列政策，设立专项科技创新基金，为企业的研发活动提供资金支持；设立科技创新服务平台，为企业提供技术咨询、人才培训等服务；为具有创新能力的企业提供税收优惠、融资便利等支持。通过这些措施，有效地降低了企业进行技术创新的门槛和风险，同时也极大地激发了企业的创新活力。二是鼓励技术运用。广东省正在大力推进智能化海洋牧场的建设。借助大数据、云计算、物联网、人工智能等现代信息技术，广东省正在全省范围内推进智能化海洋牧场的建设。智能化海洋牧场不仅能实现海洋牧场的精细化管理，提高生产效率，更能大幅降低对环境的破坏，实现绿色养殖。广东省正在积极推进生物技术在海洋牧场的应用。广东省已经在海洋牧场引入了先进的生物技术，包括使用基因工程技术改良种质、使用微生物技术改善水质、使用生物标志物技术实现溯源等。这些技术的应用，不仅提高了产品质量，增强了企业的市场竞争力，同时也为保护海洋生态环境，实现可持续发展提供了强有力的技术支持。三是鼓励成果转化。广东省注重技术创新成果的转化和推广。为此，广东省设立了一系列技术推广机制，以便将海洋牧场的技术创新成果尽快转化为生产力，提高产业的经济效益。这些机制包括设立技术成果转化平台，为企业提供技术成果转化的服务；设立技术推广基金，为技术成果的推广提供资金支持；建立技术成果评价机制，评估和推动技术成果的转化和推广。广东省通过大力推进海洋牧场的技术创新，不仅提高了产业的技术水平，推动了产业的持续发展，而且也为保护海洋生态环境，实现可持续发展做出了贡献。未来继续以技术创新为动力，推动广东省海洋牧场产业向着更高质量、更绿色、更智能的方向发展，海洋牧场产业将更加环保和高效，为人类提供高质量海洋产品。

3. 广东推进海洋牧场技术创新的综合发展效益显现

技术创新在海洋牧场产业中扮演着至关重要的角色，这不仅可以提高养殖效率、改善养殖环境和产品质量，还对综合经济效益产生深远的影响，技术创新对综合经济效益具有显著效果。一是有效提升产业竞争力。技术创新对海洋牧场产业的竞争力具有重要影响。通过引入先进的养殖技术、设备和管理方法，技术创新可以提高养殖效率、降低成本、提升产品质量和增加附加值。这些优势可以使企业在市场竞争中处于有利地位，提高市场占有率和盈利能力。同时，技术创新还可以推动产业从传统的数量扩张向质量提升的方向转变，实现产业升级和可持续发展。二是促进资源优化利用。技术创新在海洋牧场产业中可以促进资源的优化利用。通过引入先进的养殖技术和环境监测系统，可以减少饲料和水资源的浪费，降低能源消耗和废物排放。同时，技术创新可以提高养殖物种对饲料的利用率和水质的稳定性，减少养殖活动对海洋生态环境的影响。这种资源优化利用可以提高生产效率和经济效益，减少对环境的压力，实现资源的可持续利用。三是推动产业链协同发展。技术创新对海洋牧场产业链的协同发展具有重要作用。海洋牧场产业链包括养殖物种选育、养殖设施制造、养殖技术服务、产品加工和市场推广等环节。通过技术创新，可以推动产业链各环节之间的协同发展和资源共享，实现价值链的延伸和增值。例如，技术创新可以促进养殖物种的选育改良，提供优质种苗；可以改进养殖设施和管理方法，提供养殖技术服务；可以改进产品加工工艺，提供高品质的养殖产品。这种协同发展可以实现资源的合理配置和优化利用，提高产业的整体效益和竞争力。四是促进创新驱动和科技进步。技术创新对海洋牧场产业的综合经济效益还表现在推动创新驱动和科技进步方面。技术创新是推动产业升级和转型的重要动力。通过引入新技术、新材料和新方法，技术创新可以推动海洋牧场产业从传统的数量扩张向质量提升和效益增长的方向转变。同时，技术创新也促进了科技研发的进步，推动科技成果在实际养殖过程中的应用和转化。这种创新驱动和科技进步可以提高产业的技术含量和竞争力，提升产业的核心竞争力和创新能力。五是提升产业的社会效益。技术创新对海洋牧场产业的综合经济效益还体现在提升产业的社会效益方面。技术创新可以提高养殖产品的质量和安全性，满足消费者对高品质、安全、健康食品的需求，提升消费者的生活品质。技术创新促进就业及当地经济发展和社会稳定，增强产业对社会贡献和影响。

二 创新海洋发展机制，化解海洋牧场营商环境短板

广东海洋牧场产业持续发展亟须解决硬投入不充分和软环境不理想的问题，因此优化营商环境成为最关键因素之一。在当前经济形势下，加强海洋发展机制创新，不断优化营商环境，对于促进海洋牧场产业的发展、提升竞争力具有重要的意义和影响。

首先要创新海洋发展机制。海洋发展机制创新旨在优化资源配置、提高行业效益、促进市场竞争和推动可持续发展，需要创新海洋牧场的政策、法律、管理体制和行业规则，推动海洋产业发展的一系列创新活动，包括政府角色转变、市场机制完善、政策体系创新和法治环境改善等方面的内容。建立海洋发展机制创新，以引导海洋牧场产业向高质量、高效益、高附加值的方向发展，推动产业升级和转型升级。一方面是创新海洋发展机制。强化政府引导与支持，制定海洋牧场发展战略规划，明确发展目标和方向，建立健全的政策体系，为海洋牧场产业发展提供稳定、透明、可预期的政策支持，

包括减税优惠、科技创新资金支持等。改革管理体制，推动行政审批流程简化和优化，建立高效、便利的服务机制，提供企业所需的政策支持和服务。加大监管力度，建立健全的监管机制和监测体系，确保海洋牧场产业的规范运行和环境保护。鼓励金融机构创新金融产品和服务，提供多样化的融资渠道，满足海洋牧场产业的资金需求。省财政支持设立乡村振兴融资风险补偿资金，2022年省级投入3亿元，通过"政银风险共担模式""政银保风险共担模式"，支持包括渔业在内的涉农经营主体信贷需求，多层次多方位吸引社会资本支持海洋牧场建设。另一方面是构建海洋牧场创新体系。包括建立创新研发机构，设立专门的海洋牧场技术创新研发机构，提供技术研发支持和咨询服务，推动技术创新和产业升级。加强产学研合作，促进科研机构与企业的紧密合作，推动科技成果的转化和应用。加强知识产权的保护，设立技术创新奖励制度，鼓励企业加大科技研发投入，提高技术创新积极性。

其次要大力提升海洋牧场效率。建立资源配置的市场机制，实现资源的有效配置和优化利用，最大限度地促进市场竞争，推动竞争的产生和激化，激发市场主体的创新活力和竞争优势，提高行业的市场竞争力和效率，提高资源的综合效益和可持续利用程度。同时，发挥政府在海洋产业发展中的作用，促进海洋产业的健康发展。

最后要优化海洋牧场服务。广东省建立了一套全方位服务体系，包括咨询服务、技术服务、融资服务、人才服务等，为海洋牧场企业提供高效便捷的公共服务，这些服务不仅降低了企业的运营成本，也提高了企业的运营效率，对海洋牧场产业的快速发展起到积极的推动作用。广东省设立一系列创新机制，以激发企业的创新活力，推动企业进行技术创新和管理创新。这些创新机制的实施，旨在推动广东省海洋牧场产业的技术升级，提升海洋牧场产业的核心竞争力。近年来，广东积极发挥"资金投入+政策引导"作用，高效推进海洋牧场建设。2021~2023年省财政每年统筹安排约20亿元支持海洋牧场及深远海养殖等渔业高质量发展项目。此外，加大专项债券支持力度，2021~2022年全省共安排政府债券资金6亿元支持渔港建设、水产产业园、养殖基地等海洋牧场相关配套项目。围绕海洋牧场建设的关键环节，省财政通过先建后补的方式支持发展深远海智能养殖装备产业。2023年,省财政已提前下达5558万元支持湛江、阳江、珠海等地建设751个重力式深水网箱;大力支持海洋牧场种业创新攻关,2021~2022年安排1.24亿元支持水产种业振兴项目。广东省财政充分利用基金、担保、保险等金融手段,引导社会资本参与海洋牧场建设。广东省推动农业信贷担保,对符合"双控"标准的水产养殖类适度规模经营主体给予1.5%的保费补贴,2023年初广东省财政累计完成渔业项目投资12.27亿元,重点投资水产种苗销售、培育优质水产企业品牌等。

三 面向未来海洋发展,构筑海洋牧场国之大器

未来,广东省将深入学习贯彻习近平总书记视察广东重要指示精神,牢固树立大食物观,全链条全环节谋划海洋渔业发展,以"百千万工程"为抓手加快建设现代海洋牧场,全力打造"蓝色粮仓",引领推动构建多元化食物供给体系。可以说,广东省正持续着力构建面向未来的海洋牧场,全面实施蓝色经济战略,促进海洋产业高质量发展。

1.海洋牧场产业结构将更加优化

广东有45个沿海县(市、区),面积、人口、经济总量分别占全省的26.3%、40.6%、38.7%,是实施"百千万工程"的重要战场。依托沿海各县禀赋独特的海洋资源,广东正发力建设现代化海洋牧场,向海洋要资源、要粮食,加快构建多元化食物供给体系,着力打造"粤海粮仓",推动形成一批向海而兴、因海而富、依海而美的县,为城乡区域协调发展提供有力支撑。同时,以现代化海洋牧场建设为突破口,广东要把海洋资源优势转化为发展优势,打造全省高质量发展的"蓝色引擎"。广东省将深入推动海洋牧场产业结构调整,进一步优化产业布局,提高产业集中度,以获得规模经济效益。广东省将通过引导和支持,鼓励海洋牧场企业向产业链的高端延伸,发展具有更高附加值的产品和服务,提升海洋牧场产业的整体竞争力,走出一条具有广东特色的海洋牧场产业发展之路。

2.海洋牧场技术创新将更加强化

广东省将进一步推动海洋牧场产业的数字化、网络化、智能化发展。利用现代信息技术，如大数据、云计算、人工智能等，广东省将实现海洋牧场的精细化、精准化管理，提高生产效率，降低生产成本。广东省将打造一批海洋科技创新平台，集聚一批高水平的科研人才，形成一批具有自主知识产权的关键核心技术，推动海洋科技成果转化应用。同时，广东省将持续推广环保型的养殖方式，坚持绿色发展，推动海洋牧场产业的绿色转型。广东省将鼓励和支持企业采用先进的环保技术和设备，以提高资源的综合利用率，减少环境污染。广东省将深入实施海洋生态保护和修复工程，加强海洋生态环境保护，提高海洋生态环境质量，为广大人民群众提供更多、更好的海洋生态产品和生态环境服务。

3.海洋牧场发展机制将更加优化

广东省将加大力度构建全方位的人才培养体系，吸引和培养一支具有全球视野、专业能力强、创新意识强的海洋牧场人才队伍。广东省将优化人才政策环境，提升人才服务水平，创新人才引进机制，鼓励人才向海洋牧场产业倾斜，让每一个有梦想的人都能在广阔的海洋中实现自我价值。广东省将坚定不移地面向未来，以开放、包容、创新的态度，全面构筑海洋牧场国之大器，推动海洋牧场产业成为支撑广东省经济社会发展的重要力量。无论是实现绿色高效的海洋牧场，还是推动数字化、智能化的海洋经济，广东省都将秉持着绿色发展、创新驱动的理念，积极发挥自身优势，凝聚全社会力量，为我国海洋经济的发展做出更大的贡献。

B.7
2022年广东新型农村集体经济发展报告

刘 伟 黄孟欣*

摘 要： 广东是我国农村集体经济大省。20世纪80年代初推行家庭联产承包责任制后，以共同劳动、共同分配为特征的传统集体经营形式走向式微。但进入21世纪以来，广东农村人口、就业及生产要素出现深刻的结构性变化，多种形式的新型集体经济适应工业化、城镇化、数字化的趋势涌现出来，不断发展壮大，形成了庞大的集体资产、实体化的集体组织、稳定的集体收入、共同的集体意识。党的二十大以来，广东农地"三权分置"深入推行，农村集体产权制度改革稳步推进并基本完成，农业领域新产业、新业态、新模式加快出现，各类区域农村的新型集体经济也进入蓬勃发展期，为实现农业农村现代化与农民共同富裕创造了良好基础。

关键词： 农村新型集体经济 集体产权制度改革 经营形式 广东省

党的二十大报告要求，巩固和完善农村基本经营制度，发展新型农村集体经济。习近平总书记在广东考察时强调，发展新型农村集体经济，深入实施乡村建设行动，促进共同富裕。广东是我国集体经济大省，截至2021年

---

* 刘伟，广东省社会科学院国际问题研究所所长，研究员，主要研究方向为产业经济、国际经济；黄孟欣，广东省农业农村厅二级巡视员，主要研究方向为农业经济。

底，全省共有村组两级农村集体经济组织 24.5 万个，其中经济联合社 2.2 万个、经济合作社 22.3 万个，在实施百千万高质量发展工程、再造一个新广东的历史浪潮中，广东农村新型集体经济正快速发展，其使命重大，前景可期。

一 广东农村新型集体经济发展基础与成效

农村集体经济建立在土地集体所有制基础上，产生于社会主义革命与建设时期的农业合作化运动，并历经阶段化的演变。新型集体经济是相对于20 世纪 50~70 年代末的传统集体经济而言的，所谓新型，指集体经济适应市场化、工业化、城市化、数字化等新趋势，创新了产权结构、组织形式或者经营机制等，这类新的农村经营实体在党的十九大后得到迅速发展。农村新型集体经济发展如何，不仅直接关系农村基层政权的稳定及执政效果，更关系乡村振兴的前景。

（一）广东农村新型集体经济发展基础雄厚

广东乘改革开放之东风，在率先实行家庭联产承包责任制的基础上，积极探索统分结合的双层经营体制，巩固完善农村基本经营制度。20 世纪 80年代中后期以来，深圳宝安、佛山南海、广州天河等地，为适应工业化、城镇化快速发展的需要，不断创新体制机制，以农村土地为中心，探索土地股份合作，率先在发展壮大农村集体经济方面进行了有益尝试，示范引领全省农村集体经济不断发展壮大。随着农村集体产权制度改革不断深化，全省农村集体经济运行机制逐步健全、发展活力竞相迸发，为新型集体经济发展提供了良好条件。

一是集体产权改革进展顺利。广东集体产权改革一直走在前列，佛山市南海区从 20 世纪 80 年代末开始探索股份合作制改革；深圳于 2004 年第一个完成农村向城市、农民向城市居民的"两个转变"，原集体经济组织改制为社区股份合作公司；东莞、中山在 2006 年初步完成了农村股份合作制改革。2016 年 12 月 26 日，中共中央、国务院发布《关于稳步推进农村集体产权制度改革的意见》，农村集体产权制度改革全面部署。这是完善集体所有制和促进集体经济发展的基础性、纲领性政策。截至 2021 年 10 月底，广东基本完成农村集体产权制度改革阶段性任务，摸清了农民集体所有的资源性资产、经营性资产和非经营性资产三类资产的家底，村组两级已登记赋码农村集体经济组织 243616 个，共确认集体经济组织成员 6300.33 万人，颁发股权证书 1045.70 万本。① 经过清产核资、成员确认、资产量化、健全组织，集体经济的数量、权属和治理机制基本理清理顺，奠定了进一步壮大新型集体经济的基础。

二是经济效益好。农村集体经济组织收入来源主要集中在农产品销售等经营收入、资源发包及上交收入、补助收入、投资收益和存款利息等其他收入五方面。2021 年，广东省农村集体经济总收入达到 1350.48 亿元，收入来源首先以农产品销售等经营收入为主，约占总收入的 51.50%。其次是存款利息等其他收入、资源发包及上交收入，分别占总收入的 19.67% 和 18.49%，补助收入和投资收益分别占总收入的 6.84% 和 3.50%。可分配收益总计 1130.04 亿元，其中农户分配 513.99 亿元，占比 45.48%。2022 年，全省农村集体经济总收入 1796.64 亿元，年度收益 1032.61 亿元，位居全国第 1，其中 93.8% 的年度收益集中在珠三角地区，当年用于农户分配 498.9 亿元。②

三是经营运行稳。截至 2022 年底，全省村组两级集体资产 12600 多亿元，位居全国第 1，其中，经营性资产 9000 多亿元、约占 71%，非经营性资产 3600 多亿元、约占 28%。从区域分布看，珠三角地区集体资产 10900 多亿元、占比超过 86%，粤东西北地区 1720 多亿元、占比超过 13%。2022 年底，全省农村集体总负债 5019.04 亿元，资产负债率 39.55%，其中以货币资金形态存在的集体资产 4896.25 亿元，占集体资产总额的 38.59%。③ 总体上看，全省农村集体经济运行较为平稳，风险可控。

---

① 黄进：《乡村振兴内生发展动力澎湃》，《南方日报》2022 年 9 月 29 日。
② 资料来源：内部数据。
③ 资料来源：内部数据。

　　四是党建引领强。广东省按照集体土地所有权归属和集体资产产权归属设置，各地普遍设立村组两级集体经济组织（组级集体经济组织数量占全国56%），分别管理属于本组织的集体资产。目前，全省共有村组两级农村集体经济组织24.5万个，其中经济联合社2.2万个，经济合作社22.3万个。全省认真贯彻落实《中国共产党农村基层组织工作条例》，不断健全村党组织书记通过法定程序担任村级集体经济组织负责人的制度机制，全面加强基层党组织对发展农村集体经济的全面领导，涉及农村集体经济重大事项，严格执行"四议两公开"。深入实施"头雁"工程，依托驻村第一书记、帮扶工作队等优质人才资源，带动锻造村级集体经济发展"带头人"。2021年完成换届后村党组织书记担任村级集体经济组织负责人比例为99.66%。

（二）农村新型集体经济的内涵与类型

　　农村新型集体经济之"新"是相对过去计划经济体制下传统集体经济的"旧体制"而言的，它具有五个方面的特征。一是所有权关系明晰化，它承认和保护每个成员的所有者权益，并且强调集体财产的成员联合所有。[①] 二是成员主体清晰化，各成员是自愿合作与联合的，成员身份可清晰界定，可根据组织章程加入或退出，各户股权可在成员内部转让甚至一定条件下可以交易，实现股权流转。三是组织治理民主化，所有者成员的权利与责任对等，具有民主决策程序。四是分配制度灵活化，采取按劳分配与按股份分配相结合，更好地激发各种资源要素的积极性。五是组织机构去行政化，作为市场主体，依法自主经营、自负盈亏、自担风险。政府不再直接干预其生产运营。

　　作为公有制的一种形式，集体经济在新中国成立初期并没有完备的理论和法律基础，也不是在经济发展过程中自发形成的制度，而是一种在政治运动中由国家主导建立的中国特有的制度安排。[②] 在这一框架下，改革开放以

---

① 集体财产是在明晰集体产权、成员界定并折股量化到每个成员（包括自然人和组织）的基础上，由成员各自独立出资联合起来而形成的。

② 国务院发展研究中心农村经济研究部：《集体所有制下的产权重构》，中国发展出版社，2015，第3页。

来特别是党的十九大以来，集体经济发展进入了快车道，各地根据资源禀赋创造了多种类型的生产和经营组织方式，丰富了集体经济的实现形式，虽然没有明确理论指导和顶层设计，但基层群众在实践中结合自身所处经济发展环境，创造了多种多样的新型集体经济，以下三类是广东主流的形式。

1. 物业出租型

主要通过购置或建设厂房、商铺等物业并出租获得租赁收入，这种集体经济形态广泛存在于珠三角地区，特别是城中村与城郊村，分布了主要的经营性资产。产生收益的核心在于区位优势突出，土地用途从农业转换到二三产业，人口、产业聚集，提升了经营性资产的价格。物业出租型集体经济由于风险小、收益稳定的优点受到基层广泛欢迎，能够实现集体资产的保值增值。广州三元里、登峰等经联社普遍成立公司运营集体所属的物业，但集体土地不属于公司资产，有助于经济活动对外体现市场优势，对内保证集体所有制基本特征。

2. 对外投资型

这是指通过现金或资产向债券、股权等领域投资获得收益的经营形式，近年来出现并活跃于深圳。在早期，一些集体经济组织积累了大量现金，一般购买风险低的理财产品、大额储蓄产品、债券等作为投资。在此过程中，集体经济组织接触到私募基金。2017年，深圳南岭村成立南岭股权投资基金管理（深圳）有限公司，这是首个村集体经济组织出资成立的私募股权类基金管理人，投资持有了一批高科技企业，实现集体经济的转型升级。为降低集体经济投资风险，深圳鼓励国企领投、集体跟投，以实现全市发展战略、国企专业能力和撬动集体沉淀资金相结合。2023年1月，深圳市罗湖区蔡屋围、黄贝岭等11家股份合作公司共同出资1亿元，与区属国企罗湖投资控股公司、市属国企深圳市高新投集团有限公司（以下简称市高新投）合作设立股权投资基金，总规模达1.7亿元，存续期7年，重点投资战略性新兴产业，成为首只"国企+股份合作公司"股权投资基金。罗湖区还配套了专项扶持政策和风险补偿机制。目前深圳有40多家村股份合作公司与市高新投、市创新投资集团合作创投业务，累计盘活集体资金超 10 亿元，不仅提升了集体资产利用效率，还引导集体经济融入深圳"20+8"产业发展大局中，也为破解创投行业募资难题寻找到新的突破点。

3. 土地流转型

在以农业产业为主的村庄，以土地经营权流转为基础、以增加集体收入为目标、以主营业务为依托的集体经济实现形式，其核心是推动"资源变资产、资金变股金、农民变股民"。茂名石仔岭街道荔枝圩村由党组织牵头成立三斗米农业专业合作社，村委会以荒地和资金入股，村民以土地经营权入股，形成集中连片的 450 多亩土地。合作社引进广东铭景发展有限公司合作，公司负责种植技术和农产品销售，合作社负责土地流转、财务监督和工人安排。云浮市新兴县天堂镇内东村和南顺村以"托管+流转"的模式，将土地托管给村（组）管理，再由村集体将土地流转至第三方农业公司，解决撂荒耕地的利用，农业公司得到充足的土地种植粮食，村民得到土地流转收益，村集体得到管理收益。这一模式的运行机制有以下特点。一是产权清晰，利益联结紧密。农户的承包权得到保障，以经营权入股；集体投入荒地、资金、设施等，经营主体具有技术、市场、品牌、规模优势，三者之间的资产数量清晰，利益深度融合，有助于避免搭便车行为，减少监督成本。二是集体有力，发挥党组织优势。现代农业经营主体进入乡村流转土地时，与一家一户分散的农民谈判成本很高；在后续的田间劳动管理环节，农民与经营主体互不信任，往往摩擦较多、效率低下。而一个平时作风良好的集体，由于与农民长期交往，享有威望，能够整合各种资源，在土地流转、搜寻合适的经营主体、协助经营管理上具备优势，是小农户与大市场衔接的天然中介，这是当前强调支部领办合作社、党建引领乡村振兴的重要原因。三是政府作为，积极投入和引导。政府的作用表现在通过树立典型进行示范推广；以补贴或项目的方式直接投入乡村，为集体积累空白的村带来了初始资源。

（三）农村新型集体经济发展成效与特征

广东新型农村集体经济已经在各地展开了全面有益的探索，抓统筹服务，拓宽经营收入来源。各地积极支持新型集体经济组织参与建设农事服务中心，提供农资采购、技术指导、育苗烘干、保鲜储藏、生产托管、产品运销等生产服务。整合区域内劳动力资源，加强技能培训，承接设施设备养护、清洁绿化、物业服务、道路养护等项目。利用集体建设用地建设或置换物业设施，开展物业租赁服务。在尊重农民意愿的基础上，统筹农户承包地、闲置宅基地和农房对外招商引资，开展居间服务获取管理服务费。

全省各地新型集体经济蓬勃兴起。如东莞市从盘活土地资源挖掘增长潜力、优化物业资产提升发展活力、融通富余资金增创集体财力、培育特色经济推进靶向发力、深化改革创新激发内生动力、加强组织保障形成工作合力等6个方面提出23项政策措施，全市村组两级集体总资产2508.9亿元，增长8.8%。珠海市积极探索"村村有物业"发展模式，采取盘活撬动、留用地开发、股权投资、物业购买等形式，大力发展村级集体物业经济。韶关市组织全市所有涉农镇街设立以公司制为主要组织形式的强镇富村市场主体，引导村集体参股公司，因地制宜探索"强镇富村公司+物业出租经营+闲置资源盘活+社会有偿服务+乡村文旅运营+现代农业发展+助农服务体系"等"1+N"的经营合作模式，成立镇级强镇富村公司99家，2022年以来新增营业额2.2亿元、实现利润1785.1万元，带动1054个村集体经营性收入达到10万元以上。云浮市实施"党委领导、政府主导、市场推动、村村参与、村企共赢、农民增收"的"政银企村共建养殖小区"发展模式，由国有企业、供销联社、农村集体经济组织组建平台公司，负责统筹涉农资金或自有资金作为杠杆，按不高于1∶1的比率撬动银行融资，出资建设养殖小区出租给农业龙头企业经营管理，村集体经济组织依法享受收益分配，推动全市年经营性收入达到10万元的村级集体经济组织，从2021年的245个跃升至711个。

历经发展，全省农村新型集体经济凸显以下两个特征。

一是珠三角地区物业出租型集体经济积累了丰厚家底与丰富经验。作为改革开放的排头兵、先行地、实验区，广东珠三角地区从 20 世纪 70 年代开始，率先吸引了大量海外资金、技术与产业，开启了工业化、城镇化进程，产生了建设用地需求。在村、组一级，集体土地由农业向工业转变，兴建起为数众多的厂房、物业和园区，逐渐形成了"以地生财、建厂收租、滚动发展"的物业出租型集体经济，积累起丰厚的集体经营性资产。在长期的集体经济改革发展实践中，乡村干部群众的素质能力、创业精神、市场意识、集体认同得到提升，积累的宝贵经验有助于向外扩散。

二是实施承包地"三权分置"，集体经济组织在放活经营权中发挥经营服务功能。家庭联产承包责任制改革后，在坚持土地集体所有的基础上，农户获得了土地承包经营权，实现了所有权和承包经营权"两权分离"。随着城市化、工业化的进展以及农业生产率的提高，非农就业规模扩大，务农人数减少，农户家庭保留土地承包权、流转土地经营权的意愿增加，农业经营主体也希望平等保护经营权、扩大经营权权能，以稳定投资预期。《关于引导农村土地经营权有序流转发展农业适度规模经营的意见》《关于农村土地所有权承包权经营权分置办法的意见》两个文件的颁布，标志着农地产权结构实现了所有权、承包权、经营权三权分置。这是农村基本经营制度的重大创新，有效推动了土地流转。截至 2021 年底，广东农村承包地流转面积占比达 52.86%。在土地流转过程中，不少集体经济组织通过投入设施、提供服务、组建土地股份合作社并自主经营或委托经营等方式，探索和丰富集体经营的实现形式，提高了集体收入。

二　广东新型集体经济发展面临的局限

通过对农村集体经济的发展规模、结构、健康度与稳健度等指标和发展路径的分析发现，村级集体经济特别是在经济发达地区虽然已经得到一定的发展，但经营管理人才支撑不足是最大局限。由于农村人才流失严重，不少村集体经济组织负责人的自身能力水平有限，发展集体经济的思路不活、办法不多，影响集体经济向更高层次发展。珠三角地区以物业出租为主，技术含量不高，普遍认为引进专业经营管理人才没有必要；粤东西北地区由于集体经济组织经济体量不大，缺乏激励政策，对专业经营管理人才缺乏吸引力。除此之外，仍有以下因素制约着新型集体经济进一步增长。

（一）村级组织统筹功能弱

全省各地普遍设立村组两级集体经济组织。这种制度设计保证了组级集体经济组织生产经营活动的自主性，但是在一定程度上弱化了村级层面的统筹作用，难以实现规模经营，导致部分集体经济发展滞后。2022年，全省集体经济经营性收入低于10万元的村占13.16%。同时，还存在村级层面统筹作用发挥不充分且公共负担重的问题，不少地方存在"村弱组强"现象。组级集体经济组织的资源、资产、资金规模超过村级集体经济组织，但村组两级养老、治安、医疗、修桥、补路等公共事务和公益事业基本上由村级层面承担，村组两级权责不对等。江门市有963个村委会实行村、组两级核算，村、组两级集体经济组织相对独立。行政村一级难以统筹利用各小组的资源资产，全市行政村一级可支配农用地、集体建设用地资源分别仅占资源总数的26%、38%。

（二）区域发展不平衡突出

珠三角地区集体资产10964.32亿元、占86.41%，粤东西北地区1724.56亿元、占13.59%。全省农村集体经济总收入中，珠三角地区总收入1625.43亿元、占90.47%，粤东西北地区171.21亿元、占9.53%；珠三角地区农村集体经济总收益968.55亿元、占93.8%，粤东西北地区64.06亿元、占6.2%。全省农村集体经济组织账面货币资金4896.25亿元，其中珠三角地区货币资金4462.08亿元、占91.13%，粤东西北地区434.17亿元、占8.87%。[①]

---

① 资料来源：内部数据。

（三）经营收入来源较为单一

从产业发展上看，由于缺乏必要的资金、技术、管理、人才等要素支撑，加之农村集体经济组织特有的社区性、封闭性以及农村集体资产产权制度安排，农村集体经济组织普遍通过资产出租、土地入股等方式开展稳健生产经营活动，以获得租金或收入分红。如除深圳外，全省20个市农村集体经济收入绝大多数为物业出租等，占70.8%。粤东西北地区农村集体经济收入主要来源于补助收入，2022年度粤东西北地区农村集体经济总收入171.21亿元，其中补助收入51.47亿元、占30.06%。

（四）集体资产盘活利用率不高

粤东西北地区受区位条件限制，且土地等资源性资产大多已承包到户，可用于发展集体经济的资产资源不多，盘活利用存在一定障碍。部分村集体资产仅限于组织成员内部流转交易，未能通过公开流转交易有效提高资产交易溢价水平。2022年，全省农村集体经济组织账面货币资金4896.25亿元，占集体资产总额的38.59%，因缺乏合适投资项目以及出于规避投资风险考虑，只能作为活期存款存在银行，获取低额利息收入。目前集体货币资产80%为银行存款，20%为长短期理财，集体货币资产总体收益率仅为3.0%，货币资产所产生的收入仅占总收入的8.32%。

（五）扶持政策落地效果不彰

近年来，广东省委省政府对发展壮大新型农村集体经济做出系列部署，省直相关部门相继出台了稳步推进农村集体产权制度改革、加强农村基层党组织领导扶持壮大集体经济、加快推进农村承包土地经营权流转等相关政策文件，大力推动农村集体产权制度改革。但从实际效果看，出台的政策文件之间往往缺少耦合性，难以系统集成、形成合力，在涉及项目、用地、税费减免等关键问题上态度不够鲜明。东莞、清远市反映，农村集体经营性建设用地指标紧缺，存在用地审批报建用时较长等问题，导致项目难以及时落地。肇庆市反映上级财政补助资金使用要求较高，帮扶资金用于农村人居环境整治、基础设施建设等较多，用于发展"造血型"项目较少。此外，由于涉及农村集体经济的税收优惠政策不够具体明确，各地对农村集体经济组织参与投资经营、年度收益分红等方面的征税存在执行标准不一的情况，农村集体经济组织之间合作投资注册成立的公司在现行税收政策上无法享受到减免优惠，影响到农村探索多路径发展新型集体经济的积极性。农村集体经济发展与乡村建设项目缺乏联结机制。2022年，广东省统筹涉农资金超300亿元，其中在乡村建设补短板方面投入68.55亿元。近年来，揭阳、韶关、清远等地将技术要求不高、村民能够自建的农村小型工程项目"直包到匠"，有效促进了农民增收。但调研也发现，各地农村集体经济组织还未真正参与到农村小型工程项目建设中来，村集体难以共享发展政策红利。

三 发展新型农村集体经济的基本原则和建议

习近平总书记指出，要把好乡村振兴战略的政治方向，坚持农村土地集体所有制性质，发展新型集体经济，走共同富裕道路。共同富裕是中国式现代化的特征之一，通过农村集体产权制度改革，盘活农村集体资产，让农村资源变资产、资金变股金、农民变股东，逐步增加广大农民的财产性收入。

（一）基本原则

新形势下发展农村新型集体经济，要把促进共同富裕作为重要目标，推进农村一二三产业融合发展，延伸农村产业链，把产业发展的增值收益更多地留给农民，着力缩小城乡差距、区域差距、收入差距。

1. 坚持土地集体所有

目前农村基本经营制度的核心是土地"家庭承包、集体所有"。中国农业持续30多年稳定增长表明土地集体所有制是灵活性和原则性的统一。农村土地集体所有，保障了基础设施建设、村庄内部公共服务和村民自治，还为新农村和城乡发展规划、农业规模化专业化等提供了制度基础。为此，习近平总书记多次强调改革"不能把农村土地集体所有制改垮了"。要在牢牢守住土地公有制、农民利益不受损等底线，探索多样化途径，发展新型农村集体经济。在坚持农村土地集体所有的前提下，推进所有权、承包权、经营权三权分置，经营权流转的格局。尊重农民意愿，深化农村集体经营性建设用地入市试点，探索建立兼顾国家、农村集体经济组织和农民利益的土地增值收益有效调节机制。巩固提升农村集体产权制度改革成果，探索资源发包、物业出租、居间服务、资产参股等新型农村集体经济发展的多样化途径。

2. 尊重农民意愿

要避免"大一统"经营弊端，尊重农民的自主选择。由农民共同决定合作方式、共同设计监督和激励机制，是提高集体行动绩效和保障集体经济健康发展的基础。农村新型集体经济是否发展、如何发展、赢利怎么分配，都应把选择权交给农民，不要代替农民选择，不搞强迫命令、不一刀切。

3. 遵循市场逻辑

壮大集体经济，不能靠"归大堆"，要走成员权利平等、资产股份共有、利益按贡献分享的新路。必须坚持市场在资源配置中起决定性作用，要在清产核资、成员界定、股权量化的基础上，逐步减少资产股份权益市场化交易的各种壁垒，为集体经济吸引人才、资金等资源要素并更好地发挥其作用提供制度安排。

（二）政策建议

广东要深入结合实施百县千镇万村高质量发展工程，大力推进强县带镇促村，更好统筹各类资源要素投入，强化乡镇联城带村功能作用，助推农村集体经济高质量发展。

一是抓机制创新，强化村级集体组织统筹功能。鼓励各地通过村级集体经济组织统筹管理集体经济组织资源资产，引导集体经济组织突破地域限制抱团发展。用好集体经济组织特别法人地位，支持有条件的集体经济组织以独立、合作、入股等形式设立公司法人，创新集体经济运行模式。鼓励农村集体经济组织发展混合所有制经济，发展"飞地"经济，引导村集体经营项目向城市周边以及各类园区集中，建设厂房、商业公寓、仓储库房等物业项目。

二是抓试点示范，促进农村集体经济区域均衡发展。根据《中共中央组织部　财政部　农业农村部关于强化农村基层党组织政治功能和组织功能扶持发展新型农村集体经济的通知》（中组发〔2023〕4号）的要求，按照分类分步的原则，2024～2027年，每年在全省范围内选择一批当地党委和政府重视农村集体经济发展，有发展思路，有工作规划，有具体举措，有实践基础，近年来财政涉农资金管理规范有效的县（市、区）作为扶持对象，集中实施新型农村集体经济发展项目，打造一批试点示范样板。

三是抓平台建设，规范集体资产监管。可以着手制定社区股份经济合作社条例，使合作社取得法人资格。农民土地承包经营权入股可以采取规定使用权期限的做法，如果承包期限届满，股权将自动收回到集体经济组织。进一步完善产权交易平台，可以采取"先内后外、进退平衡、资源互补"的实施思路，搭建集体资产股权流转交易平台、建立股权流转和有偿退出机制，允许成员股份在家庭内部、成员内部转让和集体经济组织有偿回购。同时需要提供完善的中介服务和健全的制度安排，推动农村产权流转交易公开、公正、规范运行。重点推动广东省农村土地承包经营权信息管理系统、农村集体资产清产核资平台、各地自建农村产权流转交易管理服务平台与省农村产权流转交易管理服务平台业务融合和数据对接。不断拓展省级平台服务功能，增加农村集体经济组织管理、农村集体经济组织成员管理、农村集体经济组织事务表决、农村集体经济合同管理等功能。推动产权交易平台与农村财务监管平台互联互通。加强与财政部门的沟通协调，推动出台农村财务监管平台的数据标准，探索建立全省统一的监管平台。

四是强化农村改革系统集成，形成政策合力。认真谋划落实好新一轮省级农村综合改革试点工作，在更大范围、更宽领域、更深层次谋划和推进农村综合改革，聚焦农村基本经营制度、农村产权制度、农村金融制度、县域城乡融合、乡村治理等，梳理细化农村改革任务清单，指导支持有条件的县先行先试，率先探索积累经验。目前针对集体经济组织的税收优惠政策很少，如果集体经济组织在工商部门注册为企业法人，在缴纳资产额3%的契税和0.3%的交易费后，股份分红还需缴纳20%个人所得税，从事物业出租的，还需要缴纳营业税等7种税费，综合税率达到36%。改制后税负压力大，直接抑制基层改革积极性，还限制了集体经济的积累和发展能力。基于新型集体经济组织还承担着支持社区管理的责任，如社区治安、卫生、教育和社会优抚等公共职能，因此，给予税收政策优惠，对集体经济组织利用物业租金收入从事农村公共事务和公益事业建设的部分实行税前列支，合情合理。集体经济组织将资产按份量化到人形成的收益分配权，因其未将资产价值真正量化给成员，不属于《个人所得税法》规定的股权范畴，所以产权改革后成员按份额取得的红利收益，应当免缴个人所得税；而对以量化到其名下的资产价值作为出资，股权可在市场上交易，并按股份比例分得的红利收益，则应依法缴纳个人所得税。

五是加强人才引进和培养，打造专业人才队伍。加快推进农村职业经理人试点工作，指导广州、韶关、汕尾、肇庆建立农村职业经理人培育、选聘、派遣、激励有关机制。实施"百校联百县"行动，推动县校双向奔赴、合作共赢。发挥驻镇帮镇扶村工作队力量，帮扶集体经济组织入股重大项目、发展乡村产业等。

参考文献

项继权：《集体经济背景下的乡村治理——南街、向高和方家泉村村治实证研究》，华中师范大学出版社，2002。

党国英：《农村集体经济制度研究论纲》，《社会科学战线》2017年第12期。

国务院发展研究中心农村经济研究部：《集体所有制下的产权重构》，中国发展出版社，2015。

邓大才：《产权单位与治理单位的关联性研究——基于中国农村治理的逻辑》，《中国社会科学》2015年第7期。

邓大才：《利益、制度与有效自治：一种尝试的解释框架——以农村集体资产股份权能改革为研究对象》，《东南学术》2018 年第 6 期。

陈家建：《新苏南模式与农村发展》，《社科纵横》2011 年第 3 期。

陈家建：《中国农村集体经济的类型及变迁》，《中国西部》2018 年第 1 期。

项继权、李增元：《经社分开、城乡一体与社区融合——温州的社区重建与社会管理创新》，《华中师范大学学报》（人文社会科学版）2012 年第 6 期。

王小映：《土地股份合作制的经济学分析》，《中国农村观察》2003 年第 6 期。

蒋省三、刘守英：《土地资本化与农村工业化——广东省佛山市南海经济发展调查》，《经济学》（季刊）2004 年第 1 期。

邓伟根、向德平：《捍卫基层——南海"政经分离"体制下的村居自治》，华中科技大学出版社，2012。

黄延信主编《农村集体产权制度改革实践与探索》，中国农业出版社，2014。

B.8
2022年广东乡村旅游发展报告

庄伟光　邹开敏*

摘　要： 2022年以来，广东乡村旅游蓬勃发展，总体呈现出客源市场趋
于多元化、旅游业态趋于多样化、产业融合趋于深度化、产业链
条不断延展、综合带动作用日渐显著，形成了一大批乡村旅游重
点村镇、精品线路、集聚区域，成为巩固脱贫攻坚成果同乡村振
兴有效衔接的重要抓手。在全面建设社会主义现代化国家开局起
步的关键时刻，广东深入学习贯彻党的二十大精神和习近平总书
记视察广东重要讲话重要指示精神，进一步深化新时代新征程广
东现代化建设的具体部署，以落实省委"1310"具体部署和深
入实施"百县千镇万村高质量发展工程"为契机，从注重政策
引领，优化全省乡村旅游布局；深挖地方文化，突出乡村旅游发
展特色；推进产业融合，延伸乡村旅游产业链条；打造乡村旅游
品牌，扩大广东乡村旅游知名度；完善要素保障，全面提升乡村
旅游质量等五个方面来着手推动广东乡村旅游的高质量发展。

关键词： 乡村旅游　产业融合　高质量发展　广东省

党的二十大报告指出，全面建设社会主义现代化国家，最艰巨最繁重的
任务仍然在农村。近年来，我国将乡村振兴战略作为国家的重要战略和新时

---

* 庄伟光，广东省社会科学院环境与发展研究所所长，研究员，研究方向为生态文明与环境发
展、旅游发展、民商法学；邹开敏，广东省社会科学院环境与发展研究所副研究员，研究方
向为旅游经济与文化、旅游心理等。

代三农工作的总抓手。《关于促进乡村旅游可持续发展的指导意见》指出，"乡村旅游是旅游业的重要组成部分，是实施乡村振兴战略的重要力量，在加快推进农业农村现代化、城乡融合发展、贫困地区脱贫攻坚等方面发挥着重要作用"。在当前乡村振兴战略稳步推进以及人们对生态环境、文化传统和健康休闲的需求日益增强的背景下，乡村旅游在中国的发展前景广阔。在全面建设社会主义现代化国家开局起步的关键时刻，深入学习贯彻党的二十大精神和习近平总书记视察广东重要讲话重要指示精神，进一步深化新时代新征程广东现代化建设的具体部署，落实省委"1310"具体部署，深入实施"百县千镇万村高质量发展工程"，在城乡区域协调发展上取得新突破。

近年来，广东开展美丽家园、美丽田园、美丽河湖、美丽园区、美丽廊道"五美"行动，各地乡村旅游建设发展态势良好。广东省人民政府陆续印发了《广东省"十四五"旅游业发展规划实施方案》《关于促进农村消费提质升级的若干政策措施》《广东省乡村休闲产业"十四五"规划》《广东省乡村建设行动实施方案》等一系列政策文件，明确了广东乡村旅游发展的目标、方向和重点，为广东乡村旅游的蓬勃发展提供了政策支持和指导。广东乡村旅游发展具备良好的基础，文旅融合发展开启"粤美乡村"旅游之路。一方面，广东拥有丰富多彩的自然景观、人文历史和民俗文化资源；另一方面，广东人口众多，经济发达，具有庞大的乡村旅游消费市场。在此背景下，本报告旨在全面深入地分析广东乡村旅游的发展现状、问题以及趋势，为广东乡村旅游的可持续发展提供战略指引。

一　广东乡村旅游发展现状与趋势

广东乡村旅游经过40多年的发展，目前正呈现多元化、多业态蓬勃发展之势，为各地带来了一定的经济效益，尤其对于经济欠发达地区的经济发展带动作用巨大，不仅增加了当地农民的收入，助推了乡村振兴战略的实施，同时也是对城市居民回归自然和寄托乡愁的心理需求的满足。

（一）发展现状

近年来，广东省委省政府大力发展休闲农业和乡村旅游，制定并出台了各种相关政策措施，极大地推动了广东乡村旅游发展。为构建广东省乡村休闲产业体系、优化乡村休闲旅游产品体系，2022年4月，广东省农业农村厅、广东省乡村振兴局联合印发《广东省乡村休闲产业"十四五"规划》，提出要以生态农业为基、田园风光为韵、村落民宅为形、农耕文化为魂，贯通产加销、融合农文旅，推进形成"四边三道两特一园"乡村休闲产业"4321"空间布局。[①] 为进一步释放广东省居民消费潜力，扩大消费需求，2022年8月，广东省人民政府办公厅印发了《广东省加大力度持续促进消费若干措施》，提出开展"乡村休闲体验季"活动，通过发放活动消费券等方式，给予到省内乡村休闲旅游、购买农特产品及相关服务的消费者补贴，进一步激活省内"近郊游、乡村游、周边游"消费市场。[②] 此外，还举办了"留住乡念·广东美丽休闲乡村"短视频征集、"五一"广东乡村休闲精品推介、夏季乡村休闲推介、乡村休闲营销推广培训（第一期）等多场广东乡村休闲精品推介活动，宣传引导城乡居民到乡村休闲度假，促进乡村消费。建设全省乡村休闲产业发展智库，汇聚行业发展智力支撑力量。智库已汇集相关领域专家100人，咨询机构48家。启动2022年度省级休闲农业与乡村旅游示范单位认定工作，打造一批乡村休闲品牌。当前，广东正全力打造"粤美乡村"旅游品牌，截至2022年12月，全省共创建了全国乡村旅游重点村45个、全国乡村旅游重点镇6个、全国休闲农业重点（示范）县（市、区）11个、中国美丽休闲乡村52个、省级休闲农业与乡村旅游示范镇（点）602个、特色精品村1316个、乡村振兴示范带487条，省级以上乡村旅游重点县（区）

[①] "4321"乡村旅游休闲产业体系：4为"四边"即城边、景边、海边、村边，3为"三道"即交通干道、碧（绿）道、南粤古驿道，2为"两特"即少数民族特色居住区、古镇古村特色村落，1为"一园"即农产品加工旅游园区。

[②] 《广东省人民政府办公厅关于印发广东省加大力度持续促进消费若干措施的通知》（粤办函〔2022〕274号），广东省人民政府网，http://www.gd.gov.cn/zwgk/wjk/qbwj/ybh/content/post_4005067.html，最后访问日期：2023年8月29日。

18个和示范镇167个、全域旅游示范区90个、乡村民宿示范点92家、驿道乡村酒店34家，推出了17条全国乡村旅游精品线路。据统计，2020年，广东全省乡村旅游经营主体8013个，从业人数为57.89万人，接待游客1.24亿人次，营业收入143.7亿元；2021年全省乡村旅游经营主体8915个，接待游客1.36亿人次，营业收入158亿元；2022年全省乡村旅游经营主体8834个，接待游客1.31亿人次，营业收入155亿元（见图1至图3，其中，2021年全省各个地区的乡村旅游发展具体情况见图4至图8）。①

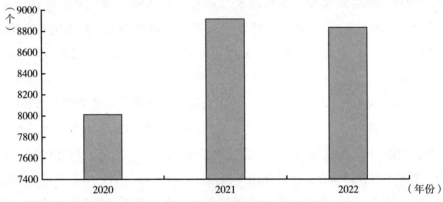

图1　2020~2022年广东全省乡村旅游经营主体

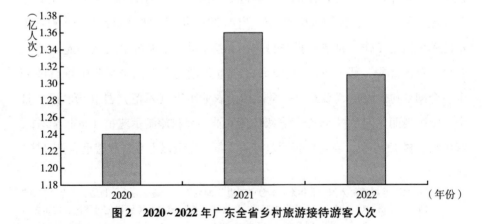

图2　2020~2022年广东全省乡村旅游接待游客人次

---

① 资料来源：广东省农业农村厅。

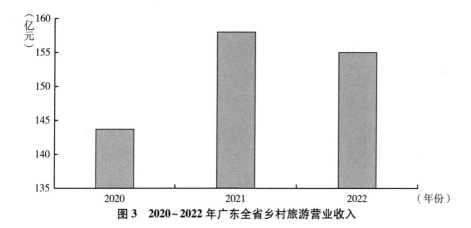

图3　2020～2022年广东全省乡村旅游营业收入

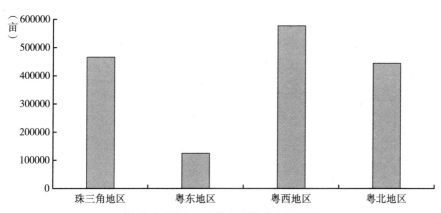

图4　2021年广东省乡村旅游占地面积

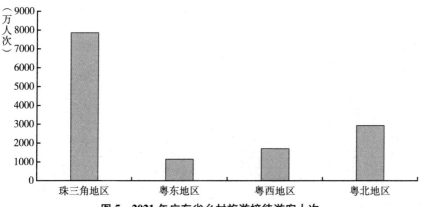

图5　2021年广东省乡村旅游接待游客人次

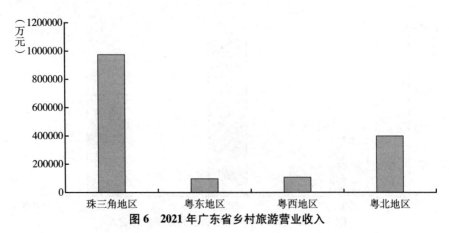

图6 2021年广东省乡村旅游营业收入

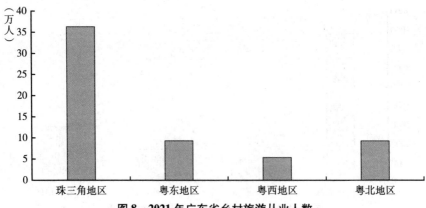

图7 2021年广东省乡村旅游经营主体

图8 2021年广东省乡村旅游从业人数

从图 1~3 中可以看出，由于受疫情的反复影响，2022 年的乡村旅游接待游客人次、营业收入和经营主体数量都低于 2021 年。从图 4~8 中可以看出，除乡村旅游占地面积少于粤西地区外，珠三角地区的乡村旅游发展在多项指标对比中均大幅度领先于粤东西北地区，这得益于珠三角庞大的客源市场、经济发达程度和科技创新等优势，已经形成了一个内涵丰富的乡村旅游产品体系。虽然近年来，粤东西北地区的乡村旅游发展较快，乡村旅游的综合效益不断提升，为脱贫攻坚和乡村振兴贡献了重要力量，但发展水平仍然明显落后于珠三角地区，乡村旅游产业结构单一、服务质量不高、配套设施不足，乡村旅游本身就是以短途游为主，所以难以吸引珠三角地区的游客长途去游览。总体来说，广东依托森林、田园茶林、历史古迹、红色革命遗址、滨海海岛、温泉、岭南特色乡土文化等独特的优势资源，乡村旅游发展质量不断提升，"生态美、文化兴、产业旺"的美丽乡村在南粤大地上不断涌现，乡村旅游发展潜力巨大。

（二）发展特色

1. 客源市场多元化发展

目前的广东乡村旅游市场仍是以欣赏风光，蔬菜、瓜果、花卉的采摘和购买新鲜农副产品为主，并在目前处于主导地位，多表现为家庭游和亲子游。对于居住在珠三角大城市的白领阶层而言，利用周末及假期，以放松紧绷的神经为目的，到乡村旅游区去度假的需求这些年也在逐渐增加。此外，青少年研学旅游已成为旅游业发展的趋势和潮流，利用乡村良好的自然环境和独特的农耕文化，满足他们贴近自然、体验农业的需求，同时增长农业科学知识，其市场前景非常可观。目前，广东各地都在积极打造乡村研学精品路线，如"广东·岭南粤韵生态研学之旅"以佛山市高明区 5 处乡村旅游点为主线，入选全国乡村旅游"农耕返璞"精品路线[1]；广东"牧海耕田·

---

[1] 《广东·岭南粤韵生态研学之旅线路获文旅部推荐——高明 5 个特色景点串联其中》，佛山市农业农村局网站，http：//fsny.foshan.gov.cn/zwgk/qzdt/content/post_ 5730148. html，最后访问日期：2023 年 8 月 30 日。

诗意阳西"之旅线路以阳西农耕文化、历史文化、研学旅游、现代特色产业为亮点，展现阳西乡村特色旅游资源，让青少年能够深度体验农耕文明和传统乡村生产生活方式，寓教于游。[①]

2. 产品趋于多元化发展

广东积极加快旅游与其他产业的有机融合，乡村旅游产品趋于多元化发展，在广东的乡村旅游市场，除了传统的农业观光旅游之外，其他形式游也得到不断拓展。比如，种植、养殖、采摘、DIY、民宿度假、康养度假等多元化的旅游产品，使乡村旅游变得更加多彩多姿，而且有助于游客更好地了解和融入当地风俗、文化等。近年来，广东一直在不断推进乡村民宿的建设和发展，一批具有岭南地方特色的乡村民宿经营点，广州从化和增城、深圳大鹏新区、惠州南昆山和双月湾、清远清新清城和英德、汕头南澳县、阳江海陵岛等乡村民宿集聚区已经初具规模。在新产品方面，乡村露营也呈现蓬勃发展的势头。为响应市场需求，广东省农业农村厅、省乡村旅游协会联合百度地图，共同推出了"广东省乡村露营地图"专题页，首批60家省内最值得一去的乡村露营地实现一键查询。[②]

3. 产业融合趋于深度化发展

近年来，广东的乡村旅游随着产业融合的加深，无论是从业态创新还是产品创新等方面，已经从单一结构朝着多元化方向发展，除了常见的农家乐外，观光农业园、都市农庄、乡村露营地、精品乡村民宿、乡村康养目的地等各种新的乡村旅游形态层出不穷。尤其在文旅融合方面，广东发挥岭南文化资源优势，逐步提升乡村旅游的文化内涵，如积极引导乡村文创发展，连续举办南粤古驿道文化创意大赛、粤港澳大湾区文化创意设计大赛等活动，促进地方特色农产品、传统工艺品向文创纪念品转化。在挖掘非遗方面，广东还不遗余力地推动建立非遗工作坊，加强乡村非遗保护传承，如河源市和

---

① 《牧海耕田·诗意阳西入选全国乡村旅游精品线路》，中国网，http：//travel. china. com. cn/txt/2023-08/04/content_ 98454998. shtml，最后访问日期：2023 年 8 月 30 日。

② 《2022 广东乡村休闲精品（夏季）推介活动相约江门》，南方网，https：//news. southcn. com/node_ 54a44f01a2/1375b3abee. shtml，最后访问日期：2023 年 8 月 30 日。

平县的楼镇彩扎非遗扶贫就业工坊，制作的楼镇彩扎狮头产品深受海内外欢迎[①]；江门市仓东村创立了仓东文化遗产保育与发展中心，开展本土文化遗产保育、活化发展，海内外学生、游客可在仓东村居住学习，体验侨乡本土文化。[②]

4. 产业链条不断延展

由于乡村民宿的蓬勃发展，游客停留在乡村当地的时间不断增加，以文旅为基础的乡村夜游使乡村旅游的链条得到延伸。在一些乡村游景区准备了一系列融合乡村特色、体验性强的假期活动，从白天持续到夜晚，丰富着乡村旅游"日与夜"的内涵，通过特色旅游产品的售卖、美食品尝、烟花表演、灯光秀等众多丰富的夜间活动，完善了乡村旅游"游、购、娱"的产业链条，提升了游客的消费水平。此外，随着电子商务在农村的快速发展，使乡村旅游的产业链条延伸到农副产品的成规模销售环节，建立起政府带头、群众参与的"乡村旅游、种植、养殖、劳务经济、加工、电子商务"等富民产业体系，"乡村旅游+电商"的新型旅游模式日渐受到市场青睐，在乡村旅游产业链发展中展现出蓬勃面貌，大大提高了链上群众的收入。

（三）发展趋势

1. 乡村旅游产品和业态将更加多元化

第一，广东成熟的旅游市场和消费者日益多样化的需求推动了乡村旅游推出更富创意和特色的产品，如文化探索、生态互动、特色美食等主题产品。第二，广东省政府的政策支持和资金投入将进一步推动乡村旅游中农业体验、健康养生、文化体验等新业态的涌现。此外，技术进步也将进一步助力乡村旅游发展。无土栽培和信息化栽种等农业科技的发展增强了农业生产

---

① 《书香为媒，传播非遗艺术魅力 非遗为引，拓宽书展文化边界》，广东省人民政府参事室网站，http://gdcss.gd.gov.cn/gzdt/wsgzdt/content/post_4005080.html，最后访问日期：2023年8月30日。

② 《见山望水品乡韵 广东勾勒乡村文旅新画卷》，"广东省乡村振兴局"微信公众号，https://mp.weixin.qq.com/s/dJjm2wzgnz5zIlEIxMsiOQ，最后访问日期：2023年8月30日。

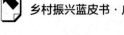

的观光性和娱乐性。虚拟现实、增强现实等技术的推广应用丰富了游客的体验。

2. 一二三产业深度融合趋势更加明显

农业、文化、旅游等产业将有机结合，为乡村经济注入新活力。第一，广东乡村旅游将进一步促进农业发展。农产品观光和农家乐等活动在为游客提供农耕和采摘体验的同时，也增加了农民收入，促进了其农业生产的积极性。未来农业生产和乡村旅游的融合将进一步促进乡村经济多元化发展。第二，乡村旅游引领消费升级。广东丰富的历史文化和民俗资源将与旅游业结合，提高游客的文化体验和参与感。此外，乡村旅游将推动农村产业升级。乡村旅游与农业和农村产业结合，将打造、提升乡村经济活力的创新性发展模式。

3. 乡村旅游市场朝着智慧化方向发展

智能科技在广东乡村旅游中崭露头角。一方面，智能导览系统为游客提供准确信息，深化其对当地文化和景点的了解。预订系统和推荐定制化行程增强了游客选择的灵活性。虚拟现实技术和增强现实技术丰富了游客的体验，提升了乡村旅游的吸引力。另一方面，政府对数字化基础设施的大力建设推动了乡村旅游智能化。广东省积极融合信息技术和旅游业，推广无现金支付和智能导览服务，为数字化乡村旅游提供支持。

4. 自媒体将改变乡村旅游的营销模式

自媒体将塑造广东乡村旅游的新营销趋势。首先，自媒体平台以多种形式传播美景和文化特色，如微博、抖音、小红书、微信公众号，提高了广东乡村旅游的宣传效果。其次，自媒体扩大了广东乡村旅游的市场覆盖面。再次，自媒体的互动性促进了与游客的交流，了解需求和反馈，通过线上活动和问答帖子增强互动，提升游客体验。最后，自媒体的数据分析为广东乡村旅游提供精准的营销策略，通过反馈数据调整策略，提高宣传效果和游客满意度。

5. 夜经济开始提升乡村旅游消费活力

夜经济将成为提升广东乡村旅游消费活力的重要抓手。广东拥有丰富的自然景观和文化遗产，而夜经济为游客提供了更灵活的时间选择，如夜市、夜景点和夜间文化表演，延长了游客停留时间，刺激了消费。夜市也成为品味当地美食和感受文化的场所，促进了当地特色产品和传统工艺的传播，提高了游客的参与度。夜经济的崛起不仅丰富了乡村旅游的活动选择，还推动了相关产业的发展，如夜间导览、夜间安全保障和夜间交通，创造了就业机会，促进了乡村经济的多元化。

二　广东乡村旅游发展面临的主要问题

当前，广东乡村旅游发展速度虽然快，但与全国其他乡村旅游发展较好的地区（如江浙、四川等）相比仍显不足。

（一）区域内乡村旅游发展水平差距较大

由于广东省内区域经济发展不平衡，珠三角和与粤东西北地区的乡村旅游发展差异较大。众所周知，珠三角地区的乡村旅游基础设施良好，服务质量较高，购物娱乐配套设施完善，但粤东西北等地区由于地势偏远和经济欠发达，一些乡村地区缺乏良好的基础设施和公共服务，卫生状况不尽如人意，乡村旅游开发水平还处在低水平开发阶段，难以接待一些要求更高的游客。此外，这些地区的乡村旅游除了能满足基本的吃住外，其他方面如购物、娱乐等很少甚至没有，对游客的吸引力不足。

（二）产业发展分散，尚未形成完整产业链

由于广东大多数的乡村旅游点或目的地的发展几乎都是当地农民自发开展的，因此呈散点式和小规模发展，优势资源没有连片或形成互动，长期处于单打独斗的局面，无法形成共享互补的聚集效应。广东大多数的乡村旅游点或目的地的产业链条延伸不长，除了能满足游客的基本需求外，购物和娱乐活动很少，导致游客停留时短，即使有一些农副产品出售，但这些产品的附加值不高，尚未形成完整的乡村旅游产业链。

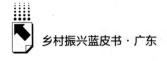

（三）品牌意识欠缺，宣传推广力度待提升

与拥有外地游客较多的江浙和川渝的乡村旅游相比，由于缺乏知名度和美誉度较高的乡村旅游地和乡村旅游品牌，广东的乡村旅游游客几乎都来自省内，外地游客相当少。广东乡村旅游多数处于自发建设的状态，缺乏品牌意识，品牌打造发展缓慢，对外宣传推广力度也一直不足，还未形成"乡村旅游目的地建设—乡村旅游宣传与推广—树立乡村旅游品牌"的良性发展道路。

（四）地方特色仍显不足，旅游产品趋于雷同

以广东乡村民宿为例，不同地方的民宿大同小异，都是乡村风情，缺乏地方特色文化内涵。比如粤西滨海地区的民宿和云浮山区的民宿在装修风格上并无多大差异，游客入住体验不出当地的任何文化特色。这种现象出现的原因归根结底就是没有在地方文化挖掘方面下功夫，或者地方特色文化挖掘不够和粗浅。此外，广东的乡村旅游大多数还停留在观光、瓜果采摘、吃农家饭等层面，乡村旅游产品体系总体上处于低端，存在经营模式雷同、游客体验程度不深等问题。

三　国内外乡村旅游发展经验及启示

当前广东乡村旅游正处于快速发展期，通过系统梳理国内外乡村旅游发展较好的案例，归纳总结出具有普遍性和共通性的启示内容，为推动广东乡村旅游高质量发展带来有益借鉴。

（一）国内外经验

1.英国：多元主体协同参与的乡村旅游

作为工业革命的发源地，英国交通网络健全，加上诗意美妙的乡野景观，英国乡村旅游十分成熟发达，处于世界乡村旅游的前列。其发展经验

如下。

一是多方共同参与。英国乡村旅游供给模式可以总结为"政府引导+旅游行业协会协调+旅游经营者共同合作"①，各级政府在战略高度上进行规划及扶持，英国乡村保护协会（CPRE）等行业协会发挥协调、敦促的作用，然后乡村各类旅游经营者在相关政策范围内制定行业标准，达到行业自律，推动乡村旅游可持续发展。二是因地制宜，打造差异化品牌。英国乡村旅游产品根据各地特点可以被分为以原生态"农家乐"为主要特色的田园类、围绕复古城堡式建筑打造的复古类以及基于生态农业打造的生态类。② 在这三类乡村旅游产品的打造中，各地因地制宜，充分保留当地特色，配合与其风格一致的娱乐休闲活动，塑造具有差异化、强调沉浸式体验的旅游品牌。例如位于英格兰威尔特郡的库姆堡，以中世纪复古建筑为特色，配以贵族式度假庄园、老爷车车展等配套服务与活动，成为旅游者心中"最有历史感"的村庄。

2. 四川：多元产业大融合的乡村旅游

四川省以乡村旅游为抓手，全面贯彻落实乡村振兴战略，先后培育了一批"天府旅游名镇"、"天府旅游名村"和乡村旅游重点村镇，打造出一批生态美、生产美、生活美的乡村旅游目的地。③ 其发展经验有以下两点值得借鉴。

一是"旅游+"融合发展新业态。坚持农旅结合，如万源市通过茶旅融合打造出 3 条茶旅融合旅游环线④，资阳市安岳县依托柠檬、石刻等特色资源，大力推动"石刻+"农文旅融合；成都市的明月村推出农事体验、自然

---

① 《【他山之石】英国乡村旅游发展研究及典型案例》，搜狐网，https：//www. sohu. com/a/258951924_ 99908543，最后访问日期：2023 年 8 月 31 日。

② 《华高莱斯：英国乡村旅游发展研究——代表案例集锦（下篇）》，搜狐网，https：//www. sohu. com/a/431140972_ 120168591，最后访问日期：2023 年 8 月 31 日。

③ 《四川：乡村旅游多点开花 振兴发展活力十足》，光明网，https：//travel. gmw. cn/2022-03/24/content_ 35608981. htm，最后访问日期：2023 年 8 月 31 日。

④ 《达州万源市：做好茶旅融合富民文章 奏响乡村振兴和美乐章》，四川省乡村振兴局网站，http：//xczxj. sc. gov. cn/scfpkfj/sxnews/2023/3/23/96c4fbc727d6453ea71118c 8da94c077. shtml，最后访问日期：2023 年 9 月 1 日。

教育等项目，衍生出了明月笋丁、创意竹编等多种特色旅游产品①，通过一二三产业协同丰富乡村旅游业态。二是乡村民宿成为乡村旅游良好的支撑。一批由村民房屋改造的精品民宿如雨后春笋般涌现，逐渐呈现集群式、产业化、品牌化的发展趋势。② 如广元市大力发展"民宿+旅游"，推出"民宿+非遗"，并创新探索"民宿+购物""民宿+美食""民宿+研学"等形式③；丹巴县则通过大力发展民宿产业，成立了民宿联盟协会抱团发展，助推全县乡村旅游业发展，2022年丹巴全县接待游客301万人次，高档民宿、示范户年收入突破200万元。④

3. 浙江：助力打造共富样本的乡村旅游

浙江的乡村旅游产业一直走在全国前列，拥有全国乡村旅游重点村镇54家，民宿1.98万家，就业人数超15万人，2022年度实现经营总收入514.6亿元，全省农民收入中旅游贡献率为11.5%，且休闲农业和乡村旅游产业规模超千亿。⑤ 其值得借鉴的发展经验有以下三点。

一是立足"千万工程"，大幅改善村容村貌。截至2022年底，浙江全省90%以上的村庄达到新时代美丽乡村标准，为乡村旅游发展奠定了乡村文明和乡村美景的基础。⑥ 二是突出一村一特色，避免同质化竞争。浙江省通过专业化运营经营，各个乡村之间都依托各地特色打造属于自身的品牌，

---

① 《【他山之石】留住乡村的真与美：四川蒲江县明月村》，搜狐网，https://www.sohu.com/a/545973271_121106991/，最后访问日期：2023年9月2日。
② 《探访成都乡村民宿 寻找藏在乡村振兴里的"致富密码"》，光明网，https://difang.gmw.cn/2022-04/25/content_35686756.htm，最后访问日期：2023年9月2日。
③ 《广元市旅游民宿产业助推乡村振兴高质量发展》，四川省人民政府网站，https://www.sc.gov.cn/10462/10464/10465/10595/2023/6/2/ade9a125ed6344638f117896e47ba9ef.shtml，最后访问日期：2023年9月2日。
④ 《四川省甘孜州丹巴县：小民宿撬动大经济》，中国西藏网，http://www.tibet.cn/cn/news/zcdt/202305/t20230508_7411484.html，最后访问日期：2023年9月2日。
⑤ 黄进、苏韵桦等：《农村生活也很"潮"，城乡融合"融"出"向往的生活" | 浙江"千万工程"调研行④》，南方Plus，https://static.nfapp.southcn.com/content/202307/12/c7889082.html，最后访问日期：2023年9月2日。
⑥ 《浙江"千万工程"塑造美丽乡村》，共产党员网，https://www.12371.cn/2023/05/27/ARTI1685182170810126.shtml，最后访问日期：2023年9月2日。

如油菜花摄影基地开化县长虹乡、省内的海钓胜地普陀区白沙乡、旅游创客云集的浦江县新光村等[①]，破解乡村旅游在发展中容易面临的"千村一面"困境。三是数字赋能乡村旅游。浙江省推出"浙里田园"App，将浙江省休闲农业乡村游线路资源汇总整合并统一在线上平台进行展示，为消费者提供乡村美食、农家乐（住宿）、休闲玩乐、休闲产品等信息，目前该App已入驻主体8077家，上架商品18446款。[②]

（二）借鉴与启示

1. 加强战略层面规划，出台政策扶持

乡村旅游产业的发展需要旅游、农业农村相关的各级政府机构共同参与。在国内，四川省出台《四川省乡村旅游提升发展行动方案（2022—2025年）》，浙江省出台《浙江省乡村旅游促进办法》，从政策上支持和引导乡村旅游高质量发展。而在国外，英国农村事务委员会等各级政府机构同样针对乡村旅游颁布相关政策，从战略高度上进行规划，同时通过税收、补贴等方式对重点发展项目给予扶持。

2. 推动产业融合，丰富乡村旅游业态

乡村旅游的定义就决定了其发展离不开农村地区产业融合。四川省、浙江省等均通过一二三产业融合，盘活乡村自然、文化、农业各要素，推动农文旅融合发展，发掘农业多种功能和乡村多重价值，拓展乡村特色产业，丰富乡村旅游业态。

3. 因地制宜，打造特色乡村旅游品牌

品牌的打造，有助于乡村差异化发展。浙江省除整体打造"诗画浙江"品牌外，还通过专业化运营让各乡村拥有独特品牌，强化乡村旅游吸引力的同时，避免同质化的恶性竞争。而在英国，各地结合乡村特色，打造田园

[①] 《作为乡村旅游的"领头羊"，浙江有何独特之处？》，搜狐网，https://www.sohu.com/a/525312401_99910212，最后访问日期：2023年9月3日。

[②] 《我省推介休闲农业精品线路》，浙江省人民政府网站，https://www.zj.gov.cn/art/2023/6/14/art_1554467_60136527.html，最后访问日期：2023年9月3日。

类、复古类、生态类乡村旅游目的地，并围绕差异化品牌开发庄园度假酒店、复古老爷车赛车等体验产品，打造沉浸式氛围。

4. 数字赋能乡村旅游，强化宣传路径

一方面，通过视频平台，强化乡村旅游宣传。如抖音乡村计划"山里DOU是好风光"先后落地四川、浙江，促进了当地的乡村文旅资源推广和产业发展。另一方面，利用多功能数字化平台，完善乡村旅游运营。如浙江省文化和旅游厅打造的旅游信息公共服务平台——"浙里好玩"，涵盖了浙江省内11个地市数千个旅游景点介绍、交通信息、旅游路线推荐及景点流量数据，为游客提供了更多的旅游资讯。[①]

四 广东乡村旅游发展对策与建议

（一）注重政策引领，优化全省乡村旅游布局

要在加强对全省农情、文情、旅情认识基础上，根据全省各个地区的特点和需求，因地制宜制定出差异化的乡村旅游发展政策和措施，充分发挥地方的优势和特色，优化资源配置和产业结构，引导差异化、个性化发展。首先，加大力度推动广东乡村建设，为乡村旅游发展奠定坚实的基石，要重点推进乡镇国土空间规划编制和村庄规划优化工作，将村庄规划纳入国土空间规划"一张图"管理，完善各类乡村基础设施建设并提升乡村风貌。其次，优化全省乡村旅游发展布局，重点创建一批休闲农业与乡村旅游重点县、示范镇、示范点，农业公园、十大美丽乡村等省级品牌；推动乡村成片连线，重点发展乡村民宿、乡村A级景区开发、农（林、渔）业劳作体验、乡村特色美食等产业和业态。重点围绕红色革命、粤菜美食、万里碧道、南粤古驿道、滨海（海岛）风情、生态休闲等主题规划出一批乡村旅游精品路线。

---

① 《国庆出游必备"旅游神器"！速戳"浙里办"App 了解》，浙江政务服务网百家号，https://baijiahao.baidu.com/s? id=1679628647811829648&wfr=spider&for=pc. 最后访问日期：2023 年 9 月 30 日。

全力整合珠三角、粤东、粤北和粤西各个地区的乡村旅游资源，根据各自的区域资源特色和优势，全力打造一批集观赏性、体验性、生态性于一体的新型乡村旅游聚集区，形成差异化发展态势。

（二）深挖地方文化，突出乡村旅游发展特色

随着"百县千镇万村高质量发展工程"的深入实施，要推动各地充分挖掘本地乡土文化。加快对本地的乡土文化资源的摸底，使乡土文化资源开发走上规范有序的轨道；保护农村非遗传承人并积极推动他们加入乡村旅游的队伍中，鼓励乡村非遗项目带头人进行技艺传承、技术培训，建立传承基地；鼓励高校、文艺团体的专家学者与乡村旅游点或目的地结成帮扶对子，为乡土文化的利用和转化出谋划策，指导推动当地的乡村文化旅游资源向旅游产品转化，开发出富含民俗风情体验、农耕文化体验、非遗体验和旅游演艺等乡村旅游产品。支持符合条件的古村古镇、特色村镇、乡村田园、森林温泉等创建 A 级旅游景区，推进文化和乡村旅游深度融合发展，培育出一批有特色、质量高的乡村文化旅游产品。

（三）推进产业融合，延伸乡村旅游产业链条

积极推动农村一二三产业的深度融合，打造乡村旅游新产业、新业态、新模式来延伸农业产业链。首先，在传统采摘的基础上，大力发展农业旅游综合体和各种类型的农业体验园、乡村精品民宿、田园综合体等，提升广东乡村旅游产品的档次和规模。其次，加大力度推动农产品的深加工，推出更多的地理标志农产品并根据农产品的特性进行多元化加工，增加农产品的产品附加值。最后，积极推动乡村旅游与第三产业的融合，与互联网产业、文化创意产业、休闲体育产业、康体养老产业等融合，延伸出符合乡村的地理环境和资源的产业链条，如对农村闲置地块和废旧房屋重新进行规划利用，古老的水车、石头的磨盘、废弃的古井、年久的纺车等通过创新的设计与包装成为受欢迎的民宿；随着城乡医疗统筹各项改革的进一步深化，转移接续、异地结算等平台的应用，城乡双向流动通道的打通，农村地区的康体养

老产业将迎来新的高潮。总体而言，就是要依托各地独特农业资源打造连片休闲观光农业基地、乡村旅游示范点，大力培育观光农业、农耕体验、康体养生、研学实践等农旅产业。

（四）打造乡村旅游品牌，扩大广东乡村旅游知名度

目前，广东已确立"粤美乡村"这一品牌，但由于推广力度较小，目前在全国范围内并没有较高的知名度。首先，广东要利用一批较好和具有一定知名度的乡村旅游项目，如梅州的雁南飞茶田景区、开平碉楼与村落等，在现有基础上，完善各种配套和服务，融入当地特色文化，大力提升景区的质量档次，练好"内功"，推动乡村旅游向着精品化、品牌化方向发展。其次，建立"粤美乡村"的品牌形象和标识，结合广东乡村旅游中的滨海文化资源、华侨文化资源、海岛渔村文化资源等，整合各种力量凝练出具有岭南特色的品牌 LOGO 和口号。最后，大力构建广东乡村旅游品牌推广体系，除依托政府网站、报纸、网络媒体、广播电视台等对广东乡村旅游品牌进行宣传营销外，要积极探索"乡村旅游+数字经济"新路径，可利用各种社交媒体平台，如微信、微博、抖音、快手等，通过内容丰富、形式多样的立体展示、产品营销、培训扶持等，推广乡村旅游新产品。此外，还可以通过组织各种乡村旅游活动和比赛来吸引更多的游客和媒体的关注，提高"粤美乡村"品牌知名度，如乡村美食节、乡村露营、乡村音乐节、乡村体育节等。通过这些线上线下无缝衔接的营销推广，将广东乡村旅游品牌推向全国。

（五）完善要素保障，全面提升乡村旅游质量

紧紧围绕"钱、地、人"等核心要素，尽快建立健全乡村旅游发展的各类要素保障机制，确保广东乡村旅游高质量发展。第一，在基础和公共服务设施方面，加大力度继续推动实施农村人居环境整治、农村房屋管控和乡村风貌的提升、农村道路提档升级、乡村清洁能源建设、数字乡村建设、农村基本公共服务提升等工程和行动。第二，统筹各类财政资金，将农村基础

设施、美丽乡村建设和生态农业发展等项目向乡村旅游示范村倾斜。第三，用好、用活土地流转和土地整治等政策，在严守耕地和永久基本农田、坚守生态保护红线的前提下，全面盘活乡村存量建设用地资源，提供乡村旅游建设或乡村民宿项目用地，鼓励依法盘活利用农村闲置宅基地和闲置住宅等资源从事乡村旅游开发。第四，大力实施"乡村旅游人才建设"工程，建立健全乡村旅游人才培养、引进、管理等储备和激励机制，积极为返乡从事乡村旅游的农户提供贷款优惠和各种税收减免政策。第五，牢固树立"绿水青山就是金山银山"的发展理念，坚持发展低碳乡村旅游，加强环保的宣传力度，帮助当地群众和游客树立起环保意识。

参考文献

狄盼盼：《消费升级背景下乡村数字旅游发展研究》，《农业经济》2023年第4期。

李菲、陈平、宋俊华等：《非物质文化遗产保护传承与旅游利用的若干问题探讨——"非物质文化遗产的当代适应与游憩机会"专题学者对话录》，《旅游论坛》2023年第3期。

李武玲：《乡村旅游业的联动发展模式与策略》，《农业经济》2023年第8期。

《深入推进"百千万工程"促进城乡区域协调发展》，《南方日报》2023年6月30日。

姜波、邢雪、张杰：《国外乡村旅游迸发新活力》，《人民日报》2022年8月19日。

傅鹏、李健：《乡村游如何突破"千村一面"瓶颈?》，《南方日报》2022年6月28日。

鲁元珍：《旅游业迈向高质量发展新阶段》，《光明日报》2022年9月19日。

尹婕：《乡村旅游越来越好玩》，《人民日报海外版》2022年10月28日。

鲁元珍、孙智浦：《春光正好，乡村旅游提质升级再出发》，《光明日报》2023年3月19日。

乡村建设篇
Rural Construction

B.9
2022年广东农村基本公共服务发展报告

符永寿*

摘　要： 广东大力推进农村基本公共服务发展，城乡基础设施一体化水平进一步提升，基本公共服务公平可及，基础民生保障有质有力，公共教育、公共卫生、公共文化、公共交通全面发展，生活、住房、就业、医疗保障全面覆盖。面向率先实现现代化，广东亟待加强标准化建设，提升基本公共服务均等化水平，推动形成广覆盖、多层次、标准化、公平可及的基本公共服务，提供更为丰富、优质的农村基本公共服务产品，全面提升农村基本公共服务供给能力与水平。

关键词： 基本公共服务　城乡一体化　均衡发展　广东农村

---

* 符永寿，广东省社会科学院港澳台研究中心副主任，副研究员，主要研究方向为"一国两制"、粤港澳合作、基层党建与社会治理。

2022 年，广东统筹推进城乡基本公共服务建设，围绕解决基本公共服务领域不均衡不充分问题，完善基本公共服务均等化推进机制，进一步提升基本公共服务水平和统筹层次，以公共基础设施完善建设为基础支撑，以基本公共服务均等覆盖、便利可及为基本保障。基本实现城乡、区域和不同社会群体间基本公共服务制度的统一、标准的一致和水平的均衡，为建立城乡互补、全面融合、共同繁荣的新型城乡关系筑牢基础。

一　基础设施城乡一体化

推进以农村"五网"为主要内容的基础设施建设，实现路网、光网、电网、气网、水网到村入户。乡村道路建设和养护继续加强，水利灌溉、污水处理、垃圾处理等基础设施建设完善，基本实现城乡互联互通、一体规划和有效养护。

（一）乡村道路

联结全省区域、城乡高速公路建设保持较强力度。全省公路水路交通建设投资 2163.8 亿元，居全国第 4 位，超额完成年度奋斗目标，同比增长 9.8%；省管铁路投资 983.7 亿元，超出原计划 25.5%。高速公路用地报批创历史新高，22 项（段）高速公路用地获自然资源部批复。珠海市香海大桥等 9 项约 240 公里建成通车，新开工惠霞高速等 11 项约 486 公里。成立广东省交通运输标准化管理委员会，完成智慧航道、数字农村公路、"两客一危一重"等系统联动展示。积极创建养护公路示范路，全省干线公路技术状况检测和路面自动化采集实现 100% 全覆盖。[①]

制定实施《广东省农村公路扩投资稳就业更好服务乡村振兴攻坚方

---

① 《2022 年度广东省交通运输工作总结》，广东省交通运输厅网，http：//td.gd.gov.cn/dtxw_ n/tpxw/content/post_ 4146304.html，最后检索时间：2023 年 7 月 12 日。

案》，将农村公路危旧桥梁改造以及渡改桥、村道安防、路网联结等工程作为重点内容，2022年初安排省以上补助资金共计12.4亿元，受惠项目约600个，有效促进了农村公路的建设和维修。① 将村内道路建设工作纳入省委实施乡村振兴战略实绩考核范畴，实施"村内道路建设"攻坚计划，全省范围内的自然村内干路路面全面实现硬底化。② 2023年，广东骨干交通网向县镇的覆盖不断完善，"四好农村路"扩投资稳就业服务乡村振兴初见成效，交通运输促进县域经济发展和乡村振兴的作用不断凸显，高速公路新增通车里程超200公里，普通国省道完成建设1000公里，农村公路新改建6583公里，新增900个行政村通双车道公路。③

提升农村公路管理和养护水平。推动成立省级农村公路"路长制"。加强农村道路管理的信息化水平，建设应用交通运输"建设管养平台数字农村公路子系统项目"，开发"广东省农村村内道路建设管理子系统"和"村路通"微信小程序。加大资金投入，下达13亿元奖补资金提升普通公路养护水平。④ 强化先进示范。推选表彰一批"四好农村路"全国示范县、"城乡交通运输一体化"全国示范县、"四好农村路"省级示范县（市、区）、"十大最美农村路"。2022年度新增6县（市）入选"四好农村路"全国示范县创建单位名单（见表1）。⑤ 自2021年韶关南雄市、梅州梅县区、肇庆四会市之后，梅州蕉岭县、云浮云安区入选交通运输部2023年7月公布的城乡交通运输一体化示范创建县。

---

① 《150亿攻坚广东农村公路!》，广东省交通运输厅网，http：//td.gd.gov.cn/dtxw_ n/tpxw/content/post_ 4067971.html，最后检索时间：2023年7月13日。
② 除纳入搬迁、撤并、社区和城区建设规划的村庄，以及远离村庄的散居户和常年无人居住户的村外。
③ 《打造广东交通品牌! 多项前沿技术成功应用》，广东省交通运输厅网，http：//td.gd.gov.cn/dtxw_ n/tpxw/content/post_ 4207524.html，最后检索时间：2023年7月12日。
④ 《46.6亿元! 广东省统筹支持国道省道和农村公路建设!》，广东省交通运输厅网，http：//td.gd.gov.cn/dtxw_ n/tpxw/content/post_ 4010179.html，最后检索时间：2023年7月13日。
⑤ 2022年度"四好农村路"全国示范县创建单位广东入选名单为江门台山市和开平市、梅州兴宁市、河源龙川县、汕尾海丰县和陆丰市。

表 1　2021～2022 年广东省"四好农村路"全国示范县创建单位

年份	单位	年份	单位
2021 年度 （8 个）	广州番禺区	2022 年度 （6 个）	江门台山市
	韶关南雄市		江门开平市
	佛山高明区		梅州兴宁市
	湛江廉江市		河源龙川县
	肇庆四会市		汕尾海丰县
	梅州市梅县区		汕尾陆丰市
	梅州蕉岭县		
	河源源城区		

（二）垃圾处理设施

实施《广东省生活垃圾处理"十四五"规划》，推动完善乡村生活垃圾收运长效机制，不断提高乡村生活垃圾减量化、资源化、无害化处理水平，建设美丽乡村（见表2）。目前全省在运行的镇级垃圾转运站1476座。2023 年上半年转运并无害化处理乡村生活垃圾约1078 万吨。[①] 预计到 2025 年底，珠三角大部分城市基本实现城乡一体统筹的生活垃圾分类处理系统，其中，广州、深圳于 2022～2023 年率先建立起以信息化管理系统为依托的市、区、镇街、村居协同的生活垃圾处理机制。广州计划于 2023 年底农村生活垃圾回收利用率达到30%以上、资源化利用率达到50%以上、无害化处理率达到99%以上。

表 2　广州市生态文明建设"十四五"规划乡村建设重点工程

名称	内容
人居环境整治	持续巩固提升农村厕所革命； 提升农村生活污水治理水平； 大力实施农村生活垃圾分类和资源化利用； 深入推进农村"三线"整治

[①] 《省住房城乡建设厅聚焦重点任务　重塑人居环境》，广东省住房和城乡建设厅网站，http：//zfcxjst. gd. gov. cn/cxjs/dtxx/content/post_ 4237635. html，最后检索时间：2023 年 8 月 30 日。

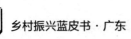

续表

名称	内容
"五大美丽"行动	实施村庄清洁与示范创建工程,建设"美丽家园"; 实施田园整治工程,建设"美丽田园"; 实施河道整治提升工程,建设"美丽河湖"; 实施村级工业园改造升级工程,建设"美丽园区"; 实施景观绿化提升工程,建设"美丽廊道"

资料来源:《广州市人民政府办公厅关于印发广州市生态文明建设"十四五"规划的通知》(穗府办〔2022〕23号),2022年8月31日。

(三)污水处理设施

实施农村生活污水治理攻坚行动,对全省5.77万个自然村生活污水治理情况开展专项摸排和常态化抽查、全覆盖评估。2022年推动1172个自然村建设成为生活污水治理示范村。建成污水处理设施4万余座,县级运维管理制度基本实现全覆盖。① 建成乡镇生活污水处理设施1063座,日处理能力达619.89万吨,建有配套管网2.06万公里,全省1123个乡镇实现生活污水处理设施全覆盖。② 出台《广东省农村生活污水治理认定标准(试行)》和《广东省农村生活污水资源化利用技术指南(试行)》,筛选建立适合不同类型村庄、水体的治理模式和技术工艺,以点带面推动全省农村生活污水治理工作。全省自然村生活污水治理率从2018年不到20%提升至2022年的53.4%。③

(四)农田水利设施

广东深入实施"南粤良田"工程,推进高标准农田建设。高标准农田

---

① 张子俊:《广东生态环境部门认真践行生态为民根本宗旨,全力推进农村生活污水治理 全省建成污水处理设施4万余座》,南方网,https://news.southcn.com/node_ 54a44f01a2/a72370124d.shtml,最后检索时间:2023年7月13日。

② 《省住房城乡建设厅聚焦重点任务 重塑人居环境》,广东省住房和城乡建设厅网站,http://zfcxjst.gd.gov.cn/cxjs/dtxx/content/post_ 4237635.html,最后检索时间:2023年8月30日。

③ 《全省农村生活污水治理经验交流会议召开》,广东省生态资源厅网站,http://gdee.gd.gov.cn/ztzl_ 13387/ncshwszlgj/htkxwbd/content/post_ 4178257.html,最后检索时间:2023年7月10日。

建设取得了显著成效，截至 2022 年底，全省累计建成高标准农田超过 2680 万亩。① 小型农田水利建设面补短板强弱项，提升综合生产能力，夯实粮食生产基础。大力推进水利灌溉设施建设，仅涉及三峡移民村的水利项目就达 33 个，惠及移民 3223 人。②

二　公共服务均等可及

（一）公共教育

加大投入，解决乡镇、农村教育资源短缺问题。统筹中央和省级资金支持粤东西北地区基础教育高质量发展，2022 年，安排省级基础教育高质量发展市县奖补资金 118416 万元，并提前下达 2023 年资金 131256 万元，重点支持粤东西北地区中小学薄弱环节建设，两类学校和乡镇寄宿制学校建设，消除义务教育和普通高中大班额，支持校园校舍建设和教学设施设备采购等。安排中央财政支持义务教育补助经费、义务教育薄弱环节改善与能力提升资金 138040 万元，并提前下达 2023 年资金 95820 万元，重点支持保障城乡义务教育经费、增加城镇学位供给、补齐农村义务教育办学条件短板和提升育人保障能力。③ 粤东西北地区普通高中公办学位比 2021 年增加 0.5 万个，粤东西北地区普通高中 56 人以上大班额从 2019 年的 7.07% 下降至 2022 年的 0.06%，高中阶段教育毛入学率连续多年稳定在 95% 以上。④

①　《广东：做好"水、土、钱、粮"四篇文章 到 2035 年把永久基本农田全部建成高标准农田》，广东省农业农村厅网，http：//dara.gd.gov.cn/gzdt2266/content/post_ 4190874.html，最后检索时间：2023 年 6 月 1 日。

②　《广东省国家重大水利工程建设基金（三峡后续工作）转移支付 2022 年度绩效自评报告、绩效目标自评表信息公开》，广东省水利厅网站，http：//slt.gd.cn/gkmlpt/content/4/4173/post_ 4173360.html#963，最后检索时间：2023 年 7 月 13 日。

③　《广东省教育厅关于省政协十三届一次会议第 20230863 号提案答复的函》，广东省教育厅网站，http：//edu.gd.cn/zwgknew/jytagk/content/mpost_ 4193465.html，最后检索时间：2023 年 7 月 20 日。

④　《广东省教育厅关于广东省十四届人大一次会议第 1386 号代表建议答复的函》，广东省教育厅网站，http：//edu.gd.cn/zwgknew/jytagk/content/post_ 419230 9.html，最后检索时间：2023 年 7 月 1 日。

提高城乡义务教育生均补助经费标准。不断提高城乡免费义务教育公用经费补助标准，目前达到小学每生每年1150元、初中每生每年1950元的水平，比中央2023年提标后的新标准分别高出60%和107%。义务教育生均公用经费标准已处于较高水平。落实对不足100人的乡村小规模学校按100人拨付公用经费政策。①

（二）公共卫生

"十三五"期间，健康广东行动深入实施，随着基础公共卫生服务水平进一步提高，全省居民人均预期寿命由77.1岁提高到79.31岁。同时，孕产妇死亡率从11.56/10万下降到10.18/10万，婴儿死亡率从2.64‰下降到2.13‰。近年来，广东分批支持建设50家高水平医院，实现地级市全覆盖，打造呼吸、肿瘤、肾脏病、心血管、精准医学等5大国际医学中心，实施基层医疗卫生服务能力提升工程，在粤东粤西粤北地区全面升级建设人口大县的47家中心卫生院至县级医院水平，改造建设189家县级医院、标准化建设488家乡镇卫生院、规范化建设10000间村卫生站。②

按照全省卫生健康事业发展的"十四五"规划，广东正在大力推进健康广东建设并取得显著成效，医疗卫生发展和健康服务水平、居民主要健康指标均有所提升。2022年全省基层医疗机构34.5万人，较上年提高5.1%。为经济欠发达地区乡镇卫生院和社区卫生服务中心设置2728个全科医生特设岗位，持续加大财政补助力度，提高乡镇、社区全科医生吸引力。从2007年开始，广东省财政按照每行政村每年1万元标准给予村卫生站医生补贴。2018年起，省财政将补助标准提高至2万元，2023年起提高至2.5

---

① 《广东省教育厅关于省政协十三届一次会议第20230456号提案答复的函》，广东省教育厅网站，http：//edu. gd. gov. cn/zwgknew/jytagk/content/mpost_ 4193451. html，最后检索时间：2023年6月30日。

② 《广东居民人均预期寿命提高到79.31岁》，光明网，https：//m. gmw. cn/2022－07/05/content_ 1303030157. htm，最后检索时间：2023年7月12日。

万元。到 2022 年底，全省拥有全科医生 4.65 万人，每万人全科医生数从 2019 年的 1.95 人提高到 2022 年的 3.66 人。[①]

建成贯通省、市、县、镇、村五级医疗卫生机构的远程医疗服务体系。全省共 4504 家医疗机构可利用省远程医疗平台开展远程会诊、远程影像、远程手术指导、远程教育等服务。推进高水平医院跨区域联动紧密型帮扶。建设 5 家省级区域医疗中心，组建 74 个城市医疗集团、428 个专科联盟、121 个远程医疗协作网；安排 5 家大湾区内高水平医院"一对一"帮扶粤东粤西粤北的医院，安排 73 家三甲公立医院"组团式"紧密型帮扶 113 家县级公立医院，在 70 个县（市、区）建设 104 个医共体。[②]

（三）公共文化

加快推进城乡公共文化服务体系一体建设，建成了覆盖城乡的公共文化设施网络。镇街文化站（宣传文体服务中心/文化广播电视服务中心）、村（社区）综合性文化服务中心等场馆公共文化服务的群众知晓度、参与度和满意度持续提升。截至 2023 年 7 月，全省共建成乡镇（街道）综合文化站 1617 个、行政村（社区）综合性文化服务中心 2.6 万个，其中二级以上文化站比例达 95.1%。推进行政村（社区）综合性文化服务中心提质增效达标，进一步增强基层公共文化服务阵地，截至 2022 年底，全省行政村（社区）综合性文化服务中心提质增效达标率为 57%。推进公共文化服务总分馆协同共享机制，提升文化资源区域、城乡服务均等化水平，截至 2022 年底，全省共建成县级文化馆总馆 120 个、分馆 1606 个、服务点 6142 个，建成县级图书馆总馆 120 个、分馆 1783 个、服务点 5979 个，乡镇（街道）合

---

① 《广东省卫生健康委关于广东省十四届人大一次会议第 1167 号代表建议答复的函》，广东省教育厅网站，http://wsjkw.gd.gov.cn/gkmlpt/content/4/4212/post_4212274.html#2531，最后检索时间：2023 年 8 月 5 日。

② 《广东居民人均预期寿命提高到 79.31 岁》，光明网，https://m.gmw.cn/2022-07/05/content_1303030157.htm，最后检索时间：2023 年 7 月 12 日。

计覆盖率为91.84%。发挥省立中山图书馆龙头作用，开发应用"粤读通"数字证卡，促进省域公共图书馆服务一体化，截至2023年6月已有50.1万人开通和申领"粤读通"数字证卡，全省各级公共图书馆累计新增注册读者1580万人次。①

推进新型城乡公共文化空间建设。2020～2023年，广东省级财政补助"粤书吧""粤文坊"类新型公共文化空间建设资金共3465万元，促进图书阅读、艺术展览、文化沙龙、轻食餐饮等多种业态融合发展，公共文化服务提质增效。②

加快推动农村地区公共文化文旅产品供给与服务协同发展。推动各地打造了200条旅游精品线路，259个广东省文化和旅游特色村，每条线路、每个特色村均予以20万元资金奖补；推动建设了一批共11个乡村旅游优质项目，每个项目均给予100万元资金奖补；推动45个村获评全国乡村旅游重点村，6个镇获评全国乡村旅游重点镇，打造了24条全国乡村旅游精品线路。③乡村文旅产业的协同发展，促进完善购物商店、停车场、医疗站、垃圾站、旅游标识标牌等乡村旅游公共基础设施建设。积极实行"厕所革命"，目前全省共完成新建和改扩建乡村旅游厕所1800余个，结合开展"三清理、三拆除、三整治"行动，改善乡村旅游环境，推进传统村落保护利用。④

---

① 《省文化和旅游厅关于省政协十三届一次会议第20230420号提案答复的函》，广东省文化和旅游厅网站，https：//whly. gd. gov. cn/open_ newzxta/content/post_ 4228166. html，最后检索时间：2023年8月5日。

② 《省文化和旅游厅关于省政协十三届一次会议第20230420号提案答复的函》，广东省文化和旅游厅网站，https：//whly. gd. gov. cn/open_ newzxta/content/post_ 4228166. html，最后检索时间：2023年8月5日。

③ 《广东省文化和旅游厅关于省政协第十四届人大一次会议第1064号提案会办意见的函》，广东省文化和旅游厅网站，https：//whly. gd. gov. cn/gkmlpt/content/4/4206/post_ 4206362. html#2630，最后检索时间：2023年7月12日。

④ 《广东省文化和旅游厅关于省政协第十四届人大一次会议第1195号代表建议意见的函》，广东省文化和旅游厅网站，https：//whly. gd. gov. cn/gkmlpt/content/4/4209/post_ 4209753. html#2630，最后检索时间：2023年7月11日。

三 基本保障全面覆盖

（一）生活保障

2022年初，广东省农村最低生活保障户数为49.50万户，总人数为123.21万人。而到2022年底，农村最低生活保障户数46.5万户、最低生活保障人数115.8万人（见表3），户数、人数均有所下降。同期城市最低生活保障户数7.7万户、最低生活保障人数14.8万人。[①] 重视特困群体生活救助保障，2022年全省农村特困人员救助供养人数为20.0万人。加强社区养老服务设施建设，大力推进在乡镇（街道）层面设立具备全托、日托、上门服务、协调指导等功能的综合养老服务中心，全省社区养老服务设施超过2.1万个，城市和农村覆盖率分别达到100%、74%。[②]

表3 2022年末广东城乡最低生活保障和救助供养人员情况

项目	数量
城市最低生活保障户数	7.7万户
农村最低生活保障人数	115.8万人
农村最低生活保障户数	46.5万户
城市特困人员救助供养人数	2.0万人
农村特困人员救助供养人数	20.0万人

资料来源：《广东民政事业统计季报（2022年第四季度）》。

（二）住房保障

保障性住房是一项民生工程，更是民心工程，其中，保障性租赁住房是

---

① 《广东民政事业统计季报（2022年第四季度）》，广东省民政厅网站，http://smzt.gd.cn/zwgk/tjxx/2022tj/content/post_4205766.html，最后检索时间：2023年7月12日。
② 《广东省民政厅关于广东省十四届人大一次会议第1023、1031、1077、1181、1443号代表建议答复的函》，广东省民政厅网站，http://smzt.gd.cn/zwgk/rdjybl/content/post_4208150.html，最后检索时间：2023年7月12日。

其重要组成部分。截至 2022 年 10 月，广东全省累计筹集建设保障性租赁住房共 55.8 万套（间），其中，2022 年新筹建保障性租赁住房 28 万套（间）。2022 年，广东省住房和城乡建设厅等多部门联合印发《广东省农村低收入群体等重点对象住房安全保障工作实施方案》，提出要继续实施农村危房改造，逐步建立健全农村低收入群体住房安全保障长效机制。改造方式为新建房屋、置换既有安全房屋或统建农村集体公租房的，农村分散供养特困人员不低于 3.4 万元/户，其他农村低收入群体等重点对象不低于 4 万元/户。而改造方式为修缮加固的，每户补助不低于 2 万元。有条件的地区可以合理提高补助标准。①

强化资金筹措。加大对农村危房改造工作支持力度，统筹做好农村危房改造补助资金和排查、危房坚定、第三方核查、农户档案管理等工作经费的资金保障。建立农户主体、政府补助、社会帮扶多元化资金筹措机制。鼓励各地结合实际指定农房保险政策，引导保险机构设立"农村住房安全保险"，减轻自然灾害等原因对农户住房和生活的影响。加大信贷支持力度，鼓励金融机构向获得危房改造政策支持的农户提供贷款支持。

明确建设标准。出台政策保障农村新建房屋建筑面积，1 人户不低于 20 平方米，2 人户不低于 30 平方米，3 人以上户人均建筑面积不低于 13 平方米。危房因地制宜开展修缮加固或拆除重建，修缮加固的重点在于消除安全隐患、适度改善使用功能。要合理制定设计方案，为将来扩建预留接口，满足农户基本使用和未来扩建需要。②

（三）就业保障

2022 年，在财政收入增速放缓、支出压力增大的情况下，广东财政用于民生的比例仍保持在 70% 以上。全力支持企业减负稳岗扩就业，抓好重

---

① 《广东省重点保障 6 类农村困难群体住房安全》，人民网，http：//gd. people. com. cn/n2/2022/0428/c123932-35245337. html，最后检索时间：2023 年 7 月 13 日。
② 《广东省农村低收入群体等重点对象住房安全保障工作实施方案》，蚂蚁文库，https：//www. mayiwenku. com/p-40652867. html，最后检索时间：2023 年 7 月 13 日。

点群体就业，城镇新增就业 132 万人、超额完成国家下达的 110 万人就业任务，城镇调查失业率控制在 5.5% 以内，71.3 万高校毕业生、4200 万异地务工人员就业保持基本稳定。[①] 大力吸纳农民群众就地就近就业增收，促进农民群众参与乡村建设。

建立健全"四好农村路"高质量发展和吸收就业困难人员就业的长效机制，在农村公路建设和管护领域推广"以工代赈"方式，扩大实施范围和受益对象。推进农村公路管护用工实名制管理，统筹用好农村公路管护领域公益性岗位等各类就业岗位。

部署开展非遗工坊建设。将以传统美术、传统技艺、传统医药为重点，依托各类非遗代表性项目，在广东省内各县（市、区）设立一批特色鲜明、示范带动作用明显的非遗工坊，帮助本地区人群学习传统技艺、开展非遗保护传承，带动当地人群就地就近就业，提高内生动力，助力乡村振兴。设立在方便带动当地居民就近就业的乡（镇）、村或社区，提供就近就业岗位不少于 30 个。[②]

（四）医疗保障

近年来，国家高度重视城乡居民医保工作，每年规定财政补助和个人缴费的最低标准并逐年提高，财政补助从 2010 年每人每年不低于 120 元提高到 2022 年不低于 610 元；个人缴费从 2010 年的 50 元提高到 2022 年的 350 元。为减轻广东欠发达地区城乡居民缴费压力，全省大部分地区尤其是欠发达地区都按国家的最低标准征收。全省城乡居民医保政策范围内住院费用支付比例为 70% 左右，最高支付限额提高到目前的 68 万元。[③]

[①] 《广东：2022 年城镇新增就业 132 万人　超额完成国家下达的任务》，东方财富网，https://finance.eastmoney.com/a/202301122611835277 html，最后检索时间：2023 年 7 月 13 日。

[②] 《广东推动非遗工坊建设助力乡村振兴》，新浪科技，http://finance.sina.com.cn/tech/roll/2022-08-24/doc-imizirav9412583.shtml，最后检索时间：2023 年 7 月 13 日。

[③] 《广东省医疗保障局关于广东省十四届人大一次会议第 1189 号代表建议答复的函》，广东省医疗保障局网站，http://hsa.gd.gov.cn/zwgk/content/post_ 4188302.html，最后检索时间：2023 年 7 月 12 日。

健全经办管理服务体系。2022 年，全省 19 个市获批成立市级医保中心，同时大力推进医保服务下沉基层，全省建成 2.4 万个基层医保办事点，全省 1605 个乡镇（街道）、2.2 万个村（社区）开展医保服务。统一医保业务经办标准，国家税务总局广东省税务局联合省医保局、广东省财政厅制定《广东省基本医疗保险参保管理经办规程》，明确全省医疗保险参保缴费关于管理、重复参保缴费的处理。实行生育保险和职工医疗保险合并征缴，建立基金征收协同机制，实现税务、人力资源社会保障、医疗保障、财政等部门统一数据共享交换、统一业务规范、统一协同工作机制。①

高度重视基本医疗保险制度建设，不断健全全民医保体系。形成了"两纵三横"的多层次医疗保障体系，实现了全民医保。② 截至 2022 年 12 月底，基本医疗保险参保人数约为 1.1 亿人，其中职工医保参保人数 4857 万人，居民医保 6296 万人。稳步提高医保待遇水平。截至 2023 年初，全省职工医保和居民医保政策规定的平均住院支付比例分别为 80% 和 70%，年度最高支付限额分别提高到 80 万元和 68 万元。③

四　对策建议

面向率先实现现代化，广东农村基本公共服务还存在短板弱项，高质量建设的基础服务设施、高水平示范的公共服务机制还没有全面建立健全。亟待强化软硬兼施，加强制度保障、机制供给、财政支出、数字赋能。

---

① 《广东省医疗保障局关于广东省十四届人大一次会议第 1189 号代表建议答复的函》，广东省医疗保障局网站，http://hsa.gd.gov.cn/zwgk/content/post_4188302.html，最后检索时间：2023 年 7 月 12 日。

② "两纵"，即由职工医保、城乡居民医保两者构成的基本医疗保险制度，分别覆盖就业和非就业人群。"三横"，即主体层、保底层和补充层：基本医疗保险制度构成了主体层；城乡医疗救助和社会慈善捐助等制度对特殊困难群体给予帮助，构成保底层；对于群众更高的、多样化的医疗需求，通过补充医疗保险和商业健康保险来满足，构成补充层。

③ 《广东省医疗保障局关于广东省十四届人大一次会议第 1189 号代表建议答复的函》，广东省医疗保障局网站，http://hsa.gd.gov.cn/zwgk/content/post_4188302.html，最后检索时间：2023 年 7 月 12 日。

（一）加强制度保障

基本公共服务制度是保障其机制有效运行的基石。全省各城镇、乡镇可根据自身职责、标准动态调整的运转程序制定本层级的相关管理制度。如基本公共服务标准动态调整管理办法、基本公共服务标准化文件报送和审批管理办法、基本公共服务标准公众反馈意见处理工作指引、标准调整需求评估工作指引等。

（二）打造多元化的供给机制

促进政府与市场的有效配合，实现基本公共服务的多中心供给，建立多元化供给模式。拓展基本公共服务资金筹集渠道，适时适量引入社会资源，吸纳企业、非营利组织的资金投入。构建科学合理的评价指标体系，确保基本公共服务有效供给。通过问卷调查、调研等形式加大对基本公共服务群众满意度的调查，适时发现问题，并指引未来基本公共服务提供的新方向。

（三）完善公共财政制度

政府要加快财政转移支付力度，使财政向农村基本公共服务建设倾斜，加大对农村建设的扶持力度。县级政府在获得资金支持后，需切实履行自身的责任，完善公共财政制度，为农村居民提供多样的基本公共服务产品，促进农村居民提升生活质量。促进公共财政制度专款专用，划分为建设基本公共服务产品的资金，切实落实到服务中，为农村的公共服务建设提供充足的资金，派遣专人对公共财政资金的使用情况进行监督，从而保障资金的有效利用，切实提升农村基本公共服务水平，不断缩小城乡差异。

（四）建立信息管理平台

建立用于基本公共服务标准及相关信息交流共享、统计分析及接收广东省城乡各行业及社会公众的意见和建议的管理平台，实现基本公共服务标准动态调整程序及其他相关标准化工作的高效运行。经过综合分析标准研制程

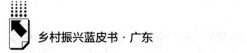

序、标准起草规则、标准化相关管理办法，参考借鉴"全国标准信息公共服务平台"和"深圳市标准信息公共服务平台"的应用，平台的功能可包括标准文件查询过程文件的存储及共享内部审批程序的流转和查询、公众信息反馈、行业动态信息、专业知识共享、标准数据统计分析与展示、多平台数据对接等。

参考文献

吕勇、黄晓莉等：《基本公共服务标准化过程中的动态调整机制研究》，《中国标准化》2023 年第 9 期。

杨英、李媛媛：《大力提升基本公共服务水平，有效促进广东省扩大内需》，《中国发展》2023 年第 2 期。

李若兰、刘心宜：《相对贫困治理下基本公共服务均等化的法治逻辑与权利构建》，《河北法学》2023 年第 9 期。

吕培艳：《新时代城乡基本公共服务一体化发展对策研究》，《中国市场》2022 年第 34 期。

B.10
2022年广东生态产品价值实现
助推乡村振兴发展报告

石宝雅　曾云敏*

摘　要： 农村是乡村振兴的主战场，也是绿水青山和自然资源的集中分布区域，良好的生态环境、丰富的自然资源是其发展的最大优势和宝贵财富。全面推进乡村振兴要利用好广大农村地区的生态优势，加快推动生态产品价值实现，把农村的生态优势转变成发展优势。本报告概述了广东乡村生态产品价值实现的基础优势和潜力，全面梳理了乡村生态产品价值实现的机制建设情况，重点分析了典型地区生态产品价值实现实践的创新做法，以为更多地区以生态产品价值实现赋能乡村振兴提供有益借鉴。

关键词： 生态产品　价值实现　乡村振兴　广东省

实施乡村振兴战略，是党中央做出的重大决策部署，是全面建设社会主义现代化国家的重大历史任务。作为乡村振兴主战场的广大农村地区是绿水青山和自然资源的集中分布区域，良好的生态环境、丰富的自然资源是其发展的最大优势和宝贵财富。习近平总书记指出，"绿水青山就是金山银山""良好生态本身蕴含着无穷的经济价值，能够源源不断创造综合效益，实现

---

* 石宝雅，广东省社会科学院环境与发展研究所助理研究员，主要研究方向为环境政策；曾云敏，广东省社会科学院环境与发展研究所副所长，研究员，博士，主要研究方向为环境经济。

经济社会可持续发展"。① 生态产品价值实现是连接绿水青山与金山银山的桥梁,是实现生态与经济双赢的重要手段,也是实施乡村振兴战略的新支点。2022 年 4 月,习近平总书记在海南考察时提出,"乡村振兴要在产业生态化和生态产业化上下功夫"。生态产品价值实现通过生态产业化培育乡村振兴的绿色动能,在保护乡村生态系统功能不受破坏的前提下,发挥乡村绿水青山的优势,发展生态产业,开展生态农业、森林康养、乡村旅游等生产经营活动;通过产业生态化,按照绿色、低碳的要求,对农业的生产方式、产业结构进行生态化改造,保护乡村生态环境,使乡村振兴的绿色底色更为鲜明,让绿水青山的优势持续保持。生态产品价值实现可以有力推动乡村产业和生态保护协同发展,助力乡村产业振兴和生态振兴。生态产品价值实现在生态产品价值转化为经济价值的过程中,融入乡村文化价值,有助于乡村文化振兴。同时,生态产品价值实现可以促进各种生产要素流向农村,吸引外部主体和社会资本,形成多元主体共同治理,促进乡村人才振兴和组织振兴。

因此,深入践行"两山"理念,探索生态产品价值实现路径,把农村的生态资源优势充分挖掘并发挥出来,带动广大农村地区发挥生态优势就地就近致富、形成良性发展机制,对广东省全面推进乡村振兴、加快农业农村现代化和实现农村农民共同富裕意义重大。

一 广东乡村生态产品价值实现的基础优势和潜力

生态产品与生态环境、自然资源密切相关,生态环境、自然资源作为生态产品的自然本底和供给主体,为生态产品的生产和价值实现提供了基本的物质基础和空间保障。广东省生态环境质量水平走在全国前列,陆海兼备且自然条件多样,水、土、光、热、矿、海、生物资源丰富,生态产品价值实现的基础优良、潜力巨大。作为乡村振兴重要阵地的粤东西北,生态环境和自然资源优势更为突出。

---

① 《习近平在 2019 年中国北京世界园艺博览会开幕式上的讲话》,2019 年 4 月 28 日。

（一）生态环境质量水平走在全国前列

党的十八大以来，广东省委省政府深入贯彻落实习近平生态文明思想，坚持把生态文明建设和生态环境保护摆在全局工作的突出位置，聚力打好打赢污染防治攻坚战、深入推进生态保护和修复，生态环境质量持续改善，绿色日益成为广东发展的鲜明底色。

1. 大气环境质量持续领跑全国

2015~2022年，全省二氧化硫（SO_2）、二氧化氮（NO_2）、可吸入颗粒物（PM10）、细颗粒物（PM2.5）、臭氧（O_3）、一氧化碳（CO）大气六项主要污染物指标连续8年全面达标。2022年，全省PM2.5平均浓度降至20ug/m³，连续3年达到世界卫生组织第二阶段标准（25ug/m³）。2022年，全省优良天数比例（AQI达标率）平均为91.3%，粤东西北12市AQI达标率平均为95.3%，高于全省平均水平。全省各市按照环境空气质量综合指数排名，前九名均为粤东西北城市（见表1）。

表1　2022年粤东西北城市环境空气质量在全省的排名

序号	城市	AQI达标率(%)	AQI排名
1	梅州市	99.2	1
2	茂名市	97.3	2
3	汕尾市	97.0	3
4	湛江市	96.4	4
5	河源市	96.2	5
6	潮州市	96.2	6
7	揭阳市	96.2	7
8	汕头市	95.9	8
9	阳江市	95.1	9
10	韶关市	92.1	12
11	云浮市	91.7	13
12	清远市	89.9	15

资料来源：《广东省城市空气和水环境质量及排名情况（2022年）》，广东省生态环境厅网站，http://gdee.gd.gov.cn/xwfb4199/content/post_4089872.html。

2.水环境质量持续向好

2022年，全省各地级以上市在用集中式饮用水源（89个）和县级行政单位及经济技术开发区所在城镇在用集中式饮用水水源（77个）水质达标率均为100%。自2018年全力推进饮用水水源地整治以来，全省饮用水源水质已实现连续数年100%达标；全省149个地表水国控断面水质优良率（Ⅰ~Ⅲ类）为92.6%，连续2年实现90%以上达优，无劣Ⅴ类断面；全省270个省考断面水质优良率为92.2%，无劣Ⅴ类断面，总体水质状况优；全省近岸海域水质优良面积比例为89.7%，稳中趋好，继续保持"十三五"以来最高水平。

3.农村人居环境稳步提升

近年来，广东省全域开展自然村"三清三拆三整治"，基本解决垃圾收运、厕所无害化等问题，全省农村基本实现干净整洁。"十四五"以来，全省新增完成2468个村庄环境整治，完成49条国家监管清单的农村黑臭水体整治，农村生活污水治理率达到51%（以自然村计），现有卫生户厕普及率达96%，"村收集、镇转运、县处理"的农村生活垃圾收运处置体系基本建立，主要农作物化肥利用率和农药利用率均达40%以上，秸秆综合利用率达92%以上，农膜回收率达91%以上，畜禽粪污资源化利用率不断提高，农村生态环境明显改善。

（二）自然生态本底优良

1.林业资源丰富

广东省是"七山一水两分田"的林业大省，森林、草原、湿地资源丰富。截至2022年，全省森林面积945.98万公顷，森林覆盖率53.52%；各种湿地18.5万公顷，河湖水面积93.3万公顷；天然植被林相优美，类型多样，热带季雨林、红树林、亚热带季雨林、亚热带常绿阔叶林等地带植被多树种镶嵌，群落层次结构复杂，季相变化丰富。[①] 广东省是全国红树林分布

---

① 广东省生态环境厅：《2022年广东省生态环境状况公报》，2023年5月8日。

面积最大的省份和红树林种类最丰富的地区之一；全省有 14 个地级以上市获得"国家森林城市"称号，与贵州省并列为全国"创森"成功地市最多的省；全省建有森林公园、湿地公园、自然保护区等各级各类自然保护地 1361 处，数量居全国第 1。

2. 海洋资源丰富

广东省海域辽阔，滩涂广布，陆架宽广，港湾优良，岛屿众多，海洋生物、矿产和能源资源丰富。海域总面积 41.93 万平方公里，约占全国 300 万平方公里的 14%，是陆地面积的 2.3 倍，仅次于海南，居全国第 2；大陆海岸线长 4114.4 公里，居全国首位，大约是全国大陆岸线长度的 1/5；海岛有 1963 个，居全国第 3。其中，汕头南澳县是一个四面环海的海岛县，在全国也非常少见；滩涂面积 2114.33 平方公里，其中沿海滩涂面积 1717.33 平方公里，占全省滩涂总面积的 81.22%，其中可养殖区面积约为 1200 平方公里。滩涂、浅海可养殖区面积为 8360 平方公里，占全国的 32.2%，是全国重要的海洋渔业生产基地。

3. 岭南特色农产品种类多

广东省地处亚热带区域，光照充足，雨水充沛，得天独厚的气候条件培育了很多具有地域特色的岭南水果及农产品，如梅州金柚、廉江红橙、增城荔枝、徐闻菠萝等，水果、蔬菜、茶叶等特色农作物播种面积占农作物总播种面积超 50%。截至 2022 年 10 月，广东省共有 383 个农产品入选全国名特优新农产品名录，数量在全国名列前茅。

二 广东乡村生态产品价值实现机制建设情况

2021 年 4 月，中共中央办公厅、国务院办公厅印发《关于建立健全生态产品价值实现机制的意见》，对生态产品价值实现机制做出了顶层设计，首次将"绿水青山就是金山银山"的理念落实到制度安排和实践操作层面。根据《关于建立健全生态产品价值实现机制的意见》的精神，结合广东省实际，2022 年 10 月，广东省人民政府办公厅印发了《广东省建立健全生态产品价值实现机制实施方案》（以下简称《方案》）。《方案》提出探索建立健全完善自然资源调查监测机制、生态产品价值评价机制、生态产品经营开发机制、生态产品市场交易机制、生态产品保护补偿机制、生态产品价值实现保障机制、生态产品价值实现推进机制七大机制二十项任务，着力构建生态产品价值实现的政策制度体系，打通"两山"转化通道。目前，广东省生态产品价值实现机制建设已取得积极进展。

（一）自然资源确权登记有序开展

建立自然资源调查监测机制是生态产品价值实现的重要前提，包括全面开展自然资源统一确权登记和开展生态产品信息普查。2020 年 4 月，省政府正式印发了《广东省自然资源统一确权登记总体工作方案》。根据《广东省自然资源统一确权登记总体工作方案》要求，广东省自然资源厅先后印发了《广东湛江红树林国家级自然保护区自然资源统一确权登记实施方案》《鉴江自然资源统一确权登记实施方案》等 20 个省级重点区域自然资源统一确权登记实施方案，并组织开展自然资源确权登记工作。截至 2022 年 11 月，广东湛江红树林国家级自然保护区等 20 个省级重点区域自然资源地籍调查成果核实工作已全部完成。

（二）部分地区先行探索生态产品价值核算

建立生态产品价值评价机制是生态产品价值实现的关键基础，包括推动开展生态产品价值核算和推动生态产品价值核算结果应用。广东省一些地区已先行开展生态产品价值核算工作。例如，汕尾市陆河县探索建立了符合本地生态实情的生态系统生产总值（GEP）核算标准，明确了生态产品价值核算步骤、具体算法、数据来源和统计口径等，并已完成 2019 年 GEP 的核算；探索建立了一套以 GEP 总量和年增长率为核心指标的专项激励政策体系。将 GEP 核算结果融入陆河县各项重大决策事项中，先行探索 GEP 核算结果在县里八个镇绩效考核评价中的应用，把考评结果作为确定各镇财政转移支付额度、横向生态补偿额度、干部使用等方面的重要依据。

（三）生态产品经营开发稳步推进

生态产品经营开发机制是发挥市场配置资源作用的生态产品价值实现路径，包括发展优质绿色生态农林业、发展生态文化旅游、发展绿色低碳产业、提升生态产品价值、打造生态产品品牌。截至 2022 年 4 月，广东省已创建了 18 个国家级、235 个省级现代农业产业园、6 个优势特色产业集群、56 个农业产业强镇、300 个省级特色农业专业镇、74 个全国"一村一品"示范村镇和 2278 个省级"一村一品"专业村[①]；培育国家级、省级林下经济示范基地 169 个；认定森林旅游特色线路 100 条和新兴品牌地 100 个、南粤森林人家 74 家，建设国家森林康养基地 5 个、省级森林康养基地（试点）53 个；创新提出构建农产品"12221"[②] 市场体系，一揽子实现品牌打造、销量提升、市场引导、品种改良、农民致富等目标；全省发布"粤字号"农业品牌目录 2092 个，品牌示范基地 194 个。

（四）生态产品市场交易不断取得突破

生态产品市场交易机制是生态产品价值变现的核心载体，包括建立培育生态产品交易市场和推动生态产品交易平台建设。

在建立培育生态产品交易市场方面，广东省不断完善碳普惠制度，深入推进碳普惠工作。2015 年印发了《广东省碳普惠制试点工作实施方案》和《广东省碳普惠制试点建设指南》，在广州、东莞、中山、惠州、韶关、河源等 6 个城市探索碳普惠制试点建设工作；2017 年印发了《关于碳普惠制核证减排量管理的暂行办法》，将碳普惠核证减排量（PHCER）作为广东省碳交易市场的有效补偿机制，促成了碳普惠制与碳交易的有效链接；2022 年 4 月，

---

① 万俊毅：《奋力推进南粤乡村产业高质量发展》，《南方日报》2022 年 6 月 13 日，第 12 版。
② 农产品"12221"市场体系是指：建设"1"个农产品大数据平台；组建销区采购商和培养产区经纪人"2"支队伍；拓展销区和产区"2"大市场；策划采购商走进产区和农产品走进大市场"2"场活动；实现品牌打造、销量提升、市场引导、品种改良、农民致富等"1"揽子目标。

修订了《广东省碳普惠交易管理办法》，将原办法中试点地区运行推广至全省，扩展碳普惠覆盖城市及涉及领域，并将农林业、海洋碳汇列为拟重点支持项目。截至2022年6月底，碳普惠核证减排备案累计签发191万吨，提供资金3931余万元，其中来自贫困地区林业碳普惠减排量118万吨，为乡村振兴地区、民族地区及重点革命老区苏区提供资金2467余万元。

在推动生态产品交易平台建设方面，广东省积极推动各地区创新搭建生态产品交易平台。例如，2022年1月，恩平生态产品交易中心成立。恩平生态产品交易中心依托恩平市全资国企——恩平市城市投资开发建设有限公司开发运营，涵盖资源收储、运营和金融服务等三大板块业务。2023年6月，广州首创启动自然资源领域生态产品价值实现平台，该平台由广州碳排放权交易中心与广州市交通规划研究院合作共建，定位于生态产品交易与登记平台、生态产品价值实现信息披露平台、生态产品价值实现案例宣传推广平台、生态产品价值实现项目融资对接平台，旨在承担生态产品开发、备案、登记、流转、注销、信息披露、宣传推广、融资对接等全流程服务，有序推动生态产品市场化交易体系运行。

（五）生态产品保护补偿机制不断完善

生态产品保护补偿机制是发挥政府主导作用的生态产品价值实现路径，包括完善生态保护补偿制度和健全生态环境损害赔偿制度。

近年来，广东省在保护区生态补偿机制、流域上下游横向补偿机制、生态公益林差异化补偿制度等方面不断探索，完善生态产品保护补偿机制。一是建立了更具普惠性的保护区生态补偿机制。以构建"一核一带一区"区域发展新格局为引领，将财政补偿转移支付由26个重点生态功能区县扩围至48个生态发展区县，由50个国家级禁止开发区扩围至145个省级以上禁止开发区，将生态保护红线区和国家级海洋特别保护区新增纳入财政补偿范围。① 二

---

① 《广东生态保护区财政补偿全面扩围提标》，广东省财政厅网站，http://czt.gd.gov.cn/mtgz/content/post_ 2583932.html。

是建立了更具互利性的流域上下游横向补偿机制。积极推进省内重点流域上下游横向生态补偿试点，广东省财政厅联合省生态环境厅、省水利厅共同印发《广东省东江流域省内生态保护补偿试点实施方案》，探索建立"受益者补偿，保护者受益"的生态补偿政策。三是建立生态公益林差异化补偿制度。不断提高生态公益林补偿标准，并实施分区域差异化补偿制度，将云浮市等北部生态发展区大部分区域的省级生态公益林纳入特殊区域执行最高补偿标准。

在生态环境损害赔偿制度方面，广东省已经初步构建起责任明确、途径畅通、技术规范、保障有力、赔偿到位、修复有效的生态环境损害赔偿制度。广东省政府于2018年4月成立了广东省生态环境损害赔偿制度改革工作领导小组，由分管生态环境工作的副省长任组长。21个地级以上市政府全部成立了生态环境损害赔偿制度改革工作领导小组，协调解决改革过程中遇到的重点难点问题，督导推动各项改革措施落地见效。2018年9月，广东省委办公厅、省政府办公厅印发了《生态环境损害赔偿制度改革实施方案》，明确界定管辖范围、补充适用情形、部门分工及工作目标。2020年8月，广东省政府办公厅印发了《广东省生态环境损害赔偿工作办法（试行）》，对生态赔偿各方进行界定，并明晰案件调查、磋商、修复监管、资金管理等事项的工作流程。

（六）生态产品价值实现保障机制不断健全

生态产品价值实现保障机制包括建立生态产品价值考核机制、发挥生态环境保护利益导向作用和深化绿色金融创新。

在生态产品价值考核机制方面，2019年广东省印发了《广东省领导干部自然资源资产离任审计实施办法（试行）》，明确了主要领导干部任职期间在土地、水、森林、草原、矿产、海洋等六类资源，大气、水、土壤等三大环境，森林、草原、荒漠、河流、湖泊、湿地、海洋等七个生态系统方面应当履行的责任。

在发挥生态环境保护利益导向作用方面，2022年9月，广东省发布了

《关于鼓励和支持社会资本参与生态保护修复的实施意见（征求意见稿）》，明确由县级人民政府组织编制生态保护修复方案，公开竞争引入生态保护修复主体。同时出台空间优化、产权激励、指标使用、资源利用、财税支持、金融扶持、科技扶持七大方面的支持政策。例如，对集中连片开展生态保护修复达到一定规模和预期目标的生态保护修复主体，允许依法依规取得一定份额的自然资源资产使用权，在符合国土空间规划和用途管制的前提下从事旅游、康养、体育、设施农业等产业开发。

在深化绿色金融创新方面，广东省多点创新，全方位探索绿色金融支持生态产品价值实现的多种模式。例如，在粤北生态发展区，推动金融机构落地林业碳汇项目、碳排放权抵质押融资以及公益林生态补偿贷款等绿色金融产品。以林业碳汇预期收益权质押贷款为例，韶关新丰农商银行创新采用"传统抵押+碳汇增信"的融资模式，将种林户在授信存续期内形成的林业碳汇指标作为补充增信，并参考市场价格对该客户林业碳汇价值进行评估，将其未来可能实现的碳汇收益权作为质押。

（七）试点示范引领推动实践探索

生态产品价值实现推进机制包括强化组织领导、开展试点示范、推动督促落实、加强宣传引导。近年来，广东省上下联动、高位推进国家生态文明建设示范市县和"绿水青山就是金山银山"实践创新基地创建工作，积极探索符合地方特色的生产发展、生活富裕、生态良好的生态文明发展之路，探索"绿水青山"与"金山银山"转化路径。截至2022年底，广东省共成功创建8个国家生态文明建设示范市，20个国家生态文明建设示范县，7个"绿水青山就是金山银山"实践创新基地，为生态产品价值实现提供了鲜活示范样本。2022年12月，广东省发展改革委遴选12个地区开展生态产品价值实现机制第一批试点建设。同时，广东省自然资源厅分两批印发了《广东省自然资源领域生态产品价值实现典型案例》，为其他地区提供学习借鉴。

三 广东乡村生态产品价值实现的创新实践

在全面推进乡村振兴进程中，生态产品价值实现一方面统筹"山水林田湖草沙"整体生态系统保护和修复大力推动农村生态文明建设，另一方面以绿色生产力推动农村产业全面转型，提升农村自我造血能力，实现农村美、农村富，作用重大。近年来，按照党中央的安排部署，全省各地基于自然生态本底、产业发展基础、经济能力，积极开展生态产品价值实现实践探索，并着力发挥其先导性的作用以带动乡村振兴，取得了初步的成果。典型实践包括：不断增强生态产品供给能力，激活生态、文化资源振兴潜能的南澳县实践；围绕生态产业基础，延伸产业链条促进三产融合的梅县区实践；创新生态产品价值实现机制，以生态资源权益交易盘活乡村生态资源的恩平市实践；绿色金融推动生态产品价值实现，带动乡村产业发展的平远县实践；探索碳汇交易，推动生态资源价值化的湛江市实践。

（一）"生态兴岛"的南澳县实践

汕头市南澳县是广东省唯一的海岛县，地理位置优越、生态环境优良、自然资源丰富、人文历史悠久。近年来，南澳县以习近平生态文明思想为指导，积极践行"两山"理念，坚持"生态立岛、旅游旺岛、海洋强岛"战略，有效提升了海洋生态产品生产能力，促进了当地发展和群众增收，生动展示了生态产品价值实现的蓝色路径和南海典范。

1. 擦亮海岛生态底色

2017年以来，南澳县政府按照"生态兴岛、陆海统筹、系统修复"的思路，实施了"蓝色海湾""绿美南澳"等一系列生态保护修复工程。一是作为全国首批"蓝色海湾"综合整治项目，南澳县坚持陆海统筹，治理、保护和修复多管齐下，提升了海岸、海域和海岛生态环境功能，增强了优质生态产品的供给。二是深入推进绿美南澳生态岛建设，以碳汇林、沿海防护林建设为重点，以林相改造、乡村绿化美化为亮点，全力打造山海相连、蓝绿交织的生态景观，实现海岛森林资源质量更高、生态产品更丰富。三是深入推进农村人居环境整治，开展生态宜居美丽乡村示范带（环岛南线）和美丽旅游岛（环岛北线）乡村振兴示范带建设工作，解决农村卫生环境死角，完成全岛自然村"源头截污、雨污分流"改造建设任务，减少陆源污染点。四是加强生物多样性保护。通过保护主岛海岸线、建成环岛生态养殖带等措施，保护候鸟及其栖息环境。通过加强海上执法监管，严厉打击滥捕野生动物行为，开展海豚、海龟等珍稀物种救助。通过开展保护生物多样性等主题活动，普及生物多样性知识，提高公众对海洋生态系统的保护意识。

2. 发展海岛特色产业

依托丰富的海域海岛自然资源和深厚的历史文化底蕴，南澳县坚持"工业不上岛"理念，将集约、高效、绿色的旅游主导产业和海洋优势产业作为县域经济高质量发展的方向。

南澳县充分发挥得天独厚的旅游优势，以创建国家5A级旅游景区和国家全域旅游示范区为抓手，改造和新建公共服务设施、海滨栈道、观景平台、公共广场等旅游配套设施，深化"旅游+"模式，积极推动"旅游+体育""旅游+乡村""旅游+文化"创新文体旅产业模式，推动农业发展模式转变和产业融合，将红色文化、海丝文化、海洋文化、总兵文化、乡村文化融入大型文旅体活动当中，把突出的生态资源优势转化成产业优势、经济优势，充分打通了生态产品价值实现的渠道。

南澳县坚持供给侧结构性改革，立足县域布局特色农副产品、水产品产地初加工和精深加工，谋划建设"产城高度融合、产品特色鲜明、生态绿色文明"的新型现代农业特色产业。实施生态养殖，推广龙须菜和牡蛎"间插式"的贝、藻混合生态养殖模式；大力发展现代海洋牧场，优化拓展国家海洋牧场示范区功能，引进南澳岛深水网箱养殖基地项目并成功试投产，实现了深水网箱养殖"零"的突破，推动传统渔业转型升级；实施品牌战略，塑造了"南澳紫菜"等国家地理标志产品，南澳牡蛎、后花园宋茶等农产品区域公用品牌。

（二）"三产融合"的梅县区实践

梅县区是国家"绿水青山就是金山银山"实践创新基地、中国长寿之乡、中国旅游强县、全国绿化模范县，国家全域旅游示范区，境内有1个省级、3个市级、5个县级自然保护区，1个国家级、1个市级、10个县级森林公园，森林覆盖率达75.54%。

金柚产业是梅县区的农业主导产业，是全国最大的金柚商品基地，梅县金柚区域公共品牌评估价值高达113.27亿元，位居全省第1。近年来，梅县区通过"龙头企业带动+技术创新驱动+三产融合联动"，强化了生产、加工、品牌营销等各个环节，金柚产量、质量、效益得到持续提升，成功开发了一系列高附加值金柚产品，闯出了一条以生态优势转化为产业特色的富民之路。2022年，梅县区金柚种植面积达27.1万亩，产量56万吨，产值43.5亿元，人均金柚收入9600元。金柚已成为梅县区农民致富奔康的"摇钱树""幸福果"。

1. 一产突出管理提升、品质种植

近年来，梅县区坚持"品质赢市场"，一是培育新型农业经营主体，培育了柚类重点农业龙头企业115家、农民专业合作社765家、金柚种植户5万多户，创新"公司+合作社+基地+农户"的联农带农模式。二是大力推广金柚标准化种植，培育脱毒种苗、建设高标准果园，推广测土配方、科学施肥、病虫绿色防控、无病毒苗木培育等成熟的优质金柚栽培技术，开展有机肥替代化肥、农药使用量零增长等行动，不断提高金柚种植管理水平和柚果品质。截至2022年，该区有10万多亩标准化种植示范基地、0.79万亩绿色食品柚园、1.31万亩有机柚园，柚果质量安全抽检合格率达99.81%以上，农产品地理标志认证比率达100%。

2. 二产围绕一产精深加工，加强产品创新研发

农产品深加工是连接初级农产品与最终消费的中间环节，能够提升初级农产品的附加值，延长农业产业链，推进农业产业化进程。近年来，梅县区大力扶持金柚精深加工发展，形成了较为完整的柚果综合利用加工体系，建

成了商品化程度较高的金柚产业链，培育了李金柚、珍宝金柚、嘉俊食品、富柚生物等精深加工企业 12 家，成功开发出柚苷、柚苷二氢查耳酮、金柚原浆、金柚啤酒、金柚果脯、金柚饮料、金柚花茶、金柚洗护等系列产品，提升了金柚附加值。

3. 三产推进金柚与文化、旅游的深度融合

梅县区积极推动金柚与文化、旅游深度融合。举办各类以金柚为主题的节庆活动，建设原生态的金柚公园，推动金柚生产与观光休闲农业紧密结合。游柚园、赏柚花、摘金柚成为梅县精致高效农业旅游的特色品牌。

4. 以"园"兴农，"柚"再突破

梅县区以创建国家现代农业产业园为重要抓手，进一步推动金柚产业高质量发展，促进农民致富增收。梅县区国家现代农业产业园于 2019 年获批创建，以梅州柚—梅县金柚为主导产业，梅县区根据"两园一轴两片区"的产业布局，在 12 个金柚主产镇规模建设产业园，按照"优种植、促融合、引科技、强品牌、重绿色、联农户"的工作思路，以工业化理念、产业链思维发展现代农业，实施了 20 个建设项目，形成了"生产+加工+科技+品牌+流通"五位一体的金柚全产业链发展格局。梅县区现代农业产业园通过服务惠农、智慧强农、科技兴农，推动梅州柚产业不断提质升级，闯出了一条以"园"兴农的梅县路径。

（三）绿色资源"化零为整"的恩平市实践

恩平市位于粤港澳大湾区西南端，濒临南海、毗邻港澳，是"双区"连接粤西地区和辐射大西南的重要节点。恩平市是国家生态文明建设示范区，拥有全国唯一的地热国家地质公园，被誉为"中国温泉之乡""中国避寒宜居地"，有珠三角唯一保护完好的原始次生林——七星坑省级自然保护区、珠三角最大的水库——锦江水库、珠三角连片面积最大的红树林——镇海湾红树林，鳌峰山、响水龙潭等省级森林公园。恩平市是一座山水之城，森林覆盖率达 53.75%，林木绿化率为 55.24%，平均植被覆盖度达 73.7%。

近年来，恩平市深入践行"两山"理念，立足优质的生态资源，主动

探索实施生态产品价值实现机制，借鉴商业银行分散化输入和集中化输出的方式，于2022年初成立恩平生态产品交易中心，将全市生态资源资产开发利用纳入统一规划部署。

1.建立健全恩平生态产品交易中心运作机制

恩平生态产品交易中心涵盖资源收储、运营和金融服务等三大板块业务，通过构建"资源收储—资产整合—项目运作—产业发展—价值变现—强村富民"运作路径，对碎片化生态资源进行管理整合、转换提升、市场化交易和可持续运营，创新生态产品流转、收储机制，通过租赁、托管、股权合作、特许经营等四种"存入"模式，将相关资源经营权和使用权流转至该中心。交易中心将资源包装成收益可观的"产品"，引入社会资本、市场主体开发运营，因地制宜发展特色生态农业，促进农产品深加工，发展康养度假、艺术文创等特色文旅产业，全面激活水经济，开发高附加值产品，通过资产"零存整取"实现价值溢价。

2.形成生态资源资产清单、生态资源资产重点开发清单和"生态"项目库

恩平生态产品交易中心联合第三方公司共同发起成立合资公司，对全市生态资源资产进行全面摸底调查，建设恩平市资源资产管理数据库和基础数据一张图管理平台，并定期开展全覆盖航空摄影测量，确保数据增量。整合山、水、林、田、湖等自然资源，以及适合集中经营的农村宅基地、集体经营性用地、农房、古村、老街等各类生态资源，形成生态资源资产清单、生态资源资产重点开发清单和"生态"项目库。

3.完善金融产品和服务体系

恩平生态产品交易中心积极引导金融机构通过"生态贷""整村授信"，推动金融信贷助力生态产品价值实现。恩平生态产品交易中心一方面积极引导金融机构创新开展以生态资产产权、收益权和碳汇权益等为抵押物的"生态贷"，为本地群众提供产业发展的资金；另一方面，联合相关银行指导各银行机构与村级党组织充分合作，以每个行政村为单位，对辖内所有农户进行信用状况和经济状况评定，以"产业+整村授信"信用支持模式，实现有合理信贷需求的涉农主体授信"能授尽授"，推进涉农主体发展壮大，推动金融信贷支持生态农业发展。通过"整村授信"，运用支农支小再贷款、再贴现等货币政策工具的支撑作用，大力支持农户及新型农业经营主体发展，进一步推动金融信贷支持生态农业发展。

（四）"一片叶子撬动一个产业"的平远县实践

平远县位于广东省东北部，素有"粤东北绿色生态屏障"之称，是全国绿化模范县、全国森林旅游示范县、国家森林康养基地。截至 2022 年，全县共有森林 160 多万亩，森林覆盖率达 77.55%。作为全省率先试点林长制的山区县，2022 年，平远县成为全省唯一获得国务院林长制督查激励的县。

平远县属丘陵山区，县域山环水绕，气候温和，土质富含硒元素，是南药种植的"沃土"。凭借得天独厚的生态禀赋和资源优势，平远县积极发展梅片树等南药特色产业种植。截至 2022 年，平远县梅片树种植规模已达3.1 万亩，产值达 2.5 亿元，山旮旯的"绿叶子"已经成为带动乡村产业发展、促进农民富裕的"金叶子"。

1. 健全完善联农带农机制

梅片树的主要提取物是天然冰片，我国的天然冰片主要依赖进口，市场前景巨大。2013 年开始，平远县政府引进企业带动农户种植梅片树。2020年，平远县实施村企合作共建梅片树种植基地促进村级集体经济发展试点项目，探索南药梅片产业联农发展长效机制。村企共建梅片树种植基地项目共选取 37 个村集体经济组织为试点，统筹整合利用中央、省、市、县各类扶持资金，投资入股企业合作共建梅片树种植基地。企业对项目从种植、日常管理、采收、运输、回购进行全流程统一经营管理，并按照投资金额的比例确定利润分配。同时，企业与种植户签订保护价收购协议，承诺收购价只涨不降。这种村集体投资、县负责监管、委托龙头企业经营的"公司+基地+农户""投入资金资产化+保底收益"的合作共建模式，以"土地入股分红+基地务工增收"的利益共享机制，既解决了村集体在产业管理方面的难题，又建立了村集体经济稳定增收长效机制，同时实现了村民就近就地稳定就业。

2. 实施"政府贴息+银行贷款"的强农惠农政策

一是政府贴息激发农户种植积极性。2020 年，平远县出台免息补助政策，对连片种植梅片树 100 亩及以上的，给予种苗补助和基础设施补助每亩500 元，新种 5 亩及以上的给予每亩 3000 元贷款额度的 3 年贴息补助，激发了农户的种植积极性。

二是创新产品"梅片贷"，带动农户共同发展。2021 年 4 月，平远农商行以"党建共建+项目授信"的方式，与南药梅片种植龙头企业广东华清园生物科技有限公司（以下简称华清园）党建共建，并向该公司授予万亩南药梅片种植项目统一授信 6000 万元。在项目授信的基础上，围绕华清园"公司+基地+合作社+家庭农场+种植散户"的模式，平远农商行对梅片生产原材料供应相关种植户、合作社、个体户量身定做"梅片贷"信贷产品，依托华清园为供应链平台，将梅片种植户纳入平台进行授信，有效化解了农户融资难融资贵问题。

（五）红树林变"金树林"的湛江市实践

广东湛江红树林国家级自然保护区位于广东省的西南部，总面积约 2 万公顷，其中，红树林面积 9000 多公顷，是我国红树林面积最大、分布最集中、种类较多的自然保护区。红树林具有极其重要的生态和经济价值，在固碳储碳、应对气候变化和维持生物多样性等方面发挥着重要作用。2019 年，自然资源部第三海洋研究所与广东湛江红树林国家级自然保护区管理局合作开发了我国首个红树林碳汇项目，并于 2021 年通过市场交易机制完成蓝碳碳汇交易。这为红树林等蓝碳生态系统的生态产品价值实现提供了示范。同时，红树林保护虽然很难产生直接的经济效益，但在海洋生态平衡中发挥着巨大作用。湛江海洋生物资源禀赋优异，鱼类、虾类、甲壳类等与沿海红树林生态存在"互生"或"共生"关系，是附近村民发展海洋产业、拉动经济的重要源泉。依托于红树林碳汇开发，湛江加速探路"红树林经济"，推动生态优势转化为惠民效益。

1. 保护优先，提升生态产品供给能力

由于历史上围海造田、围海养殖等行为，湛江红树林也一度遭到破坏。近年来，湛江市坚持生态优先，积极推动红树林生态修复工作，通过出台管理办法、创新巡护管理模式、建立多部门联防联控体系、有序推进红树林确权登记、强化红树林科技支撑、开展社区共建共管等措施，积极推动红树林生态修复，保护区范围内自然资源及生态系统得到有效保护，红树林资源逐年增加，生物多样性持续增长，在全世界红树林面积仍以年1.0%递减的背景下，湛江红树林面积却逐年增长，被国际湿地专家称为世界湿地恢复的成功范例。2021年底，湛江正式提出打造"红树林之城"。同时，印发了《湛江市建设"红树林之城"行动方案（2021—2025年）》，明确提出"打响'红树林之城'特色品牌，让'湛江红树林'成为广东生态建设的新名片"。

2. 开发蓝碳碳汇项目

2019年，自然资源部第三海洋研究所与广东湛江红树林国家级自然保护区管理局合作，将2015~2019年保护区范围内种植的380公顷红树林产生的碳汇按照核证碳标准（Verified Carbon Standard，VCS）和气候社区生物多样性标准（Climate，Community and Biodiversity，CCB）标准进行开发。2021年3月，"湛江红树林造林项目"通过VCS开发和管理组织Verra的评审并成功注册，该项目也是全球首个同时符合VCS和CCB的蓝碳碳汇项目。2021年6月，"湛江红树林造林项目"首笔5880吨的碳减排量转让协议签署，标志着我国首个蓝碳交易项目正式完成。

3. 构建海洋碳汇的统计核算体系及工作机制

2021年，湛江市开始启动红树林碳普惠方法学编制工作。湛江市组织编制的《广东省红树林碳普惠方法学》于2023年2月通过广东省碳普惠专家委员会技术评审，2023年4月由广东省生态环境厅发布，标志着我国首个蓝碳碳普惠方法学正式实施，形成了首个红树林碳汇核算省级"广东标准"。《广东省红树林碳普惠方法学》为国内首个可监测、可报告、可核查的碳核证减排量方法学，解决了红树林碳增汇的量化和变现两大难题，推动了红树林碳增汇市场化、价值化。湛江市还印发了《湛江市森林、海洋和渔业碳汇项目开发交易工作指导意见》，积极开发海洋碳汇相关碳普惠项目，探寻海洋碳汇自愿减排项目进入碳市场交易的机会和方式。

4. 发展"红树林经济"

一是探索红树林保护与养殖共存的生态生产经营模式。2021年11月，湛江市东海岛开展红树林生态修复和养殖塘耦合共存模式试点，借鉴桑基鱼塘模式，遵循生态系统物质循环和能量流动规律，探索可持续发展的循环生态模式，既能保护修复红树林，还能兼顾经济收益。

二是将红树林要素融入文旅产业链。红树林拥有独特的生态系统和深厚的人文精神内涵，具有观赏、科普教育等多元价值，是优良的天然科教文旅场所。湛江市近年来陆续开发了廉江高桥红树林风景区、霞山特呈岛红树林生态湿地公园、雷州九龙山湿地公园、麻章通明港红树林"十里画廊"等红树林旅游景点，推动红树林生态旅游成为滨海旅游的新引擎，让红树林真正成为"金树林"。

参考文献

广东省人民政府办公厅：《广东省建立健全生态产品价值实现机制实施方案》，2022年10月。

广东省生态环境厅：《2022年广东省生态环境状况公报》，2023年5月。

B.11
2022年广东乡村振兴示范带建设报告

万磊 曹彦娜*

摘　要： 广东区域发展差别较大，全省同步实现乡村振兴难度较大，需要优先选择区位优势明显、人口聚集度高、产业发展好的地区，发挥引领带动作用，形成经验后以点带面全面推开。2022年，广东部署了"乡村振兴示范带"建设工作，以改善环境为基础、以提升风貌为标志、以发展产业为核心、以特色文化为内涵、以农民增收为目的，在整合优势资源、发挥集聚效应、推动县域经济、实现共同富裕等方面率先突破，形成极点，连线成片建设产业、人才、文化、生态、组织五大振兴先行示范区，探索突破城乡地域限制，全域全面推进乡村振兴的有效路径。乡村振兴示范带力求形成地域特色明显的广东样本、经典IP、岭南风格，创建广东乡村振兴品牌，推动广东乡村振兴迈入新阶段。

关键词： 乡村振兴示范带　系统治理　广东省

党的二十大报告提出"全面推进乡村振兴""加快建设农业强国，扎实推动乡村产业、人才、文化、生态、组织振兴"。习近平总书记指出，"乡村建设要抓紧干起来，稳扎稳打、久久为功"。2022年，广东针对以往乡村振兴项目多点开花、难以形成规模效应等问题，部署了"乡村振兴示范带"

---

* 万磊，广州市委党校党史党建教研部讲师，博士，主要研究方向为基层党建与基层治理、农村集体经济与土地问题；曹彦娜，华南理工大学博士研究生，主要研究方向为马克思主义基本原理、主体性哲学。

建设工作，以中心村为节点、圩镇为枢纽，突破城乡行政单元限制，串点成线、连线成片、集片成带，统筹各类主体、资源要素、建设项目，全面推进乡村振兴。"乡村振兴示范带"是适应新发展格局要求、全面推进乡村振兴的重大战略，是顺应三农工作重心历史性转移、全面推动乡村振兴的重要探索，是新阶段广东全面推进乡村振兴的必然要求，是促进城乡融合发展、实现共同富裕的重大平台。

一 乡村振兴示范带的建设意义

乡村振兴示范带延续广东三农工作的良好基础和丰富经验，立足新发展阶段下农业农村的结构变化特征，着眼农民对美好生活的需求，突破村域边界限制，规模化、集成化、系统提升已有工作成果，充分发挥示范和带动作用，实现全域全面乡村振兴。

（一）乡村振兴示范带的提出背景

1. 以村、镇单元为对象的乡村振兴政策取得良好效果

农村融生产、生活、生态三大功能为一体，是农民聚集居住和国家行政管理的基础单元，因此有行政村或建制村的称谓。以往有关乡村的公共政策多是以村为单位，改善了农民切身的生产生活环境，取得了良好效果。2018年广东《关于全域推进农村人居生态环境综合整治建设生态宜居美丽乡村的实施方案》印发实施，提出全域推进生态宜居美丽乡村建设。2019年，广东实施关于深入推进"千村示范、万村整治"工程的行动方案，全省15.3万个自然村按照干净整洁村、美丽宜居村、特色精品村三个标准分类整治提升。2021年全面脱贫攻坚取得胜利后，广东创新开展乡村振兴驻镇帮镇扶村工作，将帮扶重点从村上升到镇，在镇的层面统筹资源，提升镇域公共服务能力，发挥镇连县带村的纽带作用，推进镇村同建同治同美、联动发展。以村、镇等行政单元为政策对象，优点是有成熟的行政体系和人员队伍，便于推动项目落地和开展工作。

2. 农村经济、社会结构变革要求突破行政地域边界，更好适应人口、资源流动

无论是以村为单元还是以镇为单元，抑或旅游线路的开发，都没有完全解决单元之间的有机联系。特别是集体土地的外部排他性，造成村域具有明确的边界，产权的跨社区流动受到阻碍，经济活动难以取得规模效应。在城市化和工业化影响下，部分村庄的人口向外流动，形成了空心村；而部分村庄的产业发展壮大，外来人口流入，经营活动已经远远超出原有的村域边界，走向更大范围的集群，要求突破行政区的诸多限制，于是出现了各种联村发展、组团发展的趋势。与此同时，人口随产业流动，集聚水平提升，农村基础设施和公共服务更多地由小城镇集中提供。因此，以镇为枢纽，串联式、组团式、带状式等乡村建设形态将成为一个重要趋势。正如习近平总书记指出，今后一个时期，是我国乡村形态快速演变的阶段，建设什么样的乡村、怎样建设乡村，是摆在我们面前的一个重要课题。

3. 广东资源禀赋特点和工作基础有助于形成若干乡村振兴先行示范带

广东区域发展差别较大，资源禀赋、发展条件和发展基础极不均衡。一方面，全省已经创建美丽宜居村 12214 个、特色精品村 1316 个，建成 5 条省际廊道、91 条美丽乡村风貌带和 60 多条美丽乡村精品带。在此基础上，从一个个独立的乡村点过渡到一片片示范带，从风貌景观带上升到全面振兴带，具有顺理成章和水到渠成的效果。另一方面，粤东西北地区分布了全省68%的乡村，有一些村巩固脱贫攻坚成果的任务较重，产业基础薄弱，人居环境短板较多，这就决定了全省各地同步实现乡村振兴难度很大，需要优先选择区位优势明显、人口聚集度高、产业发展好的地区建设乡村振兴示范带，发挥引领带动作用，形成经验后以点带面全面推开。

（二）乡村振兴示范带的内涵

2022 年 4 月，《中共广东省委 广东省人民政府关于做好 2022 年全面推进乡村振兴重点工作的实施意见》提出"推进乡村振兴示范带建设。以中心村为节点、圩镇为枢纽，多镇连片、整县整镇或跨县连镇整体推进产业振兴、人才振兴、文化振兴、生态振兴、组织振兴，统筹推进山水林田湖草修复和乡村风貌塑造，分步分类打造乡村振兴综合体"，标志着乡村振兴示范带这一概念首次出现在政策文本中。4月16日，广东召开乡村振兴示范带建设工作电视电话会议，部署乡村振兴示范带建设工作。6月，《广东省乡村振兴示范带建设指引（试行）》印发，为全省各地建设乡村振兴示范带提供了基本遵循和工作指南。7月，广东省农业农村厅、省乡村振兴局、省财政厅联合印发《关于开展2022年度"广东省十大乡村振兴示范带"评选工作的通知》（以下简称《通知》），启动了乡村振兴示范带建设的激励奖补过程。

（1）建设目标。乡村振兴示范带以提高农民的安全感幸福感获得感为目的，以增强示范引领性辐射带动性为目标，利用乡村振兴示范带的建设打破县镇村的行政界限、突破示范村的局限性、克服整镇整县整建制全面示范的难点，通过"点的示范"达到"面上带动"的目的，以点带面推进乡村振兴各项工作。

（2）建设内容。包括党建引领、产业兴旺、环境改善、风貌提升、乡风文明、设施完善、治理有效、运营规范等8方面。

（3）建设类型。根据资源禀赋、产业结构、经济基础，各地结合实际因地制宜建设，一般可分为都市农业型、生态山林型、秀美风光型、海岸海岛型、文化特色型等。

（4）建设方法。乡村振兴示范带要求规划设计先行、利用驻镇帮镇扶村工作机制、完善乡村振兴土地保障、统筹资金保障、加强组织领导等5方面工作。乡村振兴示范带建设分为夯实基础、基本建成和示范带动3个阶段。

（5）与相关工作的关系。乡村振兴示范带充分利用现有工作基础，无缝衔接农村人居环境整治提升、现代农业产业园、乡村文化发展、美丽圩镇建设、少数民族特色村镇建设工作，统筹整合"四好农村路"、古驿道、碧道、绿道、长征历史步道、中小河流整治等成果，实现乡村发展、乡村建设、乡村治理等互相促进。

（6）奖补措施。2022 年，广东在全省范围内以涉农县（市、区）为单位，采取从下至上、竞争性遴选方式，评选 13 条"广东省十大乡村振兴示范带"，从省级涉农资金中安排 10 亿元用于奖励。奖励经费主要用于各县（市、区）开展乡村振兴示范带建设以奖代补工作，获奖单位应将奖励经费的 50% 以上用于加强引导社会资本和金融资本，在不形成地方政府隐性债务的前提下，因地制宜探索以奖代补、先建后补、贷款贴息、设立风险池等多种方式引导更多国有企业、民营企业和社会团体等参与，撬动各类资金支持乡村振兴示范带建设。

（三）乡村振兴示范带建设的重要意义

1. 建设乡村振兴示范带是引领带动乡村全域振兴的重要途径

有利于集聚资源优势形成规模效应；有利于集中资金、技术、人才等各类要素投入；有利于引导城市资本、人才、技术等要素下乡，带动农业农村现代化，农村人口城镇化，提高农业的生产效率，实现城乡融合、共同富裕。

2. 建设乡村振兴示范带是发展县域经济的重要抓手

跨县联镇串村建设乡村振兴示范带，有利于有效整合沿线资源，推进县域、镇域、乡村产业形成规模集聚效应，促进县镇村联动发展，实现基地在农村、加工在乡镇、收益在村集体和农民；有利于加快农村一二三产业融合发展，促进乡村产业体系不断完善，实现把产业链主体留在县域，把就业机会和产业链增值收益留给农民，最大限度惠及农业农村发展；有利于推动城乡人口、资源、产业等要素双向流动，引导城市基础设施和公共服务向农村延伸。

3. 建设乡村振兴示范带是打造广东乡村振兴标志性品牌的重要路径

广东作为改革开放的排头兵、先行地、实验区，亟须创建具有广东特色的乡村振兴品牌和模式，探索符合广东实际的乡村振兴道路。建设乡村振兴示范带可以突出各地自然地理、资源禀赋和历史文化特征，打造珠三角都市农业、粤北山居、沙田水乡、瓜果田园、滨海渔韵等不同地域特色的广东样本、经典 IP、岭南风格，创建广东品牌，推动广东省乡村振兴迈入新阶段。

二　乡村振兴示范带的全面推进及成效

乡村振兴示范带政策实施以来，全省各地积极响应，立足自身实际，结合已有工作基础，整合各类资源，一批各有特色的乡村振兴示范带建设初显成效。

（一）典型实践

1. 珠三角强镇带动、全域建设模式

珠三角经济社会发展的特点之一就是在工业化进程中形成了众多专业镇、中心镇，具有相当于内地县一级的经济体量，公共服务水平和辐射带动能力极强，成为城市群中的重要节点。由于人流、物流、资金流、信息流的密切互动，珠三角城市的一些经济区的范围与行政区已经不完全一致，乡村振兴示范带建设具有更明显的现实意义，目前已进入全域统筹、全域建设、分类推进阶段。

广州建立三级联动的"市统筹+区主体+镇街实施"规划建设体系及分级负责推进机制，规划"三片四脉、山海连城"乡村振兴示范带总体格局，对全市 7 个行政区进行特色主题分区指引。根据地区资源禀赋、产业结构、经济基础等特点，区分生态旅游、都市农业、文化特色、三产融合、渔港水乡带动等五种乡村示范带类型。花都区在全市率先编制区级规划指引，以"花漾花都、乡约百里"为主题，利用 100 公里的环乡翠环串联全区 20 条重点新乡村示范带，系统整合沿线生态、产业、文旅、历史等资源，统筹推进全区乡村振兴工作。2022 年 9 月，花都区在全省"乡村振兴大擂台"中充分展示 20 条新乡村示范带的建设成效，为全省乡村振兴工作提供了示范。目前，广州已建成 7 条亮点纷呈的精品乡村振兴示范带。2025 年之前，广州还将建成 30 条乡村振兴示范带，每条示范带将至少串联起 1 个镇、5 个

村，至少建起 10 公里的精品段。

东莞与中山作为直筒子市，镇是经济发展的主力、公共服务的枢纽、乡村振兴的前沿阵地，若干相邻的镇又在市域内形成了经济空间意义的片区，乡村振兴示范带建设规模大、路线长、元素丰富。

东莞在全域以"莞邑拾光"乡村振兴示范带为总抓手，以荔乡红韵、松湖融合、三江六岸、和美水乡、莞邑古村、客韵侨乡、滨海嘹歌、芬芳香市、湖光山色、荷塘月色为十大主题，绘就全域发展"规划图"，串联 30 个镇街、247 个行政村（社区），总长度达 430 公里。针对自然地理、城市空间、地域文化的差异，"莞邑拾光"各示范带融合了产业兴旺、环境改善、风貌提升、乡风文明、设施完善、治理有效等要素，以达到乡村全面振兴目的。在推进机制上，东莞明确将"加快建设乡村振兴示范带"纳入市委市政府重点工作督查考评事项，以工作考核"指挥棒"压实相关主体责任，强力推动工作实施。

中山建设"香山古韵""岐水流芳"两大乡村振兴示范带，以村为节点、镇街为枢纽，串点成线、连线成片、集片成带，跨越 21 个涉农镇街，遍布 130 多个村居。"岐水流芳"乡村振兴示范带建立在中山著名的花木产业基础上，用活用足四个村连片万亩花木基地、美丽西江景观带等产业和美丽乡村资源，集中力量打造一条集花木科研产销、文化旅游、水利科普、生态湿地涵养、岭南水乡文化展示于一体的一二三产融合发展示范带。"香山古韵"则借助传统村落和田园风光大力推动文、农、旅融合。"强镇带村"的本质在于，强化乡镇"联城带村"的节点功能，不断缩小城乡区域差距，推动城乡融合发展。

佛山是乡村振兴示范带工作的发源地，自 2019 年起开始探索建设。"百里芳华"乡村振兴示范带站在全市的战略高度进行资源优化和整合，总里程超 100 公里，涉及佛山 5 区 21 个镇（街）116 个村居，覆盖约 1/4 的乡村地区，1/5 的市域面积。示范带围绕"美丽家园""美丽田园""美丽河湖""美丽园区""美丽廊道"五大行动，彰显岭南水乡特色。在示范带区域内，佛山市高标准布局 6 个省级现代农业产业园建设，积极推动高科技赋能现代农业发展，现已初步形成现代园艺、高值花卉、优质淡水鱼、农业旅游、优质果蔬等特色主导产业集聚区。

珠三角城市以示范带为纽带，以镇域为枢纽，助推"强镇"成长为基本公共服务供给中心，推动医疗、教育、文化等公共服务向村庄辐射延伸，城乡资源双向流动，探索城乡融合高质量发展之路，实现城市化与乡村振兴交相辉映。

2. 密集化打造精品村，逐步串联成示范带

在粤东西北一些市域面积大、人口分散、传统农业村庄较多的地区，为避免单村独亮、局部开花的碎片化现象，广东密集打造示范村，多个示范村自然连片汇集形成示范片区，实现"以点带面"推进乡村振兴示范带建设的初衷。高州市坚持以典型标杆带动，按照"县—片、镇—村、村—组"工作思路推进乡村振兴示范带建设。每年县级打造一个示范片、每个镇街打造一个示范行政村、每个行政村打造一个示范自然村（村小组）。目前，已打造了近100个示范村，特别是东线示范带内培育发展了龙眼、荔枝等特色产业，打造了中国荔枝博览馆、储良母树公园等文旅示范项目。该示范带现已成为广东省美丽乡村精品线路，年吸引游客超200万人次，成为茂名"精彩100"乡村振兴示范带的重要组成部分。

佛冈县水头镇乡村振兴示范带以"江源水韵"为主题，涵盖莲瑶、新联、新莒、桂元、石潭5个行政村及水头圩镇，串点成线、连线成片、集片成带，全县总长约24.5公里，示范带建设主要包含交通基础设施提升、农房外立面整治、乡村振兴示范点等建设工作。示范带建成后，将串联农光旅产业、魔芋产业园、医养中心、党建展览馆、民宿和餐饮游玩等项目。以特色文化为内涵，以乡村运营为关键，通过改善环境、提升风貌、发展产业，带动和引领水头镇实现全域振兴。

3. 创新"联村党建"模式，在更大范围内整合社会治理资源

围绕涉及多条行政村的发展项目，在组织关系不变、隶属关系不变的情况下挑选各村镇优秀党员组成临时党支部，以临时党支部指导项目建设，并通过开展共建共学等活动加深各村镇党组织之间的联系，破除各村党组织干部各自为政的局面，促进各村镇思想步伐统一、劲往一处使。

构建多层次治理体系。围绕镇（街道）、村（社区）、基础网格、经济社等构建多层次治理架构，将党的组织建制向村镇基层延伸，推动示范带社会治理更加精细化，同时围绕多层次治理体系打造基层治理信息化平台，提升治理能效。以广州从化区为例，从化区以新乡村示范带建设引领全区"十四五"时期乡村振兴工作，在借鉴特色小镇区域化党建的基础上，率先探索建立了新乡村示范带党委，充分调动示范带内行政村党组织和相关职能单位党组织的积极性。当前从化区已成立莲麻村新乡村示范带党委、罗洞工匠新乡村示范带党委等 5 个新乡村示范带党委。在村镇治理方面，从化区建立了"镇（街）党（工）委—村（社区）党组织—网格党支部—经济社（楼栋）党组织—党员责任区"五级组织体系，通过"村级党组织+网格党建"，将党的组织建制拓展到基础网格、经济社，以此进一步提升乡村治理能效。

（二）乡村振兴示范带的成效

一是农民收入提升。开展乡村振兴示范带建设已近 1 年，兴农带农作用明显，由精品乡村振兴示范带带动的村民人均可支配收入超过本地平均水平20%。花都"花漾年华"乡村振兴示范带农业总产值超过了 28 亿元，示范带的 20 个村村集体收入都超过了 300 万元，村民人均可支配收入 4 万元，高出花都区平均水平 20%。

二是将示范带打造成特色产业集聚区。以国家级/省级现代农业产业园为载体，推动特色产业向下游精深加工延伸，同时着力引培龙头企业，促进特色产业与文化旅游、休闲旅游、康体养生等业态融合发展，延伸带动建设田园综合体、农业示范基地等项目，推动主导产业向示范带连片集聚。

三是撬动了社会资金参与乡村振兴。广东省各地积极探索构建以财政资金为引导，撬动社会资本多方力量进入的多元投入机制。以陆丰市为例，陆丰市围绕"1+5"乡村振兴示范带体系建设，通过制订"资金保障计划"、举办乡村振兴擂台赛、创新企业组织运营模式、加大招商引资、积极争取上级奖励等举措，创新性探索出"以事找钱、竞争逐钱、运营生钱、改革活钱、招商引钱、银行放钱、上级奖钱、实干来钱"的运营路径。2021年，陆丰市整合近29亿元投入基础设施建设，获得全市金融机构涉农贷款62亿元，获得上级各类奖补资金支持超过2亿元，吸引了民宿、酒店、田园综合体等一大批项目投资，总投资额超500亿元。

四是有力提升了乡村建设工作，促进农村人居环境改善。乡村振兴示范鼓励乡村居民参与环境整治和生态环境保护工作，提升居民的参与感、幸福感和认同感。重视文化传承，推动人居环境与示范带建设充分融合。在示范村中围绕当地传统文化推进旧房外立面改造和基层文化示范项目建设，构筑当地人文生态底色，并为打造精品特色村、美丽宜居村，发展特色民宿、农家乐、田园综合体等文旅项目奠定基础。

（三）乡村振兴示范带建设的经验

一是党建引领，以坚强领导核心和有效治理形成合力。治理有效是乡村振兴的重要基础，广东省各地通过创新性探索乡村治理联动模式，做好多村镇治理，推进示范带内村镇实现资源共享、抱团发展。

二是做实产业，以农业规模化发展带动串珠成线。构建"一县多园""一园多村"的产业空间布局。推动多个行政村围绕同一主导产业抱团发展，实现资源共享、多方共赢。在产业园、示范基地内大力推广应用数字技术和农业新技术，推动示范带内农业全产业链强基、提质、长链、融合、富民。

三是创新组织经营模式。通过创新"股票田""股票宅"等方式，推动农户和集体经济组织成为示范带建设的主体，构建形成新的利益联结机制。

三　建设乡村振兴示范带的展望

一是多渠道筹措资金，强化乡村振兴示范带建设资金保障。资金是保障乡村振兴示范带建设的关键要素，具体来看，第一，加强与银行、保险等金融机构合作。广东鼓励金融机构围绕绿色金融、供应链金融、农村信贷等领域探索产品创新、改革创新和服务创新，满足示范带内经营主体的需求，助力打造乡村振兴示范带。第二，构建多元资金筹措体系。一方面积极发动社会乡贤、对口协作地区的社会力量参与乡村振兴示范带建设；另一方面通过涉农资金、专项债、土地资本等积极拓展筹资渠道。第三，坚持建设与运营并行。在乡村振兴示范带规划初期就做好住宅、商业、产业、加油站等功能用地规划，以经营城市的理念运营示范带，依托示范带建设带动沿线土地、资产、生态产品稳步增值，为招商引资、多元投入奠定基础。把建设乡村振兴示范带摆在全面推进乡村振兴更加突出的位置抓好抓实，探索走出一条具有岭南特色的全面推进乡村振兴的路子。

二是进一步厘清乡村振兴示范带的建设思路。从农业农村的实际出发，重点处理好乡村振兴示范带和美丽乡村风貌带、全面推进和重点突破、集中攻坚和久久为功、农民主体和政府作为、示范带建设和全局工作这五个方面的关系。更广范围、更高水平、更大规模地凝聚工作力量，整合优势资源，发挥集聚效应，系统集成推进乡村振兴各项工作，从而实现抓点带面、示范引领全面推进乡村振兴。

三是坚持长期作战、久久为功。乡村振兴示范带建设统筹任务多、涉及面广，必须抓住重点、持续用力，抓紧抓实抓出成效。科学规划布局，守住底线红线，选好示范区域，坚持因地制宜。突出产业发展，在规模上统筹整合、在质量上拓展提升、在层次上集群发展。统筹抓好乡村建设，更严要求打牢环境底板、更高水平推动设施升级、更高标准促进风貌提升。深入推进乡村治理，在发挥基层党组织引领作用上做示范、在乡风文明建设上做示范、在维护农村平安稳定上做示范。

四是精心组织实施，为乡村振兴示范带建设提供坚强政治保证。进一步完善乡村振兴示范带建设的体制机制，层层压实抓示范带建设的主体责任，党委农村工作部门要发挥好牵头抓总的作用，组织、宣传、财政、人力资源、自然资源、生态环境、住房城乡建设、农业农村、文化和旅游、市场监管等部门要齐抓共管、协同推进，提供政策支持，形成工作合力。

参考文献

新华社：《中共中央办公厅 国务院办公厅转发〈中央农办、农业农村部、国家发展改革委关于深入学习浙江"千村示范、万村整治"工程经验扎实推进农村人居环境整治工作的报告〉》，《农村工作通讯》2019年第6期。

新华社：《中共中央 国务院关于全面推进乡村振兴加快农业农村现代化的意见》，《中华人民共和国国务院公报》2021年第7期。

黄祖辉：《准确把握中国乡村振兴战略》，《中国农村经济》2018年第4期。

李周：《乡村振兴战略的主要含义、实施策略和预期变化》，《求索》2018年第2期。

B.12
2022年广东乡村党建报告

范斯义*

摘　要： 党的二十大报告提出，"坚持大抓基层的鲜明导向，抓党建促乡村振兴"。广东省严格贯彻落实党中央重大决策部署，不断加强党的全面领导和党的建设，完善基层党组织制度体系建设，深入开展"头雁工程"，锻造骨干力量，通过"党建+智治+自治"为乡村基层社会治理赋能提效，逐步夯实乡村党建工作的基础，实现党建引领，以优势资源促乡村振兴新跃升，探索党建引领基层治理的广东路径。

关键词： 基层党建　乡村振兴　广东省

　　党的二十大报告指出，"全面建设社会主义现代化国家，最艰巨最繁重的任务依然在农村"，强调"抓党建促乡村振兴"，赋予农村基层党建重大使命。2022年，广东坚定不移地加强党的全面领导和党的建设，发挥党组织头雁作用，推动农村产业经济高质量发展，培育农村发展新业态。在全面推进乡村振兴战略实施过程中，深入贯彻落实新时代党的建设总要求，实施加强基层党建三年行动计划，推动各级党组织全面进步、全面过硬，为高质量推动乡村振兴、在新征程中走在全国前列、创造新的辉煌提供坚强政治保证和组织保证。

---

　　* 范斯义，广东金融学院马克思主义学院讲师，主要研究方向为乡村治理与农村发展。

一 加强党的全面领导和建设，引领乡村振兴高质量发展

广东省在实施乡村振兴战略进程中，始终围绕中国式现代化建设中心任务，围绕高质量发展首要任务和构建新发展格局战略任务，奋力实现"十大新突破"，带动全局全面跃升，谱写广东现代化建设新篇章。其中，"十大新突破"之一就是要坚定不移加强党的全面领导和党的建设，在营造良好政治生态上取得新突破。广东始终牢记习近平总书记殷殷嘱托，坚持大抓基层的鲜明导向，滚动实施两轮基层党建三年行动计划，一年一个主题推动基层党组织全面进步、全面过硬，进一步筑牢上下贯通、执行有力的严密组织体系，为广东推进现代化建设提供坚强政治保证。基层是我国社会治理的基础和重心，党的领导是推进基层治理体系和治理能力现代化的关键和保障。2022年，广东基层党建三年行动计划的主题是"提升党建引领基层治理效能"，着力将党的组织优势转化为治理效能，不断推动"广东之治"走向现代化。① 近年来，广东着力推动资源服务管理下沉，健全乡村党组织领导机制，为广东持续推动农村治理打下了坚实的基础。通过印发《关于深化乡镇街道体制改革完善基层治理体系的意见》，将区县部分行政职权下放乡镇，并进一步加强充实乡镇街道行政执法力量，积极推进行政执法权限和力量向基层延伸和下沉。通过坚持超前谋划、科学部署，把"五有"党建引领乡村振兴示范样板建设作为实施乡村振兴战略的一项重要工作抓紧抓实。

一是加强农村基层阵地建设。建成一批高标准的党群服务中心，推进"党务+政务+服务"一站式服务，进一步增强党政服务基层的能力，夯实乡村振兴服务资源，以更好地满足农村、农业、农民的"三农"问题要求；氛围浓郁的党建公园和党建宣传长廊与党群服务中心相互映衬，成为支部主

---

① 中共中央党史和文献研究院编《习近平关于"三农"工作论述摘编》，中央文献出版社，2019，第185、188页。

题党日活动的主要阵地，确保党员融入党内民主生活之中，以更好地提升党组织战斗力；把示范创建工作与乡村振兴示范带建设、"四小园"小生态板块建设相结合，为农村风貌管控把好方向。

二是完善基层党组织制度体系。以制度建设促进农村基层党组织管理规范化，印发农村基层组织工作权责、党员教育管理、基层治理、运转经费等四类工作机制共计38项，确保各基层党支部在组织健全、制度完善、运行规范、档案齐备等方面有标准可依，有规范可循。依托组织制度体系的健全和完善，引导农村基层党组织充分发挥战斗堡垒作用，保持基层党组织的凝聚力、战斗力和向心力，调动各类优势资源，为乡村振兴提供组织保障。

三是提升农村基层治理水平。严格执行"三会一课"、主题党日、谈心谈话、民主评议党员、党务公开等制度，建立健全"村党总支部+村党支部+党小组"三级党建网格，探索实施"党建+三治融合"（以党建为核，民主自治、平安法治、文明德治相结合）乡村治理新模式，打造159个党群议事厅作为基层民主自治的"大本营"，坚决将基层治理的"最后一公里"缩短至"最后一米"。

二 深入开展"头雁工程"，锻造骨干力量

办好中国的事情，关键在党，关键在人，关键在人才。广东要深化改革开放，推动高质量发展，提高发展平衡性和协调性，加强党的领导和党的建设，基层党组织带头人队伍建设是关键因素。

广东先后实施了《广东省加强党的基层组织建设三年行动计划（2018—2020年）》《广东省加强党的基层组织建设三年行动计划（2021—2023年）》，以专项行动计划统筹推进各领域基层党建工作，一年一个主题、一步一个台阶，不断扩大基层党的组织覆盖和工作覆盖，不断提升基层党组织建设制度化、规范化、科学化水平。"村子富不富，关键看支部；村子强不强，要看'领头雁'。"通过"头雁工程"，培养选拔出一大批有干劲、会干事、作

风正派、办事公道的人担任"头雁",从而不断增强基层党组织的政治领导力、思想引领力、群众组织力、社会号召力,推动全省基层党组织全面进步、全面过硬,把全省基层党组织锻造得更加坚强有力,以高质量党建推动高质量发展,为锻造骨干力量,实现乡村人才振兴,组建起专业化、职业化的工作队伍。广东省各级党组织充分吸收以往经验,选优配强基层党组织工作队伍,厚植乡村振兴的人才基础。广东省通过"选+聘"方式选好配强工作人员队伍:一方面严格按照法律法规规定的每个村3~7人、每个社区5~9人的职数标准选好村(居)委会成员,可根据需要专职或兼职;另一方面出台《广东省城乡社区服务体系建设"十四五"规划》,提出"2025年每万城镇常住人口拥有工作人员18人"的预期性指标,可通过向社会公开招聘的方式补足人数。截至2022年底,全省2.7万个城乡社区有约30万名社区专职工作者。2021年完成了全省26361个村(社区)"两委"换届选举,使村(社区)干部面貌焕然一新,大专及以上学历比例有提高,素质能力更强;平均年龄下降,班子更有活力。全省选举(推选)产生村(居)委会成员13.03万名,其中,村、居委会主任大专及以上学历比例分别为53.8%、88.2%,分别比上届提高了29个百分点、10个百分点;平均年龄分别为44.8岁、43.6岁。村(居)委会成员大专及以上学历比例为56.4%,比上届提高了22.7个百分点;平均年龄为41.1岁,比上届降低了3.3岁。[①]

三 "党建+智治+自治"为乡村基层社会治理赋能提效

党的二十大报告指出,全面建设社会主义现代化国家,最艰巨最繁重的任务仍然在农村,并要求健全共建共治共享的社会治理制度,提升社会治理效能。乡村治理是实现乡村振兴的重要基石,也是推进国家治理体系和治理能力现代化的重要一环。我们要深入学习贯彻党的二十大精神,以及习近平

[①] 《广东农信投入110亿元贷款资金支持现代农业产业园建设 助力农业现代化发展》,广东农信,2023年9月25日,http://www.gdrcu.com/gdrcunew/nxdt/nxxw/202309/101258.html,最后检索时间:2023年10月24日。

总书记对乡村治理工作做出的一系列重要论述精神，有效提升乡村治理效能，推进乡村治理体系和治理能力现代化。基层治理，自治是基础，法治是保障，德治是支撑。广东各地农村党组织积极探索，因地制宜，针对治理薄弱的村（社区）、产业园区、重点项目等，构建不同的自治模式。近年来，惠州不断强化党建引领，制定"1+1+N"纲领性文件，推动重心下移、力量下沉、资源下倾，着力解决乡村振兴的难点痛点，各项工作不断取得突破，不仅有力维护了社会和谐稳定，也进一步优化了营商环境。2022年，惠州GDP超5400亿元，以4.2%的增速位居全省第1；5年来，惠州新增市场主体36.4万户，新增百亿级企业7家、上市企业22家。

广东省在基层党建工作中，更加注重普通党员、村民对村级事务的参与度和关注度，强调借助制度完善和方法升级，构建基层治理的新局面。[①] 在这一思路指导下，积极探索党组领导下的基层议事协商机制，逐步扩大自治主体范围，形成群策群力、共治共享的新格局，广东省已建立城乡社区议事协商示范点3100多个，建立村民议事平台9900个，为乡村振兴提供有力的组织保障。[②] 如大亚湾"四级联户群"，分级解决村居大小事，居民或网格员发现问题可随时反映到微信群，不同性质的问题在不同级别的群里解决。将群众满意度作为检验议事协商成效的标准，针对协商事项落实情况，村"两委"班子成员定期开展回访，做到件件有回音，事事见成效。按照"一事一档，一档一评"的工作要求，由专人负责进行资料整理归档工作，形成追踪式服务、跟踪式问效，确保议事协商结果得到有效落实，为全面实现社会治理现代化奠定坚实基础；西区街道新惠社区创新推出"四事分流+三层一议+N方联动"一体化自治模式，立足村情、民情，构建富有村级特色的协商议事机制，设置议前调研、确定议题、多元商议、结果公开、监督问效等五大环节，形成闭环机制，打造完整议事平台。发挥首创精神，结合村

---

① 李德：《如何提升基层干部议事协商能力》，《中国党政干部论坛》2021年第12期，第74~76页。

② 广东省人民政府：《广东建立城乡社区议事协商示范点超3100个 社区治理与服务交出"广东方案"》，https://www.gd.gov.cn/gdywdt/bmdt/content/post.3275251.html，2021年5月6日。

级实际，对议事内容进行弹性化管理，常规事项"一月一议"，特殊事项"一事一议"，有效调动广大群众的积极性和主动性，达到问计于民、问需于民、问效于民的效果，通过分类服务使社区治理更为精细、精准。充分发挥村规民约在乡村振兴领域中的重大作用，持续发掘村级治理的内生动力，全面夯实党的群众路线。为更好地发挥村规民约、村民自治章程在基层自治领域，尤其是乡村振兴领域的积极作用，更好地指导村级各项工作的开展，助力乡村振兴、村风孕育、民风建设，将农膜地膜处理、农村人居环境整治、脱贫攻坚、扫黑除恶作为村规民约、村民自治章程修订完善的重点内容，突出修订工作的时效性，确保村规民约与基层治理工作的有效衔接。增强村规民约与村民生活的密切程度，真正实现村规民约、村民自治章程对经济发展、民风民俗、社会秩序的全覆盖，使村规民约真正成为维护农村公序良俗、促进村民自治的"硬规范"和"硬约束"，坚持人人重视、人人参与、人人执行，更好地发挥出村规民约、村民自治章程的指导作用。[①] 根据农村现实情况，结合农村信用体系建设工作，推行"积分制"等管理方式，将违反村规民约的行为纳入村级信用积分管理，进行信用分减分，起到警示作用，以此鼓励村民用村规民约约束自己的言行，真正发挥村规民约的规范引领作用。在村级治理中，将村规民约遵守情况作为村委选人用人的重要指标，将是否遵守村规民约作为"两委"换届选举候选人资格审查考核的重要依据，引导村民重视村规民约，形成村干部模范带头、村民积极遵守的遵规守约新风尚。以广州市为例，2022年广州市2086个村（居）全部依法修订完善村规民约，借助村规民约教育引导作用，实现自治和法治有效结合，凝聚乡村振兴的思想核心力。[②]

扎实开展智慧村（居）建设，通过科技赋能，整合服务资源，激活基层治理的毛细血管，为产业振兴、文化振兴提供技术支持。推行"互联网+

---

① 陈虹铮：《乡村治理背景下村规民约的法治化研究》，《区域治理》2023年第1期，第279~282页。

② 苏赞、李国全：《村规民约凝心聚力 传承广州乡愁记忆》，《广州日报》2022年7月10日，第A06版。

网格化管理精细化服务"，以网络通信技术为手段、网格化管理为途径，建立覆盖全辖区线上网格化管理机制，形成"街道—村（居）—网格"三级管理服务格局。通过智慧村（居）建设，提升乡村振兴的技术优势，推动农业现代化和产业化。以广东地区的荔枝种植业为例，截至2022年，广东省茂名市累计投资超2.2亿元，新增开通900M网络基站840个，覆盖全市22个街道办、90个乡镇、1628个行政村，有力推进5G网络向乡镇和农村延伸。创新开拓"一网直通、一线直通、一站直通"三种民情直通方式，整合辖区优势资源，推进精细化服务，开发集民政服务、养老服务、综治信访、法律援助等多部门、多功能于一体的网格化管理服务平台，一站式满足社区居民在生活、旅游、交通、医疗等重点领域的需求，畅通民情表达渠道，及时回应群众诉求，全面提升为民服务水平，为新型智慧村（居）建设提供坚实基础。

四 以党建引领，立足优势资源，推进乡村全面振兴

全面推进乡村振兴、实现全体人民共同富裕的关键是要充分发挥党建的引领作用，使党建资源转化为发展资源，把组织优势转化为发展优势，走出一条党建引领助推乡村振兴的特色之路。广东各地坚持探索党建引领产业融合发展的新型道路，通过优势资源的整合和发掘，多措并举推进乡村振兴。

（一）优势资源有效整合，彰显乡村综合竞争力

随着农业产业的转型，广东越来越多的地区在乡村振兴过程中，以党建引领，发挥集群优势，通过贯穿与整合分散的优势资源，形成区域优势和集团竞争力。以梅州市为例，其作为广东唯一全域属原中央苏区范围的地级市，在乡村振兴过程中，立足自身特点，提出了红色、古色、绿色的融合式发展道路，凸显乡村产业竞争力。梅州在乡村振兴产业规划中，注重发掘文化资源，通过文化资源向经济优势的转换，探索发展新路径，摸索发展新模式。例如梅州桥溪古村落作为我国第一批传统村落名录入选对象，其16座

客家居民古建筑韵味独特，饱含民族风情和地区风貌，在乡村振兴过程中，在当地党组织领导下，相关企业与乡村签订战略合作协议，由企业承担古村落的修复、开发以及运营工作。保护性开发不仅提升了桥溪古村落的知名度，打造客家文化品牌，还为当地带来了大量游客，创造了就业岗位，增加了农民收入。根据相关数据，2013年桥溪村民人均可支配收入为1.27万元，2021年该村人均可支配收入达到3.9万元，增长了2.6万余元。近年来，大埔县着眼红色资源开发，不断培育红色产业，打造了三河坝战役纪念园等一批红色旅游景点，形成了具有区域影响力的红色旅游产业。在产业发展过程中，为更好地反哺农村经济，积极探索民宿、民俗等复合型文旅模式，为游客提供深度的红色旅游体验，通过这种方式，有效提高了大埔县的旅游收入，同时逐步拓宽了当地优质的农产品、手工艺品等销路，实现了产业联动，增强了大埔县发展潜力。2022年十一长假期间，三河坝战役纪念园接待游客数量达110万人次。[1]

广东省在乡村振兴中，充分发挥党组织战斗堡垒作用，通过发挥党组织的组织优势，进行镇村贯通，形成"十村联动"的发展模式，在联动模式下，将镇村根据资源禀赋划分为不同的片区，通过发掘片区优势，形成特点鲜明的产业集群。例如梅州根据区域特性，打造了艺术片区、旅游片区、田园片区，以满足不同游客的消费需求，游客可以根据自身偏好，进行康养旅游、艺术写生、田间采摘等活动。从最终效果来看，这种连片发展的模式，有着较强的带动辐射作用，沿线10村已辐射带动周边17个村3万多村民致富。白墙黛瓦，小桥流水，鸡犬相闻，独具特色的禾肚里稻田民宿坐落在稻田中，每到周末、节假日常常一房难求。大埔县西河镇漳北村通过引入网红民宿公司禾肚里，实施"以宿带村"模式，让曾经的省定贫困村入选广东十大美丽乡村。"游客可以住民宿、观稻田、看客家围屋、尝客家美食。"该民宿负责人李健彪说。民宿落地，让村里的风景变成了"钱景"。禾肚里员工、村里的脱贫户张伍英说："过去看天吃饭，现在收入稳定多了，不仅

① 郑杨：《融"三色"资源促乡村振兴》，《经济日报》2022年4月24日，第07版。

有工资，家里种的蜜柚、养的鸡鸭都可以卖给禾肚里增加收入。"为更好地提升乡村振兴的产业活力，实现产业的市场化、品牌化与专业化，各级党组织发挥主观能动性，积极与农业企业、旅游企业进行合作，共同发展、共同进步，形成"党支部+龙头企业+基地+农户"的模式，根据相关统计数据，梅州市辐射带动发展蜜柚产业7万多户、茶叶产业2万多户，实现年人均增收4000元以上。

（二）特色资源全面发掘，凸显乡村地域特色

打出"岭南文化"组合拳，厚植广东省乡村振兴的文化魅力和产业魅力。为充分发挥岭南文化非遗元素的经济价值，着力实现乡村产业振兴，要吸收借鉴过往案例经验，立足市场经济体系运行实际，制定切实可行的方法举措，不断打造地域特色非遗产业品牌。在这一过程中，要立足本地区位优势，从岭南文化非遗元素发掘、创新等角度出发，形成区域性的文化影响力，通过传统文化与经济活动融合，带动当地经济发展，创造更多就业岗位。例如茂名地区充分利用洗夫人信俗传统和荔枝文化、电白沉香等非遗元素，打造具有地区乡村特色的产业活动，通过组织各类文化节、民宿旅游等活动，在带动茂名地区乡村产业发展、创造就业岗位的同时，不断提升农民的幸福感、获得感以及满足感。将岭南文化非遗元素保护和传承作为主要举措，通过非遗元素变现，带动区域产业发展，吸纳农村劳动力，创造更多就业岗位，有效巩固脱贫攻坚成果，实现共同富裕的既定目标。以岭南的荔枝文化为例，作为岭南地区优势水果，荔枝既凭借品种、产地、口味优势满足物质消费需求，又凭借鲜明特点展现出岭南地域文化吸引力。为更好地发挥荔枝文化在乡村振兴中的优势作用，部分地区针对自身实际，开发文化节体验型旅游产品，以茂名为例，作为国内著名的荔枝产地，茂名2022年荔枝种植面积139万亩，年产量50余吨，经济收入80.7亿元。[①] 在深耕荔枝种植活动的同时，

---

① 杨雪、陈瑜：《茂名荔枝："小特产"升级为"大产业"》，《科技日报》2022年6月13日，第1版。

茂名将冼夫人作为荔枝文化节的重要符号，通过建立普遍性联系，坚持"讲好荔枝故事，擦亮文化名片"的总体思路，树立茂名荔枝品牌。各村乘势而上，组织荔枝采摘、荔枝品尝、蜜饯制作等环节，通过文化赋能，让消费者更加全面深刻地感受到岭南荔枝文化魅力，据不完全统计，2022年荔枝挂果期，茂名荔枝乡村旅游每日接待游客最高达2.1万人次。荔枝文化消费带动作用明显，开拓了荔枝销售新渠道，创造出更多就业岗位，培育新的产业部门，为乡村经济发展和产业振兴提供新的机遇。人才振兴作为乡村振兴的重要推动力，是实现乡村产业振兴、文化振兴的有力保障。为更好地发挥岭南文化非遗元素在乡村振兴领域的积极作用，各地区逐步正视人才振兴的重要性，以搭建高素质人才队伍，实现"智力成果"转化为"发展成果"。在乡村振兴过程中，茂名着力打造特色产业，探索构建"五棵树一条鱼一桌菜"的特色产业全链发展模式，通过产业升级，实现农民增收致富。为完成上述目标任务，茂名地区着眼乡村振兴总体要求，制定人才振兴方案，通过人才培养、引进等多元举措，聚齐人才、育强人才、用活人才，确保人才素养与乡村振兴产业规模、产业结构相匹配，为乡村振兴提供稳定的人才支持。

五 实现全域覆盖，实施基层党建示范创建行动

2022年，广东省"全域谋划、系统推进、互联互动"实现农村基层党组织有机衔接，"一体化"推进基层党建系统建设、整体建设，健全党建引领体制机制，推动农村全域党建互联互动常态化，进一步夯实基层根基。

一是以党建夯实基层，让组织"强"起来。首先，强化组织示范。根据《省委实施乡村振兴战略领导小组乡村治理专项组关于印发2022年全省乡村治理工作要点的通知》（粤委农办〔2022〕44号）和省委农办等九部门《关于深入开展乡村治理"百镇千村"示范创建活动的通知》（粤委农办〔2022〕39号）部署，2022年广东省确定了69个示范镇、678个示范村。其次，强化阵地功能。以代表清远市接受广东省乡村振兴考核为契机，认真组织村级党群活动中心建设"回头看"工作，通过现场调研督导、召开问题

反馈会议等，查摆问题 13 条并要求限期整改，为党群活动中心建设难点、痛点、堵点"把脉寻方"。最后，强化品牌效应。把"金牌领路人"选育工程、网络党支部、党内组织生活观摩体验活动、公推考聘事业编制人员等富有地方特色的党建品牌融入基层党建示范创建工作中，明确跟踪落实组室，统筹协调、督促指导推进各项工作任务，探索总结提炼各地农村基层党建特色工作品牌。建立健全激励保障机制，结合工作人员的工作环境，丰富激励方法，对福利保障内容进行创新尝试。例如建立健全完善的调休制度，做到劳逸结合，充分保障工作人员休息权。定期开展教育培训学习活动，例如积极探索工作人员实训模式，打造专业化的实训平台，保证工作人员的专业素质和工作能力，满足居民多样化的需求，增强工作人员办事、解决困难的灵活意识。

二是以党建引领发展，让产业"大"起来。广东以"党建+"为抓手，按照"党建引领产业、产业助推脱贫"的思路，充分发挥基层党组织推进乡村振兴"领头羊"作用，组织实施扶持集体经济发展试点村项目，持续深化"党支部+贫困户+X"工作模式，因地制宜进行灵活配置，该模式的"X"根据基层实际灵活配置，既有合作社、产业基地等实体，也有旅游、绿色能源等项目，还有技能培训、电商等服务，把基层党建工作融入扶贫攻坚的各方面和全过程。如广东省阳山县杨梅镇何皮村构建"党支部+合作社+电商平台+党员中心户+贫困户"的党建扶贫双推进的创新模式，依托何皮村砂糖橘、三华李、早脆梨种植基地等特色产业，着力壮大村集体经济收入。同时，借助美丽乡村全覆盖的基层优势，加大乡村旅游资源开发力度，串片成链，形成与乡村旅游发展相适应的农业新格局，实现农业产业转型。以电白沉香为例，作为非物质文化遗产，其既有抗菌消炎、镇静安神等药效，又有收藏、品香等文化价值。在乡村振兴过程中，部分地区着眼电白沉香历史悠久和药用价值，凭借粤西及海南岛临海的地理条件，开始与周边东南亚国家在经济、文化及贸易上进行交流，形成了独具特色的沉香"香市"。① 为更

---

① 陈晓兰、杨生发：《岭南传统农耕文化保护传承的成效、问题与对策——乡村产业振兴视角》，《农业考古》2023 年第 1 期，第 170~176 页。

好地体现茂名电白沉香的文化优势，茂名立足文化内涵，开发出沉香茶、沉香面膜、沉香牙膏、沉香精油、沉香饮片和中成药等不同品类，特色优势明显，根据测算，2022年茂名电白沉香销售产值达30多亿元。

三是以党建促进自治，让管理"活"起来。广东以"党群议事厅"作为践行新时代党的群众路线的重要载体，为召开党群议事会提供良好的平台，通过健全议事厅功能、建立党群议事制度和农村各组织向党组织报告工作的制度，有效实施"四议两公开"制度（党组织提议、村"两委"会议商议、党员大会审议、村民会议或者村民代表会议决议，决议公开、实施结果公开），提升议事决策质量，促进基层民主自治，推进民生实事落实，全面提升党组织凝聚党心、服务群众、凝聚民心的作用。引导各村严格落实村级"小微权利清单"，使农村基层权力清单化、规范化、制度化，促使监督有据、责权明晰、监督有序。持续丰富村务监督渠道，组建起专业化的村务监督队伍。

2022年，广东省19724个行政村设立村务监督委员会，村务监督委员会覆盖率达99.9%，7.03万名村务监督委员会成员，有效参与村务监督活动，确保村务活动公开、透明开展。[1] 努力构建村务监督的常态化和制度化新模式，科学解决村级监督缺位、失位等问题。在这一过程中，广东省各级党委切实履行监管主体责任，协调好村务监督委员会与村"两委"的关系，帮助解决工作中遇到的实际问题，支持村务监督委员会找准工作定位，大胆开展工作。建立健全村务监督委员会考核机制，完善工作激励机制，增强村务监督委员会成员履职的信心，激发工作潜能，有效进行监督，确保各项责任落实到位。相关部门要进一步加大对村务监督委员会成员的履职培训力度，规范村务监督委员会工作职责、权利义务、议事规则、监督内容和监督程序，不断提升村务监督委员会监督能力。结合村务监督工作实际，定期对村务监督委员会成员进行专题业务培训，有计划、有针对性地开展基层组织建设、纪检监察、法律法规、村级事务流程化管理、财税、金融、审计等知

---

① 付伟、郑可欢：《广东村务监督委员会实现全覆盖》，《农民日报》2016年7月6日。

识的专题培训。通过培训，引导村务监督委员会成员明确监督职责，掌握监督方法，切实解决不会监督的问题，不断提高村务监督委员会敢于监督、善于监督、科学监督的能力水平。为进一步完善村务监督体系，扩大村务监督的参与主体，引导更多的村民参与到村务监督工作中。指导各村在前期村务公开的基础上，积极推进村务公开"阳光工程"，持续丰富村务公开形式，创新村务公开方法。定期做好村级事务的公开工作，让更多的村民通过不同的渠道了解村内各项事务相关情况，在保证村民知情权的同时，引导村民参与到村务监督工作中，实现了村务监督工作的全覆盖。

四是以党建促文明，让生活"美"起来。推动村风民风建设有序开展，广东省各级党组织始终注重精神文明建设，深入开展移风易俗工作，利用广播、电视、微信公众号、微博等平台，形成媒体传播矩阵，加深岭南文化非遗元素的影响力，有效扩大受众群体范围，夯实乡村文化建设阵地。具体来看，可以将现代科学技术手段与图书馆、博物馆、非遗生活馆衔接起来，搭建线下非遗元素传播平台，通过这种方式，更好地拉近优秀文化与公众之间的距离，消除陌生感，展现非遗元素审美属性和实用属性。同时，通过广播、电视、微信公众号建立线上平台，扩大岭南文化非遗元素的传播范围，让更多公众知道、了解非遗元素，借助文化传承推动社会主义精神文明建设。例如茂名以冼夫人信俗为切入点，通过组织开展系列祭祀等文化活动，实现爱国主义精神、民族团结精神的有效传承，对于农民道德修养的提升产生了深远影响。借助网络直播、微信公众号推荐等方式，吸纳更多外地公众参与到祭祀活动中，实现民族精神有效传承。着眼岭南文化非遗元素融入乡村振兴的重要性和必要性，各地区在做好岭南文化非遗元素传承、创新的同时，需要从长远角度出发，将人才振兴作为主要目标，通过开设岭南文化非遗课程，发掘、培养专业人才，组建起了解岭南文化非遗元素的人才队伍，更好地掌握岭南文化非遗元素特点，从多个维度出发，将岭南文化非遗元素的经济价值和文化价值呈现出来，为非遗元素融入乡村振兴提供人才支持，有效加速乡村振兴进程。例如，茂名组织开展"柏桥讲堂·千名村书记话振兴"系列培训活动，全市360名村党组织书记共同参与，借助参观式学习、圆桌会议等方式，总结经验，交流思路，谋划策略，培养出一批懂政策、明要求、知产业的乡村振兴人才队伍，使其可以更好地服务于乡村文化振兴、产业振兴系列活动，为岭南文化非遗元素的优势作用发挥保持长期动力。同时，加快推进移风易俗工作，构建良好村风民风，以广州市为例，全市乡村推行红白理事会，如黄埔区新龙镇九楼村。九楼村共有 4 个自然村，辖区内共 12 个经济社，全村总面积 3.5 平方公里，户籍人口 2723 人，流动人口 386 人，通过红白理事会有效介入，宣讲新政策，营造新风尚。①

参考文献

夏银平、汪勇：《以农村基层党建引领乡村振兴：内生逻辑与提升路径》，《理论视野》2021 年第 8 期。

侯志玲：《农村基层党建引领乡村振兴的探索》，《活力》2022 年第 9 期。

张箐：《乡村振兴发展理念下党建引领乡村有效治理的策略分析》，《新丝路》（中旬）2022 年第 10 期。

---

① 苏赞：《村（居）红白理事会移旧俗倡新风》，《广州日报》2022 年 4 月 17 日。

B.13
2022年广东乡村文化建设报告

马炳涛　陈杰英*

摘　要： 2022年，广东乡村文化建设呈现高质量发展态势，文化赋能乡村振兴作用更加凸显。在乡村思想道德建设方面，新时代文明实践中心阵地提质升级打造"15分钟文明实践服务圈"，文化服务队伍进一步壮大，服务模式进一步创新，党建引领下党的二十大精神等党的创新理论在南粤大地基层群众心中落地生根，社会文明程度进一步提高；在赓续岭南乡村文化方面，进一步深入实施岭南文化"双创"工程，发挥岭南乡村的独特优势，活化转化岭南乡村优秀传统文化资源，打造"粤美乡村"旅游品牌，发掘文旅消费新场景，培育乡村文旅消费新业态，丰富了乡村文旅产品内涵，翻开全域文旅融合高质量发展新篇章；在乡村文化产业建设方面，进一步加强文化引领、产业带动，布局"四边三道两特一园"乡村休闲产业，探索文化产业激发优秀传统乡土文化活力之路，发挥文化产业服务现代农业产业的品牌强农作用，促进一二三产业融合发展，走出文化产业赋能乡村振兴的高质量发展之路。乡村文化成为广东乡村全面振兴的强劲内生动力。

关键词： 高质量　岭南乡村　乡村文旅　广东省

---

* 马炳涛，博士，广东金融学院马克思主义学院讲师，主要研究方向为文化认同；陈杰英，广东金融学院公共管理学院高级经济师，主要研究方向为文化产业管理。

党的二十大报告强调要全面推进乡村振兴，加快建设农业强国，扎实推动乡村产业、人才、文化、生态、组织振兴。乡村文化振兴是全面推进乡村振兴的思想保证和持久精神力量，近年来，广东省在建设更高水平的文化强省过程中，发挥岭南乡村文化的独特优势，奋力书写中国式现代化广东实践的乡村文化新篇章。2022年，广东乡村文化建设呈现高质量发展态势，文化赋能乡村振兴作用更加凸显，乡村文化成为广东乡村全面振兴的强劲内生动力。

一 广东乡村文化高质量发展态势

2022年广东乡村文化的高质量发展主要体现在以下三个方面：提质升级新时代文明实践中心阵地、加强思想道德建设，进一步提升乡村文化的凝聚力和引领作用；赓续岭南乡村文化、推动文旅深度融合发展，进一步激活广东乡村文化的生命力和感召作用；以广东乡村文化产业化发展之路促进一二三产业融合发展，进一步增强乡村文化的竞争力和创新作用。

（一）提质升级新时代文明实践中心阵地，加强乡村思想道德建设

新时代文明实践中心建设是以习近平同志为核心的党中央做出的重大决策部署。广东在全面推进乡村振兴的实践中扎实推进、深化拓展新时代文明实践中心建设工作，积极培育并广泛践行社会主义核心价值观，以文化人，从2018年试点探索到2022年全面开展，建立起"机制共建、阵地共用、队伍共管、资源共享、活动共联"机制，打造标准规范、要素齐全、布局合理的文明实践中心（所、站）三级体系，构筑起广泛凝聚人心、培育时代新人、弘扬时代新风的坚实阵地。

一是夯实"中心（所、站）"三级体系，打造"15分钟文明实践服务圈"。2022年，广东新时代文明实践中心建设已从"试点破题""深入解题"进入"全面答题"的新阶段，全省新时代文明实践阵地不断扩大。2018年广东韶关市乳源瑶族自治县、惠州市博罗县被纳入全国首批50个新

时代文明实践中心建设试点县，这一新时代群众工作的创新载体，受到基层干部群众的欢迎，次年又有 20 个县（市、区）进入新一轮试点名单，为进一步打通宣传、教育、关心、服务群众"最后一公里"提供有力支撑。2022 年 7 月，广东召开全省拓展新时代文明实践中心建设工作推进电视电话会议，切实把新时代文明实践中心（所、站）全覆盖建设工作摆上重要议事日程，广东省财政拿出近 2 亿元资金用于拓展新时代文明实践中心建设，秉承"群众在哪里，文明实践就延伸到哪里"的理念，坚持应建尽建，实践阵地全域拓展，各地因地制宜延伸打造文明实践基地、站点等各类特色阵地。广州、梅州、汕尾、东莞、阳江、茂名、云浮 7 个地级市成立市级新时代文明实践指导中心，博罗县、龙门县等 69 个县（市、区）成立县级新时代文明实践指导中心，汕头、惠州、汕尾、中山 4 个地级市成立市级文明实践基金，乳源等 23 个县（市、区）成立县级文明实践基金，做深文明实践"蓄水池"。截至 2022 年 11 月，广东全省共建成新时代文明实践中心（所、站）28018 个，其中，文明实践中心 177 个、文明实践所 1549 个、文明实践站 26292 个，实现县镇村三级全覆盖，打造 1109 个省级文明实践示范中心（所、站），建强"文明实践第一方阵"，依托窗口单位、文明单位等打造文明实践基地（点）1.6 万个[①]，逐步形成"15 分钟文明实践服务圈"，打通新时代文明实践活动"最后一公里"，丰富群众的精神世界，将文明实践种进老百姓心田。

二是提升党建文化引领乡村基层治理效能，坚持以党的创新理论凝心铸魂。党的二十大报告强调全面建设社会主义现代化国家、全面推进中华民族伟大复兴，关键在党。党建引领乡村善治体系的建设是实现基层治理能力和治理体系现代化的必然要求。广东省在《广东省加强党的基层组织建设三年行动计划（2018—2020 年）》基础上，接续实施新一轮三年行动计划，一年一主题、一步一台阶，2022 年以"提升党建引领基层治理效能"为主

[①] 《打通新时代文明实践活动"最后一公里"》，广东文明网，2022 年 11 月 29 日，http：//images1. wenming. cn/web_ gd/civilization/202211/t20221129_ 6521654. html，最后检索时间：2023 年 7 月 1 日。

题，落实五级书记抓乡村振兴要求，健全县级党委领导"三农"工作的体制机制，持续选派优秀干部到村担任第一书记，一大批优秀党员干部奋战在驻镇帮镇扶村一线，扎实开展抓党建促乡村振兴示范县创建工作，推动 29 个红色村组织振兴试点工作，建成 60 个省红色村党建工程示范点，推动党建引领基层治理和抓党建促乡村振兴不断取得新成效①。在党的创新理论的宣传方面，广东依托新时代文明实践中心（所、站）三级主阵地，打造基层理论宣讲示范基地，建立由党委讲师团、社科专家宣讲团、青年讲师团、巾帼宣讲团、"五老"宣讲团、"百姓名嘴"等构成的宣讲队伍体系，形成常态化进驻文明实践阵地开展理论宣讲的长效机制，推动宣讲触角深入基层。组织编写接地气、通俗化的《新时代文明实践广东精品教案》《广东好人》等宣讲教材，统一配送到全省新时代文明实践阵地，不断提升基层理论宣讲能力水平。2022 年，广东通过新时代文明实践中心（所、站）广泛开展学习宣传贯彻党的二十大精神宣讲活动，打好二十大精神学习宣传"组合拳"，通过组建党的二十大精神宣讲志愿服务队、设立党的二十大精神书籍专柜等方式，采取群众喜闻乐见的形式，围绕二十大精神开展朗诵、歌曲、小品等形式丰富的文明实践活动，用大家听得懂的语言、身边感受到的变化宣传宣讲党的二十大精神，推动党的二十大精神走入千家万户，在南粤大地基层群众心中落地生根。

三是壮大文化服务队伍，擦亮"志愿广东"品牌。近年来，广东志愿服务依托新时代文明实践中心（所、站）"先行一步"，率先探索、勇于创新，文明实践队伍茁壮成长，推动广东全社会形成崇尚志愿精神、热心志愿服务的新风尚，全省志愿服务工作日渐呈现蓬勃发展的态势。2022 年 8 月，广东省文明委出台《关于加快建设"志愿广东"推进志愿服务事业高质量发展的意见》，为广东志愿服务高质量发展规划了"路线图""任务书"，不断擦亮"志愿广东"品牌，完成从布局到组织框架、体制机制建设再到志

---

① 《广东："一年一个主题"建强基层战斗堡垒促乡村振兴》，南方网，2022 年 10 月 10 日，https：//news. southcn. com/node_ 35b24e100d/70e390850b. shtml，最后检索时间：2023 年 7 月 1 日。

愿品牌建设等一系列工作。截至 2022 年 11 月，全省共有志愿者 2230.8 万人，占全省总人口的 17.56%；志愿服务组织 2425 家，志愿服务团体（队伍）超过 14 万支；社区综合志愿服务站点 2.78 万个；各类特色阵地 2.3 万个，具有世界视野、中国特色、岭南风格的"志愿广东"新格局正在形成[1]。各地的乡村振兴志愿者投身广东大地，运用所学知识发光发热，以实际行动助力乡村振兴，2022 年，"志愿广东"的品牌之一广东高校毕业生志愿服务乡村振兴行动累计报名人数超 2 万人[2]，推动青年志愿服务乡村振兴高质量发展。

四是进一步提高乡村社会文明程度，以乡风文明助力乡村振兴。2022 年 4 月，广东省委实施乡村振兴战略领导小组、省精神文明建设委员会联合印发《关于进一步加强乡风文明建设的实施意见》，提出以社会主义核心价值观为引领，加强农村思想道德建设，繁荣发展乡村文化，推进移风易俗，从而转变乡村社会风气，焕发乡村文明新气象。广东各地结合自身资源禀赋，开展的文明实践活动丰富多彩，各县、镇、村党组织"一把手"挂帅，盘活公共文化资源，依托党群服务中心、综合性文化服务中心、农家书屋、老祠堂、旧校舍等阵地资源，广泛打造新时代文明实践阵地，构建起横向辐射党政群、纵向贯通县镇村的阵地网络。创新推出"岭南寻根""红色寻访""文化寻旅""古道寻踪"文明实践体验线路，构建"绿道碧道河道驿道"文明实践示范带，打造一系列具有广东特色、岭南风韵的文明实践特色阵地。在推进移风易俗方面，针对婚丧嫁娶陈规陋习等农村地区移风易俗的"老大难"问题，广东积极倡导婚丧嫁娶等红白喜事办席从简，倡导不收受聘金、聘礼和红包、随礼、"份子钱"，着力革除天价彩礼、相互攀比、大操大办、铺张浪费、借机敛财等陈规陋习，切实减轻农村群众人情负担。

---

① 《服务在身边 文明更出彩——广东"15 分钟文明实践服务圈"建设观察》，南方杂志，2022 年 11 月 28 日，https：//www.nfzz.net.cn/node_ 4d3937b989/07d1d57f87.shtml，最后检索时间：2023 年 7 月 1 日。

② 《"志愿广东"推动全省志愿服务高质量发展》，中国文明网，2023 年 1 月 24 日，http：//archive.wenming.cn/zyfw/dffc/202301/t20230124_ 6546465.shtml，最后检索时间：2023 年 7 月 1 日。

强化村民自治，引导和鼓励村民委员会制定或修订村规民约，大力推广和规范积分制、道德评议会、红白理事会、老年人协会等做法和群众组织运行。大力弘扬中华民族孝亲敬老的传统美德，推广农村互助型养老，深入开展"好公婆""好子女""好媳妇""好女婿"等评选活动。深入推进婚俗改革，加强青年婚育观教育，倡导健康文明、简约适度的婚俗文化。完善基本殡葬服务保障制度，推广文明现代、简约环保的殡葬礼仪和治丧模式，提升殡葬公共服务水平，以此从长远上有效遏制农村陈规陋习。孝亲敬老、婚事新办、丧事简办等社会风尚更加浓厚，文明乡风、良好家风、淳朴民风进一步形成。

五是创新文化服务模式，精准对接百姓需求。作为推进新时代文明实践工作的有力抓手，广东坚持数字赋能，积极拓展网络文明实践阵地。推动各地新时代文明实践中心与县级融媒体中心、"学习强国"学习平台、"粤学习"App、政府网站等实现信息通联、数据共享，丰富网上文明实践内容。广东各地根据实际情况开发各类新时代文明实践线上平台，并通过线上平台加大文明实践活动的深度和广度。广东多地通过新时代文明实践志愿服务"四单"平台系统，以群众需求为导向精准设计和实施具有鲜明特色的项目活动，实现"点单+派单"精准供给，百姓点单、中心派单、志愿者接单、群众评单这种精准服务群众的"点单—派单—接单—评单"流程，使新时代文明实践的线上阵地得到有效拓展，让线上与线下形成联动，凸显管理优势、整合优势、大数据优势、无死角优势和效果评价优势，充分链接需求端与服务端，打造全新的闭环模式，真正从群众需求出发，给广大群众带来便利的同时，也为新时代文明实践带来了更多拓展空间。

（二）赓续岭南乡村文化，文旅深度融合赋能乡村振兴

近年来，广东省在建设更高水平的文化强省过程中，深入实施岭南文化"双创"工程，发挥岭南乡村的独特优势，充分发掘乡村文化元素增强乡村振兴原生动力，推动岭南传统文化保护与美丽乡村建设有机结合，广东各地通过全面推动乡村文旅融合发展，形成了多种特色发展模式，催生了一批文

化旅游新业态，丰富了乡村旅游产品内涵，翻开全域旅游高质量发展新篇章。

一是活化转化岭南乡村优秀传统文化资源，释放乡村振兴新潜力。广东乡村优秀传统文化资源丰富，截至2021年底，广东共有中国历史文化名镇25个、名村25个，广东省历史文化名镇19个、名村56个；中国历史文化街区1片、广东省历史文化街区104片；中国传统村落263处，广东省传统村落186处。确认历史建筑4084处，总数居全国前列。完成七批古村落普查，认定368个村为"广东省古村落"。全省核定公布不可移动文物2.5万余处，其中世界文化遗产1处（开平碉楼与村落），全国重点文物保护单位131处，省级文物保护单位755处，市县级文物保护单位5353处[①]。国家《"十四五"旅游业发展规划》提出"深入挖掘、传承提升乡村优秀传统文化，带动乡村旅游发展"。《广东省文化和旅游发展"十四五"规划》进一步针对广东乡村文化提出"推动传统村落、历史建筑、文物古迹、非物质文化遗产等文化资源融入乡村旅游产品及线路，进一步保护乡村文化生态"。近年来，广东强化保护乡村文化生态格局，推进实施具有岭南特色的乡村文保单位保护利用项目，推进南粤古驿道保护和活化利用，评选出韶关乐昌市国立中山大学天文台遗址等15处南粤古驿道重大发现。加强历史文化遗产保护利用，发布44条广东省粤港澳大湾区文化遗产游径和70条广东省历史文化游径，串联乡村深厚的历史文化遗产资源，为游客品读广东历史文化提供新路径。持续推进文化生态保护区建设，挖掘具有广东乡村根脉特色的文化资源，广东已批准设立1个国家级文化生态保护实验区〔客家文化（梅州）生态保护实验区〕、9个省级文化生态保护实验区，推动各地区设立一批特色鲜明、示范带动作用明显的非遗工坊，帮助乡村地区居民学习传统技艺，传承乡村文明，增强内生动力，促进就业增收。积极探索非遗进乡村、进景区、进社区、进校园，不断增强人民群众的非遗保护意识，增加

---

① 《广东省文化和旅游厅关于广东省十三届人大五次会议第1471号代表建议答复的函》，广东省文化和旅游厅，2022年6月30日，https://whly.gd.gov.cn/gkmlpt/content/3/3960/mpost_3960309.html#2630，最后检索时间：2023年7月10日。

群众的参与感。

二是打造"粤美乡村"旅游品牌，塑造乡村旅游新形象。近年来广东共计打造51个全国乡村旅游重点村（镇）、259个广东省文化和旅游特色村、50个旅游风情小镇，推出全国乡村旅游精品线路24条、广东省乡村旅游精品线路200条，以及推动80余个古村古镇、乡村田园景区创建A级旅游景区。2022年有6个村、3个镇入选第四批全国乡村旅游重点村和第二批全国乡村旅游重点镇名单，全国乡村旅游重点村镇达到45个村、6个镇①。广东省文化和旅游厅着力宣传乡村旅游新形象，"畅游广东心悦诚服"系列旅游线路评选活动，吸引广东省旅行社行业的关注和积极参与，引导数十家旅行社积极推出乡村主题的优秀线路，并通过广东省文化和旅游厅官网、"广东文旅"公众号、协会服务号等多种渠道向市场进行了重点推介，向社会推出高品质乡村旅游产品；2022年以来，组织"留住乡念·广东美丽乡村"短视频征集活动，全平台共征集短视频超过200个，累计播放量超过1200万，累计点赞数近600万，扩大了广东乡村休闲旅游精品的知名度；举办"五一"乡村休闲游、"夏纳凉"等两场广东乡村休闲精品推介活动，以"线下+线上"的方式，共推介乡村休闲旅游精品线路49条，乡村休闲旅游精品点（含乡村民宿）164个，提升了乡村休闲旅游精品的影响力，引导城乡居民到乡村休闲度假，促进乡村消费。

三是发掘文旅消费新场景，培育乡村文旅消费新业态。近年来，广东文旅市场中乡村旅游热度持续升温。各地结合自身城市和乡村振兴特点，策划组织了各具特色而又丰富多彩的文化旅游活动，文旅消费升级的空间从城市延展至乡村。为深入发掘广东文旅消费的新场景，促进文旅消费提质升级，广东省文化和旅游厅于2022年12月启动开展首批"粤式新潮流"广东文旅消费新业态热门场景征集活动，全省共申报了200多个文旅消费新业态热门场景。2023年春节期间推出了9期网络票选活动，吸引了近百万人次的

---

① 《我省新增9个全国乡村旅游重点村镇》，广东省文化和旅游厅，2022年12月14日，https://whly.gd.gov.cn/gkmlpt/content/4/4065/post_4065908.html#2628，最后检索时间：2023年7月10日。

网络浏览和参与投票，最终评选出 50 个首批"粤式新潮流"广东文旅消费新业态热门场景，涵盖乡村休闲、文博艺术、文娱潮玩、影视动漫、音乐演艺、特色宿集、研学亲子、休闲运动、美食品鉴、街区乐购十个类别，乡村文旅是其中的热点项目，乡村休闲新场景占到 9 项，特色宿集新场景中也有多项乡村民宿、小镇民宿的项目，更好满足公众多层次、个性化、品质化的乡村文旅消费新需求。

（三）增强乡村文化产业带动作用，促进一二三产业融合发展

2022 年，广东进一步加强文化引领、产业带动，布局文化产业赋能乡村经济社会发展，通过产业化发展之路激发优秀传统乡土文化活力，发挥文化产业服务现代农业产业的品牌强农作用，促进一二三产业融合发展，走出文化产业赋能乡村振兴的高质量发展之路。

一是以"四边三道两特一园"乡村休闲产业布局拓展乡村文旅新空间。乡村休闲产业是农业功能的进一步拓展，能够深入发掘乡村价值、创新乡村业态类型，打造出横跨一二三产业、兼容乡村生产生活生态、融通工农城乡的综合性产业体系，包括发掘生态涵养产品，培育乡村文化产品，打造乡宿、乡游、乡食、乡购、乡娱等乡村休闲体验产品以及发展关联支撑产业。广东省乡村休闲产业美丽基础坚实、业态类型丰富、品牌效应凸显。近年来，广东持续推进省级新农村连片示范工程、"千村示范、万村整治"、美丽乡村风貌带等，使农村面貌焕然一新，基础设施和公共服务逐步提升，为乡村休闲产业发展打下了坚实基础。各地大力打造乡村振兴示范带，全省累计建成肇庆封开等 5 条省际廊道，打造了"花漾年华"（广州）、"百里芳华"（佛山）、"精彩 100 里"（茂名）、"蚝情万丈"（汕尾）和"滨海走廊"（陆丰）等 200 多条广东美丽乡村风貌带和 570 多条广东美丽乡村精品线路。2022 年 4 月，广东省农业农村厅、广东省乡村振兴局印发《广东省乡村休闲产业"十四五"规划》，提出在空间布局上推进"四边三道两特一园"乡村休闲产业：建设"四边"（城边、景边、海边、村边）乡村休闲区（带），"三道"［交通干道、碧（绿）道、南粤古驿道］乡村休闲带，少数

民族特色居住区、古镇古村特色村落"二特"乡村休闲区，农产品加工观光工厂"一园"农产品加工业旅游园区，培育乡村休闲旅游特色品牌，统筹优化广东乡村休闲产业发展，推动乡村休闲旅游业高质量发展。

二是以文化产业发展激发乡土文化活力，赋能乡村振兴。文化产业赋能乡村振兴是2022年广东乡村振兴的重要抓手，广东省文化和旅游厅会同省教育厅、省自然资源厅、省农业农村厅、省乡村振兴局和国家开发银行广东省分行于2022年6月联合启动广东省文化产业赋能乡村振兴典型案例推荐及评审工作，在全省范围内遴选出一批具有示范带动效应明显、创新探索性强、文化创意与经济价值并重、品牌辐射力广泛的文化产业赋能乡村振兴典型案例，并于8月在2022广东文旅推介大会暨文旅消费季活动的启动仪式上，发布了广东省首批10个文化产业赋能乡村振兴典型案例，包括世间香境七溪地（广州）、探韵丹樱研学拾趣（汕头）、紫南村（佛山）、三谭故里·红色文化旅游区（佛山）、连平县乡村振兴南部片区示范带（河源）、赤坎古镇华侨文化展示旅游项目（江门）、中国李乡·山水双合（茂名）、贺江碧道画廊（肇庆）、千庭单丛文化茶旅产业园区（潮州）以及揭阳玉雕工艺传承创新项目（揭阳）。这10个典型案例涵盖了文旅融合赋能、数字文化赋能、创意设计赋能、手工艺赋能、其他文化产业赋能等重点领域，为贯彻新发展理念、全面推进广东乡村振兴、加快广东农业农村现代化做出了积极贡献。

三是以文化产业服务现代农业产业理念助力品牌强农。2022年中央一号文件指出，开展农业品种培优、品质提升、品牌打造和标准化生产的提升行动。农业品牌具有最丰富的人文内涵，但中国农业品牌培育普遍落后于其他行业，这一不平衡的现象暴露出现代农业的短板。广东在做大做强现代农业产业园建设基础上，注重"文化赋能 品牌强农"，2020年在全国创新推出以"文化服务"功能为主业的广东省乡村振兴文化服务产业园，依托融媒矩阵，服务全省现代农业产业园品牌建设，提升农产品品牌溢价能力，助力农户致富增收。经过两年多发展，文化服务产业园实现通过"传媒+文化"激活现代农业，在品牌顶层设计、数字场景营销、融媒体一体化传播、品牌联农带农机制等方面积极探索，成立全国首个现代农业产业园公共文化服务平台，创建首个农业 VR 影院，建立农业产业园专题 VR 矩阵；开创百千田头直播，推进建设农产品直播第一县；挖掘首个"市场驻村"新模式，服务提升遂溪圣女果"亿元村"；创新推出荔枝、丝苗米、化橘红等农产品慢直播，累计直播破 1 万小时纪录；联动品牌、电商企业开创"品牌助农"新模式，解决农产品销售难题，单次销售柑橘 10 万斤；探索农产品预售、定制、众筹、拍卖、认养、跨界联名、文创组合等新型销售模式，延长农产品销售周期；推出田头音乐会、稻田走秀、农产品主题说唱等新兴文化传播方式，挖掘农产品文化内涵，参与创建了一批"粤字号"农业知名品牌，以品牌带动产业升级和农民致富。2022 年，广东省乡村振兴文化服务产业园主导设计原创人物 IP "西关香香"正式成为粤农产品代言人，将之贯穿于整个农产品品牌包装系列之中，结合广东特色农耕文化、农业非遗文化、地域历史文化等，将全省现代农业产业园名特优农产品按品类进行嵌入式整合，促进了文化与农产品共荣，让广东农产品变得有品牌、有文化、有故事、有内涵，促进一二三产业融合发展，为全面推进乡村振兴做出积极贡献。

二 进一步推动广东乡村文化高质量发展需关注的问题

广东乡村文化建设在取得长足发展、涌现出诸多具有示范意义的广东样本的同时，也应在新时代新征程中主动把握乡村文化新的发展趋势，更高水平引领中国式乡村文化发展。

一是应注重城乡融合背景下，如何解读乡村文化内涵的新丰富与文化重塑。新形势下乡村文化不仅仅是乡村地区传统农耕文明的表现，更是城乡融合发展之路下新型城乡关系的体现和中国式现代化文明新形态的探索。一方面，城乡融合发展打破要素在城乡间自由流动的壁垒，为乡村振兴增添动能。通过以工补农、以城带乡，促进城乡要素双向流动和公共资源合理配置，充分缓解乡村资源匮乏、资源闲置困境，有利于人才、资本、技术等资源流入乡村，也让都市生活理念和先进的管理经验变革传统乡村生活，从而进一步重构城乡关系，推动城乡良性互动、促进乡村文化发展注入新生力量。另一方面，城乡融合的时代背景下，乡村文化的实践主体、文化业态和文化功能都有了新的变化。在实践主体上，生活在广大农村地区的农民固然是乡村文化的主体，但改革开放后城市化进程中，随着乡村青壮年人口的大量流出，乡村人口结构发生巨大变化，乡村社会空心化严重，导致乡村文化的传承乃至创造的动力和能力严重不足。随着乡村振兴的全面推进和乡村文化产业的发展，在党和政府的引领下，"返乡人""新农人"以及金融经济、城乡建设、旅游管理和产业发展等领域的专业技术人才日渐多元参与到乡村文化的建设中来，形成政府主导、社会多元参与的实践主体。乡村文化在业态上呈现多元化发展态势，功能上也不仅限于服务农民群体。因此，乡村文化的振兴是新形势下的文化重塑，是中国式现代化建设中乡村精神文明的再创造，而不仅仅是以复制原有文化传统的方式来发展，即以社会主义核心价值观为引领，与岭南乡村优秀传统文化相结合，实现岭南优秀传统文化的创造性转化和创新性发展；与现代城市文明等文化内容的当代发展实际相结合，实现文化层面上的城乡融合发展，体现新时代新型乡村社会中人的精神需求。

二是应注重产业化发展背景下，如何发掘各地乡村文化特色以避免同质化、符号化的现象。产业化发展固然能够推动乡村文旅的系统升级，但不可避免地也出现一些文旅项目地域文化、独特地方文化挖掘不充分，内容设计上千篇一律，"千村一面""雷同展演"，形式上文旅搭配商业街，形象推广中滥用生态、休闲、山水、醉美等类似概念，同质化现象较为普遍，缺乏新意。同质化淡化了乡村文化原有和应有的韵味，乡村文化的价值潜能尚未充分发掘，未能形成强大的内生文化动力。乡村文旅的提炼，首先应是对具有地域根基或地域支撑的文化进行旅游魅力性发掘与转化，在此基础上再对有一定地域背景的相关特色文化进行旅游统领性与拉动性的主题整合，从而破除乡村文旅融合"有旅无文""僵硬乱融"等误区，推动文旅融合向更深、更实、更精迈进。

三是应注重新媒体、数字化背景下，如何创新乡村文化的传播方式。当今我国正处于新一轮科技变革兴起的关键时期，随着人工智能、大数字技术的迭代成熟，智能化、数字化、网络化等发展趋势为社会文化发展带来新的可能性，也深刻影响了乡村文化和旅游领域的服务方式和消费模式，特别是媒介技术的深度变革，对文化建设产生巨大影响，"文旅+互联网"等发展模式业已嵌入乡村文化的创造与内生逻辑之中。新媒体与数字化手段给乡村文化振兴带来新的活力，如"乡村春晚"、"村BA"、数字乡村文化直播等，令手机成为新农具、直播成为新农活、流量成为新农资。新媒体时代的数字媒介赋能，为拓展乡村文化传播渠道和增强乡村文化自信开辟了广阔空间。

三 推动广东乡村文化高质量发展的对策建议

进一步推动乡村文化高质量发展，是扎实推进中国式现代化的广东实践和文化强省建设的重要一环，能够为广东在全面建设社会主义现代化国家新征程中走在前列、创造新辉煌提供坚强思想保证和强大精神力量。

一是在突出岭南乡村文化名片的基础上，注重广东各地文化特色与差异。广东乡村文化既涵盖广府文化、客家文化、潮汕文化、雷州文化等不同地域和族群文化，也包含华侨文化、禅宗文化、少数民族文化、海洋文化等绚丽多姿的特色文化生态，应以重塑岭南乡村特色文化生态为根基，深挖各地历史古韵，避免千村一面，把民族民间文化元素融入乡村建设，弘扬人文之美；发展乡村特色文化产业，依托镇村的资源禀赋，打造一批富有岭南特色的乡村文化品牌。以产品本身打造文化旅游节，打响特色产业品牌；开发各地岭南传统节日文化用品和武术、戏曲、舞龙、舞狮、龙舟、锣鼓等民间艺术和民俗表演项目，加大岭南特色非物质文化遗产项目的培育，促进特色文化资源与现代文旅消费需求有效对接。

二是发掘独特魅力和文化底蕴，打造具有文化内涵的乡村文化IP。乡村文化IP是基于文创与其他业态连接融合的视角下，以"文创+IP+产业"的文化产业运营策略，切入广东乡村文化体系，进而激发与乡村发展有关的内生动力。对于乡村文化的传承发展而言，文化IP是乡土文化乃至生活方式与现代文化产业连接和融合的纽带，通过与乡村传统业态共融共生，从而焕发和提升其原有的价值，最终实现价值变现。

三是打造数字乡村文化引领地，延长广东乡村文旅产业链。推动乡村历史文化保护传承数字化，探索建立广东乡村历史文化数据库，分模块数字化展示村落历史人文信息，实现村情信息数字化及查询使用便利化，为乡村历史文化开发利用、数字乡村建设提供基础；记录并传播优秀非遗文化，通过"视、听、触"多样化形式，让更多受众深入了解广东乡村独特的非遗文化；依托数字化打造沉浸式体验田园风光、乡村古韵、民俗活动，让线上线下一体化、在线在场相结合的文化体验成为潮流。

四是培育乡村文化振兴的新型人才，夯实广东乡村文化振兴人才基础。对村支书、村主任、乡村旅游带头人、民宿经营者、基层文旅干部进行专门培训，培养一批具有现代旅游意识的乡村旅游管理人才、技能型人才和从业人员，提高乡村旅游管理人员、从业人员的服务技能和服务水平；开展乡村旅游创客行动，鼓励引导大学生、文化艺术人才、专业技术人员、青年创业团队等各类"创客"投身乡村地区发展，引导大学生、艺术家等回乡创业，促进新型人才向乡村地区流动。

参考文献

陈杰英：《弘扬岭南优秀传统文化 促进乡村文旅融合发展》，《南方日报》2022年9月5日，第7版。

刘楠：《厚植乡村文化自信，推进乡村振兴》，《光明日报》2023年7月4日，第11版。

杨正权、刘铭：《新时代文明实践中心让文明之花在中华大地上璀璨绽放》，《学习时报》2023年2月27日，第5版。

张明海：《推进城乡精神文明建设融合发展》，《光明日报》2023年2月8日，第6版。

曹立、石以涛：《乡村文化振兴内涵及其价值探析》，《南京农业大学学报》（社会科学版）2021年第6期。

B.14
2022年广东乡村人才发展报告

游霭琼*

摘 要： 广东紧扣城乡区域协调发展，突出抓好高素质农民培育、推动人才返乡入乡兴乡，让越来越多的人才奔赴、汇集到全省农业生产经营一线，成为广东发展现代特色农业、全面推进乡村振兴和农业强省建设的主力军。但对标高质量发展要求，乡村人才供求矛盾依然突出，人才缺口大、引不进、留不住、用不好等问题依然制约着乡村振兴和农业现代化。须突出需求导向，持续创新乡村人才发展体制机制，优化人才发展环境，推动乡村人才队伍建设实现量的突破和质的跃升，为深入实施"百县千镇万村高质量发展工程"夯实人才支撑。

关键词： 乡村振兴 乡村人才 高质量发展 广东省

乡村振兴，关键在人。近年来，广东深入贯彻落实习近平总书记关于推动乡村人才振兴的重要指示精神，以乡村人力资本开发为重点，不断加大高素质农业培育，实施人才"三下乡"战略，推动乡村人才各项工作取得扎实成效。

一 育引并举全力推进乡村人才振兴

近年来，广东乡村内外"双向施策"，多措并举，在持续加大高素质农

---

* 游霭琼，广东省社会科学院省人才发展研究中心主任，研究员，主要研究方向为区域经济、人才发展理论与政策研究。

民培育同时，注重把优秀人才派下去，把乡外人才请进来，把外出人才引回来，壮大提升厚植"三农"情怀的高素质乡村人才队伍。

（一）数字赋能推动高素质农民培育提质扩面

按照农业农村部有关高素质农民培育工作部署，全省各级涉农职能部门结合实际，制定年度培养工作方案，聚焦乡村产业振兴，以提升农民全产业链技能水平为重点，坚持需求导向、分类分层，注重理论培训与实践培训相结合，线上培训与线下培训并行，有序推进高素质农民培育。实施"广东百万农民线上免费培训工程"，打造广东数字农业线上大学堂，创建"广东精农网院""首席专家谈农技"等线上教育培训平台，用好"粤农通"小程序、"田头课"直播培训，高质量开发4600多个视频课件教材，认定省级高素质农民线下培育基地554家，搭建"校、企、所、协"培育体系。2022年，围绕稳粮扩油和"菜篮子"产品稳定供给开设190个培训班次，围绕品牌建设、电商、茶、水果、南药、经营管理、乡村治理、产业提升等开放85个班级，培育高素质农民122964名，培训乡村工匠4.8万人次，线上培训超320万农业从业人员。农民学员在线评价比例达92.1%，学员满意度达99.8%，对培育基地和师资课程的满意度均达到99.8%，均超过农业农村厅85%的要求。同时，针对学历提升需求，鼓励涉农高校、科研院所开办各类学历班，提高农民尤其是农村青年后备劳动力的务农技能、经营以及基层治理水平。发挥工会、共青团、妇联作用，组织开展"农民工技能培育工程""青年农民科技培训工程""双学双比"等活动，丰富乡村人才培育形式，拓宽培育渠道，形成协同发力高素质农民培育新局面。

（二）深入实施"三项工程"农村实用技能人才队伍发展壮大

"粤菜师傅""广东技工""南粤家政"三项工程是广东以脱贫人口、防止返贫监测对象和欠发达地区农村劳动力为重点，以提升农民技能就业本领为目的，促进农民就业创业的重大民生工程。"三项工程"实施以来，全省累计培训855万人次，直接带动就业创业282万人次，其中2022年，累计培训

138 万人次，带动就业创业 67 万人次；2023 年上半年"三项工程"累计培训
60 万人次，加快农村实用技能人才队伍发展壮大。截至 2022 年 8 月末，全省
有 8070 名技能人才获得职业技能等级证书，其中有 3600 多人取得专业技术职
称、8 人获得中华技能大奖、19 人获得世界技能大赛金牌、50 人获评国家级
技能大师、106 人享受国务院特贴、389 人获评全国技术能手、1 人获得南粤
创新奖、296 人获评南粤技术能手①。到 2023 年上半年，取得职业技能等级
证书的乡村工匠达 25200 人，取得乡村工匠专业职称的有 8365 人。

（三）创新升级人才"三下乡"乡村振兴人才异军突起

创新升级人才"三下乡"，鼓励引导高校毕业生、外出务工人员、工商
业主、退役军人、退休干部、科技人员、大学生村官等以多种形式加入乡村
振兴人才队伍，壮大乡村人才队伍。落实中央农村工作会议精神，聚焦乡村
产业发展和乡村治理两大任务，分别以高校科研院所科技专家、农技推广人
员、乡土专家和农村科技特派员为主体，组建 3 支社会化农业科技服务队
伍，以此为基础，针对乡村农业产业技术和发展需求，吸纳在校涉农相关专
业大学生，2022 年组建 24 支农业产业技术服务"轻骑兵"共 3 万余名涉农
人才深入生产一线，开展服务乡村行专题活动 1000 多场次，服务范围涉及
21 个地市②，提供良种、良技、标准，为农产品品质提升、品牌建设、标准
化生产提供全方位服务，畅通人才服务乡村产业振兴"最后一公里"，激发
人才服务乡村发展活力。出台《广东青年下乡返乡兴乡助力"百县千镇万
村高质量发展工程"三年行动》，将暑期"三下乡"社会实践队升级为青年
大学生"百千万工程"突击队，以服务县镇村为重点，采取"揭榜领题"
方式，服务、推动青年人才带动项目、技术、资源下乡返乡创新创业就业，
开展"一对一"帮扶，助力县镇村破解产业发展难题。到 2023 年 7 月，已

① 《广东"三项工程"累计培训 855 万人次，带动就业创业 282 万人次》，羊城派，2022 年 9 月 30 日，https：//baijiahao.baidu.com/s？id=1745323246738238097&wfr=spider&for=pc。
② 黄进：《"一站式"农技服务助力广东农业高质量发展》，《南方日报》2023 年 7 月 5 日，第 2 版。

开展行动的"三下乡"队伍超过1万支、青年大学生"百千万工程"突击队优秀示范项目有100个①。深入实施"三支一扶"计划，2022年全省共派遣3297名高校毕业生到基层从事支教、支医、支农和帮扶乡村振兴工作，选派1295名高校毕业生参与驻镇帮镇扶村工作，选调1993名应届优秀大学毕业生服务基层2年。将推行科技特派员制度与驻镇帮镇扶村结合起来，实施农村科技特派员驻镇帮镇扶村行动，2022年省市联动从高校、科研院所、企业和社会组织遴选、派出农村科技特派员团队901个、农村科技特派员2812人参与驻镇帮镇扶村，实现粤东粤西粤北和肇庆市901个重点乡镇农村科技特派员驻镇帮镇扶村全覆盖，开展科普、成果转化、技能培训、咨询服务等帮扶活动，为乡村振兴驻镇帮镇扶村提供人才支撑。创新实施志愿服务乡村振兴行动，2022年，招募5000余名大学生志愿者到粤东粤西粤北地区开展形式多样的志愿服务乡村振兴行动，其中具有本科及以上学历的约占80%，专科约占20%。2023年，团省委计划向乡村累计招募派遣志愿者1万人②。2022年，通过"银龄讲学计划"，招募342名银龄教师到农村学校任教；实施"百名卫生首席专家下基层计划"，面向全国选聘100名退休医生在47家中心卫生院担任首席专家全职工作，带动提升基层医疗卫生服务能力。人才"三下乡"战略的深入实施，带动了人才、科技、项目等要素向乡村汇集，为乡村产业、乡村人才发展注入了新要素、新动能、新活力。

（四）人才服务支撑农业高质量发展效果明显

以家庭农场主和农民合作社带头人为主体的高素质农民队伍的培育壮大，为广东现代农业发展提供了有力支撑。截至2022年底，全省依法登记的农民合作社达到5.43万户，占全省实有各类市场主体的0.33%③；拥有

---

① 《奔赴田间地头 破解乡村难题》，《南方日报》2023年7月8日，第3版。
② 《广东省创新实施志愿服务乡村振兴行动 到2023年将有万名志愿者投身一线》，《南方日报》（网络版），2022年10月13日。
③ 《2022年全省市场主体相关数据》，广东省市场监督管理局网站，2023年3月10日，https：//amr. gd. gov. cn/gkmlpt/content/4/4130/post_ 4130078. html#3066。最后检索日期：2023年7月18日。

国家、省、市、县四级农业龙头企业 5000 多家①，约占全国农业合作社总量的 5.56%，形成具有一定规模和鲜明区域特色的食品加工与农产品加工产业集群，成为引领乡村产业发展的重要力量。农业科技研发、农业技术推广人才队伍成为农业科技创新的突击队和技术应用的排头兵，为广东农业科技创新、粮食安全提供了有力支撑。2021 年，全省农业科技进步贡献率为 71.3%，比 2012 年提升了 13.3 个百分点，高出全国同期 11.3 个百分点。水稻等主要农作物良种覆盖率为 98% 以上，截至 2022 年 9 月，获农业农村部确认的超级稻品种达 36 个，数量居全国第 1；入选第一至三届国家优质稻品种食味品质鉴评会优质籼稻金奖的品种达 10 个次，占全国的 24%，形成"中国籼稻，广东种芯"优势②。2022 年，有九大项目团队成功揭榜广东省"十四五"农业科技创新十大主攻方向"揭榜挂帅"项目，占入围项目总数的 33.33%。全省驻镇帮镇扶村农村科技特派员团队累计服务带动农户超 8.5 万户，服务各类机构约 3200 家，为当地引进新品种、推广新技术超 3600 项，培训农户或农机人员超 21 万人次，为当地引进项目超 350 项，引进资金近 8000 万元，累计帮助受援对象增收超 1.31 亿元，有力支撑了巩固拓展脱贫攻坚成果同乡村振兴有效衔接。

二　需求导向推动乡村人才发展机制政策集成创新

广东深入贯彻习近平总书记关于推动乡村人才振兴的重要指示精神和对广东系列重要讲话重要指示批示精神，实施"百县千镇万村高质量发展工程"，全面推进乡村振兴，坚持党对乡村人才工作的全面领导，立足乡村所需，不断健全乡村人才发展体制机制，推动政策集成创新，丰富多元化人才发展载体平台，推动乡村人才发展环境持续优化。

---

① 《广东奋力谱写乡村产业发展大文章　全省农林牧渔业总产值较 2012 年增长超 80%》，《南方日报》2022 年 9 月 23 日，第 1 版。
② 《广东奋力谱写乡村产业发展大文章　全省农林牧渔业总产值较 2012 年增长超 80%》，《南方日报》2022 年 9 月 23 日，第 1 版。

（一）创新体制机制，健全乡村人才发展制度体系

一是进一步明确乡村人才振兴总体要求。出台《关于加快推进乡村人才振兴的实施意见》，把乡村人才振兴纳入人才工作目标责任制和乡村振兴实绩考核，明确28项政策任务分工安排，发挥考核"指挥棒"作用，推动乡村人才振兴工作落实落地。二是深化乡村人才评价机制改革。面向社会提供农业技术员、农机修理工、农产品食品检验员等乡村工匠职业（工种）技能等级认定服务，推动乡村人才职业技能等级认定工作提质扩面，一大批长期奋战在乡村振兴一线的"土专家""田秀才"脱颖而出。深入开展全省农业农村专业人才职称评价改革，成立77个评委会开展职称评审，共评审通过4470人，其中正高级82人、副高级257人、中初级4131人。"乡村工匠"已作为重要指标纳入农业项目申报、资金扶持权重，提升激励保障持续性。三是构建向乡村基层人才倾斜的激励机制。出台《广东省农业技术推广"十四五"规划》，加大对农业技术推广人才培育、激励力度，开展年度"广东十佳最美农技员""广东农技推广能手"选树，引导人才将论文写在乡村振兴大地上。持续开展省十佳杰出高素质精勤农民评选，做好"神农英才"人选推荐工作，2022年，向农业农村部组织推荐14名"神农英才"人选。率先建立县以下事业单位管理岗位职员等级晋升制度，2022年，全省共有8262人晋升职员等级，初步解决了长期以来困扰基层事业单位管理人员的晋升通道狭窄难题。四是健全引导人才到艰苦边远地区和基层一线服务激励机制。落实人才评价倾斜支持政策，发挥职称指挥棒作用，激励专技人才"入县下乡"。粤东西北、艰苦边远地区、基层一线和乡镇专技人才参与职称评价时，对其不作职称外语和计算机应用能力要求，淡化或不作论文要求，工作总结、教案、病历、技术推广总结、工程项目方案、专利成果等可作为专业技术工作业绩。指导各地深入落实乡镇工作补贴制度，落实义务教育教师工资待遇"两个不低于"要求，推进基层医疗卫生机构"一类保障，二类管理"的倾斜政策。2023年广东安排3.75亿元财政资金，将欠发达地区年度村医补贴标准提高到5000元，

市县可为村医养老统筹保障提供资金①。实施工资高定政策，对聘用到粤东西北及欠发达地县区及乡镇事业单位工作的人员，可直接执行转正定级工资并高定薪级1~2档。积极稳慎落实兑现县以下事业单位管理岗位职员等级工资待遇。五是完善乡贤返乡入乡创业扶持政策。落实一次性创业资助、创业担保贷款等创业扶持政策，符合条件的返乡创业人员可申请一次性创业资助1万元，返乡创业人员可按规定申请最高额度50万元、小微企业最高可申请500万元额度的创业担保贷款，并按规定享受财政贴息。鼓励各地认定主要面向返乡创业人员的创业孵化基地，每个基地给予10万元奖补资金。

（二）依托"三项工程"，深入开展农民技能培训

深入实施"三项工程"，持续加大农民技能培训力度。一是加大农民技能培训。2022年，全省职业技能提升补贴55.89万人次，其中农村户籍劳动力补贴33.40万人次，占补贴总数的59.76%。出台6个补贴标准指导文件，对约500个涉农种养项目（工种，不含职业资格证书）实行项目补贴。在广东远程职业培训平台上设置乡村工匠培训栏目，征集502个乡村工匠类培训课件，共有2.38万人次参加线上课程学习。二是扩大技校招收农村户籍学生规模。2022年，全省技工院校为42万名农村、县镇户籍学生和涉农专业学生提供免费技工教育，为2.5万名家庭经济困难学生和涉农专业学生提供国家助学金。三是加强技工院校涉农专业建设。推动和支持技工院校加强农业类专业建设、招生和培养，将农产品食品加工与质量安全列为省级特色专业建设，2022年全省共有37所技工院校开设园林技术、畜牧兽医、农业机械使用与维护等涉农专业，在校生3000多人。四是加强预制菜产业人才、家政服务人才培育。出台广东预制菜产业高质量发展"十条"措施，鼓励"粤菜师傅"星级名厨参与开发推广预制菜品，建设预制菜联合研发平台，引育预制菜产业人才。

---

① 《广东财政投3.75亿元　稳定农村人才队伍》，央广网，2023年3月24日，https：//www.cnr.cn/gd/jingjizixun/20230324/t20230324_526193502.shtml，最后检索日期：2023年7月7日。

（三）突出分类培育，稳步提升乡村人才素质

一是抓好产业振兴带头人培育。遴选华南农业大学等3家单位为"头雁"项目受托培育机构，培训1000名产业振兴带头人。实施"领头雁"农村青年致富带头人培育计划，培育农村青年致富带头人1000多名，联合开发涉农创业项目321个。二是加强"三农"干部培训。2022年，全省累计培训党政领导干部、乡村振兴系统干部、挂职帮扶干部、乡村干部273015人次。三是加大农村实用人才培训投入，持续开展基层农技人员培育。四是开展"农村电商"培训。出台《高质量实施"农村电商"工程促进就业创业助力乡村振兴行动方案》，2022年扶持建设17个农村电商产业园、5个综合基地，全省开展农村电商各类培训超4.99万人次。探索采用"送教上门"的方式，在肇庆、湛江、清远等市组织举办农村电商"省级精英训练营"培训活动，2023年上半年开展农村电商常规性培训1.33万人次。五是定向培养乡村紧缺专业技术人才。2022年，实施"千名高校毕业生到基层从医上岗退费计划"，为282名毕业生退补学杂费。面向粤东粤西粤北扩大定向医学生招生规模，确定广州中医药大学等10所为定点院校，2022级共招生2412人，通过全科医生培训招收培养全科医生3548人，且免除在校学习期间的学费和住宿费，逐步将生活补助提升至6300元/人/年。开展县级以上文化馆馆长、省级非遗代表性传承人、红色讲解员、文化文物和旅游统计人员、旅游民宿负责人等轮训近3600人次。

（四）搭建多元聚育平台，保障人才在乡村"引得进、留得住、用得好"

一是粤东粤西粤北涉农县、重点帮扶镇乡村振兴人才驿站全覆盖。到2023年上半年，粤东粤西粤北地区和肇庆市已建成县级乡村振兴人才驿站79个、镇级600个，累计举办近百场高层次人才下基层活动，柔性引进人才近400人次。二是优化布局农业科技平台、返乡创业孵化基地。截至2022年底，省级以上农业科技园区有72家，其中国家级9家；省备案"星

创天地"有 196 家，其中国家级备案 62 家。到 2023 年上半年，认定返乡创业孵化基地 66 家。到 2023 年 5 月，全省累计建设省级农技驿站 1 个、县级农技驿站 100 个、"轻骑兵"镇村工作站等农技推广服务平台 100 个①，在产业人才引进、农民致富带头人培育、对口帮扶人才交流等方面发挥了纽带作用。创建"数字+轻骑兵"，为提升农技"轻骑兵"服务效能提供了良好的平台条件。全省建成"南粤家政"基层服务站 1000 多个，打造"南粤家政"电子服务地图，促进家政人才培育和就业创业。

三 谱写新时代乡村人才振兴新篇章

对照"百县千镇万村高质量发展工程"深入实施、更高水平和更高质量推进城乡区域协调发展需要，广东乡村振兴人才规模不足、素质偏低、结构老化、流失严重、活力激发不足等瓶颈尚未根本缓解。必须以更高站位、更宽视野、更大力度来谋划和推进新征程乡村人才工作，将乡村人才振兴与产业振兴、文化振兴、生态振兴、组织振兴统筹部署、一体推进，推动乡村人才高质量发展。

（一）提升培育效能推动人才量质齐升

坚持产才融合，以家庭农场经营者、农民合作社带头人、农村集体经济组织负责人、农村创业创新带头人和产业发展职业经理人、经纪人等乡村产业人才为重点，将产业发展与人才培养有机结合起来。一方面，发挥综合性涉农高校和科研院所人才培养主阵地作用，探索人才供给与乡村振兴需求有效对接路径，提升乡村人才存量，扩大乡村人才增量。针对农业技能、乡村文化、乡村治理、乡村教育与医疗等人才发展需求，发挥高校学科专业优势，开设相关学历教育课程，实行分类定向培养，满足乡村人才学历提升需求，提升人才综合理论素养。另一方面，围绕广东乡村特色优势产业发展需

---

① 《"一站式"农技服务 助力广东农业高质量发展》，《南方日报》2023 年 7 月 5 日，第 2 版。

求，聚焦提升人才实践能力，通过"一对一"结对帮扶，设立专家或科技工作站，布局高素质农民培训实训基地、乡村两级党员干部培训基地、科技成果转化基地等方式，将县域振兴、乡村建设作为人才培养锻造的重要基地、科研创新的前沿阵地、服务"百千万工程"的战略要地，引导人才将论文写在乡村高质量发展的大地上，把科技成果应用于农业现代化建设中，提升人才破解乡村振兴难题的实践能力，培养能扎根基层的乡村振兴人才队伍。加强高校、企业、政府合作，健全高素质农民协同培育机制，推动乡村振兴人才共育共享。大力推广传帮带培养方式，发挥合作社、专业协会作用，组织种养大户、致富能手、合作社负责人、乡村工匠等以及村党员干部通过结对帮扶、经验介绍、技术指导等方式，带动各类乡村人才培养。高质量实施好年度高素质农民培养计划，推动乡村本土人力资源开发利用。

（二）加快乡村数字化人才队伍建设

数字农业、智慧农业是现代化农业发展的重要方向，数字乡村建设是全面推进乡村振兴的重要抓手。为顺应这一趋势，广东省将提升农民数字素养、技能，扩大乡村数字化人才规模作为乡村人才队伍建设的重点。推动大数据、物联网、人工智能等新一代数字技术要素向乡村产业、乡村治理渗透，培育农业农村大数据新应用、新场景，催生乡村数字经济、乡村公共服务新业态，促进乡村产业数字化、智能化、融合化发展，厚植乡村数字化人才成长的产业沃土。鼓励引导高校、科研院所加大乡村数字化人才培育，设置相关课程、布局实训实践基地，提高乡村数字技术人才的专业素养和综合能力。出台激励政策，鼓励引导数字技术人才投身乡村建设。

（三）高质量实施人才"三下乡"战略

实施新一轮人才下乡行动。贯彻落实长期服务乡村基层人才在职务、职称评定、政治待遇等方面的倾斜政策，以及薪酬待遇、交通与生活补贴政策，加大对先进典型的宣传表彰，引导教育、卫生、科技、文化等优秀民生人才服务乡村基层一线，缓解乡村民生人才缺口问题。设立医共体、教育联合体、非遗人才栖息地等载体，为人才服务乡村建设、促进城乡人才要素双向流动提供平台。深化落实"一村一名大学生"政策，补充乡村基层干部不足。

实施人才回乡工程。以乡情乡愁为纽带，以乡村事业为平台，以政策服务为保障，让在外发展的乡村本土人才想回来、能发展、扎下根。聚焦乡村本土特色产业发展，精准制定项目奖补、人才补贴、创业指导、金融保障、用地保障等人才返乡入乡创新创业扶持政策，鼓励乡村与外出人才创办企业结对共建，吸引人才携项目返乡创业，带动资本、技术、市场、人才向乡村集聚，帮助乡村种养大户转型升级，提振镇村集体经济。在外出务工人员集中城市，如广州、深圳、东莞等，建立外出人才党支部、外出人才联络处，举办乡村振兴公益活动、返乡人才就业创业交流会等，为外出人才返乡创新创业提供对接服务和沟通平台。依托各级公共服务平台和党群服务中心，搭建返乡人才创业服务站、创业培训平台，为外出人才返乡提供创新创业服务和指导。聘请各领域外出人才为乡村振兴顾问，为家乡发展献才献智、出谋划策。支持外出退休专家和干部根据专长积极参与家乡教育、科技开发、人才培训、科普宣传、技术指导、文化文艺活动等，聘其为乡村职业经理人，担任村"第一书记"、党建顾问，并对业绩突出者给予表彰宣传。

（四）持续优化乡村人才发展环境

抓住全面推进"百县千镇万村高质量发展工程"促进城乡区域协调发展机遇，围绕人才发展大事，乡村内外"双向施策"、多措并举，持续加大要素资源投入，营造良好的人才发展环境。

健全乡村人才发展保障体系。统筹各方资源，打好产业、文化、组织、生态、科技、政策"组合拳"，探索乡镇赋权扩能有效路径，推动治理和服务资源下沉乡村，形成既充满活力又稳定有序的乡村治理新格局。加大对乡村引进高层次人才的资金投入扶持力度。不断探索土地流转、项目立项以及小额信贷、农业保险等方面扶持乡村人才创业创新的途径和措施，创新科技金融政策、信贷投放方式，鼓励政策性、商业性金融机构为在乡村创新创业的人才提供信贷支持。

搭建多元化干事创业舞台。树立产才融合理念，发展壮大乡村特色优势产业，培育乡村新产业新业态，鼓励发展观光农业、绿美农业，开办农家乐、乡村民宿等农村一二三产业融合发展项目，为乡村人才聚育提供产业载体。优化乡村振兴人才驿站、农业科技平台布局，加强返乡创业孵化基地等各类返乡入乡创业载体建设，为返乡入乡创业人员提供全链条服务。

全域建设绿美乡村。以深入实施"百县千镇万村高质量发展工程"为抓手，开展乡镇、村庄绿化美化行动，推进绿美乡村创建。加大农村建设投入，改善农村交通、通信、医疗、教育等基础设施，不断提升乡村基本公共服务质量和水平，缩小城乡生活、工作环境差异。加大乡村生态环境整治投入力度，提高乡村的生态质量和绿色发展水平，营造田园宜居宜业和美环境吸引人才、留住人才。

协作振兴篇
Collaborative Revitalization

B.15
2022年广东乡村振兴驻镇帮镇扶村发展报告

高怡冰　周　鑫*

摘　要： 乡村振兴驻镇帮镇扶村是广东全面实施乡村振兴战略的重要举措，也是广东重要的一项制度创新。驻镇帮镇扶村实施两年来，工作取得显著进展，帮扶机制逐步完善，对接渠道更加畅通。展望未来，驻镇帮镇扶村要准确把握全面推进乡村振兴战略要求，在实施"百县千镇万村高质量发展工程"中，以更高站位、更新理念、更优方法、更广渠道系统性、一体化深入推进，为激发乡村发展新活力、展现乡村建设新面貌、构建乡村治理新格局、全面推进乡村振兴奠定坚实基础。

关键词： 乡村振兴　驻镇帮镇扶村　党建引领　广东省

---

* 高怡冰，广东省社会科学院企业研究所副所长，研究员，广东省乡村振兴驻吴川市黄坡镇帮镇扶村工作队队长，主要研究方向为营商环境、乡村振兴；周鑫，广东省社会科学院科研处处长，研究员，历史学博士，主要研究方向为海洋史、乡村振兴。

为落实好中央关于巩固拓展脱贫攻坚成果同乡村振兴有效衔接的部署要求，推进乡村振兴持续走在全国前列，从2021年开始，广东实施乡村振兴驻镇帮镇扶村工作，通过整合优化帮扶力量，改变传统的一对一"单打独斗"帮扶方式，建立组团式、造血式、共赢式帮扶新机制，推动人才、资金、政策有效衔接。驻镇帮镇扶村工作推进两年来，广东向全省1190个乡镇和涉农街道派驻工作队，1万多名工作队员深入基层，充分发挥乡镇连县接村关键纽带作用，着力打造镇村联动一体化发展大格局，探索符合发展实际、具有全域特色、全面推进乡村振兴的"广东模式"，为激发乡村发展新活力、展现乡村建设新面貌、构建乡村治理新格局、全面推进乡村振兴奠定坚实基础。

一 在实施"百县千镇万村高质量发展工程"中 深入推进乡村振兴驻镇帮镇扶村工作

"百县千镇万村高质量发展工程"（以下简称"百千万工程"）是广东省委立足新发展阶段，进一步拓展发展空间、畅通经济循环、促进城乡区域协调发展做出的战略性举措，是惠民富民、满足人民对美好生活新期待的内在要求，是整体提升新型工业化、信息化、城镇化、农业现代化水平的迫切需要，是广东省建设农业强省、推动城乡区域协调发展的重大战略，是贯彻落实习近平总书记关于建设农业强国、加快推进农业农村现代化、全面推进乡村振兴等重大讲话精神，全面推进乡村振兴、促进区域协调发展的针对性举措。驻镇帮镇扶村工作在"百千万工程"实施中进一步深入推进。

（一）在县域层面整体谋划推动城乡融合发展

把县域作为城乡融合发展的重要切入点，从空间尺度上对"核""带""区"进行深化细化，从互促共进的角度对先发地区与后发地区的发展进行通盘考虑，对县镇村各自的功能定位科学把握，把县的优势、镇的特点、村的资源更好地统筹起来。以县域振兴为抓手，着力推进广东"百县千镇万村"高质量发展。统筹城乡区域发展，增强发展平衡性协调性。以国家县城新型城镇化建设示范为牵引，把握区域协调发展机遇，深化镇街体制改革，增强综合服务功能，更好发挥联城带村作用，加强镇街风貌管控，打造特色化品质化美丽镇圩；实施乡村建设行动，优化村庄规划，统筹乡村基础设施和公共服务布局，加强农房管控和乡村风貌提升，着力改善乡村人居环境，不断提升镇村建设水平；实施"五美"专项行动，因地制宜打造美丽宜居示范村、深入谋划乡村振兴示范带建设，扎实推进驻镇帮镇扶村工作持续提质增效。

（二）在乡镇层面发挥联县带村的联动和纽带作用

增强乡镇联城带村的节点和纽带功能，使其成为服务农民的区域中心。明确镇村功能定位，发挥各自优势，推动协同发展，按照城乡发展一体化的目标和要求统筹谋划，进行"硬件"建设和"软件"建设的联动推进。统筹谋划工业和农业、城市和乡村，以优化产业协作关系、完善产权制度和要素市场化配置为重点，促进城乡要素均衡配置、平等交换和公共资源合理配置，激发城乡发展活力，加快实现城乡融合发展。以特色产业发展、乡村振兴示范带、重点村建设等镇村提升为建设主题，落实重点项目和产业平台。通过极点带动、连片推进，着力打造乡村振兴新增长极，实现集约发展和效益倍增。

（三）在村级层面抓好宜居宜业和美乡村建设

建设宜居宜业和美乡村，坚持农业农村优先发展，巩固拓展脱贫攻坚成果，全面推动乡村产业、人才、文化、生态、组织振兴，实现农业高质高效、乡村宜居宜业、农民富裕富足。着力建设美丽宜居乡村。深入实施农村人居环境整治提升五年行动，继续推进农村厕所革命和村庄清洁行动；加快村级道路和生活污水处理设施项目建设；因地制宜打造"四小园"，大力推进村庄整治和庭院整治，落实门前三包责任制，加强农房管控和推动乡村风貌整体提升。

二 驻镇帮镇扶村工作的主要进展

驻镇帮镇扶村工作队贯彻落实省委省政府关于乡村振兴驻镇帮镇扶村工作部署要求，根据《关于进一步明确全省乡村振兴驻镇帮镇扶村工作职责任务的通知》精神，立足镇情实际，聚焦五大任务提升，坚持"重在帮、突出扶"，充分调动队员的积极性，发挥"联络员、调研员、指导员、监督员、宣传员"作用，扎实推进驻镇帮镇扶村各项工作。

（一）健全防止返贫动态监测和帮扶机制

做好年度监测和帮扶计划，严格落实"四个不摘"政策要求，不断完善落实防止返贫监测和帮扶工作机制，优化工作流程，扎实守好不发生规模性返贫底线。贯彻落实常态化防止返贫动态监测，梳理规范申报流程和落实审核认定程序，组织开展防止返贫监测帮扶集中排查工作。驻汕尾市陆河县新田镇工作队联合镇农办对申请临时救助以及就业、产业帮扶"以奖代补"的防止返贫监测对象进行入户核查，对符合救助条件的防止返贫监测对象实施先行救助，对有困难的家庭或个人，及时采取相应的救助保障措施。对因疾病治疗而家庭支出较大、正常生活受到影响的建档立卡的个人或家庭主动及时实施临时救助，兜住民生底线。驻潮州市湘桥区城西街道工作队对辖区内原建档立卡的脱贫户进行排查，重点围绕脱贫户有稳定收入或最低生活保障、安全饮水、义务教育、基本医疗保障、住房保障、供电、电视信号、网络信号等"八有"达标目标，综合分析脱贫人口家庭收支情况、"两不愁三保障"及饮水安全巩固状况等因素，及时研判返贫致贫风险。驻肇庆市广宁县木格镇工作队对接肇庆市医保局，携手乡贤、爱心企业开展多项利民惠民举措，为困难人员赠送肇福保、防返贫保险等，为老乡们筑牢健康保障。

（二）大力发展乡村特色产业

坚持以发展富民兴村产业为核心，立足镇村资源禀赋，创新发展模式，加快现代农业产业发展，做强做精特色优势农业，形成特色突出、优势明显、协同发展的绿色致富产业体系，按照一二三产业融合原则，培育特色产业。驻湛江市吴川市黄坡镇工作队根据资源优势和地域优势，借助科技特派员的力量，进行产业谋划，打通科技进村通道，培育特色产业，推动产业项目与专家团队签订技术服务协议，形成科技支撑乡村振兴产业发展的良好格局。驻揭阳市惠来县侨园镇工作队通过承办惠来县首届东南亚美食节暨茶叶展销"网络节+云展会"，为客商搭建交流合作平台，集中宣传营销打响侨园茶叶品牌，许多茶企甚至出现茶叶供不应求的情况。驻湛江市遂溪县界炮镇工作队找准镇产业发展方向和优势，大力推广圣女果种植，带富了一方农民，帮扶村民实现了家门口就业，打造了以江头村为产业示范村的第一个"亿元村"，吸引了大批在外的有为青年"回游"返乡创业。

（三）培育新型农业经营主体

通过示范引领、规范运营、产业引导、深化改革、科技赋能等做法，加大新型农业经营主体的培育力度，推动各类主体高质量发展。驻茂名市电白区林头镇工作队助力提升福绿康家庭农场基础设施提升，道路硬底化、恒温蔬菜大棚建设、分拣包装棚打造、育苗房建设，进一步加强福绿康农场的联农带农效果，新创造多个长期和临时工作岗位。驻清远市连山福堂镇工作队不断鼓励家庭农场等经营主体积极发展，帮助扩大菌菇种植规模，支持家庭农场寻找好市场，推动乡村振兴工作。工作队还支持壮瑶风采锦绣专业合作社成立壮锦技艺培训室，以壮锦文化为载体推动当地研学、民宿等文旅产业发展，真正实现富民增收。驻湛江市吴川市黄坡镇工作队在重点村统筹推进、谋划发展热带果树产业、奇楠沉香产业、黄瓜加工等产业，3个产业均获得帮镇扶村财政投资立项，培育4个产业创业团队，新建4个新型农业产业主体。

（四）建设宜居宜业和美乡村

深入实施农村人居环境整治提升五年行动，继续推进农村厕所革命和村庄清洁行动；加快村级道路和生活污水处理设施项目建设；因地制宜打造"四小园"，大力推进村庄整治和庭院整治，落实门前三包责任制，加强农房管控和推动乡村风貌整体提升。驻湛江市吴川市黄坡镇工作队健全乡村治理体系，加快推广运用积分制、清单制、数字化等治理方式，建立村规民约长效机制，深入推进重点村乡村治理试点示范，开展重点村人居环境整治村级评比活动，落实好乡村建设行动实施方案，抓好农村厕所革命、农村人居环境整治提升、乡村基础设施建设。驻清远市佛冈县迳头镇工作队通过深水井引水、购置超滤膜一体化设备等方式，解决了 5 个自然村约 1.8 万人口水质差或无水饮等难题，惠及占迳头镇一半人口。为了保障深水井的持续使用，解决村民的后顾之忧，工作队和井冈村委干部认真学习深水井的使用、维护和保养技巧，并结合实际情况，制定了管理方案。驻湛江市徐闻县和安镇工作队谋划开展人居环境整治提升评比活动，细化和量化各项事务，采取以奖代补、奖优罚劣等措施，建立和安人居环境优化提升长效机制，激发群众主体意识，实现村容村貌显著提升，推进镇村更加美丽宜居。

（五）激活人才驿站的综合服务功能

驻湛江市吴川市黄坡镇工作队以人才驿站为平台和载体，加强乡村人才队伍建设，为产业发展、技术攻关、人才培育等提供智力支持，打造政府、企业单位和高端人才对接交流的桥梁，建立乡村振兴人才库，目前入库的专家 51 人，驻镇工作队及科技特派员团队成员、广东省中医院医学专家等被聘为专家库专家，为乡村振兴注入新力量。驻清远市清新区禾云镇工作队争取资金建设禾云镇农产品综合服务中心、人才振兴中心，着力打造农文旅融合样板，助力粤港澳大湾区菜篮子工程禾云基地建设，提升营商环境，振兴乡村人才，促进当地农产品从种子、加工、销售、存储、冷链全产业链的发展。驻梅州市兴宁市新圩镇工作队全面提升乡村振兴人才驿站服务能力，充分发掘科技特派员团队资源，聚焦农村电商、种苗繁育、农业种植等涉农一二三产业开展创新创业培训服务，制定了详细培训计划，以技术大讲堂、种植培训班为载体，通过"现场培训+结对指导+操作演示"的方式，不仅培养出一批懂技术、会操作的农业技术能手，还解决了农业发展难题。驻河源市东源县义合镇工作队多方筹集资金打造义合镇人才驿站，先后引入华南农业大学农业经济发展的四个规划团队为义合镇乡村振兴发展提供智库支撑。

（六）发挥重点村的示范引领作用

驻湛江市吴川市黄坡镇工作队依托驻镇帮镇扶村工作机制和"万企兴万村"行动两大抓手，积极推进林屋热带果树产业示范园、符屋黄瓜品牌产业加工、新屋甘薯种苗主培扩繁基地、林屋奇楠沉香产业基地、新屋循环养羊基地、三柏坉蔬菜种植（一期）等产业项目建设，促进"一村一品"特色产业发展，形成可推广可复制的经验。驻潮州新圩镇工作队结合释迦果较高的经济价值、当地优良的种植条件以及村民丰富的种植经验综合考虑后，提出田中村释迦果种植园建设方案，并将田中村设置为重点村。种植园预计为村集体收入增加 20 万元，并解决部分贫困户就业问题，为周边村落提供发展思路，助力推进全镇乡村振兴工作。驻河源市和平县礼士镇以"平安乡村"建设暨"美丽家园"活动为抓手，建立长效机制提升乡村治理水平，将梅坝村建设为广东省乡村治理示范点。

三　驻镇帮镇扶村工作中存在的主要问题

两年来，驻镇帮镇扶村工作取得了显著成效，但对标对表高标准严要求，仍然存在四个方面的问题和不足。

一是帮扶合力有待提升。部分县镇党委、政府发挥主体作用、履行主体责任的主动性还不够，存在等靠要思想，没有充分发挥帮扶团队的作用，与组团结对帮扶单位还未能形成帮扶合力；部分组团帮扶成员单位认为定点帮扶工作主要职责是牵头单位，在帮扶工作谋划和投入方面缺乏主动，力度不够。

二是帮扶能力有待提升。部分工作队党建工作抓得不够实，学习不够深入，学习成果转化为指导工作实践学习的能力还有待提高。特别是项目谋划能力需要提升，在打造特色农业产业、推进项目落地实施等方面需要加大实施力度。

三是帮扶资源有待整合。突出表现在帮扶资金支出进度滞后，部分市、县存在挤占财政专项帮扶资金问题，影响了帮扶项目推进进度和乡村振兴帮扶成效。此外，项目用地保障不足，组团帮扶单位或工作队积极发动企业到镇村投资，受限于用地指标，特别是基本农田和生态保护红线，企业项目落地难，严重制约镇村建设和产业发展。

四是帮扶机制有待完善。需要进一步围绕统筹实施乡村振兴战略和"百千万工程"目标任务，进一步完善工作机制。

四 进一步推动广东驻镇帮镇扶村的建议

深入贯彻习近平总书记视察广东重要讲话重要指示精神，深入落实省委"1310"具体部署，准确把握全面推进乡村振兴战略要求，聚焦全面推动农业强起来、农村美起来、农民富起来，以更高站位、更新理念、更优方法、更广渠道系统性、一体化推进驻镇帮镇扶村。

一是站位要更高。驻镇帮镇扶村是广东推动乡村振兴的重要的制度创新，是全域推进乡村振兴、实现共同富裕的重要抓手。工作队是省委省政府派出的工作队，要在实施"百县千镇万村高质量发展工程"中深入推进乡村振兴驻镇帮镇扶村工作，全面推进乡村振兴战略，站在实现共同富裕的政治高度、战略高度、使命高度，进一步提高使命意识、担当意识、引领意识。

二是理念要更新。乡村振兴的主体在乡村，振兴是为了镇村居民。要围绕共谋、共建、共管、共治、共享的基本理念，凝聚发展共识，汇集发展力量，协同一致行动，将"共同缔造"理念贯彻到乡村振兴全局工作中，统筹把握帮扶、推动、共建，推动乡镇和村庄同建同治同美，实现镇村同步振兴。

三是方法要更优。创新工作方式方法是攻坚克难、高质量推进乡村振兴的重要途径。要坚持目标导向、问题导向、需求导向，以提高帮扶工作的针对性、精准性、实效性为重点，以组织建设为引领，创新工作思路、工作方式、工作路径，加强镇村发展需求与各方资源的对接，以基础设施建设项目、孵化项目为抓手，打好"组织建设+资源对接+项目落地"的组合拳。

四是渠道要更广。高效的渠道网络，是促进城市和乡村要素双向流动，将各种资源优势转变为经济优势的重要支撑。要建立信息、资源、交流、合作等深互动、广覆盖、强联系、高对接的渠道，形成更加紧密的帮扶共建关系网络、资源网络、交流网络、合作网络，促进党群关系更加牢固、组织协调更加畅通、帮扶振兴更加得力、增收渠道更加丰富。

具体要抓好以下几项工作。

（一）强化党建引领，凝聚工作合力

加强内部管理。全面落实工作队队长负责制，常态化抓好工作队日常管理。定期向派出单位通报队员的工作情况和工作表现。坚持定期召开党员会议和工作例会，统一思想、强化作风，充分发挥党员的先锋模范作用，切实树立队员全心全意驻镇帮镇扶村的良好形象。

推动重点村第一书记履职尽责。要求驻村第一书记紧紧围绕第一书记的职责和任务，厘清工作思路，明确定位，结合实际因村施策开展驻村帮扶工作，充分发挥第一书记在推动乡村全面振兴中的引导作用、示范作用和桥梁作用。

加强学习培训。深入学习贯彻习近平总书记关于巩固脱贫成果、推进乡村振兴重要讲话和指示批示精神，坚持把乡村振兴工作与加强党的基层组织建设紧密结合起来，落实"三会一课"制度，强化建章立制和不断完善制度体系，发挥工作队临时党支部的战斗堡垒作用和党员的先锋模范作用。结合驻镇帮镇扶村工作实际，开展常态化的政策理论学习和专题学习。

开展党建共建。结合工作实际认真做好支部结对共建和主题党日活动，开展"党建引领、交流观摩、促乡村振兴"的党建交流活动。

激活乡村振兴人才驿站功能。加强乡村人才队伍建设，为产业发展、技术攻关、人才培育等提供智力支持，打造政府、企业单位和高端人才对接交流的桥梁。组织开展专场培训。围绕乡村振兴的重点任务，开展面向农户、镇村干部的专题培训。

（二）推动科技下乡，培育特色产业

推动建立现代农业产业园。依托现有资源与地理优势，谋划建设现代农业产业园，拓宽产业化发展模式，构建立体式复合型现代农业经营体系，推动现代农业产业园发挥好平台载体功能，做好产业培育。发挥品牌产品的品牌效应，进一步扩大生产规模，不断推动相关产业链发展。

做好特色产业资源整合。依托特色农业资源和特色农产品，以及本地加工企业等产业集群优势，培育特色产业产品体系。

推动手工产业发展。培育就地就业项目，以"企业+合作社+农户"运营，培育特色手工业，引进并发展家庭手工业加工厂，培育一批带动家庭手工业发展的专业企业、壮大一批家庭手工业专业化合作组织、发展一批家庭手工业公共服务平台。

培育新型业态。以特色农产品为主，鼓励就地初加工，支持精深加工和综合利用加工。培育一批农业龙头企业，推动农产品加工业集聚集群集约发展。推广"互联网+农业"，实现分散生产、集中经营，发展乡村新零售，优化农产品电商物流配送和综合服务网络，提升农村电商运营服务，提高"一村一品"覆盖率。

培育新型农业经营主体。对新型农业经营主体进行摸底调研，了解新型农业经营主体的经营状况，以及存在的突出问题。做好政策梳理，引导和指导农户成立新型农业经营主体，鼓励和引导现有的新型农业经营主体申报省市级示范合作社、省市级示范家庭农场、省市级农业龙头企业。

（三）建立长效机制，优化人居环境

建立人居环境整治长效机制。深入实施农村人居环境整治提升五年行动，继续推进农村厕所革命和村庄清洁行动，推广运用积分制、清单制、数字化等治理方式，建立人居环境整治长效机制。推进乡村治理试点示范，开展重点村人居环境整治村级评比活动。

继续推进基础设施项目建设。加快村级生活污水处理、道路硬底化等基础设施项目建设；因地制宜打造"四小园"，大力推进村庄整治和庭院整治，加强农房管控和推动乡村风貌整体提升。

推动乡村振兴示范带建设。以乡村振兴示范带建设统筹推进乡村全域美丽全面振兴，谋划打造乡村振兴示范带，串点成线、连线成片、集片成带，同步推进乡村发展、乡村建设、乡村治理的先行示范，辐射带动乡村全域振兴。

（四）注重示范引领，推进乡村治理

支持重点村发挥在乡村振兴中的示范引领作用。加大工作推进力度，重点村要在特色产业培育、人居环境整治、乡村治理等方面形成可复制的先行经验和做法。

推动特色产业发展。依托驻镇帮镇扶村工作机制和"万企兴万村"行动两大抓手，积极推进产业项目建设，促进"一村一品"特色产业发展，形成可推广可复制的经验。

加大基础设施建设力度。大力争取财政资金支持，积极引导乡贤捐助，激发村民筹资筹劳，聚集各方力量推进乡村建设。推进家禽集中圈养项目建设，弥补人居环境短板；继续完善"四小园"建设，提升村容村貌。

扎实推进乡村治理。坚持以党建引领乡村治理，健全党组织领导的村民自治机制，全面落实"四议两公开"制度。加强乡村法治教育和法律服务，深入开展"民主法治示范村（社区）"创建。在乡村建设和管理中力推"共建、共治、共享"治理模式，引导全体村民主动参与乡村振兴工作。

参考文献

中共中央、国务院：《关于做好2023年全面推进乡村振兴重点工作的意见》，2023年2月。

中共广东省委、广东省人民政府：《关于新时代广东高质量发展的若干意见》，2023年5月。

中共广东省委：《关于实施"百县千镇万村高质量发展工程"促进城乡区域协调发展的决定》，2023年2月。

中共广东省委、广东省人民政府：《关于做好2023年全面推进乡村振兴重点工作的实施意见》，2023年6月。

广东省委办公厅、广东省人民政府办公厅：《广东省乡村振兴驻镇帮镇扶村工作方案》，2021年6月。

B.16

2022年广东东西部协作发展报告[*]

郑姝莉[**]

摘　要： 2022年，广东全面超额完成各项议定任务，在推进东西部协作中走在全国前列。在组织领导层面，突出谋划性、频率性与激励性，积蓄政治统筹势能。在产业协作层面，突出集聚性、互利性与接续性，积蓄产业引领势能。在劳务、消费与社会协作三个层面，突出稳岗性、品牌性与社会性，积蓄全面发展势能。在乡村振兴层面，注重广东自身经验的移植性与本土化，积蓄乡村建设势能。作为东西部协作的风向标和引领者，广东积累了创新做法与典型经验，如两个"双百"行动"双轮"驱动粤企入桂入黔、双向"一县一企"兜底保障稳岗就业、"九大加力行动"倾斜支持国家重点县不掉队、"三联合"发动民企助力地区乡村振兴、"三地"携手音乐帮扶唱好干好乡村振兴与"三大"帮扶硬招做实做深消费帮扶。但也存在着协作活动受新冠疫情影响、部分产业园建设仍走老路、部分协作县产业规模较小与社会力量参与不充分等问题，建议进一步加大产业协作力度、支持指导协作地区出台产业转移优惠政策、完善社会帮扶激励机制。

---

[*] 本文在撰写中参考了《广州工作组2022年东西部协作工作总结及2023年工作计划》（广州工作组，2023年）、《2022年粤桂协作工作队工作总结》（粤桂协作工作队，2023年1月）、《广西2022年东西部协作工作自评报告》［中共广西壮族自治区委员会农村工作（乡村振兴）领导小组，2022年12月5日版］与《广东2022年东西部协作工作自评报告》（中共广东省委农村工作领导小组，2022年12月5日版）。

[**] 郑姝莉，博士，广东省社会科学院副研究员，主要研究方向为消费社会学、东西部协作研究与农村社会学。

关键词: 东西部协作　乡村振兴　高质量发展　广东省

开展东西部协作和定点帮扶,是党中央着眼推动区域协调发展、促进共同富裕做出的重大决策。2021年,习近平在全国脱贫攻坚总结表彰大会上指出,要继续坚持和完善驻村第一书记和工作队、东西部协作、对口支援、社会帮扶等制度,并根据形势和任务变化进行完善①。2022年,习近平总书记对深化东西部协作和定点帮扶工作做出重要指示,指出要完善东西部结对帮扶关系,拓展帮扶领域,健全帮扶机制,优化帮扶方式,加强产业合作、资源互补、劳务对接、人才交流,动员全社会参与,形成区域协调发展、协同发展、共同发展的良好局面。中央定点帮扶单位要落实帮扶责任,发挥自身优势,创新帮扶举措,加强工作指导,督促政策落实,提高帮扶实效。全党要弘扬脱贫攻坚精神,乘势而上,接续奋斗,加快推进农业农村现代化,全面推进乡村振兴。② 2022年是巩固拓展脱贫攻坚成果、全面推进乡村振兴的第二年,也是广东东西部协作进入新阶段的第二年。广东坚决贯彻习近平总书记、党中央决策部署,各地各有关单位担当作为、真抓实干,积极推动粤桂、粤黔东西部产业、劳务、消费、科技和社会力量协作走深走实,各项工作取得新进展新成效,超额完成2022年《东西部协作协议》各项指标任务,为助力广西、贵州巩固拓展脱贫攻坚成果、全面推进乡村振兴做出了广东贡献、书写了广东担当③。在2022年国家东西部协作成效考核中,广东

---

① 《全国脱贫攻坚总结表彰大会在京隆重举行　习近平向全国脱贫攻坚楷模荣誉称号获得者等颁奖并发表重要讲话》,人民网,2021年2月25日,http://jhsjk.people.cn/article/32037032。
② 《习近平对深化东西部协作和定点帮扶工作作出重要指示强调　适应形势任务变化　弘扬脱贫攻坚精神　加快推进农业农村现代化　全面推进乡村振兴》,人民网,2021年4月9日,人民网—人民日报,http://jhsjk.people.cn/article/32073521。
③ 广东省农村电子商务协会2023年1月11日微信公众号刊发《广东召开2022年度东西部协作工作总结交流座谈会:支持广西贵州做好农村地区防疫工作》一文。文章指出,2023年1月10日,广东省召开2022年度东西部协作工作总结交流座谈会,全面总结交流2022年度东西部协作工作。

取得东西部协作考核中综合评价"好"等次及位列东部考核"第一"的好成绩，这是广东连续3年在国家东西部协作考核中获得综合评价"好"等次，连续3年走在全国前列。2022年4月，贵州毕节市大方县元宝同心实验学校足球队的孩子们向习近平总书记写信，汇报他们在广州市东西部协作帮扶下走出大山比赛获得优异成绩的情况，获得了习近平总书记回信勉励。

一 2022年广东东西部协作情况

（一）广东全面超额完成各项议定任务，在推进东西部协作中走在全国前列

2022年以来，广东省委省政府高度重视东西部协作工作。5月18日，粤桂、粤黔2022年《东西部协作协议》签署后，广东第一时间以省委农村工作小组文件印发协议分解数，项目化、清单化、责任化各项指标任务，高质量、高标准超额完成相关工作内容。

第一，强化责任落实，全面超额完成粤桂协作各项议定任务。根据中央农村工作领导小组下发的《东西部协作考核评价办法》，按照两省区签订的年度协作协议，截至2022年11月底，广东省全面超额完成协议各项任务，各项指标均超过上年实际完成数。

其一，落实2022年度广东财政帮扶资金17.58亿元（县均5330万元，为协议数16.83亿元的1.04倍，比上年增加3%）、动员社会力量投入帮扶款物2.35亿元（比上年增加5%），实施帮扶项目371个；互派挂职干部267人，其中广东108人（为协议数72人的1.5倍）、广西159人（为协议数69人的2.3倍）。其二，帮助农村劳动力实现就业753156人（为协议数1.351万人的55.75倍），其中含脱贫劳动力371195人（为协议数0.772万人的48.08倍）；销售广西农畜产品和特色手工艺产品224.45亿元（为协议数10亿元的22.45倍）；引进东部企业321家、实际到位投资金额178.65亿元；共建帮扶车间378个，在当地帮扶返岗就业贫困劳动力7065人。其三，安排广东1442个镇

村、企业、社会组织与广西 1691 个镇村结对，广东 320 家学校、医院与广西 286 家学校、医院结对；广东东部 30 所学校、13 家医院"组团式"帮扶广西 20 个国家乡村振兴重点帮扶县的 25 所学校、10 家医院；共建粤桂协作乡村振兴现代农业产业园 13 个，协作共建"一县一企"农村劳动力稳岗就业基地 39 个，新增 51 个"圳品"、38 个农产品供深基地。其四，继续将工作重心和各项资源向国家乡村振兴重点帮扶县和易地搬迁后续帮扶倾斜，以巩固基础、补齐短板、增强后劲。向 20 个国家重点帮扶县倾斜拨付广东财政援助资金 10.926 亿元、社会帮扶资金 1.427 亿元；选派广东省挂职干部 68 人、专业技术人才 759 人；新增引导落地投产广东企业 155 个，实际到位投资 37.83 亿元。安排 140 所学校、58 家医院，1130 个经济强镇（街道）、强村（社区）、企业、社会组织参与结对帮扶，全部达到倾斜支持要求。投入易地搬迁集中安置区帮扶资金 3.3 亿元，实施帮扶项目 51 个，建设帮扶车间 159 个，帮助安置区劳动力实现就业 10824 人，有力保障了安置区的后续扶持。

第二，对标对表中央要求，全面超额完成粤黔协作指标任务。2022 年，广州对标对表中央要求，全面超额完成粤黔协作指标任务。

一是资金支持到位。累计向贵州三市州投入财政援助资金 12.22 亿元，完成协议的 104.17%，动员社会力量投入帮扶资金（含捐物折款）1.5 亿元，较上年增长 8.7%。二是人才交流加力。选派 96 名党政干部、760 名专业技术人才到协作地区工作，完成协议的 135.21%、422.22%；接收 191 名党政干部、977 名专业技术人才到广州交流学习，完成协议的 341.07%、422.94%。三是产业转移加快。新增引进到三市州投资的广东企业 193 家、实际投资额 82.89 亿元，完成协议的 419.56%、360.39%。实施产业项目 193 个。四是就业帮扶加力。帮助三市州 13.59 万名农村劳动力实现就业（含 9.11 万名脱贫劳动力），完成协议的 970.71%，其中到广东就业 45467 人、就地就近就业 68629 人、其他地区就业 21841 人。五是黔货出山加速。帮助采购、销售消费帮扶产品 79.51 亿元，完成协议的 318.04%。六是结对帮扶拓展。广州市 10 个区和三市州 23 个县开展结对帮扶，组织广州 706 所学校、154 家医院结对帮扶三市州 890 所学校、186 家医院；组织 149 个东部经济强镇（街道）、112个东部经济强村（社区）、351家企业、140家社会组织与三市州146个乡镇、911个村开展"万企兴万村"等结对帮扶。

（二）在组织领导层面突出谋划性、频率性与激励性，积蓄政治统筹势能

第一，强化组织领导，高位谋划统筹推进。广东始终坚持把习近平总书记重要讲话和重要指示批示精神作为学习的"第一议题"、贯彻的"第一遵循"、落实的"第一政治要件"。时任省委书记李希、省长王伟中分别主持召开专题会议、省政府常务会议，专题研究部署东西部协作工作，亲自审定2022年《东西部协作协议》《广东省2021年度东西部协作考核评价实施方案》等政策文件。6月14日，中央政治局常委、时任广东省委书记李希，省长王伟中与到访的广西壮族自治区党委书记刘宁、自治区政府主席蓝天立在广州召开粤桂东西部协作联席会议，成为全国东西部协作第一个对接的省区。新任省委书记黄坤明一到广东，就主持召开省委常委会议，听取东西部协作工作情况汇报，部署要求高质量完成党中央交给的重大政治任务。省委常委王瑞军、时任分管常委叶贞琴分别主持召开省委农村工作领导小组专题会议，听取专题汇报，审议政策文件，研究制订具体工作措施。7月31日，省委常委、组织部部长张福海赴贵州调研东西部协作工作，召开协作干部人才座谈会，关心关爱前方协作干部。8月30日，广东省委常委、统战部部长王瑞军赴广西梧州市调研对接，与广西壮族自治区党委常委、自治区副主席许永锞共同主持召开粤桂东西部协作工作推进会。2023年，两省区各级党委、政府分别召开党委常委会、政府常务会和党委实施乡村振兴战略领导小组会，研究推动粤桂东西部协作工作。

第二，突出部署效率，高频次统筹对接。其一，广东东西部协作部署工作效率高。2022年初，广东省委农村工作领导小组接连以"粤农组"1号、2号、3号、4号文件印发省考核评价实施方案、年度工作要点、粤桂和粤黔年度协议任务分解数。2022年，广东省与广西壮族自治区持续推动《"十四五"时期粤桂协作和区域合作工作清单》《粤桂东西部协作规划（2021—

2025年）》和各项协作工作落地落实。广东省出台《关于进一步健全完善帮扶项目联农带农机制的实施方案》《粤桂协作共建"一县一企"农村劳动力稳岗就业基地工作方案》《粤桂东西部协作项目资产管理细则》等文件，不断健全工作机制。2022年8月，粤黔两省在广州举行粤黔东西部协作联席会议，两省党政主要领导出席并讲话，会上签署《广东省贵州省建立更加紧密的结对帮扶关系的框架协议》，并印发实施意见。11月，广东省分管领导赴贵阳召开粤黔东西部协作工作推进会，对东西部协作工作做工作部署。粤黔协作工作队围绕新目标新定位，配合省乡村振兴局等部门起草有关框架协议及实施意见文本，协同制定两省年度协作协议及工作要点，参与做好省党政代表团考察交流和协作联席会议服务保障工作，并及时向党委政府及业务部门提出意见建议，省级层面广东出台多个政策文件。广东省委实施乡村振兴战略领导小组办公室印发《广东省支持国家乡村振兴重点帮扶县巩固拓展脱贫攻坚成果同乡村振兴有效衔接"九大加力行动"方案》，强化深化重点工作。广东省委组织部，省民政、教育、财政、人社等部门，充分发挥行业部门资源优势，出台35个行业指导性文件，形成强大政策支撑力。

其二，广东推进与广西、贵州高频次对接。8月29～30日、11月27日，广东省委常委、统战部部长王瑞军率队先后赴广西、贵州调研对接，分别召开东西部协作工作推进会。6月14～15日，广西党政代表团来粤调研对接，召开粤桂东西部协作联席会议，签署《广东省人民政府、广西壮族自治区人民政府全面深化粤桂合作框架协议》《粤桂机关党建协作方案》。8月24～27日，贵州党政代表团来粤调研对接，召开粤黔东西部协作联席会议，签署《广东省贵州省建立更加紧密的结对帮扶关系的框架协议》。省直有关单位，广州、深圳、珠海、佛山、惠州、东莞、中山、江门、湛江、茂名、肇庆等11个帮扶市主动对接，积极沟通，拓宽产业、劳务、人才、消费等领域协作。组织108个结对帮扶县（市、区，东莞、中山市镇、街）与广西、贵州99个脱贫县结对，建立长期协作结对帮扶关系，其中47个县（市、区，东莞、中山市镇、街）结对帮扶40个国家乡村振兴重点帮扶县。组织广东1357所学校和427家医院结对帮扶广西、贵州1581所学校和455

家医院，广东 478 个经济强镇（街道）结对帮扶广西、贵州 521 个乡镇，广东 1022 个经济强村（社区）、1768 家企业、567 个社会组织结对帮扶广西、贵州 4142 个村。2023 年以来，广东赴桂黔调研对接 7518 人次，广西、贵州来粤考察交流 5108 人次。

第三，强化激励机制，凝聚工作合力。一是完善东西部协作考核评价机制。充分发挥考核指挥棒作用，进一步压实工作责任，参照中央东西部协作考核评价工作做法，制定出台《广东省东西部协作考核评价暂行办法》《广东省 2021 年度东西部协作考核评价实施方案》，组建两个实地考评组及 6 个实地考评小组，扎实开展对 11 个帮扶市、18 个承担东西部协作工作的省直机关单位的东西部协作考核评价工作，通报考核评价结果并送省委组织部，作为对市县党委和政府领导班子、主要负责同志推进乡村振兴战略实绩考核评价，以及省管领导班子和领导干部年度考核等工作的重要参考。二是完善舆论宣传正向激励机制。主动对接央视《新闻联播》《焦点访谈》《人民日报》《南方日报》等权威媒体，大力宣传东西部协作工作成效、典型案例、感人事迹，讲好广东协作故事，营造良好舆论氛围。2022 年度编印《广东东西部协作工作动态》10 期，国家乡村振兴局《乡村振兴简报》刊发广东经验 9 期，《中国乡村振兴》第 8 期封面报道"广东坚持'三聚焦、三强化'助力协作地区巩固拓展脱贫攻坚成果"、第 14 期封面报道"广东实施'四项工程'推进稳岗就业"。三是完善协作干部激励机制。综合运用干部考核评价、选树先进典型、财政支持保障等措施，充分调动东西部协作干部干事创业的积极性。各级组织部门、工会和派出单位针对协作干部人才，普遍开展谈心慰问活动，统一开展健康体检、购买保险，协调解决实际困难和问题。2022 年共有 144 名东西部协作干部受到奖励表彰、67 名得到提拔重用。

（三）在产业协作层面突出集聚性、互利性与接续性，积蓄产业引领势能

第一，注重产业集聚，推动园区建设。以协作共建"一县一园"现代

农业产业园为切入点和突破口，努力推动协作地区产业向现代、优质、高效迈进。2022年以来，与广西、贵州共建产业园区209个，其中农业产业园140个，引导企业入园570家，实际到位投资213.08亿元。

粤桂深入推进共建"一县一园"，创新做到"五个一"：搭建一个平台，即粤桂粤黔现代农业产业园联合会粤桂分会；成立一个机构，即由两省区农业农村厅、乡村振兴局、粤桂协作工作队联合成立粤桂协作乡村振兴现代农业产业园建设领导小组；出台一个方案，即《推进共建粤桂协作乡村振兴现代农业产业园工作方案》；规范一套程序，即编制发布项目申报指南、组建评审专家团队、制定科学的评审办法；评定一批项目，即评定出马山县粤桂协作种业乡村振兴现代农业产业园等13个规模较大、共建元素突出、产业链条完善、联农带农效果好、示范带动作用强的产业园区，共建成果显著。

粤黔园区建设成效多样。珠海市联合横琴粤澳深度合作区投入1.5亿元，助力遵义市打造正安吉他产业园，促进4202户农户18237人增收，其中脱贫户1688户7077人。广州与贵州三市州协作共建产业园区30个，其中农业产业园23个。2022年新增引导入园企业94家、到位投资额32.1亿元，壮大特色产业，促进集聚发展。在安顺，围绕西秀农牧、平坝蔬菜、普定茶叶、镇宁蜂糖李、关岭果蔬、紫云红芯红薯等六大特色产业，共建6个现代农业产业园。紫云县以紫运薯来公司为龙头，引进广东品商、广东农垦等企业完善供应链，对接销售渠道。2022年，销售紫云红芯红薯4万吨、综合产值2.2亿元，带动100多家合作社共同发展。在助力发展"一县一业""一村一品"特色产业上取得明显效果，赫章平山社区天麻、黄果树白水镇小黄姜、关岭断桥镇枇杷、瓮安建中镇茶叶、龙里湾滩河镇蔬菜、罗甸木引镇蜂糖李等6个共建现代农业产业园项目，入选第十二批全国"一村一品"示范村镇。威宁、大方、惠水、平坝等共建产业园，被纳入贵州省粤黔协作省级现代农业产业示范园创建名单。镇宁六马镇蜂糖李现代农业产业园总产值超20亿元，成功入选2022年全国乡村特色产业超十亿元镇名单，也是贵州省唯一乡村特色产业超十亿元的乡镇。三都县探索"一园多区"共建模式，打造大河镇特色食品加工园。通过新建3栋标准厂房，补齐基础设施短板等筑巢引凤，引进广东健豪农业公司、深圳德保膳食管理公司等企业入驻，形成初具规模的食品加工园区。广州白云产投集团计划在罗甸投资15亿元建设乡村振兴示范产业园，探索由广州国有企业直接接管运营的园区共建新模式，现已在边阳工业区完成部分厂房建设。

第二，充分发挥广东优势，注重互利共赢。在产业协作中，广东注重龙头带动，培育优势产业。广东积极引导大型国有、民营企业特别是农业龙头企业，结合自身比较优势、发展需要和协作地区产业布局，到协作地区打造重大项目，开展产业合作，帮助发展壮大当地特色优势产业。通过"企业+村集体+脱贫户""公司+合作社+脱贫户"等模式，建立联农带农机制，提高农民参与度，确保群众持续增收。2022年，新增入桂入黔广东企业933家，实施产业项目943个，吸纳6.88万名农村劳动力就业，其中脱贫劳动力1.8万名。湛江市帮助柳州三江县发展油茶产业，种植面积达61.7万亩，年产油茶4381吨、产值5.2亿元，油茶种植面积与产量均居全国前列、广西首位。

广东在协作中充分发挥科技优势及科技支撑引领作用，坚持将科技项目实施、技术攻关、成果转化、产业合作、人才交流作为"主抓手"，推动科技协作取得新成效。粤黔两省签署《丘陵山区农业机械化发展战略合作框架协议》，广州国家农业科创中心在广西、贵州设立分中心，广东高校、科研机构等与广西、贵州签署科技合作框架协议，中科院华南植物园广东科技特派员专家组5名专家到广西富川开展脐橙产业科技对接活动，广东省农科院在广西设立科技特派员工作站等，推动科技专利走出实验室，走向市场，既促进了产业协作，又促进了成果转化，更促进了科技人才交流和资源共享。佛山引入中国工程院院士、华南农业大学罗锡文院士团队在黔东南剑河建设450亩"无人农场"。

广东充分利用粤港澳大湾区建设，泛珠三角区域合作，深圳先行示范区，前海、横琴两个合作区建设等国家战略，坚持以协作促合作，聚焦区域协调发展和产业梯度转移，深度结合广东资金、技术、市场优势和广西、贵州资源、生态、劳动力优势，深化交流、共谋合作，携手高质量发展。组织

121家企业赴广西参加中国—东盟博览会、中国—东盟商务与投资峰会,签约投资48亿元;广东中山市与贵州六盘水市加强旅游资源开发,推出5条精品旅游线路,六盘水市2022年接待过夜游客376.35万人次。充分发挥协作地优势,推动产业梯度转移。

粤桂协作以广东产业更新迭代为契机,进一步加大粤桂产业协作力度,引导广东产业梯度转移,实现优势互补、互利共赢。主动对接广东省农业产业化龙头企业协会、深圳社会组织总会等行业协会,召开粤桂协作招商引资恳谈会,建立相互联系机制。全年共组织300多家广东行业协会、骨干企业赴桂考察洽谈。开展2022年粤企入桂"双百"行动,在启动仪式上签约项目44个,总额180亿元,落地投资额108亿元。国家粮食和物资储备局局长刘焕鑫对该活动给予肯定批示:"这次粤企入桂'双百'行动,动员了一批企业投资洽谈,推介了一批优质'圳品',搭建了新的交流合作平台,意义重大、影响深远,为全国推进东西部协作工作树立了样板、做出了示范。"2023年9月,国家乡村振兴局委托第三方来桂考察调研,对粤桂产业协作取得的成绩给予充分肯定。

粤黔协作充分发挥广州优势,推动产业梯度转移。广州以劳动密集型加工制造、农副产品深加工、现代包装、制造业为重点,引导东部服装、鞋帽、箱包、日化和食品加工、包装物流企业等到协作地区落地。广州积极推进粤企入黔"双百"行动,引导34家广东企业与协作地区达成合作意向,涉及项目31个、意向投资额171.3亿元,已签约或开工项目16个。普定县招引广州华成乐器、广州诺曼蒂克皮具、广州炫彩皮具、广东萨伽乐器等一批轻工企业入驻,全部项目达产后将形成年产值超4亿元的轻工产业群。广州充分发挥科研力量优势,加快科技成果转化,提升贵州农产品精深加工能力和产品研发能力,促进产业转型升级、增收增效。引导广东省农科院协助荔波县研发铁皮石斛发酵原浆、铁皮石斛压缩片等产品,促进荔波仿野生铁皮石斛产业向规模化、产业化发展。引导中山大学、广药集团等科研团队,围绕大方白参菌、赫章天麻、七星关刺梨、惠水佛手瓜等优势农产品,研发功能食品,大幅提升附加值。以科研为依托,惠水县挂牌建立粤黔协作食品科技产业园。

广州市科技局投入 100 万元专项资金，支持华南农业大学会同安顺市农科院实施蜂糖李优系选育项目，助力镇宁六马蜂糖李亩产增收近 4000 元。

第三，强调接续帮扶，注重挖掘发展资源。广东持续深化与东西部扶贫协作省份四川、云南的产业、劳务、消费等合作，助力两省巩固脱贫攻坚成果同乡村振兴有效衔接，保持关系不断、感情不淡、往来不减。原引进企业新增投资超 6000 万元，帮助 1.3 万名农村劳动力实现就业，销售农特产品和手工艺品超 2000 万元。2022 年选派 27 名支教教师前往怒江支教，接续帮扶怒江 9 个"珠海班"，共 450 名学生。东莞市补贴云南昭通市财政资金 2460 万元，接续帮扶 928 名 2020 级学生在东莞就读技工学校。

在粤桂协作中，协作县的协作资金被充分运用到产业发展中。广东围绕广西协作县县域经济发展谋划好资金项目，安排财政帮扶资金投入产业项目共计 10.46 亿元，占比超过 59%。对资金项目实行每月调度和每季通报制度，加强资金监管和绩效评价，提高资金使用效益。截至 11 月 30 日项目完工率达 92.5%，资金拨付率达 93.4%。加强协作项目资产管理，严格按照《国家乡村振兴局关于进一步健全完善帮扶项目联农带农机制的指导意见》，健全制度完善项目联农带农机制，要求产业项目保底收益前三年分别不低于 3%、4%、4.5%，同时拓展完善产前、产中、产后各环节的联农带农作用。推动出台《粤桂东西部协作项目资产管理细则》，强化粤桂项目资产管理，确保持续发挥作用。

在粤黔协作中，广州在产业帮扶中着重盘活贵州闲置资产。引进广州珠江文体公司，以"市场化+准公益"管理理念，全面改造升级安顺市奥体中心场馆设施，使长期闲置低效的场馆得以盘活利用，探索出"安顺资产+广州运营"协作新模式。独山投入协作资金 440 万元，利用独山县经开区第二创业园区 3000 多平方米闲置厂房，支持建设农特产品加工园，有效解决全县 2 万亩豇豆加工问题，还带动了辣椒、竹笋、大米加工业。三都投入协作资金 1430 万元，为大河镇水乡返乡创业园完善供电设施、仓储冷库，加装电梯、路灯，修补排水渠、园区道路，新建标准厂房 6000 多平方米等，大幅提升园区承载力，园区恢复了发展生机。罗甸投入协作资金 500 万元，修缮边阳工业区 8000 多平方米闲置厂房，引进鑫威鞋业等代工企业，生产品牌运动鞋，还牵引了数家上下游企业入驻，"边阳鞋城"现已初具规模，成为罗甸县域经济发展新的增长点。重视重点项目的推进工作。世界 500 强企业立邦集团都匀项目，已完成厂房主体建设和部分生产设备安装，达产后年产值超 18 亿元。6 月 23 日，越秀集团下属越秀农牧贵州大方饲料厂、七星关小吉场育肥场竣工投产，大方饲料厂年生产饲料达 30 万吨。10 月 27 日，越秀集团惠水生猪养殖和饲料加工一体化项目正式启用，首批 309 头种猪顺利进场。该项目总投资 4 亿元，存栏母猪 6750 头、年出栏仔猪 15 万头，可创造就业岗位 200 个，间接带动 500 人就业增收。越秀集团安顺西秀生猪养殖基地 12 月初正式启动大规模建设，计划 2024 年投产运营。越秀集团百里杜鹃万豪酒店项目已完成主体建筑和基本装修，2023 年上半年试营业。

（四）在劳务、消费与社会协作层面突出稳岗性、品牌性与社会性，积蓄全面发展势能

第一，强化劳务协作，守住返贫底线，突出稳岗性。坚持把劳务协作放在突出位置来抓，努力克服新冠疫情影响和经济下行压力，强化稳岗就业举措，保存量、拓增量，实现中西部省份 412.1 万名脱贫人口在粤稳岗就业，占全国总数（940 万人）的 43.8%。持续加大转移就业力度，紧抓新产业、新业态带来新岗位契机，支持鼓励企业挖掘就业潜力，落实稳岗政策，确保转得出、接得住、能就业。2022 年新增帮助 14.17 万名广西、贵州籍农村劳动力来粤就业，其中脱贫劳动力 8.52 万名；帮助 5.09 万名农村劳动力转移到其他地区就业，其中脱贫劳动力 3.56 万名。持续加大就近就业力度，通过产业带动、设置公益岗位、建立帮扶车间等方式，拓宽就地就业渠道、增加就近就业机会。2022 年新增帮助 17.58 万名协作地区农村劳动力就近就业，其中脱贫劳动力 12.49 万名；援建帮扶车间 1127 个，吸纳农村劳动力就业 7.51 万名，其中脱贫劳动力 2.31 万名。持续加大技能培训力度，创新推进校校合作、校企合作，深入实施"粤菜师傅""广东技工""南粤家

政""乡村工匠"四项工程，打造招生、培养、就业闭环链条，促进精准就业、高质量就业。全年共举办各级各类劳务协作培训班 1735 期，帮助培训农村劳动力 7.27 万名，其中脱贫劳动力 4.36 万名。创新建立"粤桂高质量职教就业联盟"，首批联盟成员单位筹集 1895.68 万元，免费培训 1277 人。持续加大兜底保障力度，携手广西、贵州协作共建"一县一企"农村劳动力稳岗就业基地，将稳在企业、稳在岗位的责任明细到企到人，兜住脱贫人口稳岗就业底线，175 个"一县一企"稳岗就业基地已经挂牌兜底尽责。

粤桂协作注重采取各种有力措施促进协作地区保就业、促增收。一是积极加大稳岗就业工作力度。全年共发出"点对点"专车 1812 次，专列 16 次，输送 6.96 万人至广东就业，其中脱贫人口 2.63 万；利用广东财政资金补贴政策，在 33 个协作县共建粤桂协作"一县一企"农村劳动力稳岗就业基地 39 个，深化拓展粤桂劳务协作关系，提高劳务协作组织化程度。二是大力提高职教就业工作质量。深入开展"粤菜师傅""广东技工""南粤家政"等三项工程，与腾讯公司合作实施耕耘者计划，与碧桂园公司合作开展致富带头人培训，成立"粤桂高质量职教就业联盟"，打通两省区职教培训就业链条，提升农村劳动力职业技能和就业质量，联盟首批 21 家成员单位共筹集资金 1895.68 万元，免费培训 16 期 1277 人，培训后即能实现在大湾区高质量就业，得到广西壮族自治区主要领导的充分肯定。三是努力拓宽区内就业渠道。加强易地搬迁后续服务，配套做好粤桂产业园建设、湾区企业引进，维持帮扶车间良性运转，拓展用工需求；做好公益性岗位开发，实施"小梁送工"等品牌劳务协作工程，加大稳岗就业补贴力度，大力发展"电商+产业+就业"等模式，帮扶车间数量达 378 个和就业人数达 75.3 万人，均比上年有所增加，有力保证和拓展了就地就近就业。

粤黔协作重点帮助易地扶贫搬迁集中安置区完善基础设施建设，帮助群众就近就业。在集中安置区援建帮扶车间 141 个，带动搬迁群众就近就业16818 人。关岭在集中安置区建立粤黔协作高质量就业培训基地，集聚招引"短链轻工"企业就近布局，引进道地药材交易中心、荣瑷服饰、椒香源、苗阿爹、山水汇晨等劳动密集型企业，帮助 1780 名搬迁群众实现"家门口就业"。安置区企业山水汇晨依托广州外贸企业出口订单，成功将安顺手工藤椅打进欧美市场，获得贵州省领导充分肯定。独山鄢家山社区先后投入2000多万元，援建帮扶车间、食用菌房，引进广州钧裕皮具公司等企业，帮助搬迁群众就近就业。重视促进城乡居民融入。海珠区在瓮安县映山红社区引入"广州心明爱""广东狮子会"等知名社工组织，实施"灯塔计划"，创建"1+3+5"社区治理模式，以映山红社区服务总站为核心，以雍阳、银盏、珠藏3个镇街社工和志愿者服务站为支点，培育本土社工人才组建5支志愿者服务队，群众抱团取暖、邻里守望相助蔚然成风。关岭县、独山县关注搬迁群众从偏僻山区进入城镇生活之后的思想顾虑、心理适应、行为习惯改变、子女教育等问题，在集中安置区建设生命生存生活教育及心理支持空间项目，引进广州知名心理健康辅导机构，上万名搬迁群众直接受益，缩短了城乡融合适应期。重视创新社区治理方式。投入协作资金1000多万元，为关岭同心同康社区、普定玉秀社区、罗甸兴阳家园社区、三都城南社区等集中安置区，建设智慧社区调度平台、综合治理监控中心，安装"天眼"设备、门禁系统、人脸识别系统等，对标广州社区综治管理经验，提升社区管理能力，保障居民安全。七星关柏杨林社区、大方奢香小镇、镇宁景宁小区、紫云城东社区、关岭同心同康社区、独山鄢家山社区、惠水明田社区、瓮安映山红社区、三都城南社区等一批集中安置区，成为周边群众羡慕的城乡融合样板社区、幸福社区，成为东西部协作成果的展示窗口、民生服务的样板示范、广黔同心生活圈的体验中心。2022年3月，鄢家山社区获评为贵州省唯一的"产业+东西部协作试点"易地扶贫搬迁示范社区。10月31日，贵州省易地扶贫搬迁后续扶持暨促进搬迁群众就业增收工作现场会在独山县召开，会议专门安排与会人员现场观摩鄢家山社区。粤黔协作坚持把巩固拓展脱贫攻坚成果摆在优先位置，坚守防止发生规模性返贫。广州市委市政府开展"迎新春送温暖稳岗留工"专项行动，推行网上"云面试云对接"提供就业机会、"点对点门对门"有组织输送等专门举措，累计提供就业岗位超10万个，为转移到广州就业的脱贫人口提供交通、培训、社保等9大项补贴补助，安排1.5亿元专项资金用于劳务技能培训、开发公益岗位等。在广东、贵州协作市共建"一县一企"农村劳动力稳岗就业基地41个，建立"山海心连之家"服务站24个，在毕节大方、黔南龙里等地建立东西部协作人力资源服务产业园，吸引了德生科技、薪太软、科大讯飞、点动科技等知名企业入驻。援建帮扶车间292个，吸纳农村劳动力就业20812人，其中脱贫人口5749人。在东西部协作机制下，贵州三市州农村劳动力实现"就业有组织、服务有跟踪、纠纷有化解、返岗有补贴、收入有保障"，部分群众还在帮扶车间实现了"在家门口就业"，持家就业两不误。重视提升劳动技能。投入帮扶资金1800多万元，协助举办"粤菜师傅""南粤家政""广东技工"三项工程等专业劳动技能培训598期，培训农村劳动力26180人，其中脱贫劳动力17287人。加强校校合作、校企合作，以"订单班"形式打造招生、培养、就业闭环链条，促进精准就业、高质量就业，累计开班73个、培养学生近2800名。2022年，新开"黑格班""美的班"等订单班8个，招收学生322名。黔南打造"校政企村农"五位一体合作模式，建立首个高校毕业生就业创业赋能中心、乡村振兴劳动技能培训中心，与广州广电城服集团合作共建"就业培训供给基地"。广州轻工技师学院与平坝区小菊家政共建职业培训学校，成立粤黔协作"南粤家政"乡村振兴培训就业示范基地。纳雍县引入全球最大服装代工企业香港晶苑集团成立纳雍晶煌制衣公司，招录员工现已超过1300人，远期就业超8000人；镇宁县引入广东喜宝体育用品公司，年产运动鞋60万双，招录员工现已超过350人，远期预计就业超2000人。投入1000万元支持建设关岭县云贵高原道地药材关岭集散中心，可直接或间接带动群众3637户15426人增收，包括易地搬迁脱贫人口3951人，每年利益联结分红保底50万元，被列为安顺市2022年"十件民生实事"之一。

第二，强化消费协作，突出品牌性。坚持打造品牌、搭建平台、拓宽渠道、完善设施多措并举，建立健全生产前端、营销后端、消费终端联动机制，拓宽线上线下营销渠道，培育消费帮扶新载体、新热点。创新成立消费帮扶联盟，搭建"1（政府）+1（联盟）+21（广东21个地市）"立体平台，做强平台服务，加强产销对接，聚合900多家企业参与消费帮扶。在广西、贵州累计认定粤港澳大湾区"菜篮子"基地 236 个、供深农产品基地 159 个，认证"圳品"131 个，2022 年采购、销售广西、贵州农畜牧产品和特色手工艺产品 420.43 亿元。

粤桂协作以品牌建设为推手，把消费帮扶与产业协作结合起来，创新探索全产业链帮扶模式。一是提升品牌价值。对标国际先进标准，突出政府引导、企业主体、技术服务、市场对接的体系化建设要求，以"圳品"和供粤供深农产品示范基地建设为推手，促进广西农业品牌化、标准化、规模化和可持续发展。2023 年新评定 51 个"圳品"，总数已达 131 个，新评定供深"基地"38 个，总数已达 159 个。深圳"圳品"帮扶模式被国家乡村振兴局发布为全国第一批 10 个东西部协作典型案例之一。11 月底，深圳市在广西选取 26 家基础条件较好的"圳品"生产基地，创新挂牌"深圳农场"，进一步提升了广西优质农产品在大湾区的品牌知名度。二是完善产业链条。全年安排 1 亿多元广东财政帮扶资金带动更多资金建设仓储保鲜、冷链物流等农产品流通基础设施 15 个，目前已在协作地区共建设产地冷藏保鲜设施 1200 个；多渠道组织动员企业组团赴协作地区考察，投资建设一批特色种养、加工制造、乡村旅游、新能源等产业项目，延长、补齐广西特色产业链条，扩大产业规模。三是畅通销售网络。依托粤港澳大湾区和 RCEP 等区域战略合作平台，积极为协作地区企业搭台，通过举办各类产品交易会的线下对接、各大主流媒体宣传和电商平台销售的线上对接，精准匹配供需关系，促进产销对接，助推"桂品出乡""桂品入粤"。如广西都安瑶山牛生产基地通过"圳品"、供深基地和"深圳农场"认定后，顺利通过美团、钱大妈、天虹超市、华润万家等广东企业的定向采购进入大湾区市场，仅在全国华润万家门店，就签约采购瑶山牛肉达 1 亿元，并在深圳设立瑶山牛分店 40 多家。

粤黔协作通过建立消费联盟打造市场持续交易的纵深渠道。广州以创建全国消费帮扶示范城市为契机，着力构建"一站、十批、百馆、千店"消费联盟格局，目前已建立 1 个"一站式"服务平台、10 多个批发市场、140 个消费帮扶专馆、1200 家连锁商超门店参与消费帮扶。2022 年，帮助采购、销售贵州农副产品和特色手工艺品79.51亿元，大湾区市场已成为东西部消费帮扶大平台、主战场。着力扩大生产规模，帮助建设粤港澳大湾区菜篮子生产基地112个（另有35个基地正在认证），推动温氏、江楠、海大、天农等广东农业龙头企业打造保供基地，支持协作地区粮油、蔬菜、菌菇、水果、生猪等标准化、产业化和规模化发展。安顺工作组以"单品爆款、全产业链"为抓手，重点扶持南山婆、春归科技、天赐贵宝、易和食品等20多家有发展潜力的企业，通过延链补链强链，实现米面油等大众产品、紫云红薯等特色产品、金刺梨等小众高端产品"三条腿走路""三个方向突破"，扩规模、拓市场。加大广州地铁专列、电视塔、公交站场等公益广告投放，引导协作地区经营主体强化品牌意识、加强品牌建设，增强市场竞争能力。9月5日，广州地铁3号线开行"阳光威宁、天生好物"消费帮扶专列，在全市各主要站台覆盖100块灯箱广告，集中展示威宁洋芋、苹果、苦荞、党参、蔬菜、火腿6类国家地理标志产品，打造全方位立体的威宁农产品推广矩阵。越秀区助力镇宁国家地理标志产品蜂糖李的品牌建设，以举办镇宁蜂糖李产业大会为契机，在两地同时开展品牌营销、渠道推介和线上推广系列活动，全方位多层次提升蜂糖李的知名度，其迅速成为广州市民新宠，产品供不应求。在东西部协作机制下，协作地区的优质特色产业与大湾区的资金、管理、市场和品牌化运营充分结合，已形成"乌蒙玄凤""绿博黔南"等近10个区域公共品牌、打造"两品一标"产品100多个。2022年"威宁苹果"品牌价值达到6.13亿元。纳雍滚山鸡、织金红托竹荪、赫章五谷鸡蛋、威宁苹果、镇宁蜂糖李、紫云红芯红薯、长顺绿壳鸡蛋、罗甸火龙果、三都水晶葡萄等农特产品，在广州家喻户晓，不断进入大湾区市场。惠水鲟鱼预制菜、瓮安欧标茶等，还远销欧洲、中东等国外市场。重视利用联盟格局优化产销对接。组织帮扶企业产品参加第30届广州博览会、广州茶博会等展览展销活动，对接广东东西部协作产品交易中心、江南市场、黄沙水产市场等专业批发市场，对接华润万家、胜佳超市、盒马生鲜等知名大型商超，对接快链通、钱大妈等供应链公司，对接供销社集采中心、省市餐饮协会等服务平台，全力帮助协作地区多层次拓展市场、多渠道推荐产品、多方位宣传品牌。在黔南都匀建设的粤黔协作名特优产品销售选品展示中心、在毕节七星关建设的乡村振兴供销社消费帮扶中心等，汇集展示全市州、各县区农特产品，实现了"市州全覆盖、产品全展示、品牌全汇集、供应全链条"，避免商家多头对接，保证供销两端高效省力。钱大妈2018年起帮助销售贵州五谷鸡蛋累计达7.2亿元，在中国企业家博鳌论坛上，其成功入选"2022企业ESG乡村振兴优秀案例"。2022年华润万家、胜佳超市等广州大型商超，完成消费帮扶10亿元。利用文旅带动消费。毕节、黔南在广州开行"洞天福地·花海毕节号"地铁专列、"黔西化屋号"和"黔南·中国天眼号"珠江游船，宣传百里杜鹃、织金洞、乌江源百里画廊风光、平塘天眼、荔波小七孔等旅游产品，展示民族特色手工艺品和特色农产品。开展"洞天福地·花海毕节""绿博黔南·康养之州"主题旅游宣传，吸引粤客游黔，推动"百万老广游贵州"，以旅游促消费。广州地铁专列、珠江游船等，逐渐成为广州市民认识贵州、喜爱贵州的窗口，成为东西部协作农特产品推销站、旅游线路宣传栏、乡村振兴代言人、招商引资新平台。

第三，强化社会力量协作，突出社会性。充分发挥广东民营企业、社会团体、商会协会和广东扶贫济困日活动、中国慈展会口碑好的优势，创新开展粤企入桂入黔"双百"行动，推动广东"万企兴万村"行动落地协作地区，广泛动员广东企业、社会组织、行业协会等社会力量积极参与东西部协作，凝聚成"巩固脱贫成果、全面乡村振兴"合力。2022年，共筹集7.64亿元社会帮扶资金（含捐物折款），解决协作地区"急难愁盼"民生问题，组织68位老专家持续开展"银龄行动"。为帮助贵州抗击新冠疫情，广东紧急调拨医疗物资152万件（套），捐赠2276.59万元抗疫医疗、生活物资。深圳市引导中国社科院、腾讯、友成基金会联合投入6039万元，在桂林市龙胜县打造"数字赋能、义旅兴村"共富乡村建设示范项目。

粤桂协作注重全面动员社会力量参与，建立可持续帮扶机制。汇聚大湾区企业和社会组织的力量，打造可持续社会帮扶新机制。一是持续实施粤桂"万企兴万村"行动。设立粤桂协作"万企兴万村"行动观察点20个，10月在贺州市举行2022年粤桂协作"万企兴万村"行动对接活动，共签约项目金额 65.4 亿元，全国政协副主席、全国工商联主席高云龙连续 5 年对该项活动做出肯定性批示。二是高质量开展结对共建。积极发动社会奉献爱心，开展志愿者服务等行动，动员更多广东企业、社会组织、爱心人士、慈善机构等参与广西乡村振兴，2023 年广东省社会组织、民营企业共结对帮扶广西 886 个村，扎实开展实质性帮扶。三是打造可持续社会帮扶新模式。推动腾讯、平安、迈瑞、碧桂园等重点企业与广西乡村振兴局签订为期 3 年的助力乡村振兴框架协议，发动深圳狮子会、深圳社会组织总会等社会组织签订长期合作协议，将帮扶措施协议化、制度化、项目化、清单化，既为重点企业、社会组织搭建践行乡村振兴的广阔舞台，又在实践中探索出社会力量参与乡村振兴的新路子、好模式。如腾讯公司捐赠 8000 万元，整村打造马海村共富乡村试点示范、开展"智体双百"行动、"耕耘者"计划、积分制治理；迈瑞公司在广西全域开展医疗设备捐赠活动及举办免费高端医疗培训班。

粤黔协作强化社会参与，动员多元力量参与帮扶协作。一是东西部协作+定点帮扶相结合。在七星关区，天河区联合致公党中央，以朱昌镇双堰社区为试点，探索乡村党建共抓、乡村产业共谋、乡村人才共育、乡村基建共筹、数字乡村共建、美丽乡村共治的"六共模式"，形成了"统一战线+东西部协作"助力乡村振兴典型经验。双方共同打造"乌蒙玄凤"国家地理标志品牌、区域公共品牌。两地统战部门联合致公党中央向七星关天河同心小学捐赠科技教育设备，打造"致公科普中心"，开展教学演练，普及科学知识。在大方，广州市体育局、天河区与农工党中央共同倡议发起"广黔同心足球教育帮扶计划"，积极发动社会各界力量，以大方天河实验学校和元宝学校为试点开展以足球为媒的帮扶工作，让山区孩子有机会走出大山接受专业训练，开阔视野、改变人生。二是强调国企担当助力乡村振兴。广药集团发挥科研优势，开发刺柠吉系列产品，输出"王老吉"品牌，打造百亿级特色优势产业。广州越秀集团在贵州三市州建设集养殖、屠宰、食品加工于一体的生猪全产业链项目，同步打造循环生态农业产业园，推动一二三产业融合。广州港集团、广州地铁集团等 10 多家国企与协作地区职业技术院校开展校企合作，探索出校企合作、产教融合、职业教育"订单班"

技能培养模式，促进学生高质量就业。广州地铁充分利用日均客流接近千万人次的流量优势、窗口优势、传播优势，探索打造出专列、专站、专馆、专区、专柜"五专"平台消费帮扶模式。广州交投集团在广东省境内高速公路服务区首创消费帮扶平台"驻村人+帮扶馆"模式，推动消费帮扶产品"高速上线"。岭南集团发挥旅游产业链优势，引领驻穗60多家旅游企业，加大力度、持续推动开展"十万老广游贵州"活动。广汽集团累计投入帮扶资金1157.6万元，结对帮扶纳雍县2个乡（镇）及其所辖10个村，以李子村为代表打造粤黔协作乡村振兴示范点。广州国企积极参与"万企兴万村"行动、镇村企结对活动，近30家市属国企结对帮扶协作地区42个乡镇、237个原深度贫困村，每年为结对村捐款捐物不低于5万元，帮助解决2~3个群众"急难愁盼"问题。三是动员社会各界主动参与。2022年广州动员组织149个东部经济强镇（街道）、112个东部经济强村（社区）、351家企业、140家社会组织参与对乡镇和村的结对帮扶，社会各界参与度越来越高、帮扶力度越来越大、涉及领域和范围越来越广。番禺区司法局、律师协会牵引律师等法律专家团队帮扶赫章、威宁，打造"司法社工"品牌，提升基层依法治理能力和管理水平。友成企业家扶贫基金会在毕节开展"香橙妈妈"乡村女性就业创业赋能项目。正佳慈善基金会两年来为七星关区学校、医院捐款捐物累计238.6万元；朱昌镇地质灾害发生后，又捐赠价值116.3万元的救灾物资。广州期货为三都县打鱼学校提供专项资金，保护和传承水族传统舞蹈《踩月亮》。黄埔区知识城集团等多家企业为三都县10所中小学捐款建设"澡堂"，广州善易教育基金会为大方县马场二中捐款建设"澡堂"，"澡堂计划"从黔南三都向广州结对帮扶的其他市州、县区中小学校延伸，让大山的孩子们在寒冷的冬天感知到"广州温度"，变得更加自信、阳光。

（五）在乡村振兴层面注重广东经验的移植性与本土化，积蓄乡村建设势能

乡村振兴是东西部协作的重要内容。刘焕鑫在《深化东西部协作促进

乡村振兴》中指出，东西部协作双方要着眼于逐步使农村基本具备现代生活条件，帮助脱贫地区加快补上基础设施和公共服务短板弱项。加强和改进乡村治理，帮助脱贫地区健全县乡村三级治理体系功能。改善农民精神风貌，帮助脱贫地区加强农村精神文明建设。推进脱贫地区乡村振兴全面展开，在县乡村打造一批乡村振兴示范典型，发挥示范引领作用，抓点带面有序推进。① 广东在推进西部乡村振兴过程中，将广东做法与西部地方乡村振兴进程、西部本土文化充分结合起来，强化示范带动引领作用，推进乡村有效治理。

粤桂协作按照当地政府统一规划，整合各方资源，安排粤桂财政帮扶资金 2.68 亿元帮助广西协作地区打造 63 个乡村振兴示范点（带）。一是围绕乡村建设行动开展农村人居环境整治。安排财政资金 7556 万元，全面开展农村厕所改造、生活垃圾和污水治理、村容村貌提升等。如在柳州市三江侗族自治县打造的离网式污水处理试点，占地面积小、安装灵活、施工速度快，得到当地及自治区乡村振兴部门领导的一致好评。二是围绕当地特色资源融合农文旅发展。如凤山县袍里乡坡心村以三门海景区为辐射点，结合自身主导产业蔬果种植，以"田园综合体项目""世界地质公园""世界长寿之源"资源为依托，大力发展农文旅产业，带动周边旅游业发展和农民致富。乐业县引进深农集团、华侨城集团打造"山水甘田"农文旅产商融合发展示范区，促进产业多环节多渠道增收，实现乡村一二三产融合发展。三是围绕打造庭院经济拓展农民增收渠道。如德保县城关镇西读村依托矮马实业有限公司的产品设计、技术指导、销售市场，发展家庭特色手工业，带动农户在家就业，深受群众欢迎。四是围绕技术创新打造数字乡村示范。如田林县利周瑶族乡爱善村依托华为、腾讯、中国电信的技术力量，以高标准农田核心示范区带动生态康养旅游区、休闲娱乐农业采摘区建设，融入智慧农业及文旅元素，推动实现产业园全方位综合升级、农业资源就地转化增值，得到广西壮族自治区党委书记刘宁的赞许。五是围绕加强乡村治理推进实践

---

① 刘焕鑫：《深化东西部协作促进乡村振兴》，《经济日报》2022 年 8 月 22 日。

探索。如都安瑶族自治县大崇村探索"积分制"等乡村振兴优秀治理模式，激发了全体村民内生动力，成为广西党建引领治理的有效标杆。六是围绕实现五大振兴打造整体示范典型。如腾讯公司联合友成基金会，在桂林市龙胜各族自治县马海村，以"共富乡村建设"为品牌，整体打造乡村振兴示范村，围绕"五个结合"（政府主导与社会共创、内生动力与外部助力、传统文化与现代元素、特色产业与数字技术、试点带动与制度创新相结合），通过以县带村、以村显县，形成可复制、可推广的乡村振兴共创共富机制。

粤黔协作聚焦"乡村发展、乡村建设、乡村治理"三个重点，注重复制推广广州乡村建设、环境整治、基层治理、社会管理等经验做法，全面启动120个乡村振兴示范点，努力打造一批"产业兴、生态美、乡风好、治理优、百姓富"特色乡村。一是合理安排乡村建设资金。2022年广东财政帮扶资金中，用于打造乡村振兴示范典型57894.36万元。用于加强乡村公共基础设施建设50338.68万元。其中，用于仓储保鲜、冷链物流等农产品流通基础设施建设21465.85万元，用于乡村资源路、产业路等建设17310.06万元。用于提升教育、医疗等乡村基本公共服务水平45613.3万元。用于改善乡村人居环境26300.33万元。黄埔区六年累计投入2849.13万元，帮助三都县完成农村公路建设项目105个、29万多平方米，农村交通路网纵横交织，既便利群众通行，又能带动产业兴旺。二是强化产业振兴示范引领。产业兴旺是乡村振兴的基础和关键。广州结合协作地区资源禀赋，着重引导广州农业龙头企业选优品种，延链补链壮链强链，推动构建市场驱动、横向联动、纵向拓展、特色突出的乡村产业。广药集团、越秀集团等打造了刺梨、生猪等多个超10亿规模特色产业。花都在关岭断桥镇投入协作资金1800万元，完善精品果蔬产业配套建设，形成了产、储、销一体化产业链，吸引7家企业入驻，2023年留易金额3500万元，带动130户脱贫户每户增益500～1000元。自2019年以来，白云区累计投入协作资金2000多万元，用于完善荔波特色产业铁皮石斛种植基地基础设施，补齐科研加工短板，建设石斛种苗扩繁基地、实施石斛深加工项目等，支持产品研发、加工，延伸产业链条。目前，荔波铁皮石斛核心产区面积约5000亩，已初步形成"一园多点"发展格局，辐射带动全县产业发展。三是加强培训提供组织保障。人才振兴是乡村振兴的重要保障。黔南在全省率先选派16名村党组织书记、60余名社区干部赴广州挂职跟岗学习，提升基层党建、乡村治理、集体经济管理理念，增强基层"头雁"队伍引领力。黔南工作组与黔南组织部共同打造"东西部协作大讲堂"，共举办6期、培训4366人次，邀请东部专家学者、企业家讲课，重点围绕金融、数字经济、现代农业等方面内容，提供东部经验，形成黔南方案。2022年，广州帮助协作地区举办乡村振兴干部培训班137期、11248人次，举办乡村振兴专业技术人才培训1159期、10.52万人次，帮助协作地区做好乡村振兴人才储备。四是大力推动发展庭院经济。围绕特色田园、生态宜居，突出庭院花园、果园、菜园"三小园"规划，实施庭院"微改造"，推动产业设施配套、雨污集中治理、畜禽粪污处理，着力提升人居环境，打造美丽庭院经济。如在威宁县平原村投入130万元协作资金，修建养牛圈舍，由党支部领办集体合作社发展养牛产业，实现肉牛存栏2500头，价值3000余万元，户均增收4.77万元。在惠水县排楼村打造集特色民宿、特色餐饮、水果采摘与水果加工于一体的乡村旅游经济，接待游客年增长15%，提高旅游综合产值50%。在普定水井村连续举办六届荷花节，群众从经营路边摊到开办农家乐，从莲藕地里务农到进入藕粉加工车间工作，实现一二三产融合，旅游人数从上年的不到4万人次增长到2023年的25万人次，旅游收入从上年的不到25万元增长到2023年的近500万元。黔南深入挖掘非遗文化潜力，推进"非遗出山入湾计划"，支持"锦绣计划"，组织绣染非遗技能竞赛等，引导广州广绣非遗大师设计广绣黔绣相融合的文创产品，在广州永庆坊、广州塔等开设非遗手工艺作品展示馆，将"指尖技艺"转化为"指尖经济"，带动黔南发展非遗特色手工作坊、专业合作社等154家，全州农村绣娘1600人灵活就业，每人每月增收超450元，形成独具特色的"庭院手工产业"。五是着力推进示范样板建设。广州统筹东西部协作资金、企业、产业等资源，重点支持省级、市州级特色田园乡村振兴集成示范试点建设，引领协作地区全面推动乡村振兴。安顺投入协作资金4348万元，重点打造乡村振兴示范点、连片形成示范镇、连线形成示范带的"三示范"模式，和睦村、硐口村、高荡村、大屯村、水井村等29个乡村振兴示范点初见成效。高荡村进入全省旅游第二梯队，牛蹄村成为网红打卡点，水井村被评为3A级景点。赫章投入协作资金551万元在海雀村打造民宿16户，充分挖掘海雀村民通过勤劳的双手摆脱绝对贫困的感人故事，将其建设成为贵州省委党校、毕节市委党校现场教学基地。黔南通过实施好花红村贵州省首个东西部协作村级廉洁文化教育基地、洪江村东西部协作艺术家交流中心、新源村农文旅一体化产业示范体验园、余下村党群服务中心、平河村人居环境整治、祥脚村农耕文化示范点、流佳庄庭院经济等一批项目，有效推动了乡村振兴示范点产业、人才、文化、生态、组织振兴。天河区协助打造的纳雍县陶营村、白云区协助打造的荔波县瑶山村，分别获评为中国美丽乡村、中国美丽休闲乡村。

二 广东东西部协作中的经验与亮点

（一）两个"双百"行动，"双轮"驱动粤企入桂入黔

为克服新冠疫情、经济下行对产业协作的影响，广东继2021年创新开展"百企桂黔行"系列活动后，2022年接续开展粤企入桂、粤企入黔两个"双百"行动（分别动员引导100家以上广东企业到广西、贵州各投资100亿元以上），协作共建共商共管、企业合作、服务保障"三个平台"，确保行动有序展开；做实一批意向企业、一批投资协议、一批合作项目"三个一批"，确保投资合作精准对接；着眼长效机制、长效服务、长效发展"三个长效"，确保合作双方互利共赢。截至2022年11月，已有170家广东企业落地贵州投资项目145个，意向投资511亿元，实际到位107.86亿元；156家广东企业落地广西投资项目156个，意向投资420亿元，实际到位108.3亿元。

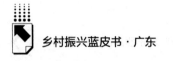

（二）双向"一县一企"，兜底保障稳岗就业

2022年，广东积极化解疫情对脱贫人口稳岗就业带来的不利影响，结合协作地区99个脱贫县农村劳动力就业务工需求，在广东帮扶方和广西、贵州被帮扶方"双向"协作共建1个"一县一企"农村劳动力稳岗就业基地，帮助有就业意愿的农村劳动力转移来粤就业或就地就近就业，为协作地区巩固拓展脱贫攻坚成果、全面推进乡村振兴、牢牢守住防止规模性返贫底线发挥了积极作用。目前，已协作共建"一县一企"农村劳动力稳岗就业基地175个，其中广东67个、广西39个、贵州69个，共吸纳广西、贵州两省区7.55万名农村劳动力（含1.45万名脱贫劳动力）稳岗就业，实现协作县脱贫劳动力"愿就业全就业，应稳岗全稳岗"。

（三）"九大加力行动"，倾斜支持国家重点县不掉队

为进一步倾斜支持广西、贵州40个国家乡村振兴重点帮扶县发展，广东出台《广东省支持国家乡村振兴重点帮扶县巩固拓展脱贫攻坚成果同乡村振兴有效衔接"九大加力行动"方案》，实施财政支持、干部人才、产业帮扶、就业帮扶、消费帮扶、社会帮扶、科技帮扶、乡村建设、探索创新等九大加力行动30条具体措施，以更加集中的支持、更加有效的举措、更加有力的工作，推动国家重点县加快发展，确保在全面推进乡村振兴进程中不掉队。2022年共向贵州20个国家重点县拨付财政援助资金12.01亿元，县均6005.63万元，超出非重点县县均973.02万元；选派挂职干部80人、专技人才819人，县均分别超出非重点县0.93人、13.14人。向广西20个国家重点县投入财政援助资金10.926亿元，县均5463万元，超出非重点县县均338万元；选派挂职干部68人、专技人才759人，县均分别超出非重点县0.32人、2.18人。

（四）"三联合"发动民企，助力协作地区乡村振兴

广东省工商联联合省乡村振兴局，充分依托东西部协作机制，将"万

企兴万村"行动导入协作地区,引导民营企业跨省域履行社会责任,深入脱贫地区开展结对帮扶,发展乡村产业,开展乡村建设,参与乡村治理,提供人才支持,打造试点示范,推动"万企兴万村"行动走深走实。全国政协副主席、全国工商联主席高云龙对粤桂"万企兴万村"行动批示:项目抓得实,帮扶效果好。一是联合建立一个协作机制。粤桂两省区工商联签署《"十四五"时期粤桂工商联推进"万企兴万村"行动协作框架协议》,组织协作双方市、县工商联签署协作协议,组织594家广东民营企业与广西682个脱贫村开展结对帮扶,为广东民企跨省承担社会责任、助力巩固拓展脱贫攻坚成果、参与乡村振兴建立了便捷高效的联动协作机制。二是联合开展一项对接活动。始终紧扣巩固拓展脱贫攻坚成果同乡村振兴有效衔接主题,以协作共建"一县一园"、"一县一企"、消费帮扶等为主抓手,每年至少联合开展一次协作对接活动。2022年,继8月30日共同开展粤企入桂"双百"行动(组织100家广东企业入桂投资100亿元以上)后,10月29日,又共同举办2022年广东民营企业助力广西国家乡村振兴重点帮扶县暨粤桂协作"万企兴万村"行动对接活动,广东170家民营企业和商会代表参加活动,现场签约65.4亿元。三是联合表扬一批先进典型。两省区工商联联合表扬一批为东西部协作贡献智慧和力量的优秀民企。两年来,共531家广东民营企业受到通报表扬,2022年还创建30个粤桂协作"万企兴万村"观察点,树立起典型,增强了民企参与东西部协作的荣誉感和责任感。

(五)"三地"携手音乐帮扶,唱好干好乡村振兴

2022年4月,广东联合广西、贵州两省区启动实施乡村振兴音乐帮扶计划,掀起粤桂黔三地"干好乡村振兴,唱好乡村振兴"热潮。已成功实施"农行杯"乡村音乐原创歌曲创作大赛、帮扶家庭乡村"音乐之星"育苗行动,累计征集符合入围要求的原创乡村音乐785首,评选出136首优秀乡村音乐原创歌曲,发现、培育乡村孩童音乐苗子125名,优秀传统乡土文化得到激活,乡村文化业态不断丰富,文化赋能乡村振兴彰显成效。

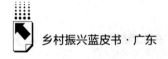

（六）"三大"帮扶硬招，做实做深消费帮扶

广东探索创新消费帮扶新招式，多措并举做实做深"三帮扶"，即帮扶做优产品、做强平台、做大市场，持续推动消费帮扶上新台阶。广东2022年新增采购、帮助销售广西、贵州农畜牧产品和特色手工艺产品420.43亿元，其中广西224.46亿元、贵州195.97亿元。一是帮扶做优产品。通过产业帮扶、科技赋能，帮扶协作地区提升农特产品质量；通过开展"圳品"认证、建设大湾区菜篮子基地，帮扶协作地区培树农特产品品牌；通过"老字号"品牌赋能协作地区农特产品，捧红100多个优质产品。二是帮扶做强平台。持续发挥好广东东西部扶贫协作产品交易市场、粤港澳大湾区菜篮子工程等平台作用，创新成立广东省消费帮扶联盟，支持广东东西部名品发展有限公司创新打造东西部现代农业产业园名品中心，做强省内省外帮扶农产品品牌，拓展进入大湾区市场通道。三是帮扶做大市场。依托农贸会、展销会等平台，充分发挥大型农产品批发市场、农贸集散中心的辐射带动作用，创新批发零售、社区团购模式，帮助推介、展示、销售协作地区农产品。与大型超市签订农产品供销、直采协议，建立长期稳定供销关系，做大农产品常态化市场。推广"黔货出山进军营"做法，开展帮扶产品"七进"活动，要求党政机关、企事业单位预留采购份额，发动社会组织、公民个人积极采购，助推黔货桂品入粤入湾、供应市场。

三 2022年广东东西部协作中存在的问题与建议

（一）2022年广东东西部协作中存在的问题

第一，新冠疫情影响东西部协作活动的顺利开展。2022年，广东东西部协作工作取得了显著成效。同时，在新冠疫情影响和经济下行压力的大环境下，仍存在一些困难和问题。一是部分工作开展相对滞后。受疫情影响，一些线下活动如产销会、培训活动等推迟或者取消，基层对接开展相对滞后。二是受疫情和经济下行影响，部分企业社会帮扶意愿有所减弱。

第二，部分产业园建设仍走老路。个别地区协作共建产业园区，仍然热衷于引进企业入驻的个数、协议投资意向金额，轻视营商环境的改善和后续跟踪服务，导致部分入驻企业投资热情减退，不愿也不敢投入第二批资金，园区产业链不完整，出现短链、断链现象，产业集聚效应得不到较好体现。

第三，部分协作县产业规模较小，引进广东龙头企业不足。广西部分协作县受地理位置、资源禀赋影响，产业基础较薄弱、承载力不足，引进广东农业龙头企业、规模以上企业数量较少。

第四，动员社会力量参与东西部协作仍不够充分。2022年，尽管广东组织动员社会帮扶的力度未减，推动开展"万企兴万村"行动、"广东扶贫济困日"活动、粤企入桂入黔"双百"行动的力度加大，但受疫情反复、经济下行、国际形势变化等因素叠加影响，广东企业自身经济效益下滑，市场拓展、内生发展受限，在筹集社会帮扶资金过程中面临困难，企业积极性下降。

（二）针对未来广东东西部协作发展的建议

第一，进一步加大产业协作力度。加大东西部产业互动，找准优势互补的结合点，持续推进招商引资和供深基地、现代农业产业园"一县一园"建设，引导当地优化营商环境，通过双方产业协作典型的示范，增强协作信心，推动更多产业转移。

第二，支持指导协作地区出台产业转移优惠政策。支持鼓励协作地区针对东部地区社会力量投资，出台土地使用、税费减免、基础配套等方面的优惠政策。让到协作地区投资兴业的社会力量既热心履行帮扶责任，又能实现自身发展，实现互惠互利、双收双赢，促进形成协作共建"一二三产业融合、产业链完整"现代农业产业园良好局面。

第三，完善社会帮扶激励机制。通过国家层面出台相关具体政策，激励东部地区先富起来或先发展起来的社会力量积极帮扶西部地区加快农业农村优先发展，形成巩固拓展脱贫攻坚成果、全面推进乡村振兴的强大合力。建议国家及各省区市有关部门研究建立推动社会力量帮扶的激励机制，通过如"万企兴万村"等政府搭台的活动，对积极参与帮扶的企业和社会组织进行表彰、宣传和激励，增加其荣誉感、获得感，提高其责任感和参与度，使其更加主动积极、广泛参与到乡村振兴事业中来。

案 例 篇

Practice and Cases

B.17

强化改革赋能 打造乡村振兴
"南海样板"

路骏峰 金芃伊*

摘 要： 广东佛山南海区以农村综合改革为着力点，在各方面取得了显著
成效，对推进乡村振兴和城乡区域协调发展有借鉴意义。本文从
南海农村综合改革的顶层设计出发，详述农业产业、农村基层治
理体系、农村集体产权制度改革、土地综合整治、人居环境、文
化建设等方面的南海乡村振兴工作，为探索中国式现代化的乡村
道路提供了新范本。

关键词： 改革赋能 乡村振兴 佛山南海

---

* 路骏峰，中国经济体制改革研究会研究员，主要研究方向为城乡融合发展、土地制度改革；
金芃伊，广东省社会科学院助理研究员，博士，主要研究方向为文化传播、文旅融合、乡村
振兴。

党的二十大报告强调要全面推进乡村振兴，并对"全面推进乡村振兴"做出重要部署，要求"加快建设农业强国，扎实推动乡村产业、人才、文化、生态、组织振兴"。① 习近平总书记指出："实施乡村振兴战略，要按照产业兴旺、生态宜居、乡风文明、治理有效、生活富裕的总要求，推动农业全面升级、农村全面进步、农民全面发展。"② 广东省佛山市南海区坚持深入贯彻落实习近平总书记、党中央关于乡村振兴的决策部署，贯彻落实省、市关于全面推进乡村振兴的工作要求，以农村综合改革为着力点，紧紧把握"百千万工程"建设、首批全国乡村治理体系试点示范单位建设和广东省城乡融合发展改革创新实验区建设的契机，紧扣顶层设计、产业、治理、产权、土地、人居环境、文化七大方面，系统谋划，锐意探索，积极推进乡村振兴战略实施，积累了丰富经验，对推进乡村振兴和城乡区域协调发展有借鉴意义。

一 南海实施综合改革的主要做法

南海努力创造新时代的新辉煌，接续寻找新的发展动力和潜能，"百千万工程"就是其强大动力源和发展基础所在。推进落实"百千万工程"，坚持高位谋划，坚持综合改革产业治理与健全基层治理体系，开辟南海农业农村发展新局面。

（一）坚持顶层谋划，完善政策制定

近年来，南海区围绕巩固拓展脱贫攻坚成果、全面推进乡村振兴目标任务，坚持改革创新，强化顶层谋划，狠抓工作落实，相关实施意见、制度框架基本成型，各项保障体系逐步完善，乡村建设取得明显成效。

① 习近平：《高举中国特色社会主义伟大旗帜 为全面建设社会主义现代化国家而团结奋斗——在中国共产党第二十次全国代表大会上的报告》，2022年10月25日。
② 《乡村振兴绘就新图景》，《人民日报》2023年8月10日，第1版。

1.完善政策体系,全面统筹工作

南海推出并不断健全"1+6+X"乡村振兴政策体系①,以"1+6+X"系列政策框架体系为抓手,按照"3年取得重大进展、5年见到显著成效、10年实现根本转变"要求,实行任务清单化、行动图表化、标准模板化、工作机制化,全面实施乡村振兴战略。完善乡村振兴统筹、督导、考核等系列制度,把全区性大型督查和乡村振兴专职督导相结合,形成"红蓝黑榜"联合督查考评机制。出台《乡村振兴战略规划(2018-2027)》《南海区区域乡村建设规划》等,探索乡村规划师制度,编制乡村规划建设工作团队驻村规划,指导乡村建设。

2.强化资金支持,确保项目推进

健全实施乡村振兴建设专项资金扶持方案、乡村振兴建设项目工程实施指导意见,明确建设项目管理各方职责,强化资金、项目、工程建设"三个统筹"机制,通过强化集体经济组织在乡村振兴中的主体责任,固化股份分红金额,加大集体资金对乡村振兴的投入比例,将集体资金增长部分用于乡村振兴建设;用财政资金撬动金融资金和社会资金,以设立基金等方式,多渠道筹集更多资金投入乡村振兴中去,高效保质推进项目实施。

3.争创试点,打造乡村振兴示范样本

一是有序推进农村综合性改革试点工作,全力推进以西樵镇山根、显岗、大同、朝山、七星、儒溪等6个村(社区)为核心的农村综合性改革试点。农业农村部2023年9月4日发布的《第三批全国乡村治理示范村镇名单公示公告》中,南海区西樵镇儒溪村入选全国乡村治理示范村认定名单。二是乡村振兴连片示范提质,打造"百里芳华"乡村振兴示范带(南海段),以六大乡村振兴示范片区为主要载体,通过实施"点—片—面""一村一品牌"等规划思路,联村连片成带,具有岭南特色、南海人文品牌的乡村振兴示范带初步成型。南海区拥有示范镇国家级1个(九江镇)、省

---

① "1"为乡村振兴主文件,即《实施意见》;"6"为推进乡村产业振兴、人才振兴、文化振兴、生态振兴、组织振兴、治理有效等六大方面重点任务;"X"为系列配套文件。

级 5 个，实现省级示范镇全覆盖；示范村国家级 1 个、省级 20 个，实现省级示范村占比达 10%。三是推进"一镇一品"特色小镇建设，南海陆续出台制定了《关于加快特色小镇建设的指导意见》《佛山市南海区特色小镇财政专项资金管理实施办法（试行）》等政策文件，为特色小镇建设提供政策保障。立足特色，明确产业定位、明确建设计划，实现全区七个镇街全覆盖，在产业集聚发展、城市配套建设等方面发力。如佛山高新区（狮山镇）科技创新小镇群方面，创新建立"特色小镇镇长"机制，聘请东软集团董事长出任首位"IT 小镇镇长"，东软华南 IT 创业园创建两年内就已被初步认定为国家级孵化器。

4. 完善农村股份合作制，深化股份权能改革

制定《南海区积极发展农民股份合作赋予农民对集体资产股份权能改革试点实施方案》作为试点改革的总领性文件，明确改革的原则、内容、措施。围绕成员界定难题，出台《佛山市南海区农村集体经济组织成员资格界定办法》《佛山市南海区农村集体经济组织成员登记管理办法》《关于推进农村"两确权"，落实农村"出嫁女"及其子女合法权益的意见》，明确以股权户为单位进行股权登记和股份分红，以户代表作为股权登记主体，股权和分红不再明晰到成员个人，倡导户内股权均等化，实现了与《土地承包法》中"承包到户"精神的衔接。

在股权确权方面。印发《佛山市南海区集体经济组织股权（农村土地承包经营权）确权登记颁证工作实施方案》，推进股权确权工作。股权成为股权户成员的共有财产，股权户内成员人人有份，共同享有股权户内的股权，不因户内成员户籍变动增减股权户内股权配置，解决了户籍变动带来的股权有无问题。集体经济组织总股数保持长久不变，并允许在同一个集体经济组织内部，以股权户为单位，按照本集体经济组织内部规定将股权进行户与户之间的流转。

在股权管理方面。出台《佛山市南海区村（居）集体经济组织成员股权（股份）管理流转交易办法》，明确股权流转范围、交易规则和流程；出台《佛山市南海区股份合作经济组织户内股权及成员证管理办法》，明确股权证的颁发、变更、注销等程序。通过多项政策措施，赋予农民对集体资产股份的占有、收益、有偿退出及抵押、担保、继承的权利，加强股权管理。

5. 实施"村改居"，推进城乡一体化建设发展

2011年初起，南海以农村综合体制改革为突破口，对条件成熟的农村启动实施"村改居"，在提升公共服务水平、加快城镇化进程、推动基层治理重构等方面进行了一系列探索，取得一定的成效。在社区管理、资金投入、集体经济等方面实施一系列配套改革。一是实施社区整合，集中资源做好社区治理和服务。按照"1个社区1个小组"的目标整合村民小组，明确村（居）委会主任兼任村民小组组长。截至2022年，累计撤销村（居）46个，合并设立村（居）19个。二是加大公共财政投入，保障新社区运行。区财政在原来基础上，每年新增投入8000多万元，对改居后的社区居委会给予办公经费和人员工资补贴。同时，各镇（街道）在区财政补贴的基础上，对改居后的社区在办公经费、人员待遇、市政费用和"三旧改造"等方面给予政策倾斜。三是统筹城乡服务，推进基本公共服务均等化。加快推动资源向村居下沉，在所有村居内建成标准化的党群服务中心，向包括外来务工者在内的全体居民提供民政、计生、就业、卫生、治安等200多项服务，同时，把非户籍常住人口全面纳入有效社区管理，加快实现政务服务无差异、基本公共服务均等化和社区服务特色化。

6. 搭建"三资平台"，强化集体经济监管

搭建"三资平台"，即建成集体资产管理交易平台、集体经济财务监管平台和集体经济组织成员股权（股份）管理交易平台。规定村（居）集体资产管理交易、财务管理以及社员股东股权管理交易必须纳入平台公开进行，实现了资产管理交易的阳光化、财务管理的透明化、股权管理交易的规范化。迄今为止，全区进入集体资产管理交易平台成交的集体资产有56231宗，标的总金额达402.6亿元；集体经济财务监管平台在管财务账2749套，在管资金113亿元；将全区78万社员股东的股权全部纳入集体经济组织成员股权（股份）管理交易平台管理。

（二）推进产业振兴，实现农业产业再升级

南海立足于新发展理念和区域实际，以全域土地综合整治为抓手，以创建国家现代农业产业园为牵引，积极发展都市现代农业和特色优势产业，掀起"三农"改革转型新攻势，力促传统农业产业转型升级，乡村产业振兴跑出加速度。

1.推进"种业+"计划，推动农业现代化

（1）强化制度支持，打造特色产业集群。种业是现代农业、渔业发展的基础。近年来，南海高度重视种业振兴，以提升种业发展水平为抓手，推进种源"卡脖子"关键技术攻关，取得了一定成果。南海在《南海区种业高质量发展工作方案（2022—2024年）》基础上制定出台《南海区种业+发展规划（2022—2031年）》，突出以工业化思维发展都市现代农业，推进"种业+"计划，分区域发展特色产业集群，打造东部"种业+花卉""种业+功能性食品""种业+乡村振兴（农文旅）"、中部"种业+畜禽""种业+乡村振兴（农文旅）"、西部"种业+水产""种业+乡村振兴（农文旅）"的三大"种业+"产业集群。

（2）加强研究合作，积极培育新品种。南海拥有全国最大的蝴蝶兰生产基地，主要集中在万顷园艺世界、南海花博园两大连片现代农业园区，经过近10年的发展，园区已建成蝴蝶兰产业中心超千亩，蝴蝶兰品种达300余种。位于万顷园艺世界的佛山市天俐生物科技有限公司，投入超2500万元组建"种子银行"，14年间创超2000个蝴蝶兰新品种。与水产种业、花卉种业、农作物种业相媲美的是畜禽种业，佛山市南海种禽有限公司近年来不断加强新品种培育和成果转化，创建了具有自主品牌特色的优良种畜禽品系资源体系，选育出适应不同市场需要的多个品种。其中，自主培育的南海黄麻鸡1号、弘香鸡，获得国家畜禽新品种配套系证书。

（3）推进"智慧三农"项目，建设数字乡村。基于南海区"城市大脑"提供的技术、数据和业务能力，南海区打造了标杆应用平台。不断深化数据沉淀与业务创新的示范效应，为农业产业布局、农村治理、乡村振兴

提供数据资源和技术支撑，形成了跨部门的"业务生产数据、数据支撑业务"的良性循环，用数字化引领驱动农业农村现代化，其中包括宅基地管理系统、种养殖资源管理系统、动物诊疗机构精细化管理系统和"智慧三农"领导驾驶舱四大系统。

2. 加强农产品品牌建设，提升农产品市场竞争力

（1）助推地理标志产品产业化发展。深入挖掘优势资源，立足品牌特色，加强地理标志产品申报指导帮扶，将地理标志证明商标打造为"金名片"。2022年南海"西樵大饼"地理标志证明启用，正式迈上品牌化发展的道路，实施地理标志产业联动发展工程，建立"西樵大饼"加工、生产、运输、销售、文旅等上下游产业组合发展格局，促进地理标志与旅游、文创等产业相融互通，打造完整产业链，着力保护地方特色产品品牌，提高产品附加值、竞争力和知名度。另有大沥沙皮狗、里水香水百合、里水蝴蝶兰、里水灶岗番薯、里水锦鲤、九江鲈鱼、九江生鱼作为地理标志证明商标培育对象开展认证申报，将南海区商标及地理标志工作推向新高度。南海桂花鱼和南海咸蛋黄入选2023年第二批全国名特优新农产品名录。

（2）加强预制菜标准化建设。南海以标准化为引领，发布了全国首个预制菜淡水鱼速冻制品全产业链的团体标准《南海淡水鱼 预制菜全产业链技术规范 速冻调制鱼制品》，明晰了9项预制菜产业链标准化流程，包括苗种、淡水鱼养殖、活鱼运输、暂养、生产加工、仓储、冷链运输、销售及召回等环节，形成了具有南海特色的淡水鱼预制菜全产业链标准。另外还特别对活鱼养殖、运输等环节进行严格把关，把质量控制在前端环节，规定活鱼中不得含有孔雀石绿、氯霉素等农（兽）药，从源头上遏制违规添加使用，并严格规范养殖行为。为充分发挥基因优势，加大对特色农产品、预制菜产业链培育力度，提升南海区域品牌价值，为促进现代农业产业的高质量发展打好产业质量基础。位于南海九江的佛山市南海区预制菜产业园2023年初被授予"广东省现代农业产业园"牌匾。

3. 激活农业全产业链，提高农业质量效益和竞争力

（1）促进一二三产融合发展。南海现代农业产业园以淡水鱼为主导产

业，主导品种包括加州鲈、生鱼、鳜鱼等优质淡水鱼，园区以九江、西樵和丹灶镇为创建范围，地形平坦，水网密度高、水资源优质丰富。2021年园区淡水鱼养殖面积10.67万亩，产量16.62万吨，综合产值达84.5亿元，是全国最大的淡水鱼养殖区。作为传统水产养殖主产区，南海在优化水产养殖业的同时，结合现代物流升级，大力发展水产品流通，充分挖掘南海渔耕文化的底蕴，发展水产品预制菜产业，延长产业链链条，提升产业附加值，促进全产业融合发展。

（2）直播电商经济助力。面对网红直播营销的风口，南海大力发展网红经济，里水镇的中企绿色总部·广佛基地逐步引入MCN机构、网红商学院、IP内容生产商，形成集孵化、经纪、营销、内容生产传播等于一体的直播电商经济生态完整产业链。同时，发展农村电商，依托佛山通城市服务平台，搭建"佛肇商城"专区，提供集供应链和在线销售及售后服务于一体的服务，借助佛山市新闻传媒中心的直播流量赋能，开展相关展示、带货、促销活动，拓展肇庆特色农产品、文旅产业的推广渠道，进一步推动佛山肇庆两地产业发展，加强帮扶企业的对接。

4. 科技赋能农业，推动传统农业产业转型升级发展

（1）搭建数字化云平台。近年来，南海以数字化、智能化引领数字农业发展，积极探索搭建数字农业云平台，以里水花卉产业为例，里水镇以特色现代农业主导产业（蝴蝶兰、百合花、观赏鱼）为基础，与数字企业、农业研究院校等共建"南海区花卉园艺产业园5G+数字农业云平台"，实现了里水农业云名片系统、大数据可视化展示、区块链农产品质量安全溯源系统等应用。将里水"地块+企业+产业"的情况信息化，为农业农村数字化管理提供底座支撑。同时，该系统助力延伸出农业社会化服务体系，从而推动数字农业产业园区建设，培育出更多的数字农业示范龙头企业、数字农民专业合作社、数字农业农村新农民。

（2）产学研深度融合。针对南海此前缺少农业科研机构、农业科技水平不高和农村政策研究力量薄弱的情况，南海依托广东省农业科学院、中国水产科学院珠江水产研究所等科研院所的人才、科技、平台及成果转化优势，全面搭建"一平台三基地"科研体系，加快建设南海区现代农业产业研究院、乡村振兴研究院，以种源技术攻关为重点，持续提升水产、花卉、产业融合、"三农"政策等领域的研究推广工作成效，为农业农村发展提质赋能。

（三）健全基层治理体系，开创乡村治理新格局

党的十八大以来，南海坚持以党建引领基层治理，通过一系列的基层治理改革，探索具有南海特色的社会治理新路径，让联系更有"深度"、服务更有"温度"、成果更有"满意度"，为南海乡村振兴高质量发展提供了坚强的政治保证。

1. 完善基层党的组织体系

持续以增强村（社区）党组织体系建设为重点，完善强村带组工作机制，高质量深化村（社区）三级党建网格，在每个镇街着重打造2~3个示范点，切实增强基层党组织的社会号召力，为农村基层组织体系振兴注入新活力。深入推进重要事权清单管理，围绕"人、财、项目"等十项重要事权，突出党组织先知先议和领导把关作用。全面实现村（社区）党组织书记、村（居）委会主任、经联社社长三个职位"一肩挑"，全面巩固村级党组织领导地位。建立健全社区党建联席会议制度，对区域内党建、社会管理和服务、精神文明建设等进行沟通协调，形成工作合力。强化村居新进"两委"干部培训。启动新一轮基层文明创建工作，探索打造一批志愿服务示范社区。进一步深化落实矛盾纠纷多元化解工作机制、政务服务扁平化改革。村（社区）党组织充分发挥总揽全局、把控方向、协调各方的领导作用，基层各类组织在党组织的统一领导下，各司其职、协调联动，党领导下的管村治村格局进一步稳固。

2. 加强对农村集体经济组织有效管控

深入推进经济合作社（简称经济社）事务决策体制机制改革。一是出台《佛山市南海区农村集体股份经济合作社议事决策规则（试行）》，对经济社议事程序进行规范和完善，全面规范强化党组织对经济社的领导。细化

完善经济社议事决策制度，由经济社党组织负责人任经济社联席会议、经济社办公会议的召集人，推进经济社议事决策制度化、民主化、科学化。加快做好"专职岗"的选用工作，目前已将符合条件的 7000 多名经济社"两委"干部选用到"专职岗"并科学设置其收入待遇。二是明确农村集体经济组织既是独立依法经营的市场竞争者，也是社会管理服务参与者，依法具有消防、安全生产、环境保护等社会管理服务职责。同时，通过优化薪酬考核机制，调整考核指标和方向，建立健全集体经济组织职责清单、安全责任基金和"一票否决"制度等，强化对农村集体经济组织领导的约束和激励机制。三是探索综合运用规划、用地指标、税收征缴、环保、消防、安全生产等制约手段，辅之以市场机制、经济手段、法治措施等，提高对经济社的治理水平，让经济社主动履职，配合党委政府工作。

3. 数据赋能基层治理

南海区实际管理人口超 400 万人，市场主体超 60 万个，在册登记出租屋超 20 万栋，基层负担繁重，为突破社会治理工作普遍面临的"小马拉大车"困境，南海区以数据赋能基层社会治理现代化工作，依托创建广东省数字政府城乡融合发展示范区的改革契机，推动"一网统管"智慧城市运行工作，变革治理理念和治理手段，全面提升社会治理效能。

（1）以"城市大脑"为核心，搭建起区、镇（街道）、社区三级赋能平台。以数字驾驶舱、城市运行管理平台、城市智能服务平台、城市数据管理平台等为支撑平台，汇聚数据记录超 59 亿条。在海量数据和强大算力的基础上，建立起区、镇、村三级智慧城市运行中心，联动全区 1067 个网格共 5072 名网格员，通过卫星遥感、无人机巡逻、地面物联网、人力巡查、群众上报等渠道，实现"天上看、空中拍、地上巡、群众呼"，打造"空天地"一体化全覆盖监测体系，并依托三级智运平台的超级工单中心、视频会议、大数据分析等功能模块，形成线上线下三级联动的统一指挥调度运行体系。中国国际服务贸易交易会成果发布会发布的《2022-2023 年度全球微笑城市百强中国新型智慧城市（SMILE 指数）百强成果》等系列研究报告指出，佛山市南海区位列中国新型智慧城市（SMILE 指数）百强县第 1（见图 1）。

图 1　中国新型智慧城市（SMILE 指数）排行榜

（2）实现"区长直通车"平台与"市长直通车"平台接轨，提供"7×24 小时"全天候热线服务。建立区领导挂点轮值制、区领导交办制，对重点难点问题，快速启动镇街、部门会诊会商，采取联动执法、综合执法等有效手段，推动城市事件快速流转、高效办理，保障企业群众诉求"接诉即办"。

4.完善村（居）民自治机制

提升村规民约、居民公约认同度和约束力，广泛动员村（居）民共同制定和遵守村规民约、居民公约，将全域土地综合整治、农村人居环境整治等纳入公约；完善村（居）民代表作用发挥机制，制定村（居）民代表履职清单。深化村（居）民委员会规范化建设，推动全域创建"熟人社区"等，南海区"创熟"工作被民政部列为"社会治理动态监测平台及深度观察点网络建设"项目。将专项公约的执行与股份分红、宅基地分配、集体资产竞投、公职岗位任职资格等挂钩；农村集体经济组织可在乡村振兴建设运维专项资金中提取一定比例收益设立公约遵守奖，充分带动村（居）民投入基层共建共治共享当中。推出"百队千社万人行"志愿服务推进基层治理现代化专项行动，集结机关企事业单位的志愿服务力量下沉至村社，充分调动群众参与基层治理的积极性、主动性和创造性。

5.完善监督考核机制

依法加强对村社干部的监督，深化农村"三资"提级监督，推进智慧监督平台建设。建立健全经济社干部职务行为负面清单,探索建立经济社干部终身追责制度,推进建设基层群众性自治组织中从事管理的人员受处分后补贴、奖金扣减工作试点。建立镇(街道)对经济社一级的绩效考核体系,重点考核其落实征地拆迁、乡村振兴等党委、政府中心工作的情况;将建设用地指标、监管执法、行政审批、负责人津补贴等和考核情况挂钩;全面落实经济社一级向村(社区)党组织述职评议机制。

二 南海综合改革实践主要经验

(一)推行全域土地综合整治,迈实乡村振兴新步伐

落实"百千万工程",坚持制造业当家,南海区牢牢抓住全域土地综合整治的"牛鼻子"。自获批成为广东省唯一以县域为实施单元的全域土地综合整治省级试点以来,南海区大胆试、大胆闯,推动城镇、产业、农业和生态四大空间同步整治,取得阶段性成果(见图2)。

1.扎实推进全域土地综合整治

(1)强化土地要素保障。南海区以获批成为广东省唯一以县域为实施单元的全域土地综合整治省级试点为契机[1],以"全空间""全部门""全要素""全周期"整治为理念,全面推进全域土地综合整治,加强村居规划、建设和管理。构建起"1+3+4"政策体系,完善连片产业用地收储成本区镇分担机制,推进产业用地连片开发利用。制定农用地发包连片面积标准,推动集中连片经营。经济社所属面积小于30亩的单块农村集体经营性建设用地应委托经联社或区镇国企经营整合至50亩以上进行连片开发,未委托的则实施有序腾退、复垦复绿,符合条件的领取"房券"

---

[1] 全域土地综合整治,是通过整体推进农用地整理、建设用地整理和乡村生态保护修复等方式,破解城乡融合发展问题,促进耕地保护和土地集约节约利用,优化全域生产、生活、生态空间格局。

"地券""绿券"等,激发市场主体参与。建立点状供地项目快速落地机制,草拟了"佛山市南海区乡村产业项目点状供地工作指引",2023年以来,南海区已取得乡村振兴用地批复项目2个,用地总面积77.32亩。2023年,南海区成功入选国务院大督查土地计划指标奖励名单,获得了1000亩国家专项指标奖励,为城市建设、乡村振兴项目提供了有力的用地保障。

(2)探索耕地和永久基本农田的连片整治与保护。南海区致力推进耕地连片整治保护,结合《垦造水田项目管理工作手册》,接连制定了《佛山市南海区推进耕地和永久基本农田集中连片保护实施办法》《关于推进南海区永久基本农田占用补划规范管理的指导意见》等系列文件,在永久基本农田之外划定永久基本农田储备区,引导耕地整合治理,优化耕地和永久基本农田布局,推动耕地集中连片保护和耕地质量提升。

2. 宅基地改革试点

(1)资格审查严格"立标准"。一是结合2022年改革阶段实践效果,出台纲领性文件《佛山市南海区农村宅基地管理规定》,按照改革深化任务再出台抵押贷款、村级议事管理、历史遗留问题处置、村居社区公寓建设4项宅基地改革配套文件。至2022年底,宅基地制度改革累计出台10项新政策,基本覆盖宅基地管理全过程,促进了宅基地规范管理秩序不断强化。二是衔接集体产权制度改革成果,明晰村民申请、使用、流转宅基地资格的权益。以"夫妻与其未达到18周岁的子女组成的农村集体经济组织成员家庭"作为"宅基地户"的分户标准,根据新标准将全区集体经济组织成员划分为48万"宅基地户",宅基地与公安户籍实现脱钩管理。

(2)建房审批实现"提速度"。南海区以审批全流程方式对宅基地用地建房的用地审批、规划报建、施工报备、竣工验收、产权登记等环节合并重塑,形成了一个服务端口对群众、部门并审共管的联审联办机制,全流程审批时间为21个工作日,较改革前审批时限压减超过3/4,政务服务更加便民化。

2003年	2018年	2019年	2020年	2021年	2022年
浙江省"千万工程"	乡村振兴战略规划印发 习近平总书记重要指示	自然资源部开展 全域土地综合整治试点	广东省自然资源厅明确 国家试点名单	广东开展省级试点申报 从化区成为省级试点	宁波市成为国家试点 南海区成为省级试点

图 2 全域土地综合整治演变历程

"千村示范、万村整治"发轫于2003年。时任浙江省委书记习近平同志经过深入调查研究，在深刻了解省情农情之后，亲自部署和推动了这一工程。浙江一张蓝图绘到底，一任接着一任干，绘就一幅美丽宜居、生态美好的乡村活力有机融合的新画卷。

习近平总书记作出重要指示，浙江"千万工程"起步早、方向准、成效好，不仅对全国有示范作用，在国际上也得到认可。要深入总结借鉴，指导督促促各地明着督既定目标持续发力，久久为功，不断谱写美丽中国建设的新篇章。

明确目标任务，全国支持任务和工作要求。到2020年，各省（区、市）各选不少于300个试点，全省试点原则上不超过20个。各省级自然资源主管部门要根据试点县申请确定试点乡镇，并于2020年3月底前报自然资源部备案。

广东省选取20个镇作为国家全域土地综合整治试点。其中，顺德区容桂街道成为试点之一。

全域土地综合整治试点原则上以镇域为单位，从化区成为第一个以县域为单位的国家试点。同年，广东省开始了省级试点的申报工作。

宁波市成为第一个以市域为单位的国家试点，名称有所升级，变为全域国土空间综合整治。广东省印发了全域土地综合整治省级名单，其中20个，南海区成为以县域为单位的省级试点。

（3）有偿使用落实"加减法"。南海区在新分配宅基地时以片区基准地价作为最高限价、镇级审查备案分配方案为前置规范做"加法"，在畅通有偿取得渠道的同时保障刚需取得；对存量宅基地鼓励用"减法"，指导村集体对因历史多占、超占的宅基地实施"有偿使用"，督促农村村民为超占的集体资源付费。截至 2022 年，南海区两轮宅基地制度改革累计收取宅基地超标使用费 3385 万元，一定程度上遏制村民多占、超占集体土地的现象。

（4）政策助力闲置"再盘活"。南海区通过政策改革保障宅基地所有权人、原使用权人和实际承租权人三方权益，彰显宅基地资产特性，2022 年助力引入社会资金超过 7000 万元，以闲置农房和闲置宅基地作为资源发展民宿、文创产业，让南海独具特色的岭南乡村资源，转化为发展资本，促进了乡村闲置资源"再盘活"。

（5）解决需求建好"安适居"。针对区内城乡高度融合、土地稀缺的实际，南海区引导村集体探索集体建房新模式，出台村居社区公寓建设管理办法，立项实施多个村居社区公寓建设项目，总投资超过 16 亿元，预计建设约 4000 套的村居社区公寓，预计保障超 2 万名农村村民的居住需求，积累了丰富的实践经验。

3. 推进村级工业园改造提升

一是按照"产业转型、安全监管、生态环保、统筹规划、有序推进"的总体要求，深入推进村级工业区整治提升。采用综合整治、部门联动、交叉执法等措施手段，推行"监管+服务"的模式，推动产业转型升级和环境改造提升。二是落实"一园一策"，着力环保整治。明确村级工业园区改造范围，融合整体拆建、加建扩建、局部拆建和功能改变等方式，按照"一园一策"，合理确定改造提升模式，通过先行先试示范带动各村级工业园区环境整治提升。通过设立基层环境服务站、组建环境服务队，完善环境服务超市，加大购买服务经费投入，以购买第三方服务的方式助推村级工业园区环保整治工作。

4. 打造示范现代农业产业园

南海依托自然地理环境、农业资源特色、镇街交通格局以及农业示范片区的农业产业优势，加快"1+3+X"现代农业产业园区建设①，划定18万亩农业产保区，着力打造5个核心农业产业示范片区，并以此为核心推动农业产业保护区建设，促进现代农业产业发展。同时，引进一批技术水平高、创新活力足、市场潜力大、带动能力强的优质农业企业，大力推进现代农业发展的园区化、品牌化、科技化。

南海现代农业产业园以淡水鱼为主导产业，主导品种包括加州鲈、生鱼、鳜鱼等优质淡水鱼，着力推动现代农业产业园建设一二三产融合发展先导区，通过打造国家级的粤港澳大湾区预制菜产业园等重点项目，丰富拓展优质淡水鱼精深加工及产销衔接渠道。依托桑园围水脉，发扬舞狮龙舟文化，再现桑基鱼塘美景，结合预制菜产业打造以淡水鱼为主的观光消费体验场景，将桑园围片区打造成国家级文化公园、世界级旅游目的地。依托全域土地综合整治，2023年6月，里水镇汤村村、小布村耕地恢复项目正式竣工验收，新增耕地面积788.85亩，是粤港澳大湾区核心区域唯一的千亩连片农田，引入华穗耘谷现代农业产业园项目，计划打造融合"种植业+农业科研+教育科普+农业旅游"多链条的高质量现代农业产业园。

（二）改善人居环境，推动乡村振兴展新颜

近年来，南海区深入贯彻落实习近平总书记关于改善农村人居环境的重要指示精神，按照广东省的工作部署，因势利导、因地制宜，持续发力，多方发动，全域推进农村"四小园"小生态板块建设，以"小切口"促进农村人居环境"大提升"，点缀乡村画卷，让广大群众收获满满的获得感、幸福感。

1.开展专项整治行动

抓好"三清三拆三整治"工作，对标标准，提高档次，加大力度，重点做好房前屋后卫生死角清理、垃圾分类、厕所革命、美丽田园等，持续推进了"三清三拆三整治"，开展了"三沿整治""迎新春村庄清洁""村庄

---

① 即创建1个国家现代农业产业园、3个省级现代农业产业园，优化一系列产业园区载体。

清洁行动春季战役""田头棚整治"等一系列专项整治行动，人居环境得到显著改善。南海区在佛山市农村人居环境整治考评中综合成绩稳居前列，累计获奖村（居）共32个，占全市36.36%，总数位居全市第1。

2. 建立长效管理机制

从"扫、清、铲、洗、拆、种、整"七大方面，改善农村人居环境，目前已实现农村新型基建、标准公厕、污水治理、垃圾处置、教育卫生、文化阵地全覆盖建设六个100%。督促落实村（居）层级管理责任制，将农村人居环境整治与城市管理村（居）考核评比、村（居）环境卫生保洁质量考评、健康村（居）长效管理考核、党群服务中心领导成员工作绩效奖励考评工作挂钩，按考评结果权重进行相应奖惩，同时继续督导落实村（居）将农村人居环境整治纳入村规民约约定条款、门前三包、党员群众责任到人等制度，促使群众养成"美丽家园，人人维护"的自觉行为，形成"政府主导、村组主体、党员干部带头、群众自觉参与"的运行机制。

3. 建立奖补机制，拓宽投资渠道

出台农村人居环境整治奖补方案，累计投入3.84亿元。完成农村公厕提升改造235个，通200人以上自然村村内道路硬化完成率100%，全面完成集中供水、垃圾收运处理体系建设。推动区内28个乡村振兴示范村创建为垃圾分类"农村四分法分类试点"。除了建设村民自愿为主、集体投入为主、自我管理为主的长效机制，南海还探索提留不少于可分配收益总额的20%作为乡村振兴建设运维基金。用财政资金撬动金融资金、社会资金和乡贤力量，通过设立基金、授信等方式，多渠道筹集更多资金投入乡村振兴中去。

4. 着力打造"四小园"等小生态板块

推进以"小菜园、小果园、小花园、小公园"为主体的"四小园"建设，提出深入实施乡村建设行动，3年内建设10000个乡村精品"四小园"，其中2022年已建成"四小园"共4289个，并涌现出了一大批先进典型，10个村（居）受到全市农村人居环境整治专项检查表彰。科学规划，巧用各类空间资源。一是拓展新的空间。充分利用"三清三拆三整治"清理出来的土地，做好"四小园"等小生态板块规划和建设，防止出现违规建设、闲置不管、杂草丛生等现象，做到"清一处建一园"。二是用好闲置空间。鼓励引导村小组或村民充分利用村头巷尾、房前屋后的闲置土地，见缝插绿，种植蔬菜、瓜果、花草、树木等，推动村容村貌提"颜"增"质"，擦亮乡村振兴"绿色底色"。三是推进升级改造。对现有"四小园"等小生态板块进行整治提升，美化亮化村庄环境，让更多的空地变绿地、田间变公园、步道变绿道，实现"村中有景、景中有村"。在推进"四小园"建设中，始终坚持农民主体，充分尊重村民意愿，不得占用永久基本农田，不得违反村庄规划，破坏乡村风貌、自然生态。在实际工作中发现部分地块不适宜建设"四小园"，则按照"停车难"纾解工程的要求，改造为停车场或停车位，2022年累计新增农村停车位超3000个。

5. 治水兴水助力乡村振兴

一是加快管网建设进度，推进南海区行政村生活污水处理"全覆盖"，严格落实截污管网监督检查，加快相关截污管网工程建设进度。二是大力推进水环境全流域分层次治理，强化黑臭水体整治，分步推进暗涵排查和清理整治，开展整治成效"回头看"，对返黑情况严重的河涌，落实工程项目建设持续整改，实现"长制久清"。三是推进36条农村黑臭水体整治，完成55个自然村（社区）雨污分流工程，组织各镇街按照编制的"一河一策一图一表"措施推进治理。四是加强饮用水水源保护区的巡查工作，监督水源保护区环境状况及周边企业排污状况，及时消除饮用水水源保护区内的污染隐患；同时加强与住建水利、交通、农业等部门的协作与联动，有效监督饮用水水源保护区，确保南海饮用水水源地水质的安全。

（三）加强文化建设，注入文化振兴新动能

南海进一步深入实施乡村振兴战略，争取在城乡协调发展上走在前列，在推动产业振兴上走在前列，在引育乡村人才上走在前列，在传承传统文化上走在前列，在改善人居环境上走在前列，在共建共治共享上走在前列。

1. 文化产业促振兴，高效盘活乡村闲置资源

积极引入文旅企业和社会资本建设运营乡村文旅项目，有力推动乡村"资源变资产、资金变股金、农民变股东"。发布"水上南海"高质量发展战略，以水为脉串联山湖江岛、古村古迹、产业园区等城乡资源，推动 141 个首批重点项目建设。依托世界灌溉工程遗址——桑园围，打造一二三产融合的渔耕粤韵文化旅游园。依托 7 个经济社的分散土地资源，引入港资企业，投资 14 亿元建设集影视、旅游、休闲、酒店于一体的西樵山国艺影视城。依托康有为故居，打造集研学、青少年户外营地、亲子游、乡村旅游于一体的耕山小寨田园俱乐部，推出"有为水道"精品线路。依托里水河等水道，开发 40 分钟的梦里水乡游船以及水上花市、家庭龙舟赛等特色活动。近年来，撬动社会资源总投入超 120 亿元，建成或引入演艺项目、旅游景区、文旅街区、大蚕房改造、民宿酒店、音乐艺术等各类文旅项目超 60 个，切实让乡村闲置资源"活起来"，有力推动共同富裕。

2. 丰富高品质文旅供给，推动文旅融合

深入实施醒狮创新发展计划，依托 2196 头醒狮、1018 条龙舟，打造南海狮团诞，开辟南海功夫角醒狮专场，建成 5 个 4A 级以上景区，发布 10 条南海休闲度假精品线路，公布 23 个"中小学生研学实践教育（培育）基地（营地）"，打造一批全国乡村旅游精品线路、国家港澳青少年游学基地、全国乡村旅游重点村。成功创建全国首批全民运动健身模范区、省级全域旅游示范区，千灯湖获评国家级夜间文化旅游消费集聚区，平洲玉器街获评省级文化产业示范园区。开展超级龙舟联赛等各类文旅体活动，2023 年南海超级龙舟联赛遍地开花，南海龙舟在《新闻联播》新闻特写中获得 3 分钟的聚焦介绍，桂城街道叠滘龙船漂移赛吸引新华社、新华网、央视频等全国主流媒体平台报道、直播，创造了 2 亿多阅读量、3150 多万人次的直播观看量。端午节期间，南海区通过举办 2023 年南海区超级龙舟联赛等各类文旅体活动，真正实现"旅游+"对消费拉动作用，端午节期间共接待游客数量 65.6 万人次，旅游收入 3.8 亿元，同比上年增加 35.4%。2023 年 6 月，全区接待国内外游客 225.03 万人次，其中过夜游客 65.81 万人次，同比增

长 33.55%，旅游收入达 10.58 亿元，同比增长 40.24%；餐饮业营业额同比增长 53.8%。

3. 艺术赋能乡村振兴

南海区坚持艺术带动振兴，率先引入国际性艺术盛会。2022 年 11 月，全国首个全域性大地艺术节——"南海大地艺术节"在西樵镇开幕。艺术家结合南海的农耕文明、桑蚕文化、民风民俗以及醒狮、龙舟、粤剧、武术等岭南乡土文化特色，创作 73 个艺术作品，超过 3000 位村民参与开展整修老房子、作品创作、运营服务管理，共同打造"没有屋顶的美术馆""没有围墙的风景区"。《人民日报》、新华社等媒体的话题浏览量超 1550 万。开幕以来，累计接待游客超 120 万人次、带动旅游收入超 5 亿元，有力带动文旅产业高水平复苏、高质量发展。南海大地艺术节荣获 2022 年中国年度新锐榜"新锐文化大赏"荣誉，并让南海入选《时尚旅游》杂志公布的 2023 年度全球 26 处必游推荐目的地。近年来，以文化艺术带动公共文化设施建设，全区已建成博物馆 10 家、艺术馆超 30 家、智慧图书馆 261 家，推动城乡公共文化服务高质量均等化发展。

4. 活化历史文化资源

以西樵松塘村为例，松塘村历史文化资源丰富，迄今保存较为完好的仍有祠堂 11 座、镬耳屋 65 座、家塾书舍 5 座、历史名人故居 4 座。为更好地保护村内文物建筑，松塘村采用文化基金和自发筹款的方式对文物建筑进行修缮、保育，在做到充分保护的情况下挖掘和利用村中特有的自然景观和历史文化资源，建成活态化的翰林文化博物馆、松塘学堂体验馆，引入福厚博物馆等旅游项目，举行"烧番塔""孔子诞"等各类民俗文化活动，为古村落活化注入了鲜活的文化内涵，将城市的人流和消费力带到乡村。每年，松塘村客流量达 10 万人次，人流聚集带来巨大消费潜力，为满足游客多样需求、拓宽文旅融合发展路径，南海正在联动 39 个研学基地，打造具有南海特色的青少年研学路线，将这些源远流长、生生不息的传统文化，融入文旅之中，增强居民的传统文化自信，提升居民归属感。

5.加强乡风文明建设，着力推进文化振兴

开展思想引领行动，完成全省新一轮新时代文明实践中心建设省级试点验收，已建成新时代文明实践中心 1 个、实践所 8 个、实践站（点）849 个；夯实基层文明创建，桂城街道翠颐社区获评"全国文明单位"，丹灶镇、里水镇复评为"全国文明村镇"。繁荣兴盛乡村文化，强化社区公共文化服务，建成覆盖所有镇村的基层综合性文化服务场所。编制古村落保护规划，推进南海区第四批活化升级古村落工作，开展全区历史建筑普查。

三　南海区高质量乡村振兴前瞻

"百千万工程"是南海加快推进城乡融合发展、激活乡村振兴高质量发展的新引擎。南海将以此深化改革，充分激发村镇更大发展活力，进一步提升中国式现代化乡村振兴"南海样板"品质。

一是要坚定不移推进股权确权改革。继续深化"确权到户、户内共享、社内流转、长久不变"政策，倡导户内股权均等化，探索股权流转的实现形式，赋予农民更多财产权利。积极探索集体经济组织股权质押制度，以股权为质押物向金融机构贷款或股权户内集体经济组织成员因重大疾病、危房改造、读书等原因向所在集体经济组织提前借支该户股权股份分红，解决成员燃眉之急。

二是需完善集体经济组织治理机制。完善集体经济组织管理制度和选举办法，进一步完善集体经济组织"三会"制和集体经济民主管理监督制度，构建有效的权力运行制衡机制。

三是创新集体资产管理交易模式。积极探索集体资产网上交易模式。在区级集体产权交易平台探索网上交易，实现交易过程自动化控制，使交易行为更加规范，交易过程更加公开透明，交易监管更加有力。

四是文化赋能基层治理，充分发挥新时代文明实践中心作用，实施"百队千社万人行"志愿服务专项行动，发动机关和企事业单位志愿者下沉至经济社，带动群众共同解决"直联"发现的问题，引领基层好风尚。

通过活化历史资源、文化赋能乡村振兴等系列文化发展举措激发群众内在活力，使其更好地参与到基层自治当中，实现"文化润民"。南海区将坚持开展新时代文明实践，以文化为重要抓手，为推动基层治理、促进乡村振兴"铸魂"。

B.18
英德红茶：品牌赋能产业振兴的新时代样本

赵飘飘*

摘　要： 习近平总书记强调，产业振兴是乡村振兴的重中之重，要落实产业帮扶政策，做好"土特产"文章。英德红茶自1959年试制成功至今经历了由盛转衰再而繁荣的历程。英德争创中国红茶第一品牌，打造区域公用品牌，加强企业自有品牌建设推广，促进英德红茶走向品质化、标准化、高端化，提升产业附加值和农民收入。在品牌赋能下，英德树立茶叶生产、加工、旅游以及茶艺等多元化发展战略，打造独具魅力的英德红茶产业集群，促进全市茶叶生产、加工、物流、研发、示范、服务等相互融合。通过改进传统茶产业生产组织方式，完善农民利益联结机制，英德红茶带动了农业升级、农民增收、农村发展，激发了乡村特色产业内生动力。

关键词： 产业振兴　英德红茶　品牌塑造　广东省

　　党的二十大报告提出，"发展乡村特色产业，拓宽农民增收致富渠道"。习近平总书记强调，"产业振兴是乡村振兴的重中之重，也是实际工作的切入点""各地推动产业振兴，要把'土特产'这3个字琢磨透"。产业以产品为依托，产品因品牌而升级。中国是茶的故乡。茶叶是中国具有显著特色

---

　　* 赵飘飘，南方报业传媒集团南方农村报社国际与乡产部副主任，主要研究方向为乡村产业、国际农业。

和优势的重要农产品，在我国农业产业体系中占据独特地位。在辽阔的中国茶业版图中，广东英德红茶以其过硬的品质和独特的风味占有一席之地，尤其"英红九号"，既是茶树品种名，也是红茶产品名，更是茶叶区域公共品牌名，走出了一个品牌带动一个产业的乡村振兴之路。

一 打造英德红茶品牌的基础与优势

英德茶叶虽然有悠久的种植历史，现代英德红茶却是一种新研发出来的产品，因产于英德市境内，故简称"英红"。英德红茶以其优异的品质特征，成为继印度大吉岭红茶、斯里兰卡乌瓦红茶和中国祁门红茶之后的"世界第四大高香红茶"。

（一）精心培育英红九号作为高端产品

由于适宜的气温、降水、土壤等自然条件，英德自古有茶叶种植加工的传统。明朝，英德土质茶已被列为朝廷贡品；清朝时，英德民间大规模种植茶叶，作为大宗产品远销海外。这时的传统茶叶品质有待提升，技术较为落后，还不足以建立真正的品牌。

英德红茶的培育始于20世纪50年代，广东省农业科学院茶叶研究所在其中起到关键作用。1956年，英德引进云南凤庆、勐海的大叶种茶树，在当地试种成功。1959年，英德茶叶试验站（广东省农业科学院茶叶研究所前身）、英德茶场与广东省茶叶进出口公司合作，成功试制了首批英德红茶并出口外销，获得好评。自此，英德一手抓红茶品种培育，一手抓红茶产业发展。广东省农业科学院茶叶研究所自1961年分离出英红九号品种以来，历经20余年持续专注投入，扦插育苗、比较试验、系统分析、品比试验、区域种植试验，于1988年取得广东省级茶树良种品种证书，标志着英红九号正式培育成功，英德红茶有了标志性的高端拳头产品。作为新中国第一个按"名茶"品质档次创制的红茶珍品，英红九号多次荣获全省、全国红茶质量评比冠军（金奖），填补了国内大叶种名茶空白。

（二）英红九号的规模化推广带动英德茶叶产业转型升级

英德红茶曾经以对外出口为主，但20世纪90年代以来，国际茶业价格疲软，国内种植成本较高，茶业外贸统购统销体制结束，英德红茶出口陷入瓶颈，而国内消费者对红碎茶接受度不高，英德茶业产业迷失了方向。1996~2001年，农户们纷纷砍伐茶树，改种砂糖橘，英德茶园仅剩不到2万亩。茶厂则从只需要负责种植或者加工转型到种植、加工、销售全产业链，由于转型之路艰难，当时四大知名国营茶厂——红旗、红星、红光、红卫被迫停工，红星、红旗等国营茶厂后来相继被市场企业收购。

英红九号的出现挽救了日渐落寞的英德红茶产业。英红九号外形略卷曲、有金毫，香气浓郁持久，汤色红浓明亮，滋味浓醇甘甜，深受消费者喜爱。从2005年开始，广东农科院茶业研究所开展嫁接英红九号改造低效益茶园试验系统研究，对1964~2003年种植的低值茶园进行改造，为英红九号良种的普及和推广种植提供了技术支撑。2006年后，英红九号名扬广东。起初，英德红茶种植面积增长比较缓慢，2012年只有3.16万亩，但之后每年以近1.5万亩的速度增长，到2015年达到7.34万亩，2019年达到10万亩以上。

（三）英红九号的标准化生产加工保证了产品品质

在广东省农业科学院茶叶研究所的技术支撑下，英德市推广标准化茶园种植管理技术，确保英德红茶原料的优质高产。建立英红九号智能化生产线配套技术，实现茶叶生产标准化、智能化、清洁化、规模化，建设标准化生态茶园，制定英德红茶产品标准体系，从标准的制定与应用上确保英德红茶品质的良好稳定，为英红九号打响品牌奠定产品基础。

二 打造高端茶业品牌的英德实践

英红九号，是全国屈指可数的拥有完全自主知识产权的茶树品种名和红茶产品名，进而发展成为中国红茶区域公共品牌科技创新的业界典范。英德从红茶品种研发，到产品开发和品牌塑造，走上了一条快车道，被评为"中国红茶之乡""中国茶叶产业发展示范县""全国十大生态产茶县"。英德红茶被列为"国家地理标志保护产品"，注册"国家地理标志证明商标"，被评为"中国优秀茶叶区域公用品牌"，入选"中欧100+100"地理标志互认互保产品。

（一）提质升级

1. 加强保护品牌

随着近几年英德红茶产量急速增加，一段时间内，英德红茶行业乱象丛生，干扰了行业生态。由于假冒英德红茶的产品成本低、售价低，而英德红茶尤其是英红九号品种的成本高、价格高，为保护英德红茶品牌形象，英德从茶叶生产源头抓起。2006年，英德制定了《英德红茶》广东省地方标准；2013年，英德开始修订《英德红茶》地方标准，同时联合广东省供销合作联社等部门制定市场流通环节的《英德红茶》国家行业标准。2014年8月，国家工商总局商标局公布"英德红茶"被列入首批"中欧地理标志互认保护清单"。一旦正式列入"中欧地理标志互认保护清单"，英德红茶将享有与欧盟地理标志保护产品同样的专门保护。其中，英德红茶的中文名称不仅会得到保护，还会被翻译成多个成员国官方语言名称，最大限度地得到保护。这对提升英德红茶的国际知名度和产品附加值将起到极大的促进作用，同时对英德红茶的生产加工和质量监管要求也更高了。此外，2019年9月，《英德红茶》国家行业标准经中华全国供销总社茶叶标准委员会发布。2021年，《英德红茶规模化生产技术方案》由广东省农业科学院、华南农业大学等共同编制。英德红茶国家地理标志产品保护示范区于2022年10月获得国家知识产权局批准筹建，是广东省第4个、粤北第1个、茶叶类第1个获得批准筹建的国家地理标志产品保护示范区。

2. 建立生态茶园

20世纪80年代中后期以来，广东省农业科学院茶叶研究所注重从茶园病虫害绿色防控、高效施肥等方面开展创新研究，创新成果为"优质高效生态茶园栽培关键技术体系"。近年来，英德农业农村部门与广东省农业科学院茶叶研究所联合建立英德红茶示范基地，为本地茶企和种植户提供茶树栽培及管理技术。广东省农业科学院茶叶研究所承建的英德红茶生态绿色发展模式研究与推广项目，包括土壤培肥和病虫防控等领域，推广核心高效持续培肥技术、生态茶园病虫害防控技术，目前已建立技术示范基地5个，面积5000多亩。同时，英德农业农村部门通过建立"水肥一体化+气象预报+病虫害监测+安全监控溯源"技术一体化云平台，集成应用计算机、农业物联网、自动控制、气象预报、病虫害绿色防控等技术，形成以营养诊断为核心的智能化生产管理体系，对茶园生产进行高效有序的管理，进而不断提高茶叶的品质和产量。其中，英德实施全产业链装备与信息化支撑项目，园内农机精准作业面积5.48万亩，综合机械化率达76.39%，建设"水肥一体化+气象预报+病虫害监测+安全监控溯源"一体的"智慧茶园"1000亩，建成可视化、动态监测茶园67个。

3. 智能加工生产

英德红茶的制作分为初制、精制两大过程。初制主要是萎凋、揉捻、发酵、烘干等工序，精制环节则主要包含初抖、分筛、打袋、毛抖、风选、撼筛、手拣、补火、拼配、装箱等十六道工序，每一步工序都考验着英德红茶的品质。2018年，广东英九庄园绿色产业发展有限公司与广东省农业科学院茶叶研究所合作，投资千万元新建占地1万多平方米的中央智能茶厂。中央智能茶厂是广东乃至全国最先进的规模化红条茶生产线，每个环节都有监控显示茶叶的温度、湿度、重量等各种数据，使英德红茶生产加工实现了标准化生产和数字化精准控制。2023年，英德共有9个区域化茶叶加工服务中心，平均每个服务中心单批处理茶青能力达到1.5万斤；为了统一英德红茶的口感质量，英德还建成了英德红茶数字精准控制和标准化、自动化生产的加工技术工程中心；英德共有8条自动化生产线投入生产，茶叶年加工产能超2万吨。英德开展英红九号全产业链溯源及真伪鉴别技术研究与应用，广东省农业科学院茶叶研究所建立了茶叶产品全过程溯源管理体系，借助现代物联网技术和移动互联技术手段，在全英德乃至全省率先探索构建英红九号茶叶区块链管理体系。

（二）品牌多维塑造

1. 培育红茶品牌

2010年，英德红茶获得国家地理标志认证后，英德红茶的区域公用品牌实力才开始不断地提高。2015年"英德红茶"品牌正式入驻中国茶叶博物馆品牌馆，2017年英德红茶入选"中欧100+100"地理标志互认互保产品，在2019年第十五届中国茶业经济年会上，英德红茶被授予"世界高香红茶"荣誉称号。为提升英德红茶区域公用品牌价值，近年来，清远市不遗余力运用"媒体宣传+茶事活动+出访推荐+跨界融合"的联动模式，多渠道扩大宣传，积极举办或参与各类茶事活动，大力发展茶旅融合，发展"体育+红茶"，推动"新会陈皮"和"英德红茶"两大国家地理标志保护产品深度合作等，取得了积极成效。据不完全统计，英德培育红旗茶厂、英九庄园、积庆里、鸿雁、八百秀才、老一队、英红、盈德茗、向天湖、上茗轩等企业品牌，拥有金毫、金毛毫、老树金英红、金英红、英红九号、荔枝红茶等产品品牌。其中，金毫成为红茶名茶的新花色，填补国内大叶种红茶类高档名茶的空白；荔枝红茶属于红茶中的香料茶，于20世纪50年代创制。为使英德红茶品牌走出去，2016年4月28日，英德市人民政府在北京的人民大会堂举办"英德红茶"推介新闻发布会。近年来，清远市积极开展英德红茶"12221"市场体系建设，为英德红茶培育拓展市场赋能，组织茶企"走南闯北"抱团参展，拓宽大湾区、西北、华北及北京、上海等重点省份、地区市场渠道，通过"下地铁、进高铁、上央视、游珠江"等方式，全方位立体化投放广告。

2. 培养技能人才

为培养品牌营销方面的人才，2018~2022年，清远市财政局设立茶产业特色人才培训专项资金60万元，英德市财政局每年按照1∶1比例配套60万元，合计每年120万元，计划每年培养茶产业特色人才不少于1000人。

在清远市政府的推动下，2019年7月12日专门开设了英德红茶品牌战略管理培训第1期首席品牌官CBO培训班，由广东工业大学的教授授课。2019年英德市在广东南华工商职业学院的支持下共同创办了"英德茶产业学院"。2020年5月以来，先后开设了茶行业新媒体营销培训班、英德红茶加工制作培训班、"广东技工"茶艺师、茶叶加工工（红茶）职工技能培训班、大工匠带小工匠茶艺高级工匠（第一期）培训班等10多期培训班，超过1540名职工参加了培训学习，此外，还吸引了广州、深圳、东莞、珠海、中山、湛江、清远等十几个省内城市的100多名学员慕名而来参加学习培训。

3. 做强市场主体

英德市政府通过"公司+合作社+基地+农户"模式，充分发挥茶业公司带头作用。基于英德农民缺少创业资本的现状，政府确立了扶贫小额贷款的方针以及金融部门针对贫困户设立的小额贷款政策。由国家支持贫困户以行政村为单位成立种植专业合作社，大型企业带头帮助贫困茶农，使老百姓能够集中资金承包公司茶园并获得种植经营权。由公司提供技术，为老茶农进行新知识的培训，扶贫效果日益显著，越来越多的农户愿意并且积极主动参与进来。国家的政策和大公司的带动使英德农户选择就近工作，同时也引起了"返乡潮"，吸引了一批外出打工的年轻人回家乡自己创业，加强了扶贫助农的社会力量，达到"以茶兴业、以茶富民"的地方目标。截至2023年4月30日，英德全市共有茶叶企业550家，清远市级以上重点农业龙头企业有22家，新型经营主体茶叶专业合作社达163家，SC（食品生产许可证）生产茶企有107家，带动从业人员15万人。截至2023年5月，共18家茶叶种植基地、13家英德红茶生产企业获得出口资质。

（三）突出文化味道

英德茶叶自诞生起便带上了文化基因。20世纪，英德红茶走出国门名扬四海，就获得"东方金美人"的称号。一方面，进入21世纪以来，英德不断加强保护传承发展蕴含英德特色、彰显岭南风貌的茶文化，英德红茶制作技艺、擂茶粥制作技艺等入选广东省非物质文化遗产；提升茶文化保护、利用、开发力度，英德市红旗茶厂入选第五批国家工业遗产；推进英德市红茶研发（交易）中心、英德红茶科创小镇、东华红茶小镇等大型茶叶类综合项目建设，充分发挥茶文化资源优势，助推茶文化产业成为英德新的经济增长点。另一方面，"酒香不怕巷子深"是英德红茶品牌现存的传播形式。英德红茶品牌经过长期的营销已经具有了口碑传播的优势，近年来，英德坚持举办本土特色茶文化品牌活动，挖掘地方属性、拓宽传播路径以迎合消费者的不同需求，将口碑可视化以增加受众对英德红茶的认识和依赖。其中，打造出"英德红茶头采节""英德全民饮茶日"等文旅IP。英德红茶推广主题曲《东方金美人》获得"农行杯"乡村音乐原创歌曲创作大赛二等奖。

伴随我国经济社会不断发展，人们的消费需求逐渐趋向多元化、个性化和品质化。与之对应，乡村产业也出现了诸如定制农业、乡村旅游等模式。乡村产业要满足百姓高品质生活需求，在产业生态化和生态产业化上下功夫，继续做大做强有机农产品生产、乡村旅游、休闲农业等产业，推出高质量产品，拓展优质农产品销售渠道。其中，茶旅融合方面，英德先后有6条茶旅路线入选全国红色茶乡旅游精品路线；打造积庆里红茶谷、德高信生态茶园及石牯塘镇、黄花镇等一批休闲农业与乡村旅游示范点和示范镇。英德市获评全国区域特色美丽茶乡、广东省全域旅游示范区，连樟村入选中国美丽休闲乡村。红旗茶厂开发了研学教育、茶文化体验、爱国主义教育、党建教育等课程体系，打造了"红色+红茶"双红党建基地、"红旗大讲堂"学习教育培训平台，并成立英德红茶产业研究院、多茶类大健康研发中心，打造茶叶种植加工"1+N+家庭农场"产业联合体模式。

2016年，英德红茶在北京人民大会堂举行推介新闻发布会，成为英德红茶品牌营销史上的一座里程碑，自此英德红茶产业加快高质量发展，产业规模更大了、茶叶品质更好了、品牌更响了。在《2022年中国地理标志农产品品牌声誉评价报告》中，英德红茶品牌声誉指数达86.62，位居

2022 中国地理标志农产品品牌声誉前 50。2022 年，浙江大学中国农业品牌研究中心发布英德红茶品牌价值达 37.18 亿元，总排名位列第 28，跻身有效评估品牌的前 22.22%，这意味着英德红茶品牌与头部品牌的差距越来越小。2022 年，英德红茶平均品牌价值与增长率分别为 27.9 亿元和 17.99%。2022 中国茶叶区域公用品牌价值评估课题组公布，英德红茶与安吉白茶、梧州六堡茶位列品牌传播力前三，被评为"最具品牌发展力的三大品牌"。

三 以品牌赋能红茶产业升级壮大

一系列品牌建设，进一步推动了英德红茶产业健康发展。英德红茶形成了以茶叶生产、加工、旅游以及茶艺为核心的多元化发展战略，强化要素支撑，激发乡村特色产业内生动力。

（一）形成链式布局

优化区域产业布局。清远市英德市红茶产业园 2018 年入围省级现代农业产业园建设名单，2020 年获批被纳入创建国家现代农业产业园管理体系。2022 年 2 月，清远市提出要打造五个百亿级农业产业的总体部署，英德红茶是其中之一。2023 年，清远市委市政府提出打造英德红茶百亿农业产业目标，把发展英德红茶产业作为当地推进乡村振兴的有力支撑和践行"百县千镇万村高质量发展工程"的重要抓手。产业园主导产业为红茶，园区覆盖英城街道、连江口镇、石灰铺镇、石牯塘镇、横石塘镇、沙口镇、东华镇、白沙镇、黄花镇、大湾镇等 10 个镇（街）茶叶主产区，辐射总面积 360.92 万亩，按照"一核三心四区"的空间布局，以（英德）红茶数字化交易展示区为核心，以英德红茶智能化区域加工中心、英德红茶科创中心、英德红茶文化中心为支撑，建设红茶标准化种植示范片区、生态有机茶园种植示范片区、红茶小镇农旅融合示范片区、国家城乡融合发展试验区连樟样板区（茶叶），打造独具魅力的英德红茶产业集群，促进全市茶叶生产、加工、物流、研发、示范、服务等相互融合，促进农业增效、农民增收。

（二）创新联农带农

英德改进传统茶产业生产组织方式，完善农民利益联结机制，带动农业升级、农民增收、农村发展。建立"一地生五金"带农模式。2020年，"一地生五金"模式登上《人民日报》头版。以英州红公司为代表，公司通过与当地村委、农户开展股份合作，使农户获得5项收入，即土地流转租金、务工收入、家庭农场经营性收入、入股茶园的保底资产性收益以及企业爱心基金。该模式为当地200多名农户和周边500多户村民提供了就业岗位，每户每年可增收3500元以上，增加村集体年经济收入超过4万元，累计捐赠爱心基金超20万元。创新"'1+N'+合作社/家庭农场"产业化联合体带农模式。通过联结加工技术服务中心和多个加工基地，为合作社、农户提供统一规范的加工服务。该模式带动45个家庭农场、3个种植合作社、1个合作联社纳入"'1+N'+合作社/家庭农场"产业化联合体中，建成2个区域加工分中心，年产干茶150万斤，带动英德市共1600余户茶农从事英德红茶标准化种植和加工，茶农平均年收入增长到3万元以上。该模式入选中国茶产业联盟和国家茶产业技术创新战略联盟"中国茶产业T20创新模式"。

（三）产业、科技、人才联动

调查数据显示，茶产业技能人才总量短缺，布局不尽合理，结构性矛盾比较突出，企业出现"挖人才"现象。2019年，英德市在广东南华工商职业学院的支持下，经申报获省高教厅备案同意，共同创办了"英德茶产业学院"。针对上述存在问题，学院把企业紧缺的茶产业"生产型人才（即种植、采摘、加工、制作等环节）、技术和科研人才、营销人才"作为现代学徒制学历教育开展项目，开设了"茶艺与茶文化""电子商务"两个专业的全日制大专班。2021年，在广东工匠学院及相关部门的大力支持下，又开设了"长期+短期+技能认证"等各类涉茶培训课程，鼓励茶产业涉茶农户、企业参与培训，进一步提升行业职工技能水平。

与此同时，英德市还分别举办了"2019 年清远市评茶员职业技能竞赛""2019 年英德市农民工（采茶工）职工职业技能大赛""2019 年清远市茶艺师职业技能大赛""2020 年清远市茶艺师职业技能大赛""2020 年清远市评茶员职业技能大赛""2020 年清远市采茶工职业技能大赛""第二届全国茶叶加工工职业技能竞赛广东省赛区预选赛""第二届全国评茶员职业技能竞赛广东省赛区预选赛""2021 年清远市职业技能大赛之采茶工技能大赛""'新时代 新发展'2021 年清远市职业技能大赛之茶饮调配师技能大赛"等 10 场竞赛，助力 531 人获得国家职业资格技能证书。通过"以赛促训，以训促学，以学促行业发展"，引领职工向"高技能型人才""一专多能型人才"发展，推动行业人才素质和技能水平提升，促进茶产业技能人才，特别是高技能人才（国家职业技能二级及以上）规模不断扩大，产业工人各级（五、四、三、二、一级）高技能人才梯队呈正常状态，人才队伍发展态势良好。英德市茶业行业协会还根据广东省和清远市的要求，以茶产业学院为抓手开展改革试点工作，力求把产业工人队伍建设改革工作做细、做实、做好，做出本地特色，达到预期工作目标。

四 英德红茶品牌赋能产业振兴的展望

目前，英德红茶的产业实际种植面积和产值规模与国内主要产茶区相比仍然较小，产业链条较短，精深加工环节薄弱，仍存在产品结构单一、产品附加值低的问题，茶旅融合深度不足。品牌影响力方面，英德红茶知名度仍以广东为主，全国范围内的影响力比较弱。整体来看，英德红茶产业发展势头良好，产业发展与政府、社会、茶企三个因素息息相关，英德红茶产业想要迎来更好的发展，不仅需要茶企自身做出改变，更需要政府和社会的引导，三者形成联动效应，才能更好地带动英德红茶产业发展。

一是做强千年茶叶历史文化。英德的现代茶业经历了半个世纪的发展历史，英德始终践行绿色发展理念，积极建设具有现代化特征的升级农业产业园，推广绿色环保的、优质的、有特色的茶叶。此外注重病虫防控工作，在全程全域范围内减少茶园病虫侵扰。在这一理念指导下，具体措施也在循序渐进地落实，例如奖励和补贴绿色生产示范基地；在英德红茶省级现代农业产业基地建设生物信息对抗站，作为一个测试点检测监控预防病虫害的水平。

二是强化品牌管理，提升品牌价值。搭建英德红茶市场化品牌运作公司，以英德市茶叶行业协会为推动主体，以英德红茶国家现代农业产业园为品质标准执行先行区，全盘性谋划、系统性提升英德红茶区域公共品牌权威性、知名度、美誉度。在品牌权威构建层面，系统性构建英德红茶区域公共品牌识别体系，建立区域公共品牌授权与退出机制；在品牌权威传播层面，进行全域茶文化氛围营造、茶生活方式内容植入，持续提升英德红茶区域品牌知名度和影响力，打造"中国红茶第一品牌"；在品质标准打造层面，实现英德红茶"种植标准化、加工标准化、等级标准化"，加强产品研发、设计赋能，延伸产业链条，向精深加工、茶旅融合方向拓展。

三是整合社会资源，推动文旅融合。大力发展生态产业，从茶旅融合模式出发，开发"农业+文化+旅游"的茶旅线路，创建英德农（茶）文旅基地群，全域打造英德红茶国家地理标志产品保护示范区。把发展茶产业作为加快乡村振兴、推动共同富裕的重要抓手，在红茶品质上下功夫，弘扬茶文化、唱响茶品牌、做强茶产业，以"小茶叶"撬动"大产业"，打造因茶而荣、因茶而名、因茶而富的"魅力清远"。

四是掌握核心技术，延伸产业链条。在做好茶叶深加工技术的基础上，延伸茶产业生产链条，有助于提高英德红茶的使用率、扩大产业附加值。英德红茶已研发出多种新型茶饮，应继续延伸产业链条，提升品牌价值。在有关茶叶分级、保鲜、储存、物流等环节上要下足功夫。紧跟消费者市场需求，结合时代发展和流行趋势，研发袋泡茶、网红茶等茶类单品，积极寻求与新型茶饮门店的合作，比如和蜜雪冰城、CoCo都可等品牌的合作，以优质的英德红茶作为茶料基底，并形成稳定的供求关系，结合英德当地美食——擂茶粥，制成具有英德特色的伴手礼等商品，方便消费者在茶生态旅游过程中的多元化消费。打通农产品生产、流通、销售全链条，推动农业产业提质增效，探索农业产业高质量发展的"清远方案"。

红茶行业整体竞争激烈，产品同质化日趋严重，英德红茶尚需把握国内大循环、RCEP、"一带一路"等国家政策。同时考虑到想要跟进市场风向的文化门槛较高、对企业能力有较大考验的现实，可以由政府和行业协会提供必要的市场分析和政策帮扶，引导企业等各类主体及时转向，最终打造乡村振兴下的英德红茶产业样本。

参考文献

陈慧英、操君喜、孙世利等：《科技支撑英德红茶产业发展 60 年：成就与对策》，《广东农业科学》2020 年第 11 期。

邱海涛：《英德红茶的前世今生》，《广东茶业》2014 年第 5 期。

《中国故事｜英德红茶：一脉茶香传千年》，新华社新媒体，2023 年 5 月 21 日，https：//baijiahao. baidu. com/s？id＝1766504230767116693&wfr＝spider&for＝pc。

附　录　2022年广东乡村振兴大事记

赵恒煜　罗行健*

1月1日　湛江海关签发广东首份输新加坡的区域全面经济伙伴关系协定（RCEP）项下农产品原产地证书。这份编号为001的原产地证书连同当天签出的001号报关单，属于湛江国联水产开发股份有限公司的一批水产预制菜，标志着RCEP在广东农业领域落地实施。

1月4日　广东省农业农村厅印发《广东省农业农村厅关于促进农业产业化龙头企业做大做强的实施意见》，提出到2025年，全省龙头企业数量保持在5000家以上，省级以上重点龙头企业超过1400家，培育一批产值超100亿元、1000亿元具有国际影响力、在粮食安全和重要农产品有效供给中发挥关键作用的头部龙头企业。

1月5日　由广东省农业农村厅主办，广药集团、南方日报社、广东荔枝跨县集群产业园共同承办的首届冬季荔枝产业大会在广州召开。活动旨在借助2022年北京冬奥会举办契机，将广东荔枝与冬奥会有效链接，提升广东荔枝产业影响力，为产业发展注入新动能。

1月7日　广东乡村振兴新闻宣传工作座谈会在广州召开，会议总结了2021年度广东乡村振兴的宣传工作，表扬了一批广东乡村振兴新闻宣传先进单位和先进个人，为扎实做好新发展阶段乡村振兴工作营造良好舆论氛围、广泛凝聚合力。

---

*　赵恒煜，博士，广东省社会科学院助理研究员，主要研究方向为智库与社科文献情报分析、新媒体技术、文化传播；罗行健，国际关系学院学士，主要研究方向为英语语言文学及乡村振兴国家化传播。

1月8日　广东消费帮扶系列活动启动仪式暨2022年广州荔湾区迎春花展在广东东西部扶贫协作产品交易市场举行。活动旨在推动消费帮扶深入开展，为广东新年度消费帮扶工作写下精彩的"第一笔"。

1月12日　广东省财政厅、广东省农业农村厅、广东省地方金融监管局、人民银行广州分行、广东银保监局联合印发《关于进一步做好全省农业信贷担保工作的通知》，从加大金融信贷支持力度、完善农业适度规模经营主体信息、完善农担服务网络等方面建立健全农担工作支撑体系，加大政策支持力度，全面加强全省农担体系建设，协同发力共推乡村振兴战略实施。

1月12日　广东省农业农村厅印发《广东省乡村产业发展规划（2021-2025年）》，内容涵盖"岭南特色产业全面提升""农产品加工业持续壮大""乡村休闲产业提档升级""农业龙头企业提质增效""农村创业创新更加活跃"等方面，并提出到2025年底，具有较强竞争力的岭南特色乡村产业体系基本建成，乡村产业发展质量效益显著提升，乡村一二三产业深度融合，产业发展内生动力持续增强。

1月12~14日　农业部调研组到广州、佛山、东莞调研农村集体产权制度改革情况并召开农村宅基地制度改革试点工作座谈会，听取各地关于农村集体产权制度改革和农村集体经济发展等情况汇报，对广东农村集体产权制度改革工作和农村集体经济发展表示肯定，并就农村集体经济组织立法、农村集体资产管理等重点问题展开研讨。

1月13日　广东召开全省现代农业产业园建设推进工作电视电话会议，深入学习习近平总书记关于"三农"工作的重要指示精神，贯彻落实中央农村工作会议精神，贯彻省委省政府关于推进现代农业产业园建设的决策安排，总结交流第一轮、动员部署第二轮现代农业产业园建设工作。

1月20日　广东省十三届人大五次会议开幕，农产品"12221"市场体系首次被写入省政府工作报告。"12221"即推出"1"个农产品大数据平台，组建销区采购商和培养产区经纪人"2"支队伍，拓展销区和产区"2"大市场，策划采购商走进产区和农产品走进大市场"2"场活动，实现品牌打造、销量提升、市场引导、品种改良、农民致富等"1"揽子目标。

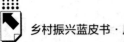

1月25日 广东省农业农村厅举办2021年省级现代农业产业园建设培训班，贯彻落实全省现代农业产业园建设推进工作电视电话会议精神，研究落实、部署推进具体工作。会议指出，2021年省级现代农业产业园有74个，为历年最多。各级政府和有关部门要提高政治站位，切实把思想认识统一到省委省政府的决策部署上来，不忘产业园建设的初心使命及定位，采取有力措施、统筹协调推进，为2022年现代农业产业园工作开好头、起好步。

1月26日 广东省农业农村厅印发《广东农技服务"轻骑兵"乡村行工作方案》，要求统筹各级农技公共服务和社会化服务力量，围绕各地产业发展和技术需求，组建农技服务"轻骑兵"，以小分队形式，深入生产一线，开展农技服务乡村行。广东农技服务"轻骑兵"的成立，不仅带来了农技服务模式、服务理念的变革，也正引领着一批批有志于扎根农业的年轻人，向专业的农技服务人员转变，为广东农业技术推广服务组织输入"新鲜血液"，打造可持续的农技服务精锐之师。2022年12月，全国农业技术推广服务中心发布《关于公布种植业技术推广典型案例的通知》，广东省农业技术推广中心申报的广东农技服务"轻骑兵"乡村行入选。

2月8日 国务院发布《关于同意在鄂尔多斯等27个城市和地区设立跨境电子商务综合试验区的批复》，同意在韶关市、汕尾市、河源市、阳江市、清远市、潮州市、揭阳市、云浮市等27个城市和地区设立跨境电子商务综合试验区。至此，广东实现跨境电商综试区在全省21个地级及以上市的全覆盖，总数位居全国第1。

2月9日 广东省农业农村厅公布2021年"粤字号"农业品牌目录，全省21个地级及以上市共2266个产品入选，覆盖全省种植类产品、加工品、农业投入品、渔业类产品、畜牧类产品、林业类产品等多个品类。

2月11日 广东省乡村振兴驻镇帮镇扶村工作队座谈会在广州召开。8位驻镇帮扶工作队队长围绕重点工作的推进情况、面临的主要困难、驻镇感受等在现场作交流发言。座谈会强调，就"三农"工作来说，视野要拓宽，不能就农业抓农业、就农村抓农村，在农业农村的小圈子上打转转，必须按照城乡融合发展的思路，推动工农互促、城乡互动。为此，驻镇帮镇扶村工作队要抓紧提高系统谋划能力、调查研究能力、群众工作能力和团队协作能力等四项"三农"工作本领要求。

2月16日　由广东省农业农村厅主办的"全省春季农业生产暨农机闹春耕现场会"在惠州市惠城区省级丝苗米产业园举行，吹响了广东春耕号角。现场会设有"良机良种出好苗区""良机耕良田区""良技养良机区""农技轻骑兵服务区""农机作战军团区"。100多台（套）农业机械进行了展示演示。

2月16日　广东省"农机3·15"消费者权益日活动在全省春季农业生产暨农机闹春耕现场会启动。2月16日至3月31日，广东采取"线上+线下"相结合方式，省、市、县同步开展"农机3·15"消费者权益日活动，向相关农机企业发出"稳粮保供，提质护农"倡议书，倡议农机企业强化质量意识、诚信经营、优质服务。其间，广东省农业农村厅制定《2022年广东"农机3·15"消费者权益日活动实施方案》，以"稳粮保供，提质护农"为主题，进一步推进农机装备补短板强弱项，保障春耕生产，助力粮食增产增收，维护农机用户的合法权益。

2月21日　广东省自然资源厅、广东省发展和改革委员会、广东省农业农村厅、广东省林业局联合印发《关于保障农村一二三产业融合发展用地促进乡村振兴的指导意见》，明确了农村一二三产业融合发展项目的内涵，提出了农村一二三产业融合发展的项目类型，要求各地加快编制县、镇级国土空间规划，安排不少于10%的新增建设用地规模，重点保障乡村产业发展用地。

2月22日　2022年中央一号文件《中共中央　国务院关于做好2022年全面推进乡村振兴重点工作的意见》发布。全文共八大部分35条，强调了牢牢守住保障国家粮食安全和不发生规模性返贫两条底线，扎实有序做好乡村发展、乡村建设、乡村治理重点工作，推动乡村振兴取得新进展、农业农村现代化迈出新步伐。

2月28日　广东省农业农村厅发布《广东省2022年度国家级和省级生猪产能调控基地名单》。经养殖场自愿申报、市县农业农村部门审核、省农业农村厅复审，确定 2022 年广东省国家级生猪产能调控基地 175 个、省级生猪产能调控基地 193 个。

3 月 9 日 广东省农业农村厅举行"2022 年广东省农业主导品种和主推技术"发布会，对近年来全省农业主导品种和主推技术的推广应用情况进行全面介绍。2022 年，广东共发布农业主导品种 114 个、主推技术 165 项。

3 月 10 日 2022 年广东"菠萝的海"百千田头直播开锣暨全球采购商大会在湛江徐闻 RCEP 菠萝国际交易中心正式启动。来自全球各地的采购商、百名网红主播、菠萝供应商代表及菠萝种植、加工技术专家代表参加了启动仪式。

3 月 16 日 广东省发展与改革委员会公布了《广东省 2022 年重点建设项目计划》。2022 年，广东省共安排省重点项目 1570 个，总投资 7.67 万亿元，年度计划投资 9000 亿元。广东已在全国率先建成、运用冷藏冷冻食品质量安全追溯系统，大力推进"互联网+冷库"视频监控建设，实现进口冷链食品从出海关到市场末端的数字化闭环管理。

3 月 17 日 农业农村部召开全国农业机械化工作会议。会议强调，要树立大食物观，紧贴实际需求加快提高农机装备水平，强化粮食生产、大豆油料扩种、设施种养等机具保障，为牢牢守住保障国家粮食安全和不发生规模性返贫两条底线做出贡献。会议指出，对农机的需求，正由部分品种生产的局部需求转变为种养加全链条的需求，从非刚性需求转变为刚性需求。要按照保供固安全、振兴畅循环的工作定位，持续推进农业机械化全程全面和高质量发展，为全面推进乡村振兴、加快农业农村现代化提供有力支撑。

3 月 22 日 广东省农业农村厅印发《广东省农业机械化"十四五"发展规划（2021-2025 年）》。要求加快智能农机装备关键技术装备研发，推进智能农机装备技术的应用示范，强化农机装备数字化管理，充分发挥农业机械化在春季农业生产中的重要作用；发挥智能化、无人机等突出优势，加快推进"机器换人"，解决劳动力不足问题。

3 月 25 日 广东省人民政府印发《加快推进广东预制菜产业高质量发展十条措施》，从产业发展、质量安全、品牌建设、要素保障各个方面为预制菜产业保驾护航，明确了广东预制菜产业高质量发展的多项目标，是国内首个省级预制菜产业政策，在 2021 中国预制菜产业指数省份排行榜中，广东排名第 1。

3月29日 广东省委农村工作会议暨全省实施乡村振兴战略工作推进会在广州召开。会议坚持以习近平新时代中国特色社会主义思想为指导，深入学习贯彻习近平总书记关于"三农"工作的重要论述和对广东系列重要讲话、重要指示批示精神，全面贯彻落实中央农村工作会议精神，对 2022年广东省全面推进乡村振兴工作进行研究部署、推动落实。

3月31日 广东省农业农村厅、广东省乡村振兴局印发《广东省乡村休闲产业"十四五"规划》，明确"十四五"广东乡村休闲产业总体要求、构建布局、乡村休闲产品体系、主要任务和保障措施，提出到 2025 年，广东省乡村休闲产业发展成为城乡融合、产业融合的重要载体，整体发展水平走在全国前列，乡村休闲旅游人次达 1.8 亿。

4月1日 广东召开全省农业农村局长暨乡村振兴局长会议。会议表示，2021 年广东启动实施了乡村振兴九大攻坚、驻镇帮镇扶村、种业振兴等重大行动，扎实推进"三农"领域各项重点工作，全省农业农村经济增长强劲，"三农"战略后院更加稳固。会议明确，2022 年全省将牢牢守住保障国家粮食安全和不发生规模性返贫两条底线，扎实做好乡村发展、乡村建设、乡村治理重点工作，确保农业稳产增产、农民稳步增收、农村稳定安宁。重点围绕"六稳六提"展开，分别是粮食生产稳面积提产能、产业发展稳基础提效益、主体培育稳预期提实力、乡村建设稳步伐提质量、乡村治理稳大局提能力、农民增收稳势头提后劲。

4月2日 广东省乡村振兴文化服务产业园短视频直播基地在广州举行预制菜标准体系建设发布会暨"预制菜大卖场"上线仪式。此次活动直击预制菜产业的痛点和难点，率先聚焦预制菜标准体系建设，上线全国首个"预制菜大卖场"平台。

4月6日 广东省农业农村厅印发《关于探索建设农业龙头企业总部基地的指导意见》，旨在顺应现代农业产业全链打造、功能拓展、集群发展的新形势,推动各地建设一批农业龙头企业总部基地,明确要积极探索农业龙头企业总部基地发展模式,建设头部企业主导型总部基地,建设协会主导发展型总部基地,建设平台资源聚集型总部基地。要大力推动资源要素向农业龙头企业总部基地聚集,集成科技创新,培育新兴产业,促进招商引资。

4月13日 广东省工业和信息化厅印发《2022年广东省数字经济工作要点》,其中明确了发展数字农业的总体要求,提出要发展数字农业,要围绕"三个创建、八个培育",实施数字农业农村发展行动计划。

4月14~15日 《华南型黄瓜生产技术规程》等13项团体标准技术审查会议在广州召开。本次团体标准的制定,为广大蔬菜生产基地标准化生产提供了指引,为广东特色蔬菜产业发展提供了技术力量,对提高广东蔬菜生产标准化水平和提升"菜篮子"工程质量发挥了重要作用,助力广东省蔬菜高质量发展。

4月16日 广东全省乡村振兴示范带建设工作电视电话会议召开。会议强调,乡村振兴示范带建设统筹任务多、涉及面广,必须抓住重点、持续用力,抓紧抓实抓出成效。一是要科学规划布局,守住底线红线,选好示范区域,坚持因地制宜。二是要突出产业发展,在规模上统筹整合,在质量上拓展提升,在层次上集群发展。三是要统筹抓好乡村建设,更严要求打牢环境底板,更高水平推动设施升级,更高标准促进风貌提升。四是要深入推进乡村治理,在发挥基层党组织引领作用上做示范,在乡风文明建设上做示范,在维护农村平安稳定上做示范。

4月21日 广东省农业农村厅下发《关于印发〈2022广东荔枝"12221"市场体系建设实施方案〉的通知》,明确2022年广东荔枝"12221"市场体系建设十项重点工作。

4月24日 农业农村部管理干部学院、阿里研究院联合发布《"数商兴农":从阿里平台看农产品电商高质量发展》,公布了农产品数字化百强县名单,广东省共6县入选。

4月27日 "广东乡土专家"申报工作启动。根据认定范围,在农业生产经营一线,应用技能突出、示范带动作用明显、群众认可度较高,为当地农业经济发展和农民增收致富做出突出贡献的技术骨干或行家里手，以及涉农企业、合作社、家庭农场等农业经营主体中具有专业技术才能的体制外人员都可以报名参加。2020年，广东提出用3年时间在全省遴选培育首期10000名"乡土专家"，这些"乡土专家"是新时代农业科技"信使"，精准服务全省农业主导产业和农业经营主体，带动农民增收。截至2021年，广东已认定"乡土专家"6879名。

4月29日 广东省人民政府办公厅印发《关于加快推进现代渔业高质量发展的意见》，旨在加强渔业资源保护，推动水产养殖向环境可持续转型，构建生态和谐发展空间；更好发挥政府作用，推进渔业治理体系和治理能力现代化。

5月8日 肇庆预制菜产业联盟、肇庆预制菜原材料供应商联盟成立大会暨粤港澳大湾区（肇庆高要）预制菜产业园建设启动仪式在肇庆市高要区举行。活动现场签订了预制菜产业基金协议，该基金是广东省内首只由地方政府发起的预制菜产业基金，规模10亿元，将重点投向预制菜上下游相关产业。

5月16日 广东省农业农村厅印发《广东省现代畜牧业发展"十四五"规划（2021-2025年）》，规划总结了"十三五"期间广东主要的发展成效，并阐明了"十四五"时期广东畜牧业发展思路和重点任务等，实施畜禽稳产保供、标准化示范创建、粪污资源化利用、产业链融合发展、科技创新应用、饲料高质量发展"六大行动"，促进畜牧业转型升级。

5月23日 中共中央办公厅、国务院办公厅印发了《乡村建设行动实施方案》。内容包括坚持农业农村优先发展，把乡村建设摆在社会主义现代化建设的重要位置，到2025年，乡村建设取得实质性进展，农村人居环境持续改善，农村公共基础设施往村覆盖、往户延伸取得积极进展，农村基本公共服务水平稳步提升，农村精神文明建设显著加强，农民获得感、幸福感、安全感进一步增强，以及加强乡村规划建设管理、实施农村道路畅通工程等一系列要求。

5月29日 2022中国荔枝龙眼产业大会在广东茂名举行，中国荔枝博览馆、国家荔枝种质资源圃、中国荔枝产业大会会址 3 个国字号平台将建成使用。国家荔枝种质资源圃汇集全球 12 个国家及地区 700 多个荔枝种质资源，助力茂名打造我国荔枝种业硅谷。

5 月 31 日 广东省农业农村厅发布《关于开展"粤字号"农业品牌示范基地遴选的通知》，正式开启 2022 年"粤字号"农业品牌示范基地遴选工作。此次评选是践行农产品"12221"市场体系建设的重要举措，有利于进一步推动广东农产品品牌化。

6 月 1 日 广东省人民政府办公厅印发出台《关于进一步加强涉农资金统筹整合的实施意见》，在总结复盘前期改革经验的基础上，进一步完善涉农资金统筹整合长效机制，打破"条块管理分割、资金使用分散"的局面，实现涉农资金"五根手指头握成一个硬拳头"；持续完善"自上而下"和"自下而上"相结合的项目储备机制，实现涉农资金管理"一盘棋"；同时建立健全涉农资金大事要事保障机制，优化涉农资金投向，并通过坚持绩效优先提升资金监管效能。

6 月 1 日 广东省第十三届人民代表大会常务委员会第四十三次会议通过《广东省乡村振兴促进条例》和《广东省土地管理条例》。《广东省乡村振兴促进条例》填补了广东乡村振兴地方性法规的空白，突出广东特色，充分发挥立法在广东乡村振兴工作中的推动作用，为广东全面推进乡村振兴、迈进全国第一方阵提供有力法治保障。《广东省土地管理条例》进一步细化完善土地征收制度，对维护被征地农民合法权益"只做加法，不做减法"。这是广东省机构改革后，自然资源主管部门履行"两统一"职责以来新制定的首部自然资源领域省级地方性法规，标志着广东省土地管理工作迈入法治化、规范化的新阶段。

6 月 2 日 广东省农业农村厅印发《广东省高标准农田建设规划（2021-2030 年）》，以推动高质量发展为主题，以提升粮食产能为首要目标，明确了广东省新一轮高标准农田建设任务和目标，到 2025 年广东省累计建成高标准农田面积不低于 2670 万亩、改造提升高标准农田面积不低于 213 万亩；到 2030 年累计建成高标准农田面积不低于 2720 万亩、改造提升高标准农田面积不低于575万亩。

广东省农业农村厅发布新一轮53个省级现代农业产业园建设名单，重点打造跨县集群产业园、预制菜产业园和扩容提质类产业园。至此，广东共创建288个省级现代农业产业园，实现主要农业县、主导产业和主要特色品种全覆盖，数量排在全国各省区市首位。现代农业产业园正成为广东乡村振兴和县域经济发展的重要"引擎"。

6月4日 广东省农业农村厅联合海关总署广东分署印发《关于扎实推进我省农业外贸保稳提质工作的通知》，提出8项具体举措推动广东农业外贸在基本实现"开局稳"的基础上再上新台阶，促进农业增效农民增收。

6月6日 在全国"放鱼日"广东增殖放流活动主会场汕头市南澳岛上，约6600万尾海洋生物被投放入海，拉开全省范围内同步增殖放流水生生物资源的序幕。广东高度重视生态文明建设和生态环境保护工作，在全国率先启动以人工鱼礁为主体的海洋牧场建设试点，并持续30多年举办水生生物增殖放流活动。此外，广东积极参与国家级海洋牧场示范区创建，养护型国家级海洋牧场数量居全国首位。

6月8日 广东省农业农村厅召开2022年高素质农民培育项目、基层农技推广体系改革与建设补助项目实施方案解读视频会。会议指出，农技推广补助项目和高素质农民培育项目是中央层面稳定实施、覆盖面最广的普惠性项目，是各级科教部门推进工作的重要抓手。2022年，广东省农业农村厅围绕确保稳粮保供等重点任务，持续推进"1+51+100+10000"新型农技推广体系建设，加快培育高素质农民，用好产业技术体系、农技推广体系和农民教育培训体系三支力量，为推进乡村全面振兴提供技术支撑和人才保障。

6月10日 中共广东省委、广东省人民政府印发《关于做好2022年全面推进乡村振兴重点工作的实施意见》，共提出九个方面任务，分别从全力抓好粮食等重要农产品稳产保供、加强耕地保护利用、持续巩固拓展脱贫攻坚成果、夯实农业现代化基础支撑、聚焦产业促进乡村发展、稳妥推进乡村建设、突出实效改进乡村治理、加大要素保障供给力度、坚持和加强党对"三农"工作的全面领导等9个方面明确了39项具体推进的重点工作。

6月10日 广东首个国家级渔港经济区——广州市番禺区渔港经济区揭牌系列活动在番禺区石楼镇海鸥岛举行。这是番禺区渔港经济区继2021年获批国家级沿海渔港经济区试点后，迎来的又一重要发展节点。

6月14~15日 广西党政代表团来粤考察交流。两省区在广州召开粤桂东西部协作联席会议，共商深化东西部协作事宜。广东省委书记李希在讲话中指出，要助力巩固拓展脱贫攻坚成果，全面推进乡村振兴；深化产业协作，支持推动特色产业高质量发展；深化劳务协作，促进稳岗就业；要深化消费协作，更好促进产销对接；要深化人才协作，强化人才支撑；以协作促发展，共同服务和融入新发展格局。

6月16日 广东扶贫济困日暨全社会助力乡村振兴活动动员电视电话会议召开。会议围绕"巩固脱贫成果，助力乡村振兴"主题，动员各地各部门积极开展2022年广东扶贫济困日活动各项工作，广泛凝聚社会力量，进一步巩固拓展脱贫攻坚成果，接续推动乡村全面振兴。

6月17日 广东省农业农村厅召开全省现代农业产业园建设推进工作会议。会议强调，各地要坚持目标导向，切实履行产业园建设主体责任，建立和坚持产业园责任主体主要领导负责制；发挥实施主体作用，带动当地产业发展，带领广大农民群众共同致富。

6月22日 2022年广东省水稻机收减损激励机制试点暨大比武活动在江门台山市举办。活动以"机收比武，减损增效"为主题，积极探索引入激励机制，引导广大农机手牢固树立"节粮减损"意识，在实际生产行动中主动作为，达到"以赛促训""以赛带用"的目的，形成互利共赢的格局。

6月27日 全省防止因灾返贫工作视频会议召开。会议要求，各地要切实担负起防止因灾返贫致贫工作主体责任，发挥好脱贫攻坚期间行之有效的工作机制，动员各行业部门、帮扶单位、基层干部群众，全面全方位参与防止因灾返贫致贫工作，因村因户因人精准施策，建立健全常态化研判调度机制，统筹做好防灾减灾救灾和应对新冠疫情等各项工作。

6月30日 广东消费帮扶联盟第一次成员大会在广东东西部扶贫协作

产品交易市场召开，宣告联盟正式落地运作。本次大会采取线下会场+线上直播形式进行，来自粤、桂、黔、藏等省份的联盟会员企业共襄盛会。会上，第一届联盟理事会正式亮相，并发布了联盟章程和工作计划。

7月5日　《关于开展2022年度"广东省十大乡村振兴示范带"评选工作的通知》下发后，全省评选13条"广东省十大乡村振兴示范带"，由省财政安排10亿元用于奖励。从"示范村"到"示范带"，广东全面实施乡村振兴战略有了全新"舞台"，逐步走出一条符合广东实际、具有岭南特色的全面推进乡村振兴路子。

7月5日　广东省乡村产业投资联盟成立大会暨广东省预制菜产业投资基金成立仪式在广州举行，标志着全国首个省级层面的预制菜产业投资基金正式成立。记者从会上获悉，预制菜产业投资基金最终将撬动形成"50亿元母基金+百亿规模子基金群"的省预制菜产业基金体系。

7月5~6日　全国政协农业和农村委员会调研组来到江门恩平，就"精准脱贫与乡村振兴有效对接"开展专题调研，并召开项目工作汇报会，听取江门市、恩平市全面推进乡村振兴战略实施以及汇丰·海惠广东恩平项目有关情况汇报。

7月9日　2022年中央农业资源及生态保护资金补助资金第一批次放流活动在广东省农业技术推广中心海洋渔业试验基地举行，来自广东省农业农村厅、广东省农业技术推广中心、中国水产科学研究院南海水产研究所及惠州市相关单位的负责人、渔民、学生和志愿者代表共80余人参加活动，以实际行动参与到修复海洋渔业资源的事业中。

7月10日　中国预制食品创新发展高峰论坛在佛山市顺德区举办，这是首届中国国际（佛山）预制菜产业大会的首场活动，国内10位工程院院士和30多位深耕食品行业的权威专家，以线上分享和线下参会的形式，组成"最强大脑"团队，"把脉"中国特别是广东预制食品发展方向。

7月16日　广东省电子商务商会圆满完成了广东省首批农业经理人职业技能等级认定工作，整体通过率达到94%，总体情况令人满意。开展农业经理人职业技能等级认定是贯彻落实党和国家"建设知识型、技能型、创新型劳动者大军"的指导精神，是弘扬"劳模精神、劳动精神、工匠精神"的重要举措，是完善技能人才制度的具体行动，为全面推进乡村振兴、加快农业农村现代化提供有力的技能人才支撑。

7月19日　广东省农业农村厅发布《关于公布广东省"互联网+"农产品出村进城工程省级试点县名单的通知》。经各县（市、区、镇）自主申报，地市审核推荐，组织专家评审，网上公示，共推选出22个县（市、区、镇）作为"互联网+"农产品出村进城工程省级试点县。

7月21日　为深入贯彻广东省政府《加快推进广东预制菜产业高质量发展十条措施》，广东省市场监管局在全国率先立项制定《预制菜术语及分类要求》《粤菜预制菜包装标识通用要求》《预制菜冷链配送规范》《预制菜感官评价规范》《预制菜产业园建设指南》5项预制菜地方标准。

7月29日　广东省乡村振兴文化服务产业园现象价值研讨会暨2022广东乡村振兴服务中心年会在广州举办。

8月4日　由广东企业牵头自主培育完成的"海茂1号"和"海兴农3号"两个南美白对虾品种培育取得了重大突破，打破国外长期垄断，成功跻身世界第一方阵。经过多年的育种之路，广东在种源依赖进口的白羽肉鸡、南美白对虾等种源关键技术攻关方面，均有突破性进展，通过国家审定的畜牧水产新品种（配套系）合计73个，在全国占比16%。

8月9日　由广东省文化和旅游厅主办的2022广东文旅推介大会暨文旅消费季在广州东方宾馆会展中心启动。首批10个广东省文化产业赋能乡村振兴典型案例正式发布，9个地市入选。其中，佛山市2个，广州市、汕头市、河源市、江门市、茂名市、肇庆市、潮州市、揭阳市各1个。

8月10日　农业农村部种业管理司发布《关于第一批拟确定国家级农作物、农业微生物种质资源库的公示》，拟确定第一批国家级农作物种质资源库（圃）72个、国家级农业微生物种质资源库19个。名单中共有4个农作物种质资源库（圃）和2个农业微生物种质资源库来自广东。

8月11日　广东省农业农村厅发布《2022-2023年乡村振兴战略专项省级种业振兴行动项目入库申报指南》，设置了"揭榜挂帅""赛马制"、品种培育、种业创新园等三大类项目。其中品种培育项目涵盖农作物、畜禽、水产、农业微生物四大种业共计78个方向。种业创新园项目围绕大宗作物、岭南特色果蔬、畜禽、水产、南药、食用菌等领域，优先启动建设一批优势特色单一品种（或一类）种业创新园。

8月12日　广东农业非物质文化遗产传承与发展推介活动开幕式在广东省乡村振兴文化服务产业园·广州翼空港文旅小镇园区举行，首批来自广东各地的15项农业非物质文化遗产展出亮相。本次活动旨在推进非物质文化遗产助力乡村振兴战略的有益探索。

8月13日　广东省委常委会召开会议，认真学习贯彻习近平总书记关于"三农"工作的重要论述精神，审议《市县镇村党组织书记抓乡村振兴责任清单》。会议指出，要深刻认识做好新时代"三农"工作的重要性和紧迫性，切实把思想和行动统一到总书记、党中央的决策部署上来，坚定不移走中国特色社会主义乡村振兴道路，加快推进农业农村现代化；要认真抓好《市县镇村党组织书记抓乡村振兴责任清单》落实，确保全面推进乡村振兴不断取得新成效。

8月16日　第二十届南海（阳江）开渔节发布开渔令活动在国家5A级旅游景区、中国"十大美丽海岛"海陵岛举行。本届开渔节除了发布开渔令、祭海活动、帆船帆板表演三项传统活动外，还新增了四季海陵欢乐汇、海陵岛首届荷花节、"广东醉美乡村"摄影大赛、"漠阳味道"美食周、开渔文化展示活动、开渔旅游周六项活动。

8月18日　广东全省党建引领基层治理促乡村振兴现场会在汕尾市召开。会议坚持以习近平新时代中国特色社会主义思想为指导，深入学习贯彻习近平总书记关于基层党建、基层治理、乡村振兴的重要论述和对广东系列重要讲话、重要指示精神，总结广东省党建引领基层治理和抓党建促乡村振兴工作情况，对当前和今后一个时期工作进行研究部署、推动落实。

8月19日　广东省农业农村厅制定并印发了《广东省高标准农田建设项目初步设计文件编制技术规程（试行）》，为广东省高标准农田建设项目规划设计文件编制和要求提供了依据和指引。

8月20~21日 第四届广东茶叶产业大会暨广东省农业龙头企业大会在江门举行。来自全国各地的上百家茶企、农业龙头企业、乡村产业投资机构齐聚，共品一盏广东好茶，共谋广东乡村振兴发展路。广东省农业龙头企业大会同期召开，龙头带动，产业聚集，两会合一，全面展示广东茶叶产业发展成果、农业龙头企业建设成果，充分展现广东率先迈向生态茶叶大省、农业强省的风采。

8月25~26日 《"十四五"广东省农业科技创新十大主攻方向"揭榜挂帅"》项目竞选评审在专司农业科技创新与产业孵化的"国字号"平台——广州国家农业科创中心汇演厅举行。经过激烈角逐，九大项目团队成功"揭榜挂帅"

8月27日 粤黔"东西协作·产业合作"现场签约仪式在广州市举行。此次活动共签约投资项目267个，合同投资总额达1057.8亿元。在267个项目中，现场签约产业项目22个，签约金额达410.9亿元，涵盖了基础材料、现代能源、大旅游、现代物流等产业。

8月31日 广东省人民政府办公厅发布了《广东省加大力度持续促进消费若干措施》，在拓展文化旅游消费方面，开展"广东乡村休闲体验季"活动，通过发放活动消费券等方式，对消费者予以补贴；支持各地发展休闲农业、乡村旅游和民宿，对符合条件的民宿企业给予相应税收优惠。

9月3日 广东省乡村振兴文化服务产业园"粤字号"农产品品牌IP发布会于南方报业农业公园举行，来自广东各地农业企业及品牌设计机构新农人、文创爱好者、国潮文化红人等多行业人士齐聚，共同助力"粤字号"农产品品牌"活"起来。

9月6日 广东省扶贫基金会更名为广东省乡村发展基金会，正式揭牌启用。广东省扶贫基金会成立于1994年，28年来，基金会累计接收善款超130亿元，携手各捐赠单位开展超过900个帮扶项目，联系企业过百家，先后获得"全国先进社会组织""广东省脱贫攻坚先进集体"等荣誉称号。基金会更名后将主动适应新形势、新任务、新要求，积极凝聚社会力量助推巩固拓展脱贫攻坚成果同乡村振兴有效衔接。

9月14日　广东省政府党组书记、省长王伟中主持召开省政府常务会议，会议研究了推动北部生态发展区高质量发展的意见，要求各地、各部门深入贯彻落实习近平总书记关于提高发展平衡性和协调性、把短板变成"潜力板"的重要指示要求，进一步增强促进区域协调发展的责任感和使命感，充分发挥比较优势，加快补齐发展短板，积极构建"一核一带一区"区域发展格局，扎实推动北部生态发展区高质量发展。

9月16日　第19届中国—东盟博览会在广西南宁国际会展中心启幕，第七届中国—东盟农业国际合作展（农业合作展区）同步亮相。本次广东展团展出的农产品涵盖水果鲜果、食用菌（鲜菇、干菇、菇类即食品）、水产干货、林下经济作物等农产品和预制菜产品，8家农业企业和农业农村部门共带来百余种农产品和多款预制菜。

9月17日　广东省委全面深化改革委员会召开会议，审议了《关于建立健全生态产品价值实现机制的实施方案》《广东省重要生态系统保护和修复重大工程总体规划（2021—2035年）》等改革文件。会议强调，要坚持绿水青山就是金山银山的理念，建立健全生态产品价值实现机制，着力破解生态产品评估难、抵押难、交易难、变现难问题，积极探索具有广东特色的生态产品价值实现途径；要抓好生态系统保护和修复重大工程，在国家总体规划的框架下，进一步健全生态保护长效机制，不断优化生态安全屏障体系，为打造新发展格局战略支点提供生态安全支撑。同时，会议还强调，要健全适应乡村特点、优质高效的乡村医疗卫生体系，加快实施新一轮基层医疗卫生服务能力提升行动，提高农村地区医疗保障水平。

9月23日　农业农村部农产品质量安全中心公布了2022年第二批全国名特优新农产品名录，377个产品符合收集登录要求，被正式纳入"全国名特优新农产品"名录，并核发全国名特优新农产品证书。其中，广东有36个产品入选，入选农产品数量位居全国前列。

9月23日　广东省庆祝"2022中国农民丰收节"主会场活动在珠海市斗门区开幕。活动以"庆丰收　迎盛会"为主题，以丰富多彩的形式展现广东三农发展新成就和新时代农民群众风采。

9月30日 广东省人民政府办公厅印发《省直机关及有关单位对口支援重点老区苏区工作方案》，明确从2022年至2030年，采取组团式、多对一方式推进对口支援重点老区苏区工作，以顶层设计打破行政壁垒，省级力量投身原中央苏区13个县（市、区）、海陆丰革命老区11个县（市、区）建设当中，凝聚合力精准帮扶老区苏区。

10月3日 广东省农业农村厅公布全省各市、县（市、区）"三秋"农机保障热线电话，及时解决机手和农民群众反映的困难问题。

10月8日 农业农村部发布2022年国家乡村振兴示范县创建名单，拟创建100个国家乡村振兴示范县，广州市从化区、高州市、南雄市、陆丰市入选。

10月24日 广东省农业农村厅、省财政厅联合印发《2022年广东省农产品产地冷藏保鲜设施建设实施方案》，聚焦鲜活农产品主产区、特色农产品优势区，重点围绕蔬菜、水果等鲜活农产品，兼顾全省南药、茶叶、花卉等地方优势特色品种，提出要合理集中建设产地冷藏保鲜设施。

10月25日 广东省农业农村厅印发《广东省农业农村领域轻微违法行为免予行政处罚清单的通知》，共设置了7项免予处罚事项，其中涉及《中华人民共和国畜牧法》事项2项、涉及《中华人民共和国动物防疫法》事项2项、涉及《中华人民共和国土壤污染防治法》《农作物病虫害防治条例》《联合收割机跨区作业管理办法》事项各1项，以此推进包容审慎监管工作制度建设。

10月26~27日 广东省乡村振兴局召开《广东省农村人居环境整治提升五年行动实施方案》视频培训会，持续推进全省农村人居环境整治提升工作。会议内容涵盖农村厕所革命、生活污水和生活垃圾治理及资金保障等业务，全省共有3925人参加视频培训。

10月29日 广东全省传达贯彻党的二十大精神大会在广州召开。省委书记黄坤明强调，要结合对省情市情县情的新认识认真谋划部署、推动落实，全面推进乡村振兴，促进区域协调发展，着力推动"两个文明"协调发展，大力促进人与自然和谐共生，不断提高发展平衡性和协调性。

10月31日 农业农村部发布2022年农业品牌精品培育名单,将75个农业品牌纳入2022年农业品牌精品培育计划。广东有3个农业品牌上榜,分别是增城荔枝、清远(麻)鸡和顺德鳗鱼。

11月1日 农业农村部公示了第十二批全国"一村一品"示范村镇名单,全国共396个村镇入选,其中,广州市从化区太平镇钱岗村(荔枝)等18个广东村镇入选。

11月9日 广东省农业农村厅公布2022年"广东十大最美农村乡土专家"名单,来自广州、韶关、河源、梅州、惠州、汕尾、阳江、湛江、清远、潮州的10位农村乡土专家名列其中。

11月10日 广东省农业农村厅、广东省生态环境厅印发《广东省生猪屠宰行业发展规划》,提出了生猪屠宰行业发展的基本原则、发展目标、主要任务和保障措施,进一步加强了全省生猪屠宰和生猪产品流通管理,规范生产经营行为,提高生猪产品质量安全水平。

11月11日 农业农村部办公厅印发《关于公布2022年中国美丽休闲乡村名单的通知》,推介255个乡村为2022年中国美丽休闲乡村。广东有10个乡村位列其中,至此,全省获认定的中国美丽休闲乡村数量累计达52个。

11月23日 广东省政府党组书记、省长王伟中主持召开省政府党组会议。会议强调,要全面推进乡村振兴,守牢粮食安全底线,深入实施乡村建设行动;要扎实推进文化强省建设,保护用好中共三大会址等红色资源,凝聚团结奋斗的强大精神力量。

11月30日 广东省农业农村厅发布《关于进一步加强"12221"市场体系建设促进农产品产销对接的通知》,要求做好今冬明春农产品产销对接工作。为助力冬种菜等广东特色优势农产品保供促销,省农业农村厅牵头发起由电商平台、批发市场、物流企业、加工企业、新闻媒体、金融机构等有关力量参与的"飞渡计划"。

11月 广东省委实施乡村振兴战略领导小组办公室出台《广东省支持国家乡村振兴重点帮扶县巩固拓展脱贫攻坚成果同乡村振兴有效衔接"九

大加力行动"方案》，结合广西、贵州两省区 40 个国家重点帮扶县实际，提出包括财政支持加力行动、干部人才加力行动等 9 大部分共 30 条具体措施，并明确遴选 40 家实力雄厚、吸纳就业能力强的广东企业，与 40 个国家重点帮扶县协作共建农村劳动力稳岗就业基地。

12 月 7 日　文化和旅游部公布第四批全国乡村旅游重点村和第二批全国乡村旅游重点镇（乡）名单，广东省共有 9 个村镇上榜。

12 月 8 日　广东省政府办公厅印发《广东省农村公路扩投资稳就业更好服务乡村振兴攻坚方案》，从高质量建设"四好农村路"助力乡村振兴、积极吸纳农民群众就地就近就业增收等方面提出多项工作措施，提出到 2024 年底，全面提档升级改造全省农村公路，累计完成投资约 850 亿元，并带动沿线劳务队伍、农民工就近上岗就业增收。

12 月 8 日　中国共产党广东省第十三届委员会第二次全体会议在广州召开，会议强调要突出县域振兴，高水平谋划推进城乡区域协调发展；突出绿美广东引领，高水平谋划推进生态文明建设。会议审议通过《中共广东省委关于深入学习贯彻党的二十大精神奋力在全面建设社会主义现代化国家新征程中走在全国前列创造新的辉煌的决定》《中共广东省委关于实施"百县千镇万村高质量发展工程"促进城乡区域协调发展的决定》《中共广东省委关于深入推进绿美广东生态建设的决定》。

12 月 9 日　以"农业+"为主题的第四届粤港澳大湾区农业科技交易大会在广州开幕，600 余名农业科技工作者和产业专家通过线上线下相结合的方式参加会议，共同见证广东省农业科技创新的重大举措和成效。本次大会包括"农业+科技""农业+材料""农业+交易""农业+数字""农业+规划"等专场活动。大会还举行了"湾区种质数字港"启动仪式及新种质入驻授牌仪式。

12 月 10~11 日　广东省委书记黄坤明在梅州市视察时强调，要坚持规划引领，突出示范带动，强化政策激励，不断提升农房管控水平，推动农房建设与乡土风貌、地域特色更加协调；要注重依托种养业、田园风光和乡土文化等，发展优势明显、特色鲜明的乡村产业，更好承载乡村价值、体现乡土气息、带动增收致富。

12月12日　以"种铸强芯，数领未来"为主题的第二十一届广东种业大会、2022世界数字农业大会在广州柯木塱举行，百余家农业企业线上参展，5000余个优异品种通过数字监控、全景VR等渠道得到充分展示。大会搭建了全国首个元宇宙种业大会，发布了数字农业"七个一百"〔即百名数字农业专家、百名数字新农人、百家数字农业先行企业、百家数字农业示范基地、百项先进数字农业技术、百台（套）先进数字农业装备、百项可复制可推广数字农业模式〕，打造数字科技赋能农业标杆，为推进世界农业数字化贡献力量。

12月14日　农业农村部农产品质量安全中心公布2022年第三批全国名特优新农产品名录，全国共有426个产品符合名录收集登记要求，被正式纳入全国名特优新农产品名录，并核发全国名特优新农产品证书。其中广东入选34个，涉及畜禽、水产、水果、稻米、茶叶等多个行业。到目前为止，全省共有417个农产品入选全国名特优新农产品名录。

12月16日　广东省委实施乡村振兴战略领导小组在广州召开全省"三农"智库专家座谈会，就学习贯彻党的二十大精神和省委十三届二次全会精神，研究落实《中共广东省委关于实施"百县千镇万村高质量发展工程"促进城乡区域协调发展的决定》等有关文件的举措，听取"三农"智库专家的意见建议。

12月20日　第三届中国水产种业博览会暨第四届广东水产种业产业大会在广州南沙开幕。本次大会以"渔业创芯发展　良种成就未来"为主题。开幕式上发布了2022年度全国水产新品种和2022年水产种业重大成果，公布了全国首个水产种业专项奖"钟麟水产种业科技奖"和"这十年·广东水产种业风云榜"获奖名单。活动同期举行了南沙首份水产种苗保险签约仪式、水产种苗交易签约仪式，以及"水产预制菜风云榜"颁奖仪式。

12月29日　首届中国年鱼博览会在珠海国际会展中心开幕。大会以"中华好年鱼　幸福中国年"为主题，旨在创建年鱼品牌，打造年鱼经济，以小切口促进产业振兴，形成新时代的消费文化，助力中国年鱼走进千家万

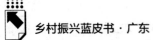

户，游上全球餐桌，全面推进乡村振兴和农业农村现代化。

12月30日　广东省委常委会召开会议，认真学习贯彻习近平总书记在中央政治局2022年度民主生活会、中央农村工作会议上的重要讲话精神和对爱国卫生运动做出的重要指示精神，研究部署下一步工作；会议指出，要深刻把握新时代建设农业强国的重要任务，全面推进乡村"五个振兴"，持续巩固拓展脱贫攻坚成果；要深刻把握建设农业强国的动力源，强化科技和改革双轮驱动，深化农村改革，探索多种形式发展壮大集体经济，推动城乡融合发展；要深刻把握建设农业强国的内在要求和必要条件，一体推进农业现代化和农村现代化，大力实施乡村建设行动，完善乡村治理体系，加强农村精神文明建设，建设宜居宜业和美乡村；要坚持和加强党对"三农"工作的全面领导，坚持五级书记抓乡村振兴，为建设农业强省提供坚实保证。

社会科学文献出版社

皮 书

智库成果出版与传播平台

❖ 皮书定义 ❖

皮书是对中国与世界发展状况和热点问题进行年度监测，以专业的角度、专家的视野和实证研究方法，针对某一领域或区域现状与发展态势展开分析和预测，具备前沿性、原创性、实证性、连续性、时效性等特点的公开出版物，由一系列权威研究报告组成。

❖ 皮书作者 ❖

皮书系列报告作者以国内外一流研究机构、知名高校等重点智库的研究人员为主，多为相关领域一流专家学者，他们的观点代表了当下学界对中国与世界的现实和未来最高水平的解读与分析。

❖ 皮书荣誉 ❖

皮书作为中国社会科学院基础理论研究与应用对策研究融合发展的代表性成果，不仅是哲学社会科学工作者服务中国特色社会主义现代化建设的重要成果，更是助力中国特色新型智库建设、构建中国特色哲学社会科学"三大体系"的重要平台。皮书系列先后被列入"十二五""十三五""十四五"时期国家重点出版物出版专项规划项目；自2013年起，重点皮书被列入中国社会科学院国家哲学社会科学创新工程项目。

皮书网

（网址：www.pishu.cn）

发布皮书研创资讯，传播皮书精彩内容
引领皮书出版潮流，打造皮书服务平台

栏目设置

◆ **关于皮书**

何谓皮书、皮书分类、皮书大事记、
皮书荣誉、皮书出版第一人、皮书编辑部

◆ **最新资讯**

通知公告、新闻动态、媒体聚焦、
网站专题、视频直播、下载专区

◆ **皮书研创**

皮书规范、皮书出版、
皮书研究、研创团队

◆ **皮书评奖评价**

指标体系、皮书评价、皮书评奖

所获荣誉

◆ 2008 年、2011 年、2014 年，皮书网均
在全国新闻出版业网站荣誉评选中获得
"最具商业价值网站"称号；

◆ 2012 年，获得"出版业网站百强"称号。

网库合一

2014 年，皮书网与皮书数据库端口合
一，实现资源共享，搭建智库成果融合创
新平台。

皮书网

"皮书说"
微信公众号

权威报告·连续出版·独家资源

皮书数据库
ANNUAL REPORT(YEARBOOK)
DATABASE

分析解读当下中国发展变迁的高端智库平台

所获荣誉

- 2022年，入选技术赋能"新闻+"推荐案例
- 2020年，入选全国新闻出版深度融合发展创新案例
- 2019年，入选国家新闻出版署数字出版精品遴选推荐计划
- 2016年，入选"十三五"国家重点电子出版物出版规划骨干工程
- 2013年，荣获"中国出版政府奖·网络出版物奖"提名奖

皮书数据库

"社科数托邦"
微信公众号

成为用户

登录网址www.pishu.com.cn访问皮书数据库网站或下载皮书数据库APP，通过手机号码验证或邮箱验证即可成为皮书数据库用户。

用户福利

- 已注册用户购书后可免费获赠100元皮书数据库充值卡。刮开充值卡涂层获取充值密码，登录并进入"会员中心"—"在线充值"—"充值卡充值"，充值成功即可购买和查看数据库内容。
- 用户福利最终解释权归社会科学文献出版社所有。

数据库服务热线：010-59367265
数据库服务QQ：2475522410
数据库服务邮箱：database@ssap.cn
图书销售热线：010-59367070/7028
图书服务QQ：1265056568
图书服务邮箱：duzhe@ssap.cn

社会科学文献出版社 皮书系列
SOCIAL SCIENCES ACADEMIC PRESS (CHINA)
卡号：573413821938
密码：

S 基本子库
UB DATABASE

中国社会发展数据库（下设 12 个专题子库）

　　紧扣人口、政治、外交、法律、教育、医疗卫生、资源环境等 12 个社会发展领域的前沿和热点，全面整合专业著作、智库报告、学术资讯、调研数据等类型资源，帮助用户追踪中国社会发展动态、研究社会发展战略与政策、了解社会热点问题、分析社会发展趋势。

中国经济发展数据库（下设 12 专题子库）

　　内容涵盖宏观经济、产业经济、工业经济、农业经济、财政金融、房地产经济、城市经济、商业贸易等 12 个重点经济领域，为把握经济运行态势、洞察经济发展规律、研判经济发展趋势、进行经济调控决策提供参考和依据。

中国行业发展数据库（下设 17 个专题子库）

　　以中国国民经济行业分类为依据，覆盖金融业、旅游业、交通运输业、能源矿产业、制造业等 100 多个行业，跟踪分析国民经济相关行业市场运行状况和政策导向，汇集行业发展前沿资讯，为投资、从业及各种经济决策提供理论支撑和实践指导。

中国区域发展数据库（下设 4 个专题子库）

　　对中国特定区域内的经济、社会、文化等领域现状与发展情况进行深度分析和预测，涉及省级行政区、城市群、城市、农村等不同维度，研究层级至县及县以下行政区，为学者研究地方经济社会宏观态势、经验模式、发展案例提供支撑，为地方政府决策提供参考。

中国文化传媒数据库（下设 18 个专题子库）

　　内容覆盖文化产业、新闻传播、电影娱乐、文学艺术、群众文化、图书情报等 18 个重点研究领域，聚焦文化传媒领域发展前沿、热点话题、行业实践，服务用户的教学科研、文化投资、企业规划等需要。

世界经济与国际关系数据库（下设 6 个专题子库）

　　整合世界经济、国际政治、世界文化与科技、全球性问题、国际组织与国际法、区域研究 6 大领域研究成果，对世界经济形势、国际形势进行连续性深度分析，对年度热点问题进行专题解读，为研判全球发展趋势提供事实和数据支持。

法律声明

　　“皮书系列”（含蓝皮书、绿皮书、黄皮书）之品牌由社会科学文献出版社最早使用并持续至今，现已被中国图书行业所熟知。“皮书系列”的相关商标已在国家商标管理部门商标局注册，包括但不限于LOGO（▯）、皮书、Pishu、经济蓝皮书、社会蓝皮书等。“皮书系列”图书的注册商标专用权及封面设计、版式设计的著作权均为社会科学文献出版社所有。未经社会科学文献出版社书面授权许可，任何使用与“皮书系列”图书注册商标、封面设计、版式设计相同或者近似的文字、图形或其组合的行为均系侵权行为。

　　经作者授权，本书的专有出版权及信息网络传播权等为社会科学文献出版社享有。未经社会科学文献出版社书面授权许可，任何就本书内容的复制、发行或以数字形式进行网络传播的行为均系侵权行为。

　　社会科学文献出版社将通过法律途径追究上述侵权行为的法律责任，维护自身合法权益。

　　欢迎社会各界人士对侵犯社会科学文献出版社上述权利的侵权行为进行举报。电话：010-59367121，电子邮箱：fawubu@ssap.cn。

社会科学文献出版社